五代十國

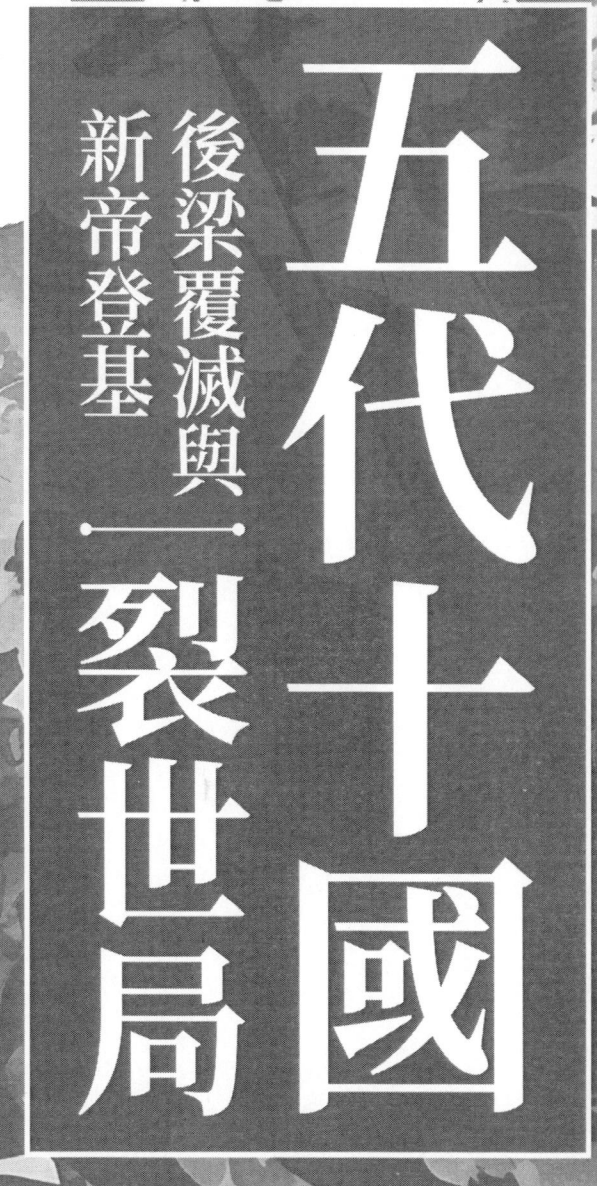

後梁覆滅與新帝登基，裂世局

王朝積弱難支×強軍破城奪權×宦官餘勢未歇，
英雄未坐穩龍椅，裂局已悄然重啟

譚自安 著

人人爭天下，也人人都可亡國
亂世並無寧日，改朝亦難改命
看群雄逐鹿、忠奸反轉 在分裂與征伐中，看盡五代十國的盛衰！

目錄

第一章　汴梁易主，李存勗擁兵南下終滅後梁 …………… 005

第二章　沉溺聲色，帝心昏亂權臣起怨 …………………… 069

第三章　入主洛陽迷失本心，嬖寵宦官亂朝綱 …………… 107

第四章　蜀主荒政，郭崇韜平定兩川蒙冤喪命 …………… 145

第五章　兵變連起，李存勗眾叛親離終喪國 ……………… 187

第六章　李嗣源登基定中原，述律平弒兄立德光 ………… 231

第七章　朝局傾軋連換宰輔，任圜去國猶遭暗害 ………… 269

第八章　四方交戰連陷危局，王都敗亡高郁橫死 ………… 309

第九章　妃黨權相爭鋒相對，川中義舉抗命中央 ………… 347

第十章　安重誨末路收場，兩川兵合孟知祥稱雄 ………… 385

第十一章　權臣內亂終斷明宗香火，巫政橫行閩主亡魂不散 ····· 435

目錄

第一章
汴梁易主，李存勗擁兵南下終滅後梁

1. 內外交困的後梁政權

王都看到李存勗親自帶兵來前來相救，便覺得自己很安全了。

他調整好心情，來到西院看望王處直。

王處直一直以來對王都都極為喜愛，讓他當節度副使，準備立他為接班人，哪知最後竟被他搞得家破人亡，自己也被關在這裡，生死都由不得自己。自己從小就把王都撫養成人，向來覺得王都很乖，每天都說著他喜歡聽的話，對自己孝順得很。原來這些都是裝出來的，他內心居然是狼子一樣的心腸。幾十年啊，自己養長大的人，居然一點看不透。

王處直看到王都滿臉堆笑地過來，什麼話也不說，立刻揮拳直擊王都的胸口，嘴裡大叫：「逆賊，我什麼時候做過對不起你的事？」然後張牙舞爪地趕上來撕咬這個他曾經最喜歡的假兒子。他手上沒有兵器，就用那兩顆僅存的門牙，咬王都的鼻子。

王都看到那王處直張開那張漏風的大嘴，前面其他牙齒都已經去向不明，僅剩一上一下兩顆大牙，由於牙齦已經嚴重收縮，那兩根牙齒就顯得特別長，看起來很是可怕，也不由打了一個寒顫。他到底是年輕人，動作還很敏捷，急忙轉過身，再揮起衣袖擋住王處直的大嘴，沒有讓他咬到自己的鼻子。

第一章　汴梁易主，李存勗擁兵南下終滅後梁

沒有幾天，王處直就「憂憤而卒」。

西元 922 年正月十三日，李存勗帶令的援兵來到了新城南面。

他派出的探馬回報：契丹的前鋒就駐紮在新樂。他們正準備過沙河繼續向南。

大家聽到後，都覺得很害怕。所有的人都已經知道，契丹這次南下的部隊有幾十萬人啊。據說現在契丹的部隊都很英勇善戰。他們才幾千人，能抵擋得住幾十萬契丹人的衝擊嗎？一時之間，「將士皆失色」，很多膽小者都已經偷偷溜走了。

李存勗下令將逃亡的人斬首，但仍然無法阻止。

諸將都說：「契丹人傾國而來，我們真的寡不敵眾。聽說梁軍又加大了北侵的力度。我們還是先回去保魏州以救根本。要不就先解鎮州之圍，西入井陘，暫避其鋒芒。」

李存勗看到大家都這麼說，也有點猶豫了。

郭崇韜說：「耶律阿保機受到王郁的蠱惑，就是為了獲得一點利益而來的。他們並不是真的要解救鎮州的危急。大王最近大敗梁軍，威震天下。契丹人聽到大王親自來，一定會心沮氣索。如果能銼敗其前鋒部隊，他們後面的部隊就會逃跑。」

恰好這時，李嗣昭也從潞州趕到，對李存勗說：「強敵在前，我們只能有進無退。否則，人心就會動搖。」

李存勗精神一振，道：「帝王之興，自有天命，契丹又能奈我如何。我曾以數萬之眾就平定山東地區，今遇此小虜而避之，還有何面目以臨四海？」

他說過之後，便抖擻精神，帶著五千騎兵率先前進。

到了新城北面，李存勗的一半部隊才出桑林，前頭突然出現一萬多契

1. 內外交困的後梁政權

丹的部隊。

李存勖還沒有發出戰鬥命令。

那幫契丹兵突然看到一支武裝力量出現在自己的面前，定睛一看，居然是李存勖。他們看到李存勖的部隊從桑林裡出來，不知後面還有多少人，都嚇了一大跳，面面相覷了一陣，調頭便逃。

李存勖想不到居然會出現這個效果，不由大喜，把部隊分成兩路，向契丹逃兵追擊。他們一口氣追了數十里，又有一個意想不到的收穫——居然俘虜到耶律阿保機的一個兒子。

李存勖一看，真是運氣一來，門板也擋不住啊。本來，他對這一仗是一點沒有底的，哪知，契丹居然無緣無故地被他嚇退，把勝利無情地轉讓給他們。

契丹兵看到皇子都被人家抓去了，心下就更加惶恐了。

他們很快就逃到沙河橋。

這時還是正月，契丹兵看到河面還結著冰，便都湧上河面，想踩著冰層前進。哪知，冰層太薄，他們一哄而上之後，那冰層根本載不動許多人。於是，很多想逃命的都掉進河裡成了淹死鬼。

這一次，契丹完全是被嚇得大敗的。

當天晚上，李存勖在新樂駐紮。

耶律阿保機的車帳在定州城下。

契丹那群敗兵很快就來到耶律阿保機的帳前，向他報告了大敗的經過。

耶律阿保機一聽，也不由嚇得呆了——看來李存勖真的很無敵。當晚，他就帶著部隊退保望都。

李存勖此次北來，就是為了解救定州之圍，並不想跟契丹大打一場。

007

第一章　汴梁易主，李存勗擁兵南下終滅後梁

他看到契丹主動撤回，便進了定州。

王都到李存勗的馬前迎接晉王，當場請求讓他的女兒嫁給李存勗的長子李繼岌。他確實是個機會主義者，他知道他以後必須讓李存勗永遠當他的保護傘。要不以後王郁帶契丹兵再殺進來，他同樣難以抵擋。

李存勗看到耶律阿保機還在望都。如果不把這個契丹老大再教訓一番，他是不會老實退兵回去的。雖然現在契丹的人數仍然占優，但契丹上下都已經被嚇得不輕，心理陰影很大，正好可以趁此機會把他們打敗。

次日，李存勗便引兵向往都挺進。

耶律阿保機看到李存勗硬是逼過來，覺得不跟他一戰，這張臉就有點難看了，便整軍迎戰。

雙方展開大戰。

李存勗再一次表演他的個人英雄主義。當時，他的部隊人數仍然處於明顯的劣勢。他知道，只有依靠他的奮力衝擊，才能鼓起全軍的勇氣，發揮出超常的戰鬥力、跟敵人硬碰硬到底，才有取勝的可能。他帶頭衝進敵人的陣地。結果他被奚族老大禿餒的五千騎包圍。他奮力打拚，反覆在敵陣中殺進殺出，從午時一直拚到申時，仍然擺脫不了敵人的包圍。

李存勗雖然神勇，這時也有點累了起來。

正在這個關頭，李嗣昭聽說李存勗被契丹困住了，無法衝出來，便急引三百騎兵，從側面攻打禿餒的部隊，硬是把禿餒的部隊擊走。

李存勗這才得以脫身出來。

李存勗有驚無險地脫身出來後，並沒有嚇得後怕，然後抱頭而逃，而是再縱兵擊之——因為他知道，如果他再調頭而走，部隊馬上就會崩潰，後果極其嚴重。大家看到奮鬥了大半天的晉王又奮勇衝擊敵人，一時之間，都是鬥志大增，高呼酣鬥。契丹兵大敗，急向北逃竄。

1. 內外交困的後梁政權

李存勗追擊,追到易州時,突然天降大雪,只片刻之間,平地就雪深數尺。

契丹的後勤方式仍然保留著突厥時代的模式——也就是以戰養戰,到處搶掠。這時突然遇上幾年不遇的大雪,他們無地覓食,瞬間就陷於飢寒交迫的困境之中,大量的士兵倒在雪地上,屍體一具挨著一具。

耶律阿保機看到遍地慘狀,以手舉天,對盧文進說:「這是老天不想讓我來到這裡啊。」這是非戰之罪的另一個說法。其實,他在面對李存勗時,先是心存懼意,後來勉強接戰,就已經犯下了大錯。這場大雪,只是他大敗的託詞而已。反正皇帝不能失敗,失敗了也是老天爺造成的。很多天災人禍,深度追究起來,根源都在人禍,然後由天災來背鍋。在這些皇帝的心裡,老天爺真是好東西,他們成功了,是老天爺的意思,他們失敗了,仍然是老天的意思。好像沒有他們什麼事。其實全是他們搞出來的事。

耶律阿保機到了這時,只得繼續帶著大家艱難北進。

李存勗也帶著部隊緊緊跟在他們的後面。契丹走,他們也走;契丹休息,他們也休息。李存勗看到契丹人在野外睡覺的地方,地上鋪著乾草,環繞得方方正正,都像編起來用剪刀修剪過的。雖然他們已經倉皇離開營地了,但地上鋪的草沒有一絲凌亂,看上去仍然井然有序。

李存勗大為讚嘆:「虜用法嚴乃能如是,中國所不及也。」大家知道,李存勗自視甚高,自認為自己的軍事能力當世無人能及,能對耶律阿保機發出這樣的讚嘆,看來耶律阿保機的治軍能力,真不一般。

李存勗這次尾隨耶律阿保機,並不是真的想跟耶律阿保機作最後一戰,他也只是想把契丹人再嚇一嚇,讓他們不敢再動南下心思。他現在工作的重中之重,仍然是消滅朱友貞。

第一章　汴梁易主，李存勗擁兵南下終滅後梁

當他追到幽州的時候，就決定到此為止了。但他仍然派兩百騎兵繼續跟蹤。

他對那兩百騎兵說：「契丹人出了邊境之後，你們就完成了任務，可以返回了。千萬不要跟他們對打。」

那兩百騎兵全程參與了這次與契丹的戰鬥，覺得契丹兵真的弱爆了，仗還沒有打，就嚇得自行崩潰，這樣的軍隊只能叫旅遊團，晉王居然還怕他們？哈哈，晉王怕他們，我們不怕，我們再用事實告訴晉王，契丹兵只是旅遊團。

他們追擊契丹兵之後，便奮勇向契丹兵進擊，結果被契丹兵一陣痛打，除了兩個人能逃出之外，其他人都成了自投羅網的俘虜。

耶律阿保機遭此大敗，心裡很有氣，他想起這次南下，起因是王郁騙他說李存勗全力南下，北方已經徹底空虛，城市裡除了美女和遍地的金銀財寶之外，沒有一個武裝人員。他這才不聽述律平的話，執意南來。哪知，卻打成這個樣子。他覺得王郁是在騙他，便把王郁綁起來，帶著回來。從此以後，他再也不相信王郁的話。

2. 晉王李存勗的東征決心

耶律阿保機有點氣急敗壞，其實李存勗的情況也好不了多少。

目前他已經是在雙線作戰。

他帶著部隊北上攻打鎮州時，李存審和李嗣源還在那裡跟梁兵對峙。

李存審對李嗣源說：「梁兵聽說我們的主力北上，現在在南線的兵力不多。他們就不會再攻德勝，而會襲取魏州了。我們兩人還集中在這裡已經沒有什麼作為。不如分兵以備之。」

2. 晉王李存勗的東征決心

於是，他們便分出一部兵力屯守澶州。

戴思遠果然帶著全部兵馬向魏州出發。

李嗣源帶著部隊搶在他們的前面，先駐紮於狄公祠下，並派人急奔魏州，告知他們戴思遠的大軍即將到來，請做好防範工作。

戴思遠來到魏店時，李嗣源派石萬全帶騎兵前來挑戰。

李嗣源這一招還是很厲害的。他知道己方的兵力很少，魏州城裡更是十分空虛，如果大家都收縮起來，消極防禦，局面就會陷於被動。因此他派兵出來挑戰，看上去他已經胸有成竹。

戴思遠原來就是想襲擊魏州，現在看到敵人突然出現在自己面前，而且還向自己挑戰，果然就認為魏州已經有了防範。他的出兵，已經沒有襲擊的效果。於是，他就沒有再向魏州進軍，而是西渡洹水，攻下成安，大掠一陣之後再回來。

戴思遠向來用兵比較積極，也敢尋找敵方的漏洞搞襲擊——上次他差點就成功了，但因為保密工作失誤，這才吃了李存勗的虧。這次他襲擊魏州沒有成功，心裡很不服氣——只有趁著李存勗的主力還在北方時，他才有折騰的空間，必須趁著這個機會，取得一場勝利，雖然不能收復失地，但可以提振一下士氣。於是，他又率五萬部隊去攻打德勝北城。

這一次，他沒有襲擊了，而是在城外挖了多條壕溝，又修築了層層牆壘，切斷敵人的出入之路，把德勝北城變成了一孤城，然後晝夜不停地攻打。

李存審手上已經沒有什麼兵力，只是在那裡咬牙死守。

德勝北城岌岌可危。

李存勗得知後，也急著從幽州出發，回救德勝。李存勗手下戰將很多，但他都是自己帶著最能打的部隊，像個滅火隊隊長一樣，哪裡有險

情，他就一定會出現在那裡，搞得他很多年都忙不過來。

李存勖只用了五天時間，就來到了魏州。

戴思遠不敢跟李存勖硬碰硬，只得燒營而還，又回到了楊村老營。

3. 晉軍勢如破竹直逼汴京

李存勖雖然回到了魏州，但閻寶仍然圍攻鎮州。鎮州要是拿不下來，對河東仍然是極為不利的。鎮州要是站穩了腳跟，就會跟大梁形成犄角之勢，相互呼應，李存勖就會被玩得疲於奔命。

閻寶圍攻鎮州已經很久，但遲遲沒有拿下來。他猛打幾輪之後，知道再這樣硬攻下去，近期內是無法打進鎮州城裡的。他都有點絕望起來了。當他視察陣地時，突然看到邊上不是有一條滹沱河嗎？滹沱河的水仍然很豐富。閻寶心頭一亮，這個滾滾濁流也可以轉化為戰鬥力啊。

他馬上下令，決開滹沱河，把河水都往鎮州城裡灌，我不信他們能頂得住滔滔洪流。

滹沱河一決開，大水立刻把鎮州城團團圍住，使得城池變成了一座孤島。

沒有幾天，城裡就宣布告斷炊。

城裡派出五百人出城，要到外面求食。

閻寶先看到他們出來，知道他們出來找糧食的，就打算先放他們出來，然後再對他們進行伏擊，將他們全部抓獲。

閻寶的打算好像很正確。

可是這五百人出來之後，大概發現敵人趁著洪水氾濫時防備很鬆懈，就突然改變自己的任務，進攻閻寶的工事。

3. 晉軍勢如破竹直逼汴京

閻寶看到他們才幾百人，根本不把他們放在眼裡，覺得就這五百人，能翻什麼大浪來，讓他們進攻吧，看看他們能打到什麼時候。

閻寶準備在那裡吃瓜當觀眾時，突然城裡又有幾千人衝了出來。

閻寶這才知道問題有點嚴重了。他急忙下令集中兵力，把出城的鎮州兵圍殲。但急切之間，部隊集結得哪有這麼快？

在閻寶部隊還鬧哄哄時，鎮州兵已經攻破閻寶的包圍工事，衝了出來。這夥人並沒有急著逃竄出去，而是一邊衝出一邊放火，直接攻打閻寶的軍營。

閻寶這才知道，輕敵真的很要命。他抵擋不住，只得退保趙州。

鎮州那邊的人，真沒有想到，他們就這樣把閻寶擊敗。這些天來，他們一直被閻寶壓著打，近來又被大水包圍，更是陷於了絕境。哪想到，一番亂打，居然能夠逆勢而勝，把閻寶打跑了。閻寶沒有想到，他們更沒有想到。估計全世界都沒有想到。這就是戰爭，有時候就是出乎人的意料之外。

鎮州城裡的軍隊，毀掉閻寶的工事之後，就都出來取了他們的糧食。他們發現，閻寶放在這裡的糧食真多，他們搬了幾天都沒有搬完。

李存勖聞知後，老閻啊，我是叫你攻克鎮州的啊。你怎麼反而成了人家的後勤隊長？

他馬上下令把這個後勤隊長的職務免掉，任命李嗣昭前去代替閻寶。

張處瑾莫名其妙地贏了仗之後，高興得忘記了自己是在跟河東軍打仗。他滿懷著激動的心情，派一千人到九門去迎接軍糧。他並不知道，李嗣昭已經來了。

李嗣昭到了之後，就不聲不響地在舊營設下埋伏。

張處瑾前來搬運糧食的部隊直接就進了他的埋伏圈，自然被一頓好

打，幾乎所有的人馬都被當場殲滅，只有五個士兵躲在廢墟之間。李嗣昭仍然沒有放過他們，令騎兵圍住他們射箭。

李嗣昭看到對方只有五個人，而且還躲在廢墟裡面，顯然是五個膽小鬼，他才親自帶著士兵騎馬衝過來，公開地向那幾個士兵射擊。

那五個士兵當然也不願窩囊地被李嗣昭射死，他們也找機會射箭還擊。

雙方這麼對射一陣之生，李嗣昭還沒有把人家射死，倒有一支箭射中了他的腦袋。

李嗣昭也是個狠人。他帶來的箭射完了，便拔出腦袋上的那支箭，又向敵人射去。這一次，真的把敵人射死了一個。

這時，太陽正好落山，李嗣昭回到了軍營。

大家看到他的腦袋上流血不止，臉上都成了血瀑布。他雖然讓軍醫為他止血，但並沒有止住。當天晚上，李嗣昭因為失血過多死去。

李存勖得知後，悲傷得無法自持，好幾天不食酒肉。

他問李嗣昭還有什麼話？

答：李嗣昭臨死前，推薦任圜接替他，繼續攻打鎮州。

任圜接過指揮棒之後，釋出的命令和此前一樣，鎮州的人並不知道李嗣昭已經出了意外。

4. 朱友貞自盡，後梁滅亡

鎮州前線的任圜很淡定，但李嗣昭的兒子卻不淡定了。

李嗣昭有七個兒子。目前職務最高的是長子李繼儔，現任澤州刺史。

4. 朱友貞自盡，後梁滅亡

另外幾個兒子分別叫李繼韜、李繼達、李繼忠、李繼能、李繼襲、李繼遠。當時，李存勗任命李存進為北面招討使，然後命令李存嗣的兒子們護送李嗣昭的靈柩回晉陽，然後把他安葬在那裡。

這個命令本來也是很正常的。但李嗣昭的兒子們卻不願意。他們覺得他們的父親長期在潞州工作，潞州才是他們英雄父親的魂歸之地。他們不服從李存勗的安排，帶著李嗣昭的幾千牙兵，從行宮護喪回潞州。

李存勗一看，這幾個傢伙也太狂妄了，居然不服從他的命令——你們英雄父親還活著時，都是以服從命令為天職的，是模範的遵紀守法，你們父親一死，你們就無法無天，這還得了。他急派他的另一個弟弟李存渥騎快馬追過去，對他們進行說服。

幾個兄弟不但不聽話，反而異常激憤起來，個個緊握拳頭，想殺李存渥。

李存渥也怕了起來，奪路而逃。

李存渥逃走後，這幾個兄弟仍然在那裡沒有消停。當然他們並不是因為李存渥逃走了，就氣急敗壞，而是為了搶當父親的繼承人反目成仇。

按當時的規矩，英雄的父親李嗣昭死後，他的所有政治遺產就應該由長子李繼儔全面繼承。但這人性格素來懦弱，沒有什麼魄力。他的弟弟李繼韜向來看他不起：父親如此英雄，你卻那麼狗熊，哪能把父親未竟之事業發揚光大？只有我來接班，才對得英雄父親。他這麼一想之後，立刻付諸行動，把李繼儔關了起來，然後暗中叫將士們把他「劫持」起來，「逼」他為留後。他還假裝推辭一把，然後向李存勗報告。說現在將士們強迫他當留後，他也沒有辦法，請晉王盡快作出決定。

李存勗這時也有點焦頭爛額，不想花精力去管這些事，就改昭義為安義，以李繼韜為留後。

第一章 汴梁易主，李存勗擁兵南下終滅後梁

5.中原易主，李存勗稱帝

李嗣昭不小心被一箭射死，閻寶也不好過。他在鎮州前線已經勝利在望，最後居然被人家反轉，雖然李存勗沒有指著他額頭破口大罵他是廢物，但他卻自我感到極端的慚愧和悲憤。最後這兩種心情交替在心裡作用，結果背上就長了個毒瘡，然後就「疽背而死」。

所有人都沒有想到，張處瑾守著個搖搖欲墜的鎮州，居然讓李存勗連折兩員大將，這個損失也是太大了。

最讓李存勗惱火的是，損失了兩員大將，鎮州在那張處瑾的手裡。

李存勗沒有辦法，只得決定親自去打。

西元922年五月初六，李存勗來到鎮州，在東垣渡駐紮，夾滹沱水修長營壘。

可是李存勗到了鎮州之後，仍然沒有取得重大進展。李存勗只要哪裡出現緊急情況，他就跑到那裡。這為大梁製造了一個大大的機會。

如果大梁這時有個猛人，乘著這一段時間，向成德舊地火力全開，李存勗的勢力就只有縮回去了。然而大梁已經人才凋零。朱友貞除了在那裡發呆之外，沒有別的表情。

戴思遠是很會抓住機會的。

戴思遠和段凝看準了這個時機，向衛州發動了襲擊。

衛州刺史叫李存儒。他本來叫楊婆兒，是個表演藝術家。因為表演藝術很精湛，深得李存勗的喜愛。李存勗覺得這人太可愛了，就總想提拔他當大官。後來又發現他的力氣也很大，就賜他姓名為李存儒——這是讓這個表演藝術家當他兄弟的節奏，然後任命他為衛州刺史。

李存儒當了刺史之後，突然發現，在刺史這個職位上比當表演藝人好

5. 中原易主，李存勗稱帝

多了。當紅藝人必須去表演才有報酬。臺上一分鐘、臺下十年功，辛苦得要命。當了刺史，就可以利用權力到處撈錢。以前當表演藝人，接受財主們丟來的錢時，他還得點頭哈腰，把做人的尊嚴放到最低點。自從當了刺史，天天都有人排隊送錢。人家送錢之後，還得對他點頭哈腰、把做的人尊嚴放到最低點。這個世界居然會有這麼爽的發財路子。於是，他在當刺史之後，抓得最緊的工作，就是搜刮財富工作。即使是守城的士兵，他也想辦法向他們每月徵收錢幣——誰給他錢多，他就免誰的防守之役。他只想到他向士兵們搜刮錢，卻沒有想到，衛州跟大梁靠得很近。一旦士兵們對他產生憤怒，衛州就完蛋了。

段凝對他的這些情況顯然瞭如指掌。現在看李存勗的主力不在附近，衛州沒有什麼援兵，便跟張朗引兵在夜間渡過黃河，去襲擊衛州。

以李存儒那樣的程度，即使公開透明地前來進攻，他也未能擋得住，何況夜襲？

梁軍衝到城下之後，天正好放亮。他們毫無阻力地登上城頭，然後又毫無阻力地衝進刺史官邸。

李存儒本來就是個表演藝術家，娛樂項目更勝常人，夜生活向來豐富多彩，每天都嗨得很晚了，這才放心睡大覺。因此每天早上他都睡得十分深沉。正在睡得很深沉的李存儒突然被一陣沉重的腳步聲驚醒。

開始時，他還以為是因為睡眠不足而產生的錯覺。可是當他睜開眼睛時，發現腳步聲越來越近，越來越響，不由大怒，誰敢這麼早就到處亂跑？你們有力氣到處亂跑，那是你們的事，怎麼亂跑到本官的家裡來？這是老子的官邸，不是你們跑步的場所。看來不把這幾個擾我清夢的傢伙狠狠地罰他一大筆，以後他們還會亂跑。到底罰多少才好？

李存儒還在心裡打著算盤，人家已經衝了進來。

李存儒心裡就更惱火了，大叫，該罰個傾家蕩產！

第一章　汴梁易主，李存勗擁兵南下終滅後梁

他還沒有吼叫，已經有人掀起他的被子。他的身體就赤條條地裸露在大家面前。

李存儒更是暴跳如雷，喝道，你們居然敢開本官這麼大的玩笑⋯⋯

有人冷冷笑道：「誰在開玩笑？你被俘虜了。」

李存儒這才認真地看著周邊的人，全是大梁軍人。

李存儒這才知道，從士兵身上斂財，後果真的很嚴重。

梁軍攻克衛州之後，戴思遠又與段凝攻下淇門、共城和新鄉。幾仗下來，澶州之西、相州之南，又都歸於大梁的版圖。晉軍不但丟失大片地皮，而且還丟掉了三分之一的軍用儲備。

6. 血戰鎮州與帝國野心

與此同時，鎮州那裡也在激烈地交火。

李存進接替李嗣昭之後，就在東垣渡那裡紮營。他紮下營寨之後才發現，這裡的土地十分鬆軟，根本無法修築營壘，只能伐木為柵。

這樣的欄柵一點不堅固，很難擋住敵人的進攻。

李存進當然不會憑著這個欄柵守營。

必須主動進攻。

他在紮好欄柵之後的第二天清晨，就下令騎兵向鎮州出發──只有猛攻鎮州城，才能讓敵人不能出來攻柵。

李存進對自己這個部署還是很自信的，因此他把騎兵全部派了出去。

鎮州城裡的張處瑾也看到這個機會，派他的弟弟張處球帶著七千部隊前去襲擊李存進。

6. 血戰鎮州與帝國野心

雙方雖然相向而迎，但卻走了兩條不同的道，因此並沒有在半路相遇。

鎮州部隊這次行動很快，他們直接就殺到東桓渡口。

李存進還在軍營裡坐等捷報，哪知卻等來了這麼多鎮州軍。他當然不能坐等了，抓起兵器兵，翻身上馬，大叫兄弟們跟我上。

他身邊也只有十幾個兄弟了。

他就帶著這十幾個兄弟衝出營來，跟鎮州兵硬碰硬，硬是把鎮州兵堵住。

這時，其他步兵也很快就彙集過來，外派的騎兵也知道自己的後方被人家抄了，急忙調頭回來——再往前衝，李大帥就完蛋了。

幾路部隊對張處球的七千人一頓夾擊。

張處球看到河東兵戰鬥力太強悍了，只得帶著部隊奮力衝殺，要突出重圍。結果，除了他一個好漢逃出之外，帶去的七千人全部光榮犧牲。

他們雖然付出了極大的犧牲，但也取得了意想不到的戰果——李存進當時，一直帶著他的那十幾個士兵在橋上拚死擋著敵人。他擋住了敵人。他身邊的人一個接著一個地倒下，最後，他也戰死在橋上。

李存勖得知這個消息後，自然極為悲痛。他萬萬沒有想到，一個他從來不放在眼裡的張處瑾，死守著孤立無援、搖搖欲墜的鎮州，居然連續讓他失掉兩員大將。而且這兩員大將，都是久經考驗的猛將。

李存勖又派李存審任北面招討使，繼續攻打鎮州。

張處瑾雖然連續殺了河東勢力的幾個猛人，連續讓李存勖感到震驚和巨大的悲痛，但並沒有緩解目前鎮的壓力。鎮州城裡的糧食都已經吃光了，守城的士兵們都已經累了。他也有點絕望了。於是，他就派人到李存勖的行臺，向李存勖表示投降。

張處瑾這次投降，絕對是認真的。他派出乞降使者之後，就在那裡伸

第一章　汴梁易主，李存勗擁兵南下終滅後梁

長脖子等待好消息。

可是使者還在半路上狂跑，李存審就已經憤怒地帶著部隊來到城下，向城池火力全開。

張處瑾已經絕望，他手下的李再豐比他更絕望。李再豐認為，現在只有出賣張處瑾，他才有繼續活下去的希望。當他看到李存審攻城時，便果斷地把當河東軍的內應，派人放下繩子，把城外的敵縋上來。

當然，這次理應外合行動是在夜間進行的，進行得張處瑾毫不知情。他們相互配合，從半夜一直忙碌到天亮，李存審的攻城部隊全部被李再豐拉到了城頭。

張處瑾本來就已經疲軟了，現在就更沒有還手之力了。

張處瑾很快就成了俘虜，跟他的一批死黨被押送行臺。

成德群眾因為張文禮的這次奪權，陷於戰爭泥潭，使得本來相對穩定富足的趙地，死傷無數，家園更被戰亂夷為廢墟，對張氏父子都恨得咬牙齒，紛紛強烈要救把張處瑾和他的同黨殺掉之後，把肉分給他們吃掉。

李存勗下令把張文禮的屍體挖出來，拿到大街上車裂。然後任命符習為成德節度使。

符習倒表現得很懂禮制，說：「原來的節度使沒有兒子，而且到現在還沒有安葬。我應先把他安葬之後，再來向大王領命。」

他把王鎔隆重安葬之後，才去向李存勗報到。

當時，成德的群眾已經派代表前來請求李存勗兼領成德節度使——當然，這個代表是不是真的群眾推選出來，只有天知道了。我的猜測這是李存勗操作出來的代表。成德民風彪悍，從中唐以來就一直不服朝廷，一直是混亂的核心地帶，常常一言不合，就大打出手，大刀向節度使的頭上砍。歷史上，被砍頭的節度使並不是孤例。符習深知這一點，所以，他不

6. 血戰鎮州與帝國野心

敢直接從李存勗手裡接過大印，而是先去禮葬一下老長官，以獲取一點名聲。符習知道成德人不好管理，李存勗更加知道。一個本來並不怎麼生猛的張處瑾，帶著思想並不統一的鎮州軍民，居然連續在戰場上殺死他的兩員名將。現在雖然把這個亂子平定了，如果再不小心，亂子仍然會出現。如果所託非人，他的事業都有完蛋的可能——如果張文禮的這次搞事，能夠跟契丹和朱友貞好好地配合起來，他的後果真的不堪設想了。所以，他讓符習當成德節度使，其實也只是做個表面文章而已，而背地裡，他已經選派群眾代表前來強烈要求由他兼任這個節度使了。當符習表示謙讓時，他就這不客氣地接受了「群眾」的強烈要求，宣布兼任成德節度使。

當然，符習還是要安排的。於是，李存勗又割出相、衛兩州來設立義寧軍，讓符習當義寧軍的節度使。

符習知道在趙地這裡當官是一件麻煩事，再加上看到李存勗親自兼任成德節度使，顯然李存勗對這一帶還是心存疑慮的。符習雖然是武將，但他絕對是一個很清醒的武將，他知道在一個民風強悍、上頭又心存疑慮的地方當節度使、絕對是一件萬分危險的事，於是他推辭：「魏博是大王的藩鎮，不能分割。我現在只想得到黃河以南的一個鎮，而且這個鎮是由我去打下來的。」

這個人確實聰明。目前黃河以南仍然是大梁的領土，你提出當五個鎮的節度使，李存勗都沒有意見。而且他還提出，這個鎮由他去攻下來——別人攻下來，不能算他的。李存勗當然很高興，馬上任命符習為天平節度使、東南面招討使。

李存勗高興，符習更高興。他雖然當不了一個現成的藩鎮，但他手裡有兵，而且還加了一個東南面招討使。在這個時代混，只有手裡有兵，說話才有底氣。

也是在這個時候，李克用父子最為信任的張承業宣布去逝。

021

第一章　汴梁易主，李存勖擁兵南下終滅後梁

張承業本來也一直受到李存勖的重用，是河東勢力中除了李存勖之後最有權力的人物。只因為他反對李存勖過早稱帝，不得不提前離休。但他仍然得到李克用夫人曹太夫人的尊重。

曹太夫人得知張承業的死訊後，第一時間就來到張府為他服喪，而且跟張承業的子姪服的喪禮一樣。李存勖雖然對張承業反對他稱帝一直耿耿於懷，但他聽到張承業逝世之後，仍然把強烈的悲痛布置到臉，而且好幾天茶飯不進。我想，他這樣做，絕對是裝出來的。無論他怎麼對張承業如何不爽，但他也知道張承業對他們李家是忠心耿耿的，為他們李家作出無人能比的重大貢獻，再加上他母親都這麼尊重老張了，他不表示一下，無論如何都說不過去。

李存勖當然知道，現在他最重要的工作不是痛掉張承業，而是盡快拿下大梁。

拿下大梁是需要很多物資的。

李存勖發現，現在其他州的稅賦都能按時交納，唯獨魏州的稅賦都是一拖再拖。

李存勖就惱火起來，把主管監督稅賦的司錄趙季良叫來，指著他的鼻子狠狠地罵了一頓，你是怎麼搞的？魏州的稅賦到現在都還在拖著不交？如果每個州都這樣，我們拿什麼去平定四海？

趙季良並沒有嚇得趴下叩頭請罪，然後立下軍令狀，保證馬上就魏州去，發動一切可以發動的力量，逼迫魏州的老百姓把稅賦交上來，誰不交就砍誰，而是很冷靜地聽著李存勖的破口大罵。等李存勖罵完之後，這才很平靜地問：「殿下何時當平河南？」

李存勖又是氣不打一處來，高聲大叫：「你的職責是監督稅賦。本職工作做得比任何人都爛，居然還有心思來管我的軍事問題？天天去管跟自己不相關的事情，難怪本職工作沒有做好。」

6. 血戰鎮州與帝國野心

趙季良說：「大王請先不要發火。現在大王正在謀劃攻取，只想擴大地盤，卻不愛護百姓。一旦老百姓對大王離心離德，只怕連河北都非大王所有，何況河南？」

李存勗一聽，立刻記起「得民心者得天下」的老話來，急忙把笑容掛刷到臉上，對趙季良進行道歉。他覺得趙季良真是個人才。

趙季良本來是楊師厚的手下。當楊師厚在魏州這裡當大梁軍方第一強者時，他是魏州司錄參軍，沒有什麼存在感。李存勗拿下魏州之後，他就又轉入河東勢力，仍然在原來的職位上工作。據說這個人「幼涉書史，長於吏治，尤善騎射」。是個文武雙全的人才。可是這個人才在大梁這裡根本不算人才。他剛投靠河東時，也不算什麼人才。直到這時，李存勗才發現，這個人真是個人才。有時，人才就天天在你的面前晃著，如果不給人才表現的機會，人才就會永遠被埋沒。李存勗發現趙季良是人才之後，就把他當成自己最重要的謀士之一，什麼重大的事情，都跟趙季良商量。

李存勗平定了趙地之後，雖然有點狼狽，但仍然信心滿滿。

他一邊部署對梁的軍事行動，一邊加緊稱帝的步伐。

西元923年二月，他就下令設立百官，在河東、魏博、易定、鎮冀四鎮判官中篩選前朝士族中的優秀人才，想任命他們為宰相。這個人雖然在上位時，有點政治意識，對士大夫也很尊敬，但滿腦子都是先軍思想，手下能打硬仗的人一抓一大把，可是卻沒有幾個傑出的文官。歷史上很多開國皇帝，都會有幾個蕭何張良為他們出謀劃策，到建立王朝政權時，要找個宰相那是輕而易舉的事。可沙陀集團只有尚武精神，沒有其他精神。這時李存勗準備建政時，才發現，宰相人選還沒有準備好──別的人選暫時找不到，先擱置一下，那倒沒有什麼，剛剛稱帝就沒有宰相，真有點說不過去。於是，他就只好從這四個鎮的判官裡挑選了──那些節度使

第一章　汴梁易主，李存勗擁兵南下終滅後梁

都是武夫，個個肌肉發達，但你讓他們處理政府文件，那等於要了他們的命。

李存勗在這四個判官中選來選去，覺得盧質最好，就想任命盧質為宰相。

但盧質卻認為自己沒有資格，他說義武節度判官豆盧革和河東觀察判官盧程比他更有資格。

李存勗馬上就召見豆盧革和盧程，拜他們為左、右丞相，讓盧質為禮部尚書。

與此同時，朱友貞也在加強跟錢鏐的友好關係——目前只有錢鏐還在死心塌地地當大梁的二層機構。其他的那些勢力，有的向李存勗輸誠，有的乾脆自己稱帝。朱友貞覺得自己必須好好地對待一下錢鏐，讓他也有個好的頭銜。於是，就派人去冊封錢鏐為吳越國王。

錢鏐這時覺得自己的權力基礎已經打牢了，綜合實力要比劉巖強多了，人家出道比他晚，個人事蹟比他遜色多了，結果都還大搖大擺地稱帝，自己在這裡打拚多年，跟幾個勢力鬥得你死我活，可謂武功顯赫，英名足以在史冊上閃閃發光了，也應該讓級別更高一點。

於是，他在接受朱友貞的冊封之後，宣布建立自己的獨立政權，儀仗與保衛制度的規格都跟天子一樣，住的地方也稱宮殿，辦公的地方叫朝廷，所發出的命令都稱制和敕，手下的人都稱臣下，總之，除了不叫皇帝、不改年號之外，其他一切都跟皇帝一樣。當然，他還尊奉大梁的年號，繼續為大梁述職。每次給朱友貞的奏章時，都稱吳越國，而不再稱某節度使。有了朝廷，自然就有丞相、侍郎等等。

7. 李繼韜的投降與郭威的初現

李存勗在做著登基的前期準備工作，手下那一幫人都很興奮，只要李存勗當上皇帝，他們的職務和級別都將大大地提升。

只有李繼韜很鬱悶。

他透過不正當手段把老哥搞下去之後，搶過父親的政治遺產，雖然得到李存勗的認可，但地球人都知道，李存勗的這個認可是很勉強的。李繼韜更知道。所以，他越來越覺得自己不安全了。

他的兩個幕僚魏琢和申蒙看到他一天到晚都是鬱鬱寡歡，一眼就看透了他的心事，對他說：「現在晉王手下沒有什麼人才，遲早會被大梁搞定的。」

只要李繼韜稍有點思考能力，把天下大勢拿來作個粗略的分析，就知道大梁能滅河東簡直是屁話中的屁話。可是李繼韜已經沒有什麼思考能力，再加上他心裡一片恐懼，聽了這兩人的話，就覺得太有道理了。

正好李存勗正籌備百官，就召監軍張居翰和任圜來到魏州。

魏琢和申蒙又對李繼韜說：「晉王急著召這兩個人，肯定是要對大人不利啊。」

如果光這兩個人在李繼韜的耳邊吱吱喳喳，他也許還在猶豫，他的另一個弟弟李繼遠也勸他，與其還這裡提心吊膽地生活著，不如當機立斷投大梁。

既然弟弟都這麼說了，那就當機立斷。

李繼韜就派李繼遠到大梁，向朱友貞表達了他投靠大梁的良好願望。

朱友貞做夢都沒有想到，李繼韜這樣的人居然主動向他投降。只要李繼韜一投降過來，不光讓李存勗的內部出現了分裂，而且還輕鬆地獲得了潞州。簡直是天大的喜事。

第一章　汴梁易主，李存勗擁兵南下終滅後梁

朱友貞只笑得幾分鐘不能停下來，他馬上任命李繼韜為匡義軍節度使、同平章事。

李繼韜為了讓朱友貞放心，還派他的兩個兒子到大梁當人質。這兩個兒子心裡叫苦不迭，人家都說我們是李繼韜的兒子，其實我們是他生來當人質的。

李繼韜順利地投降了大梁，可是他手下的澤州守將裴約卻不願意當投降派，他流著淚水對他的手下說：「我追隨李嗣昭大帥二十多年。李大帥很有古名將之風。他視戰士們如自己的子弟，經常拿出自己的財物來分給大家。他最堅定的願望就是消滅仇敵。但他卻不幸光榮犧牲在戰場上。現在他的靈柩還沒有安葬，他的兒子就已經背叛了他。我哪能跟李繼韜做這些欺師滅祖的事？」

裴約就帶著大家在澤州繼續高舉大晉的偉大旗幟。

朱友貞就派董璋去攻打澤州。他對董璋說：「你拿下澤州，你就是澤州刺史。」

李繼韜也知道，他帶著潞州投降了朱友貞，李存勗是不會放過他的。他必須加強戰備。於是他拿出錢財，招兵買馬。

就是在這個時候，有一個歷史性的強者出現了。

他就是郭威。

郭威的身世本來就很差，他的父親叫郭簡，曾在李克用手下混過，而且官至順州刺史。郭簡才當這個刺史一段時間，劉仁恭就過來攻打郭簡。郭簡打不過劉仁恭，結果死於劉仁恭的刀下。

當時，郭威才幾歲，不得不隨母親王氏前往潞州。

可是還沒有到潞州，王氏就死在半路上了。

郭威好好的一個官二代，就這樣成了無父無母的孤兒。

7. 李繼韜的投降與郭威的初現

幸虧郭威還有個很好的姨媽。這個姨媽把郭威撫養成人。關於郭威的身世，還有另一個版本。說他本來姓常，幼隨母改嫁郭家，這才冒姓郭。關於這個說法，又有人說，這是個誤會。即郭威在父母雙亡之後，孤苦伶仃的郭威曾有一段時間依附於常思。所以，大家就說他是常氏之子。

郭威小時候，在他的頸脖上紋了一隻飛雀，因此大家就叫他郭雀兒。

這時的郭雀兒一窮二白。既無爹可拚，也無書可讀。雖然長得很壯實，但卻沒有其他手藝。他想來想去，只有去從軍了。這是他唯一的出路。

因為他就在潞州，只能就近投到李繼韜的軍中——你讓他去投別的勢力，他連路費都沒有。

剛剛穿上軍裝的郭威，覺得自己很神氣，哈哈，我也是個威武的軍人了。

他身材高大，十分威猛，而且年輕氣盛，身上壞毛病不少，尤其喜歡賭博和喝酒。而且他的酒品十分不好，幾杯一下肚，臉紅脖子粗之後，常常仗著那一身蠻力，到處鬧事。

有一次，他大醉之後，來到一個屠戶的肉攤前。

他臉紅脖子粗地大喊大叫，要求屠戶如此這般地幫他割肉，如果割不好，他就割屠戶的頭。

屠戶看到他已經醉得不成樣子，當然沒有按他的話去做。

他就指著屠戶罵起來。你小子以為我還是郭雀兒？告訴你，我現是潞州軍人了。屠戶的職責是殺豬，軍人的職責是殺人。

屠戶也是很有性格的，軍人的職責是殺人？告訴你，軍人的職責是殺敵。殺敵跟殺人是不一樣的。原來我以為是我沒能力，想不到你這個軍爺更沒能力。哈哈，沒能力的屠記是好屠戶，沒能力的軍隊絕對是愚蠢的軍隊。

第一章　汴梁易主，李存勗擁兵南下終滅後梁

郭威雖然喝得大醉，腦子一片凌亂，但還是聽得懂這些侮辱性極強的話，他瞪著可怕的大眼喝道：「敵人也是人。殺敵人就是殺人。你再不割肉，我就割了你的腦袋。」

屠戶哈哈大笑：「哈哈，你這樣的人我見多了。你來呀，你來呀。往我這裡砍啊，我要是後退一步，我就是狗娘養的。」他一邊說著，一邊用滿是油膩的手狠狠地拍著他那個胸脯。

郭威怒不可遏，你現在賭我寫幾個大字，我真的沒有辦法做到，但你賭我殺人，那可是對我的專業了。他噴著讓人作嘔的酒氣，滿臉凶光地衝上前，操起那把殺豬刀，狠命地砍過去。

那屠戶聽到大刀劈風的聲音，這才知道，你什麼人都可以去賭一下，但去刺激一個喝多了的酒鬼，絕對是無可挽回的大錯。

屠戶根本來不及後悔，更來不及躲閃。

郭威雖然醉得不知天高地厚，但這一刀砍得十分精準有力。但見刀光一閃，屠戶悶哼一聲就倒在地上，鮮血湧出體外，片刻就沒有了生命跡象。我高度懷疑後來施耐庵那個「魯提轄拳打鎮關西」橋段的原型就是這個故事。

當然，在郭威的傳記裡是說這個屠者「常以勇服其市人」，也就是說這個屠戶常常仗著勇力，欺行霸市，好像這個天下就是他老子的天下，大家都很怕他，最後郭威趁著酒瘋，把這個屠戶殺了，算是為群眾除害。但我認為，郭威本傳裡的這些描寫，其實是作者在為尊者諱，為郭威的行凶殺人創造一個理由而已。

雖然這些史家挖空心思為郭威殺人找了個理由，但他仍然被當成殺人犯被抓捕了起來。

正常情況下，郭威這次肯定是沒命的。

但這時正處於不正常時期 —— 李繼韜為了抵禦李存勗的進攻，到處招兵買馬，盡最大的努力發展壯大自己的武裝力量。李繼韜也認識郭威，覺得這個人絕對是上戰場的好手，這樣的人就應該招募到軍中。於是，就把郭威放了，讓他繼續當自己的子弟兵。李繼韜留下了郭威，也留下了後面的一段歷史。

李存勗聽說李繼韜突然投靠了朱友貞，心裡當然很憤怒。他這才知道，一個為了利益可以殺掉哥哥的人，他的眼裡只有利益。他連哥哥的性命都這不在乎，他還能忠於別的人嗎？

按李存勗的脾氣，聽到李繼韜的事之後，立刻就會翻身上馬，帶兵過去把李繼韜打死。可是，他又收到一個消息：契丹又要南下幽州。

8. 李存勗稱帝

李存勗知道現在真不能亂來了，他急忙叫來郭崇韜，如何擺平李繼韜？

郭崇韜說：「派李存審過去，保證旗開得勝。」

李存審這時正好臥病在床。可是李存勗仍然叫他領兵出征 —— 你病事小，國家事大，在國家大事面前，你的絕症算什麼？

西元923年三月初五，李存勗任李存審為盧龍節度使，用車子拉著他前去打李繼韜。

李存勗這時所有登基的前期準備工作已經就緒。

李存勗決定宣布登基。

李存勗在魏州牙城之南，修築了一座壇宇，用來祭祀。

四月二十五日，李存勗終於登上了祭壇，祭告老天爺，宣布自己就任皇帝之位，國號仍然是大唐 —— 這個人雖然是沙陀人士，但正統觀念比

第一章　汴梁易主，李存勗擁兵南下終滅後梁

身為漢人的朱溫要強烈得多。他任命豆盧革為門下侍郎、盧程為中書侍郎，並為同平章事；任命郭崇韜、張居翰為樞密使，盧質、馮道為翰林學士。

還冊封李克用的兩個夫曹氏和劉氏為太后、太妃。

本來，劉氏是李克用的正室，但曹氏是李存勗的生母。劉氏還當李克用的正室時，深得李克用的寵信。但劉氏有個缺陷，就是沒有兒子。但這位夫人很看得開──她也有看得開的資本。她極有能力，曾多次為李克用出謀劃策，也多次在李克用身處險境時，力撐危局，使得李克用的事業起死回生。李克用對她極為尊重，幾乎言聽計從。所以，她對自己很自信──人一自信，自然就會看得開，自然就沒有多少嫉妒心。那時，曹氏只是李克用的侍姬。劉氏覺得曹氏長得漂亮，也很賢慧。她就勸李克用要多多親近這個美女。

曹氏得到李克用的寵愛之後，並沒有囂張起來，而是向劉姐姐學習，在劉姐姐面前一直保持著謙讓的精神。因此，兩人「相得甚歡」，一點沒有違和之感。當李克用在世時，劉氏是正室。當李存勗當皇帝了，他自然讓他的母親當太后，而原來的第一夫人劉氏就只得屈稱太妃。

李克用這次登基儀式，並不是在他河東的政治中心晉陽舉行，而是在魏州前線舉行。因此，他就派盧程到晉陽去冊封太后和太妃。

劉氏接受冊封之後，不但沒有什麼不愉快的表現，反而一臉喜色地來到曹氏的住處，向曹妹妹表示衷心的祝賀。

曹氏更沒有因為自己位居於老姐姐之上，就滿臉後來者居上的得意之色，反而在那裡忸捏不安起來。

劉氏說：「願吾兒享國久長，吾輩獲沒於地，園陵有主，余何足言！」

兩人說著，眼裡的淚水同時滲透出來。到了這個時候，兩人的心頭肯定都有些複雜，流出的淚水包含著萬千感慨。

8. 李存勗稱帝

李存勗這段時期以來，一邊到處打仗，忙得不可開交，一面還忙著建立政權。雖然他很早就有當皇帝的心理準備，但一直到現在都沒有認真地特色過宰相人選。這對於他來說，確實是一個大大的敗筆。也許他還覺得現在是戰亂年代，即使講政治，也是先軍政治——或者說，打仗就是最大的政治。宰相是和平時期的官員，現在作用並不大。但既然要當皇帝、要建立朝廷了，就必須有個宰相。他就在倉促之間，根據盧質的推薦，把豆盧革和盧程兩人提拔到宰相的位置——這兩個傢伙，此前沒有做出過什麼精彩的表演，也沒有提出過什麼歷史性的建議給李存勗，都是在默默無聞地當著判官。即使當判官，也是默默無聞的判官。現在他們突然從默默無聞的判官成為地位顯赫的宰相，連他們都感到萬分的意外。在大家的心目中，兩人都十分淺薄，沒有什麼能耐，平時的工作基本都是按上頭的方針去老實地貫徹實行，自己並沒有什麼工作方法。大家都看不起他們。

李存勗雖然把這兩個傢伙放在宰相的位置上，但現在他最信任的並不是這兩個被人家看不起的宰相，而是郭崇韜。

郭崇韜雖然很有能力，對李存勗也很忠誠，但他的心胸也不很寬廣。

當年，李紹宏當中門使，郭崇韜是李紹宏的副手。當郭崇韜當李紹宏的手下時，對李紹宏十分尊敬。可是現在他的地位已經高於李紹宏了，他對李紹宏就不再客氣了。

李存勗稱帝之後，又把李紹宏從幽州召回，想安排他當樞密使，與郭崇韜共掌樞密院。李紹宏曾經是郭崇韜的上級，資格比郭崇韜大得多，如果到了樞密院，又會變成郭崇韜的上級，郭崇韜就不大高興了——不能老讓這個傢伙壓在自己的頭上啊。他就利用自己跟李存勗的關係，建議任命張居翰為樞密使，改任李紹宏為宣徽使。

李紹宏對郭崇韜恨得咬牙切齒。

張居翰這個人向來小心謹慎得像個虔誠的佛教徒，最怕惹出什麼麻煩

第一章　汴梁易主，李存勗擁兵南下終滅後梁

來，只要郭崇韜不問他，他從不主動處理樞密院裡的任何文件。因此，軍政大權都由郭崇韜掌握。張居翰每天只是到樞密院陪同郭崇韜上班而已。

這個社會裡，很多人都超級自我感覺良好。

現任度支務使孔謙向來認為自己才華橫溢，只要捨得重用，他完全可以運籌帷幄、決勝千里。當時，租庸使還沒有人，他就去請求郭崇韜把這個肥缺交給他。他一定比任何人都做得好。

郭崇韜對他進行了一次考核，大家都說老孔地位不高，還出身貧寒，一下讓他擔當重任，只怕有些不妥。

郭崇韜一聽，既然大家都這麼說了，那就先讓他一步一步來吧。於是，就推薦張憲當租庸使，而讓孔謙當副使。

孔謙本來信信滿滿，結果是這個結果。雖然只差半個級別，但這半個級別的許可權差距就大了。孔謙當時就滿臉怒火，如果郭崇韜在現場，恐怕他立刻就會一掌把這個老郭拍死。

李存勗是在魏州宣布登基的，還必須給魏州提升一下待遇。他改魏州為興唐府，稱東京，然後以太原府為西京，以鎮州為真定府，稱北都。歷史上把李存勗建立的這個政權稱為後唐。

後唐當時轄五十州，十三節度。

李存勗雖然已經稱帝，但這個皇帝也只是戰亂時代的皇帝。目前全國是四分五裂的局面，一個勢力不服一個勢力，光皇帝就有四個。當然，不管按占地面積、還是按綜合國力計算，後唐堪稱一枝獨大。但現在後唐的情況也是不容樂觀的。當了皇帝的李存勗一點不覺得輕鬆。他的南北兩面仍然是敵人。北面的契丹雖然沒有再大規模南入，但一有時間就派出機動部隊，進入後唐地界，大掠大搶，然後又呼嘯而去。李存勗又把主要精力放在南方，幽州那裡兵力就沒有多少，無法面對契丹的搶掠。而且契丹重

點搶幽州的糧食。幾番下來，幽州的糧食就越來越不夠用了。到李存勗宣布即位、接受轄區內百姓的熱烈祝賀時，他卻收到幽州方面的告急文書：幽州的糧食已經難以支撐半年了。而原來牢牢掌握在李存勗手中的衛州又已經被大梁所取，近來潞州又發生了李繼韜的內亂，目前「人情岌岌」。

李存勗戴上皇冠之後，臉色比往常還在陰沉。

李存勗即位後做的第一件事，就是商討南征的事。

但大家都認為，目前勢力內部問題還很多，還是先穩紮穩打，暫時把滅梁之事擱置一下吧。

李存勗聽到大家都是這個聲音，心裡就更加鬱悶了。

正在這時，大梁方面也出現了一個狀況。

9. 孤軍奪鄆

目前大梁前線的總指揮仍然是戴思遠。戴思遠屯兵楊村，與李存勗對壘時，留下盧順密和劉遂嚴等人守鄆州。

盧順密對朱友貞已經嚴重不看好，老早就想當大梁的賣國賊。當然，他現在還不能把整個大梁賣出去，他就想把鄆州賣出去——現在賣鄆州絕對能賣個好價錢。

於是，他趁著戴思遠在楊村專心跟後唐軍對壘時，找了個機會逃了出去，當了個叛國賊。當然，如果他只是裸奔而來，是不會得到什麼好處的。他必須有貢獻。他對李存勗說：「現在鄆州的守兵不滿一千，劉遂嚴又不得人心，只要前去襲擊，完全可以把鄆州拿下。」

郭崇韜等人都認為，孤軍遠襲鄆城，如果不成功，就會白白犧牲幾千人。別聽盧順密的鬼話。

第一章　汴梁易主，李存勗擁兵南下終滅後梁

　　李存勗這次不聽郭崇韜的話了。他那雙眼睛一直死死地盯著河南，河南不除，他就死不瞑目。只是他才把南征提到議事日程，大家就反對，搞得他也有點無可奈何了。現在好不容易出現這個機會，他能放過嗎？孤軍遠征，固然是很冒險。打仗本身就是冒險行為。試問哪場戰鬥不是冒險的？

　　他不再理郭崇韜。他祕密把李嗣源叫到帳中，對李嗣源說：「現在河南方面都把注意力集中於澤潞一帶。他們一心一意想吞掉澤州和潞州，對東面的防守就很虛。如果我們得到東平，就可以潰其心腹。你說，能不能拿下東平？」

　　李嗣源自從胡柳之戰中因為誤判形勢、走錯了路線，沒有隨李存勗共患難，率兵北渡黃河，心裡裝滿了慚愧，一直想找機會建個大功來補償一下，聽到李存勗這麼說，那是正中下懷，馬上說：「我們跟梁兵夾河對壘已經一年多，老百姓都已經有點疲勞了。如果再不想辦法出奇制勝，老是這麼拖著，以後就會越拖越疲軟，哪能成就豐功偉業？請陛下就派我去執行這個光榮而艱鉅的任務。請陛下放心，只要派我出征，保證勝利完成任務。」

　　李存勗一聽，臉上全是笑容。

　　李存勗把五千部隊交給李嗣源，命令他去襲擊鄆州。

　　李嗣源帶著五千部隊，立刻出發。他來到楊劉時，天已經擦黑，又碰上陰雨天氣，眼前一片漆黑。大家都不想前進了——這樣的天氣是打仗的天氣嗎？這是送死的天氣啊。

　　李嗣看到大家都已經停下了腳步，心裡也涼了大半截。他知道，這真是到了關鍵時刻，在這個時候是不能高聲大罵的——這些士兵一旦受到刺激，那是什麼事都能做出來的。

　　可他又不能下令撤回去。撤回去，李存勗也放不過他啊。

9. 孤軍奪鄆

在李嗣源腦子空洞地望著漆黑的天空時，高行周挺身而出，用極為興奮的聲音對大家說：「這樣的天氣，是老天爺在幫我們啊。敵人看到這樣的天氣，肯定會放心睡大覺。去打一群睡覺的敵人，還怕什麼？」

大家一聽，真是這樣啊。

於是，繼續前進。

半夜裡，他們渡過黃河，直到城下，

鄆州人果然神不知鬼不覺。

李從珂率先登上城頭，殺掉還在睡夢的守卒，然後打開城門讓隊伍進去，直攻牙城。

城中的人看到唐兵突然出現，都一片大亂。

到天亮的時候，李嗣源人全部人馬都開進城裡，全力攻打牙城。

如果牙城的守將稍微冷靜，就知道敵人來的人馬並不多、糧草帶得會更少，只要咬牙挺住，就會度過難關。可是劉遂嚴根本沒有臨危不懼的抗壓性。當人家在城外猛攻時，城頭上根本沒有看到他的影子。

士兵們自覺地抵抗了一陣之後，沒有看到長官來支援，哪還有心思繼續拚鬥？

這個思潮一出現，戰鬥力立刻歸零。

李嗣源順利打進了牙城。

劉遂嚴雖然守城無能，但逃跑的本事還是可以的。在李嗣源進城之時，他還能衝殺出去，奪路而逃，直奔大梁。

李存勗接到捷報之後，大喜：「李總管真是奇才。我們離成功又近了一步。」他任命李嗣源為天平節度使。

經此一戰，李嗣源再度冒出風頭，從此之後就成了滅梁的主要軍事主

第一章　汴梁易主，李存勗擁兵南下終滅後梁

官。後面的歷史，也在這裡開始了轉折。

鄆城之戰，意義果然十分重大。

朱友貞聽說鄆州失守，不由「大懼」。他大懼之後，把所有的責任都推到劉遂嚴等人的身上，把那幾個逃奔而來的傢伙通通棄市，並罷戴思遠的招討使之職，降為宣化留後。他的氣還不消，又派人去對段凝和王彥章等人問責，然後嚴令他們馬上出戰，務必把鄆州的損失奪回來。

只要用腦子去稍微思考，就知道朱友貞在情緒極為波動的時候，搞出的這些動作，除了加速他的滅亡之外，沒有產生一點作用。

敬翔是過來人，知道朱友貞離玩完的日子已經沒有多遠了，自己作為大梁的開國元老，也將被裹挾著走進深淵。他在那裡絕望地坐著，加速開動腦筋，想著如何才能力挽狂瀾。最後，絕望的敬翔找來到一根品質上乘的繩子，放進自己的鞋子裡，然後去見朱友貞。

朱友貞還在那裡憤怒著。他這時仍然堅定地認為，是戴思遠這些前線將領壞了他的大事。為什麼自己手下都是飯桶將軍啊。但他卻沒有想到，本來他是有機會的。當鎮州的張文禮背叛李存勗、要跟他與契丹聯合起來，群毆李存勗時，他偏信那幾個奸臣的話，硬是嚴辭拒絕了張文禮的請求，把大好機會丟得十分果斷。他跟所有的皇帝一樣，所有的錯誤都是臣下的，皇帝只能永遠正確，皇帝永遠不必為錯誤承擔責任。

他看到敬翔進來之後，臉上的怒氣仍然未消。

敬翔說：「先帝打下大梁的根基，南面稱帝之後，不以老臣為不肖，所謀無不用。現在的情況是，敵人越來越強大，而我們的局面越來越緊張。陛下不聽我的話，看來我已經沒有什麼用了。不如馬上死去──反正遲早也是死。」

他說著，從鞋裡取出那根繩子，就要在朱友貞面前懸梁自盡。

9. 孤軍奪鄆

朱友貞急忙把他攔住，有話好好說，怎麼一言不合就上吊？你現在想說什麼儘管說。

敬翔說：「現在局勢已經到了萬分危急的時候了，如果不用王彥章，立刻就會大事去矣。」

朱友貞一聽，覺得也只有這樣了——因為現在手下真的無人可用。那幾個他言聽計從的近臣，讓他們去陷害自己人，那是很有手段的，但派他們去保家衛國，不如先殺了他們。

朱友貞無可奈何，只得任命王彥章為北面招討使，仍然以段凝為副使。

李存勗對王彥章還真有些忌憚。他親自帶著部隊駐紮澶州，命朱守殷守德勝。

朱守殷原來是李存勗的奴僕，按道理來說，這樣的人是不能擔當大任的。可是朱守殷還在當奴僕時，就表現得很有心計，而且武力指數也很高，所以李存勗對他很是寵愛。後來，李存勗把他的奴僕改編為長直軍，就讓朱守殷為長直軍使。但這支深受李存勗信任的部隊從來沒有上過戰場。朱守殷沒有上過戰場，軍事能力十分低下，但他喜歡探查別人的隱私，一旦得到別人的什麼隱祕之事，就向李存勗報告。李存勗以此認為此人對他十分忠心，是個政治背景很硬的執法人員，就提拔他為蕃漢馬步軍都虞侯，專管軍中的紀律監察。

我們無法知道，李存勗此時手下還有很多能戰之將，為什麼把德勝城交給這個奴才將軍？

他大概也知道朱守殷的能力很有限，因此在向朱守殷布置任務時，還特別告誡朱守殷：「你現在面對的敵人不是別人，是大名鼎鼎的王鐵槍。王鐵槍絕對不是浪得虛名之輩。他剛剛被任命為北面招討使，一定會乘著士卒們憤怒的情緒，突然前來進攻。一定要小心對待。」

第一章　汴梁易主，李存勗擁兵南下終滅後梁

　　李存勗還派人去請徐溫出兵北上，跟他一起夾擊朱友貞。

　　徐溫這時看到李存勗這麼多年大舉南下，始終搞不定朱友貞，而李存勗內部也是麻煩不斷，還經常被契丹騷擾得無可奈何，對李存勗也沒有信心起來。他得到李存勗的通知後，便想來個腳踏兩隻船，準備帶著水軍北上，看誰勝利就幫誰，以便摘點勝利果實。

　　嚴可求對他說：「這個計策好像很正確，無論如何我們都是贏家。可是如果當我們的部隊進入大梁的海域時，他們就請我們的部隊登陸去援助他們。我們是援助他們呢，還是不援助？如果援助他們，還能當兩面派嗎？如果不想援助他們，又如何拒絕？」

　　徐溫一聽，兩面派果然不好當。便沒有行動。

　　朱友貞任命王彥章之後，就把王鐵槍叫來，問他花多長時間可以把敵人打敗？

　　王彥章說：「三天。」

　　大家一聽，都笑了，王彥章你該鳥槍換炮了吧？從此你不要叫王鐵槍，叫王大砲算了。我們跟李存勗在黃河對壘了這麼久，一直被對方壓著打，只要有眼睛，都能看到我們處於劣勢。你今天一來就說用三天時間就可以破敵？這個牛也吹得太離譜了吧？李存勗要是這麼容易被欺負，他還叫李存勗嗎？

　　王彥章並不理大家向他投來嘲笑的目光，他拍完胸脯之後，就領兵出發。

　　王彥章長期在大梁高層混，最知道目前大梁朝廷的事，都是壞在趙巖和張漢傑這幾個傢伙手裡，如果不除掉這兩個傢伙，大梁就沒有翻身之日——要救大梁，先除趙巖。他在掌握兵權之後，就發誓只要取得勝利，回來就把趙巖和張漢傑兩人搞定。王彥章的這個想法，對於岌岌可危

9. 孤軍奪郓

的朱氏王朝而言，是絕對正確的。只是這個人武力指數雖然冠絕當時，但卻不是玩陰謀詭計的好手。他有了這個想法之後，並沒有埋藏在心底，而是向身邊的人流露出來。

於是，趙巖和張漢傑很快就知道了。

兩人知道王彥章的打算，當然驚恐萬狀。他們知道，現在朱友貞極度依賴王彥章，想在朱友貞面前進讒陷害王彥章是不可能了。他們還知道，王彥章的軍事能力極強，他取勝的機率極大。只要他取得一場勝利，就會產生無人能及的威望，到時就會得到朱友貞的全力支持。那時，王彥章憑著手中的兵力和極大的威望，要殺他們這幾個奸臣，那是手到擒來，不費吹灰之力。他們這麼一想，就得出一個讓他們怕得要死的結論。王彥章得勝之日，就是他們斃命之時。

他們比誰都怕死。

他們立刻想到，想繼續活下去，只有想辦法阻止王彥章勝利。他們雖然無時無刻不在朱友貞面前表忠，一談到國家的前途，他們都激動得熱淚盈眶，一副恨不得挽起袖子，上前線殺敵。其實在他們的心目中，他們的切身利益才是最重要的。為了他們的利益，他們會毫不猶豫地犧牲朱氏王朝的利益。

處於恐懼之中的趙巖和張漢傑，這時對王彥章已經產生巨大的仇恨，覺得與其死在王彥章的手裡，不如死在沙陀人的刀下。

王彥章對此毫不知情。王彥章對這兩個傢伙的心思一點不知，就是對他的副手段凝的心思也不知。

段凝是開封人，據說他還年少的時候，就表現得很聰明，腦子裡全是別人想不出的辦法。他的父親曾經追隨朱全忠，後因犯罪被流放。段凝最初只是當澠池的主簿。後來覺得在這個主簿的任上，做到牛年馬月都不能

第一章　汴梁易主，李存勗擁兵南下終滅後梁

出人頭地。他當時看好朱全忠，就棄官去投奔朱全忠，先當軍巡使。段凝當時雖然沒有別的能耐，但他有一個漂亮的妹妹。這個漂亮的妹妹又被朱全忠看上。朱全忠把這個妹妹納為自己的妾。朱全忠即位後，段美女就成了皇妃。於是，段凝也被朱全忠器重起來，多次擔任諸軍的監軍，權力很大。不久，他由東頭供奉官提拔為右威衛大將軍。充左軍巡使兼水北巡檢使，僅一年時間就授懷州刺史。

當年朱全忠出兵討河東班師停駐懷州時，段凝大獻殷勤，不但送朱全忠大量的珍寶，還天天山珍海味侍侯，使得朱全忠龍顏大悅。第二年，朱全忠再次出征，又停駐懷州。段凝的供奉比前次更為奢華，讓朱全忠覺得大為舒服。朱全忠看到眼前段凝的招待，想到在相州時李思安的供奉實在是太過寒酸，心頭突然火起，居然把李思安先貶之後再賜死。然後下詔大力褒獎段凝，說段凝對朝廷忠心耿耿。從此，朱全忠對段凝更加器重，再任他為鄭州刺史，命其監督對河東作戰的軍隊。

段凝能混到這個分上，並不是靠他的戰功，而是靠他漂亮的妹妹以及拍馬溜鬚的本事。

李振對段凝的上位就極為反感，曾多次要求朱全忠罷免這個靠關係上位的傢伙。但朱全忠卻說：「段凝無罪，不能免啊。」

李振說：「等他有罪，社稷已亡。」

朱全忠一聽，哪有這麼嚴重？並不理會李振的話。

雖然李振把任用段凝的後果說得很嚴重，但至少在朱全忠時代，這個人除了拍馬溜鬚讓人感到噁心之外，還真沒有做什麼對朱氏王朝有害的事來。

朱全忠死後，這個人的性格終於暴露出來了。

他對劉鄩十分忌恨。當年劉鄩征朱友謙失敗之後，他就夥同尹皓等人聯名狀告劉鄩，迫使朱友貞鴆殺了劉鄩。

9. 孤軍奪鄆

當然，這個人還是有些本事的。前一段時間，在大梁各路部隊都進入谷底時，他硬是襲擊了一次衛州，擊敗李存儒，收復了一大片失地，大大地提振了大梁的士氣，令李存勖都感到十分被動。

段凝大概認為，他取得過衛州大捷，有效地扭轉過戰場頹勢，戴思遠被罷免後，就應該輪到他了。哪知，朱友貞居然讓王彥章當上了前敵總指揮，而他又在王彥章手下當第二把手。他心裡很不服氣。段凝這些年來，也一直投靠趙巖和張漢傑。他心裡怎麼想，趙巖和張漢傑最清楚。

於是，趙巖和張漢傑他們決定跟段凝聯合起來，共同對王彥章使絆子。

王彥章對這些事情，都不了解——現在他也沒有時間去了解這些事。

他帶著部隊，加速前進，僅僅用了兩天時間，就來到滑州。

西元923年五月十八日，王彥章擺了一場大宴，讓大家吃得熱火朝天，好像他來到這裡就是為了大吃滑州的飯菜。其實他在大吃大喝的同時，暗中派人在楊村準備船隻。

到了晚間，他選派六百士兵拿著大斧上船，還在船上裝了一批鐵匠，還準備了很多吹火用的皮囊和炭。所有戰鬥人員和鐵匠上船之後，就順流而下。

當這個船隊出發時，宴會還沒有結束。

王彥章對一切掌握得十分精準。他知道船隊已經出發，便對大家說：「吃吃喝喝了大半天，身上全是汗。得換一套衣服了。」

說著，他起身離席。

大家看到他這個模樣，都以為大帥是去換衣服。

其實，王彥章離席之後，迅速帶著幾千精兵沿著黃河南岸直奔德勝。

這時，天下著小雨。

朱守殷毫無防範。

第一章　汴梁易主，李存勗擁兵南下終滅後梁

王彥章船上的士兵衝到城門，將城門的鎖頭用火燒斷，再用大斧把浮橋砍斷。

王彥章帶著部隊迅速向南城發起進攻，毫不費力地攻下了南城。

此時，正好是王彥章接受任務以後的第三天。

朱守殷消息還是很靈通的，他很快就知道南城被人家打下了，急忙用小船載著士兵渡過黃河、前來救援，但已經來不及了。

朱守殷只得眼睜睜地看著南城插上了敵人的旗幟，他就是想不通，王彥章為什麼來得這麼快？

王彥章攻下南城之後，並沒有歇著，又分兵出擊，連續拿下潘張、麻家口、景店諸寨，一時聲勢大振。

李存勗雖然對王彥章的生猛已經有了心理準備，但沒有想到王鐵槍的行動如此迅速，接到德勝南城失守的報告後，急派宦官焦彥賓到楊劉，與李周固守。

李存勗這時更知道，他讓朱守殷守德勝是大大的敗筆。他知道朱守殷不光守不了南城，而且也守不住北城，就叫朱守殷乾脆放棄德勝北城，強拆民屋，做成筏子，載著部隊和物資，順河東下，集中兩地的兵力共守楊劉。德勝城中的其他物資都緊急運往澶州，由於太過倉促，手忙腳亂，導致物資損耗一半以上。

王彥章看到朱守殷率兵東下，也向他學習，強拆南城的民房做成筏子，順黃河漂流而下。

雙方同時出發，開始時還各走一岸，像在進行一場很凌亂的划木筏競賽，但每遇到黃河彎曲的地方，雙方自然會被河水沖到一起。到了這個時候，雙方自然就你來我往，奮力搏鬥，黃河之上，飛矢如雨。有時整艘船隻都會被打得沉沒河底。一天之內，雙方在黃河的急流中，大戰一百多

次，互有勝負。到達楊劉時，朱守殷的部隊已經損失一半多。

二十六日，王彥章和段凝集結十萬大軍，向楊劉發起全面進攻。一時之間，百道俱進，晝夜不停。王彥章還把九艘大船連在一起，橫放於黃河渡口之上，以此來阻擋朱守殷的援兵。由於王彥章攻得太猛，楊劉好幾次差不多宣布失守，但李周硬是死死頂住，在危急關頭，又把敵人擋住。

李周一面跟士兵們死守，一面向李存勗告急，請李存勗以日行百里的速度前來救援，否則真的趕不及了。

李存勗帶著部隊向楊劉出發。

大家都很擔心，怕楊劉撐不住。

李存勗說：「哈哈，有李周在那裡，你們的擔心是多餘的。」

他沒有像李周要求的那樣「日行百里」，每天只走六十里，而且在行軍當中「不廢畋獵」，悠閒得很。

果然，王彥章在幾番猛攻之後，看到楊劉堅固，短期內難以攻下，便率兵退到城南駐紮。

李存勗於六月初二到達楊劉。他看到王彥章已經修了重重營壘，嚴不可入，不由愁容滿臉。

李存勗反覆看了王彥章的營壘，真的無法找一破綻之處，只得問計於郭崇韜。

郭崇韜說：「王彥章據守津要，他的意圖十分明顯，就是想坐取東平。如果大軍南下，那麼東平必不可守。請讓我在博州東岸修築營壘，鞏固黃河渡口。如此一來，既可接應東平，又可牽制敵人的兵力。只是王彥章不是戴思遠。他看到我博州築城，立刻會看穿我的意圖，就會率軍過來攻打。到時我們的城還沒有修好，就被他打跑了。請陛下派遣一批敢死隊，每天讓他們前去挑戰，以此來牽制他們。如果王彥章十幾天不向東去，城

第一章　汴梁易主，李存勗擁兵南下終滅後梁

壘就可以修好了。」

這時，李嗣源還在堅守著鄆州。他本來是孤兵深入襲取鄆州的。從他攻占鄆州的那一刻起，鄆州就是一座孤城。他帶的兵力本來就不多，如果大梁舉大軍前來圍攻，情況就會很不妙。因為王彥章已經攻取德勝，更是切斷了李嗣源與總部的交通線，以致黃河以北的情況，他已經無法知曉。城裡更是人心離散，朝不保夕。

李嗣源也是無計可施，現在最需要的是能跟李存勗取得聯繫，即使李存勗不能馬上派出援兵，也能穩住城中的軍心。

正好大梁右先鋒指揮使康延孝祕密向李嗣源請降。這個人原來是太原胡人，因為在北方犯了重罪，這才逃到南方，當了大梁的官，目前隸屬段凝麾下。李嗣源就派范延光帶著蠟書，溜了出來，去見李存勗，向李存勗報告康延孝請降的事。

范延光最後向李存勗建議：「現在鄆州的情況已經很不妙了。李大帥現在最需要的是得到陛下的支援。即使陛下無法馬上派兵去救鄆州，但聲援也是支援。這就必須讓鄆州與陛下保持一條暢通的交通線。目前楊劉的把守已經很堅固，王彥章肯定不會再去攻打了——他即使前去猛攻，也會一無所獲。不如分兵在馬家口修築城堡，打通通往鄆城的道路。只要鄆州在手，就會對大梁造成巨大的壓力。」

這跟郭崇韜的建議不謀而合。

李存勗說：「好，就這樣！」

他馬上派郭崇韜帶著一萬人連夜出發，以最快的行軍速度奔赴博州，來到馬家口渡口。郭崇韜一到指定地點，立刻抓緊時間築城，而且晝夜不息。

李存勗則帶著部隊天天向王彥章進攻，盡力為郭崇韜打掩護，一直打

9. 孤軍奪鄆

得大家都覺得十分艱苦。

一直打了六天六夜，王彥章才知道郭崇韜已經在馬家口渡河築城。他這才大吃一驚，原來李存勖是在為郭崇韜打掩護。王彥章雖然後知後覺，但他也知道，一旦郭崇韜築好馬家口渡的城堡，東平就會跟後唐的主力遙相呼應，再收復東平就會難上加難。

王彥章不再跟李存勖戀戰，帶著大軍急赴馬家口渡，向郭崇韜的新城發起猛烈進攻。他又把十多艘鉅艦連於黃河中流以絕唐兵援路。

這時，郭崇韜新城的牆面才剛剛築好，但城牆很低，修牆的沙土品質也極差，望臺和其他守備設施都還沒有修好。郭崇韜知道，如果稍一疏忽，新城就會被王彥章一攻而破。他親自跑到第一線，鼓勵大家拚死堅守，常常在危急的時刻，衝上前揮刀砍人，而且哪裡有危險，哪裡就有他奮戰的身影。他還派人去向李存勖告急。

李存勖帶著大軍從楊劉急奔而來，在新城西岸列陣。

城中的唐兵看到李存勖的大旗在西岸上迎風飄揚，知道皇上親自來救他們了，無不勇氣倍增，大聲叫喊著跟王彥章的士兵對打。

王彥章看到李存勖的大軍來到，知道無法打下去了，便砍斷連接戰艦的繩子收回戰艦，在李存勖準備渡河的時候，就先解除包圍，退保鄒家口堅守。

這一次，王彥章沒有料到郭崇韜會到馬家口渡修城，錯過了時機，再也無法圍殲鄆州的李嗣源。

李嗣源大大地鬆了一口氣。大大地鬆了一口氣的李嗣源，想起這次他在鄆州的危險，覺得都是因為朱守殷的無能造成的。如果朱守殷好好守住德勝，王彥章哪有機可乘？幸虧郭崇韜搶占了馬家口，否則，他真的就死無葬身之地了——大唐的事業也會遭到巨大的損失。他就向李存勖上書，

第一章　汴梁易主，李存勗擁兵南下終滅後梁

請求追究朱守殷的責任，狠狠地治一治朱守殷覆軍之罪。

李存勗卻不理。

朱守殷是李存勗重用的，也是李存勗把朱守殷部署在德勝的，處理朱守殷就是等於處理他。

本來，王彥章已經抓到了戰爭的主動權，但馬家口渡口一失，形勢便急轉直下。

李存勗更是得理不饒人，引兵沿河而南，向王彥章進逼。

王彥章不敢再跟李存勗硬拚，放棄鄒家口，再向楊劉挺進。

七月十二日，梁兵的一支游擊隊在清丘驛與唐將李紹興部遭遇，被對方一舉擊敗。

本來這場遭遇戰，根本不算什麼，對大局並沒有造成什麼巨大的影響，但對段凝的影響十分巨大。

段凝聽聞敗報之後，就以為李存勗的主力已經大舉而來，不由大驚失色。他大驚失色之後，並沒有調動兵力準備戰鬥，而是跑到大營，當眾指責王彥章深入鄆州境內，導致今天的局面。

王彥章一時也無話可說。他本來是想據守城南，切斷李嗣源的退路，最終將其困死。哪知，最後反被郭崇韜所算，自己反而處處被動。

李存勗這時好像又找到了感覺，膽量又壯大了起來。他居然派李紹榮單騎獨闖梁營，抓獲梁軍的哨兵。

梁軍一看，連哨兵都被人家手到擒來，這大營還怎麼守得住？都大為恐慌起來。

李紹榮看到自己抓了哨兵，對方居然沒有一點激烈的反應，膽子更大起來，便放火點著木筏、焚燒了王彥章連在一起的船隻。

王彥章看到軍心有些不整齊了，而且李存勗的大軍又已經抵達了鄒家

9. 孤軍奪鄆

口，便解了楊劉之圍，逃到楊村。

唐軍追到了德勝城。

王彥章一邊後撤，還一邊猛攻唐軍幾個座城池。王彥章的攻擊力確實很大。後唐軍在他的攻擊之下，損失近一萬人，丟棄的物資不計其數。尤其是楊劉，到王彥章解圍而去時，城中已經缺食三天。

在王彥章跟李存勗周旋之時，趙巖和張漢傑則在忙著如何搞死他。

趙巖和張漢傑集團早就跟段凝達成共識，並進行了具體分工：趙巖和張漢傑在朝廷內大力排擠王彥章；段凝則在前線到處跟王彥章作對，明的暗的絆子層出不窮，他的目標只有一個：不能讓王彥章成功。除此之外，他暗中收集王彥章的過失，做成「罪狀證據」，不斷地向朱友貞報告。

至於每次捷報送到朝廷，都是先送到趙巖和張漢傑手裡。兩人得到勝利的消息後，就都說是段凝的功勞。於是，王彥章絞盡腦汁、拚死打到的那些成績，全都歸功於段凝。王彥章只成了一個掛名元帥。

等王彥章回到楊村後，幾個傢伙更是傾盡全力向朱友貞推銷王彥章的壞話，說還讓他在前線，只能是成事不足敗事有餘。

朱友貞終於全盤相信了他們的話。同時他更怕王彥章一旦取得勝利，更加難以控制。你想想，都到了這個時候，人家大兵壓境，整個朝廷上下，人人手忙腳亂，至今沒有制定出一個制敵之策，卻先怕王彥章取得勝利。這樣的朝廷不亡，那真是豈有此理了。

趙巖和張漢傑他們看到朱友貞這個態度，他們就笑了，哈哈，我們拿李存勗沒有辦法，但搞定王彥章還是小菜一碟的。

朱友貞馬上徵招王彥章回大梁，說是讓他跟董璋一起去攻打澤州。澤州也很重要嘛。

本來，李存勗對王彥章是很忌憚的。只要王彥章還在前線，李存勗的

第一章　汴梁易主，李存勗擁兵南下終滅後梁

膽子就放不開，心裡或多或少都有一些壓力。現在王彥章一去，李存勗心裡的陰影馬上就一掃一而光。呵呵，朱友貞啊，你真的太好了。你簡直是我派在大梁的臥底。

趙巖和張漢傑在那裡弄權，後唐的首任宰相盧程也很得意。

這個人從一個節度使的判官直接破格成為宰相，心裡十分高興。他認為自己既然當了宰相，這個朝廷除了李存勗之外，他的權力就最大了。他可以隨心所欲地辦一些事。其他官員都得看著他的臉色辦事。他剛當上宰相不久，就找興唐府辦一件個人私事。

他以為，堂堂大唐宰相，到興唐府辦一件事私事，根本不算是事。哪知，興唐府那幾個辦事員就是不買他的帳。

盧程大怒起來，對那幾個辦事人員大吼：「你們知道我是誰嗎？」

「當然知道。」

「那為什麼還不給本相方便方便？本相親自到這裡請你們辦事，已經是大大地看得起你們了。」

「我們這裡是公事公辦。相爺這是私事，我們不能私事公辦。這是原則問題。」

盧程更是怒火沖天，「你們幾個辦事員，居然在我面前講這些大道理？你們以為我不知道原則？」他越罵越大聲，最後舉起鞭子狠狠地在辦事員的後背打了幾鞭。

興唐府少尹任團聽說他手下的辦事員被盧程鞭打，也是大為惱火，便跑過去跟盧程論理。

任團不但是任圜的弟弟，還是李存勗叔叔的女婿。

盧程同樣不把任少尹放在眼裡，你一個興唐府的少尹，居然也敢過來我這裡討什麼公道？指著任團大罵：「你這種豬狗不如的傢伙，居然也敢

來跟我論理？你是不是覺得自己有個好妻子就了不起了？」

任團被罵得灰頭土臉。但他並不就此罷休，而是跑去向李存勗投訴。

李存勗一聽，也是很憤怒：「朕真是看錯了這個狗東西，居然敢汙辱朕的九卿！」

他一怒之下，就想下令盧程自盡，幸虧盧質全力解救，才把他免為右庶子。

盧程這才知道，他這個宰相，跟其他宰相真的不一樣。別的宰相，要麼是憑本事一步一個腳印爬升上來的，要麼是得到皇帝的寵信，才得以坐到這個位置。他此前算什麼東西？既沒有過人的才華，也沒有超強的人氣，更沒有做過什麼讓人眼前一亮的事蹟，還從來跟皇帝沒有過什麼交集。這樣的宰相，跟個閒差不多──只是個閒差的級別極高而已。

這樣的宰相，也敢囂張，那就是自己作死。

10. 段凝上位與黃河決堤

王彥章被抽去攻打澤州，裴約就悲慘了。

裴約本來就沒有多少兵力，被王彥章一輪再加一輪地猛攻，就更加危急了。他派人去向李存勗告急。

李存勗接到這封告急文書時，知道裴約已經危如累卵了，自己再怎麼神速，只怕也救不了裴約，只得在那裡大罵李繼韜，說：「我哥哥居然生出這樣的禽獸。只可惜了裴約。」

他對李紹斌說：「澤州這個彈丸之地，對我們沒有什麼用處。你趕快過去，只要能把裴約帶回來，就算是勝利了。」

李紹斌帶著五千騎兵前去往澤州，還在半路，就得到了澤州失陷的消

第一章 汴梁易主，李存勗擁兵南下終滅後梁

息，裴約也已經戰死。

朱友貞突然有個發現，他罷免王彥章很容易，但對李存勗的大軍卻毫無辦法。

王彥章已經離開了部隊，可是後唐的大軍仍然在黃河邊上，對他保持著高壓狀態，讓他心裡的危機感越來越沉重。

朱友貞後來突然有個靈感，既然無法在戰場上打退唐兵，那就用黃河水吧。這個人這些天來很果斷，他果斷地任用王彥章，然後又果斷地聽信讒言把王彥章罷免，現在一想到決河之計，便果斷地下令：決開黃河。當然，不能毫無目的地決開，而是把黃河水引向東面，灌注曹、濮、鄆三城，以隔斷後唐兵。

免了王彥章，還得任命一個前線總指揮。

現在前線就只有段凝了。

段凝一直盯著這個職務。他跟趙巖集團裡應外合，把王彥章搞下去之後，又送去大量的錢財給趙巖和張漢傑兩人。呵呵，我不但當你們的同盟，還送給你們錢財，你們也該為我盡力爭取這個位置了吧？

即使段凝不送錢，趙巖和張漢傑也要力挺段凝接替王彥章，他們需要的就是這樣盡力巴結他們的人。只要這樣的人掌握兵權，他們才可以高枕無憂。

李振和敬翔知道，段凝雖然有時能打點仗，但那樣的情況只是偶爾發生，算是超程度發揮。只要他正常發揮，結果只能是失敗。現在大梁已經岌岌可危，再把最後的國運交給這樣的人，前途可想而知。兩人又跑去見朱友貞，請朱友貞不要重用段凝。可是趙巖和張漢傑說，現在只有重用段凝，才能挽回頹勢。

10. 段凝上位與黃河決堤

雖然李振和敬翔在那裡拚命反對，說段凝一上位，大梁就會大事去矣。

朱友貞還是聽從了趙巖和張漢傑的主張。

於是，朱友貞任命段凝為北面招討使。

趙巖和張漢傑很高興，段凝更高興。

但將士們卻不高興了。幾乎所有的將領都憤怒地表示，堅決不服。

天下兵馬副元帥張宗奭也忍不住挺身而出，對朱友貞說：「我是副元帥，雖然已經老朽，但還可以為陛下捍禦北方之敵。段凝資格太淺，功名未能服人。現在大家對他都議論紛紛，軍心不穩，後患無窮啊。」

敬翔也說：「將帥身繫國家安危，現在國勢都已經如此了。陛下怎麼能重用這樣的人？」

朱友貞根本不理兩人的話。

段凝拿到了帥印，馬上就率領五萬大軍從高陵渡過黃河。

大家一看，這個人看來還真敢戰鬥，看來他真的要去跟唐兵決戰了。

哪知，他高調渡河之後，只是乘虛進入澶州境內，對澶州各縣進行一場高強度的洗劫活動，然後到頓丘駐紮。

大概朱友貞也看出段凝不是打勝仗的料了。朱友貞目前覺得鄆州的李嗣源是大梁的心腹大患，不把鄆州收復，他就睡不著覺。於是，他又不得不啟用王彥章。當然他並沒有讓王彥章官復原職——他雖然無能，但堅決不做打自己臉的事。他只是命令王彥章帶著保鸞騎士等一萬人到兗、鄆兩州境內駐紮，謀取鄆州。當然，如果他放手給王彥章去打，或許他的計畫能成為現實。可是他還在防著王鐵槍，派張漢傑去當王彥章的監軍。看到這樣的安排，任何人只要還會用腦袋去思考，就知道，王彥章即使有韓信之才，也不會取得成功。

051

第一章　汴梁易主，李存勗擁兵南下終滅後梁

11. 王鐵槍殞落

那個曾經多次向李存勗表達過歸順意願的康延孝，這時終於下決心脫離段凝的領導，帶著一百多騎跑到李存勗大營，向李存勗辦理了投降手續。

李存勗大喜，當場脫下錦袍玉帶賜給這個降將，然後任命他為南面招討都指揮使、領博州刺史。

之後，李存勗屏退眾人，單獨向康延孝了解大梁那邊的情況。

康延孝說：「大梁地既不狹隘，兵亦不少。綜合國力，向來很強悍，但看他們的所作所為，就知道他們離亡國真的不遠了。現在他們的情況是：主上暗懦無能，趙、張兄弟擅權，內結宮掖、外納貨賂，做得公開透明、天經地義。官員職位的高低，只看賄賂的多少而定，從來不從德才兼備的角度去考核過，也不管有沒有功勞。段凝這個人，智勇皆無，卻能於一夜之間居於王彥章和霍彥威之上。他自從領兵以來，全憑自己的意氣行事，任意約束部隊，以此來討好趙巖張漢傑。朱友貞更是奇葩。每次出兵，都沒有把全部權力交給將帥，而是用親信來監督軍隊的行動。部隊的行動，全受監軍所制約。近來，他好像又準備下令四面出擊。一方面他命董璋率陝、虢、澤、潞四州的部隊從石會關直趣太原；霍彥威率汝、洛之兵自相衛、邢寇鎮定；王彥章、張漢傑以禁軍攻鄆州；段凝、杜晏球以大軍當陛下，決定在十月大舉進攻。這個部署看起來氣勢磅礡、來勢洶洶，其實並不可怕。如果他們集中起來，數量確實很大，難以應付，但一分散就不多了。陛下現在只宜養精蓄銳，以待其分兵。到時，陛下可以率精銳騎兵五千，從鄆州直抵大梁，搗其腹心，直取朱友貞，不過旬月之間，天下定矣。」

李存勗一聽，不由大悅。朱友貞啊，你手下明明有人才，可是你為什麼不用，一定要逼迫他們跑到我這裡來出貢獻他們的力量？

11. 王鐵槍殞落

當然，現在李存勗的形勢也不十分樂觀。德勝被王彥章一鍋端之後，損失的糧草數百萬，再加上租庸副使孔謙為了呈能，不斷以暴力手段斂財以供軍需，老百姓們實在挺不住，都紛紛流亡。轄區內人口流失極為嚴重。人口一流失，租稅收入自然就不斷地跌停。根據有關部門的統計，目前國庫裡的口糧已經不足半年之用。而段凝的大軍又進臨黃河南岸，不斷地騷擾澶州和相州。澤潞兩州已經被大梁攻下，至今沒有收復。更讓李存勗鬱悶的是，盧文進和王郁引契丹兵多次騷擾幽州，讓他都無法顧及。現在聽說朱友貞又要大舉進攻，他還是很擔憂的。

李存勗把大家召來，開了個會，把後唐面臨的種種問題都擺到桌面上，請大家一起討論，拿出解決的辦法來。

李紹宏等人認為，鄆州地處敵人境內，城外都是敵占區，一支孤軍放在那裡，實在難以堅守。占領這樣的地方，不如放棄的好。這樣吧，我們跟大梁談判，請他們用衛州和黎陽來換鄆州，然後簽訂個和平條約，以黃河為界，休兵息民。等財力足夠時，再圖進取。

李存勗一聽，這種陳詞濫調，朕不愛聽，他說：「如果這樣做，我們就會死無葬身之地。」

大家一聽，哪敢再說什麼？

李存勗只得苦著臉，宣布散會。

可是問題仍然沒有解決。

李存勗散會之後，把郭崇韜單獨叫來到自己的住處，問他有什麼辦法。

郭崇韜說：「陛下帶兵征戰，至今已經十五年有餘，一直為雪家國之恥而努力奮鬥。現在陛下已經名正言順地當了皇帝，黃河以北的軍民天天盼望著天下太平。現在剛剛得到鄆州這塊小地方，如果因為堅守困難就放棄，那麼什麼時候才能將中原全部打下？我現在最擔心的是，跟朱友貞簽

第一章　汴梁易主，李存勗擁兵南下終滅後梁

訂了和平條約，將士們就會灰心喪氣，無復鬥志。將來糧食吃完了，大家就會離散。到那時，雖然有黃河為界，又有誰去幫陛下去守衛呢？康延孝投降過來之後，我曾經跟他多次探討，從他那裡深入地了解到河南方面的情況。我將這些情況結合我們的實際，反覆推演，認為成敗之機將決於今年。梁朝現在把全部精兵都交給段凝，讓他侵占我們的南邊，又決河自固。他們挖開黃河之後，就很自信地認為，我們不能馬上渡過黃河。防備之心就會鬆懈。他們派王彥章去攻打鄆州，其目的就是希望有奸人動搖，以便使我們變生於內。他們的圖謀本來不錯，但卻所用非人。段凝絕非將才，不能臨機決策，實在不足畏懼。投降過來的人都說大梁已經沒有什麼軍隊了。如果陛下留下部分兵力堅守魏州、保衛楊劉，然後親帥精銳部隊與鄆州會合，長驅入汴。汴城本來就已經空虛。他們看到陛下的部隊突然出現，一定會望風自潰。到了那個時候，朱友貞不是被殺死，就是被俘虜。大梁其他將領就只會選擇投降和或崩潰了。否則，今年的收穫不豐收，軍糧將要吃完，陛下還不下定決心，大功怎麼能夠成功？俗話說：『當道築室，三年不成。』帝王應運而出，必有天命。所有一切，都在陛下一念之間。如果陛下決心一下，則大功必成。」

李存勗一聽，哈哈，你這話朕愛聽，大聲說：「此正合朕志。丈夫得則為王，失則為虜，吾行決矣！」

正在這時，有關部門的負責人進來報告：「根據天象，今歲天道不利，深入必無功。」

李存勗一聽，你們是怎麼研究天象的？朕肉眼都可以看到勝利的前景了，你們居然還說天道不利？看來是喝多了，看天象看得眼花了。朕到現在才知道，有時候專家的話才是這個星球上最大的屁話。

王彥章已經引兵渡過汶水，準備進攻鄆州。

李嗣源看到王彥章率軍前來，一點不懼怕。因為現在梁軍的主力都在

11. 王鐵槍殞落

段凝的帶領下,在澶州一帶做搶劫活動。王彥章的兵力比鄆州城裡的唐兵還要單薄得多。李嗣源深知,王彥章是當今天下的頭號悍將,連李存勗對他都十分忌憚——現在他雖然被那幾個奸臣暗算、處處受制,但他在梁軍中還是神一般的存在。現在正可利用這個機會,把王彥章狠狠地收拾一次。王彥章一吃敗仗,梁軍的士氣必定大跌。於是,李嗣源果斷派李從珂帶騎兵出來逆戰。雙方第一次交鋒,李從珂大敗王彥章的前鋒,俘虜三百人,斬首兩百。

王彥章手下沒有多少兵力,一下丟了五百號人,已經算是巨大的損失了。他不敢再戰,帶著部隊退保中都。

九月二十七日,正在朝城坐鎮的李存勗聽說王彥章被擊敗,十分高興,對郭崇韜說:「鄆州首戰告捷,足以壯大我軍的士氣。」

李存勗更堅定了對梁最後一戰的決心。他下令,把將士們的家屬全部送回興唐府,並且他的兒子李繼岌也回到興唐府。他對李繼岌說:「成敗之機,在此一舉。如果我不成功,你就把我們全家集中到魏宮,然後全部自焚。」說得其極悲壯,完全可以套上不成功則成仁這八個字了,由此可知其決心之大。

十月初二,李存勗帶大軍從楊劉渡過黃河,次日即到達鄆州。到了鄆州,他並沒有停留,而是在半夜繼續前進。過了汶水之後,他命令李嗣源為前鋒,以中都為目標全速挺進。

初四早晨,李嗣源與梁軍相遇。

梁軍沒有想到居然在這裡碰上了唐兵,都是大吃一驚,你們是什麼時候過來啊?我們怎麼一點動靜都不知?太不講武德了。

李嗣源這時要是還講武德,他還是李嗣源嗎?他知道,他們已經深入大梁境內,一路向汴州發,直搗朱友貞腹心,完全是孤軍深入,不管碰到多少敵人、更不管敵人有多強悍,他們都必須取得勝利。如果一著不稍,

第一章　汴梁易主，李存勗擁兵南下終滅後梁

他們就真的全盤皆輸了。他帶頭殺進敵群，其他將士也跟著揮刀大砍，只片刻功夫就把梁軍這支部隊殺敗。梁軍大敗之後，都抱頭跑路，唐軍一路追殺，一直追到中都城外。

大梁中都的軍民，一直都以為自己遠離戰場，從來就沒有做過什麼準備。這時唐兵殺進來，他們哪能抵擋得住？眼看唐兵喊殺連天而來，他們根本沒有戰鬥意識，都在奪路而逃。

李嗣源又輕鬆地攻下中都。

到了這時，李存勗的冒險策略已經見到了曙光。

駐守中都的正是王彥章。

王彥章看到中都已破，便帶著十餘騎準備突圍而走。後唐龍虎大將軍李紹奇看到有人突圍，便單騎追了過去。這個人原來在梁軍中混過，認識王彥章。他聽到王彥章的聲音，便大叫：「是王鐵槍。」

馬上拔出長劍刺向王彥章。

王彥章雖然勇冠當時，奈何驚慌之下，手中無槍，對李紹奇刺來的劍毫無辦法。結果他被一劍刺中，身負重傷。他的馬也跌倒在地。

李紹奇萬萬料不到，威震當時的王鐵槍就這樣被他輕鬆地抓到。

王彥章都被抓住了，前來負責監督王彥章的張漢傑當然也跑不掉，同樣被人家生擒過去。同時被抓的大梁高級官員有兩百多人，數千人被斬首。張漢傑是王彥章在大梁的死對頭，他這次當王彥章的監軍，就是專門對王彥章使絆子的，預防王彥章又取得勝利。到了這時，他的預期目標終於實現。只是他老哥子也成為了俘虜。這應該是他永遠都想不到的。

王彥章被抓，對於李存勗來說，實在是一件意外的驚喜。

王彥章向來看不起李存勗，一提到李存勗，他那張大嘴就大聲說：「李亞子小兒，何足畏！」

11. 王鐵槍殞落

這話最後也傳入李存勗的耳中。

李存勗一直牢牢記住這句話。

當王彥章以俘虜的身分出現在李存勗的面前時，李存勗對他說：「你動輒說我是小兒。今天你服不服？」

王彥章沒有回答這個小兒的這個問話。

李存勗又問：「你身為當今名將，為什麼不去堅守兗州，卻跑到中都來。中都既沒有多少兵力，還沒有城防工事。任誰都守不住啊。」

王彥章答：「天命已去，何必多言。」天命真是個好東西，可以讓所有的失敗者找到失敗的藉口。

李存勗不但對王彥章很忌憚，也很愛惜這個天下第一高手。他得知王彥章被抓獲之後，最先想到的並不是如何處罰他，而是想重用他。

這時王彥章已受重傷，李存勗就派人為王彥章精心治療，然後多次派人去勸降。

王彥章說：「我只不過一介草民，幸而得到朱氏的厚愛，把我提拔為上將。我自領軍以來，跟陛下交戰整整十五年。現在力竭被擒，死於陛下之手，早在意料之內，也是分內之事。縱使陛下可憐我，讓我繼續活著，但我還有何面目見天下之人？朝為梁將、暮為唐臣，這些我是不能做的。」

李存勗大概認為派過去的勸降的人分量不夠，便又派李嗣源過去。

王彥章躺在床上，對李嗣源說：「來者不是邈佶烈嗎？」

王彥章雖然出身並不高貴，但他一向看不起李嗣源，這時特意用李嗣源的小名來打招呼。

李嗣源看到他如此，知道就是把嘴皮磨破，也說不動他了。

大家都知道，王彥章對李存勗造成的心理陰影很大。當王彥章剛剛就任前線總指揮時，李存勗就對大家說：「此人可畏，應該避其鋒芒。」

第一章　汴梁易主，李存勖擁兵南下終滅後梁

有一次，李存勖去攻打潘家寨。王彥章想引兵去救援，可是因為隔著黃河，急切之間，無法立刻把人馬渡過去。王彥章就抄起鐵槍，獨自上了船，然後就大聲命令船伕開船。賀瓌想攔也攔不住。王彥章一人過了河，就衝上岸上去。李存勖聽說是王彥章來了，也不看看王彥章是幾個人來的，立刻風緊扯呼，引兵退走。從這個事上看，完全可以看得出王彥章對李存勖造成的心理陰影有多大了。

現在這塊面積巨大心理陰影終於清除，而且還拿下了中都，對朱友貞集團那一干人，造成無比巨大的心理壓力，實在是一件可喜可賀的事。大家就都跑到李存勖那裡，向他表示熱烈的祝賀。

李存勖舉酒對李嗣源說：「今日之功，全靠你和郭崇韜之力。如果我聽從李紹宏他們的話，則大事去矣。」

李存勖將杯中酒一飲而盡之後，又對眾將說：「王彥章一直是朕的心頭大患。今天他已經就擒，實乃天意滅梁啊。段凝目前還在黃河邊上。他帶著梁國的主力。現在我們是進還是退？大家各抒己見。」

眾將都說：「現在青、齊、徐、兗諸州，都是空城。陛下以天威臨之，完全可以一攻而下。我們應該先擴大占據的地方，東面靠近大海，然後乘空行動，萬無一失。」

康延孝認為，這樣做太保守。大家都明明知道梁朝境內諸城已經空虛了，為什麼還在這裡慢慢擴大地皮？這是在把時間白白地消耗掉啊。等我們把地皮擴大到海邊可以吃海鮮了，人家的兵力也已經集中起來，全力對付我們了。試問，如此操作，我們原來的策略意圖還能實現嗎？為今之計，就是不顧一切，直取大梁。

李嗣源說：「我堅決贊同康延孝的意見。兵貴神速。現在王彥章就擒，段凝尚未知曉。即使有人以最快的速度去向他報告了，但以段凝的性格，

11. 王鐵槍殞落

他也只是將信將疑，還會在信疑之間，猶豫三天。他確定了我軍的去向後，肯定會緊急發兵。我們仍然不怕。現在擺在我們面前，有兩條路，一條是走直路，但有黃河決口阻擋，必須從白馬渡過黃河。幾萬部隊，需要找很多船隻，急切之間，實在無法辦到。不如直接從這裡過去，前無山險，一路列著方陣，晝夜兼程，兩個晚上就可以到達。如此一來，段凝還在黃河邊抓狂，朱友貞就已經成了我們的俘虜。請陛下按照康延孝的建議實施，帶大軍慢慢前進，我願領一千騎兵作前鋒，為陛下開路。」

李存勗大聲叫好。

命令下達之後，諸軍將士果然都踴躍叫好，希望盡快出發，早早立功。

當天晚上，李嗣源就帶著前鋒以大梁為目標挺進，李存勗帶著主力於第二天清晨繼進。

李存勗仍然帶著王彥章一起行軍。他還盼望王彥章的立場軟化下來，然後投降他。

他派中使問王彥章：「吾此行克乎？」

王彥章說：「段凝至少目前還掌握六萬精兵。雖然段凝是個庸才，但他也不會馬上投降。你們幾乎無法打敗他們。」

李存勗一聽，知道王彥章真的不願意歸順他了，只得下令把這個王鐵槍殺掉。

初七，李嗣源的部隊來到曹州。

曹州的守將看到後唐大軍殺到，連王彥章都擋住，他算哪根蔥？於是舉城投降。

第一章　汴梁易主，李存勗擁兵南下終滅後梁

12. 末帝朱友貞

此時，王彥章的那些散卒，有的已經跑到大梁，向朱友貞報告：王彥章已經就擒，後唐兵已經長驅而入。目前情況就是這樣，不要怪我們沒有事先報告給陛下。

朱友貞一聽，這才知道他的部署，原來都沒有用。現在大梁的主力部隊還在，但都跟著段凝在黃河邊上毫無作為，而後唐的大軍已經大步殺向大梁。

以前，每次打敗仗，朱友貞都歸罪於前線大將，劉鄩、戴思遠、王彥章先後成為背鍋大王。但這一次，他沒有再怪罪於段凝。他怪的是自己的國運，他把朱氏家族都集中起來，對他們大哭一場，然後說：「運祚盡矣。」

所有的人都從他的哭聲中聽出他的絕望。

朱友貞在絕望地痛哭之後，並沒有徹底絕望，他還是把群臣叫來，要求大家盡快貢獻對策。

大家都在那裡低著頭，沒有一個人說話。

估計大家都在心裡想，為什麼不問趙巖？他本事大得很啊。

朱友貞當然知道，趙巖是沒有辦法的。他只得用十分真誠的語氣向敬翔請教：「我以前都不聽你的話，這才走到今天這個地步。現在情況已經萬分危急，請你大人大量，不要怨恨在心。現在該怎麼辦呢？」從朱友貞的這個話上看，這個人完全知道誰有能力誰沒有能力，誰的人品好誰的人品差。可是他一直以來，就是重用無才無德的人，就是把有德有才的人貶下去，讓他們靠邊站，然後放權給那幾個百姓都痛恨的傢伙。直到現在，他才在敬翔面前放下姿態。

12. 末帝朱友貞

敬翔本來心情就已經十分鬱悶了。他追隨朱全忠，一直充當朱全忠的頭號謀主，為朱全忠貢獻了大量的智力，也深得朱全忠的信任。可以說，大梁的基業，他有著不可磨滅的功勞。可是朱友貞一上臺，就把他當弊履一樣丟到一邊。這麼多年來，他基本都過著退休的無聊生活，雖然多次忍不住去見朱友貞，向朱友貞提出一些建議，但朱友貞從來沒有把他的話當話。朱友貞這些年來，那雙耳朵只用來聽趙巖和張漢傑這幾個人的話。直到走投無路時，朱友貞才淚流滿面地向他請教。他還有辦法嗎？

敬翔的淚水也跟著刷刷而下，臉上瞬間老淚縱橫，他說：「我受先帝大恩，三十多年了。名為大梁宰相，實則朱家奴僕。我一直侍奉陛下如同兒子一樣。我前前後後提出的意見，無一不是忠心耿耿的。奈何陛下置若罔聞。當初陛下起用段凝時，我就說過萬萬不可。段凝這些人，與朝廷的小人們互為朋比、內外勾結，導致了今天這個局面。現在大唐兵大至，段凝被阻隔在黃河以北，就是插翅都難以趕來救援。現在只有一個辦法，或許還可暫時避難……」

快說。

敬翔說：「就是馬上出大梁，到北面的狄族那裡暫避。當然，我知道陛下是不會聽從我的這個意見的。還有一個，就是請求陛下出奇兵與唐軍決戰，但陛下同樣不會果斷決定。我想，現在就是張良、陳平重返人世，也拿不出更好的辦法了。我唯一的希望就是陛下賜我先死，我不忍心看到大梁的滅亡。」

他說完之後，又放聲大哭。

朱友貞也跟著放聲大哭。君臣兩個在大殿上，面對面痛哭，只哭得大家都面面相覷。

朱友貞這次哭是真的動了感情，但動了真感情的朱友貞並沒有採納敬翔的建議，既沒有逃出大梁去北方避難，更沒有調動兵力交給敬翔去跟李

第一章　汴梁易主，李存勗擁兵南下終滅後梁

存勗決戰，而是派張漢倫騎著快去催段凝快快前來救駕——到了這個時候，他仍然相信張氏集團。

朱友貞把最後的希望全部寄託在張漢倫的身上。可是張漢倫比張漢傑更不爭氣。他狂奔到滑州時，居然無緣無故從馬上掉下來，摔傷了腳。他大叫晦氣之後，還堅持向前。當他繼續向前時，他突然發現，前面一片汪洋。原來朱友貞下令決河阻敵的大水還在。現在這個大水阻止不了李存勗，卻把張漢傑和段凝都阻隔了。

當時大梁城中還有幾千控鶴軍。

朱珪向朱友貞請求，讓他帶這支部隊出去跟李存勗決一死戰。李存勗一路而來，從沒有遇到阻力，肯定很輕敵而疏於防範，完全可以打他一個出其不意，或許可以爭取一點時間。

這個建議跟敬翔的建議是一樣的。

朱友貞此前已經否決過敬翔的建議，這時當然不會再聽朱珪的話。

朱友貞只是叫王瓚驅趕城中的市民登城守備。

大家一看，當時全世界最精銳部隊已經開過來，他居然驅趕著從未拿過兵器的市民去守城。這是腦子亂到什麼程度才會出此昏招啊。

朱友貞在面對敵人時，部署得漏洞百出，但對內部的防範卻是滴水不漏。他伯伯朱全昱有個兒子叫朱友誨，十分聰明，人緣很好，大家都對他都有好感。朱友貞那根神經就跳動起來。然後就有人告發朱友誨，說朱友誨暗中引誘禁軍、圖謀不軌。

於是，朱友貞就以此為藉口，把朱友誨召回，然後把朱友誨的兩個兄弟朱友諒、朱友能都關了起來。看看你們有多聰明。在這個世界上，再怎麼聰明，都玩不過權力。這時，唐兵越來越近，朱友貞不怕別的，最怕的居然是他兄弟們乘亂搞小動作。為了讓杜絕這類事故的發生，他把自己

12. 末帝朱友貞

的弟弟朱友雍、朱友徽全以及那幾個被關押的堂兄弟全部殺掉，以絕後患。一個離滅亡只有幾公尺遠的皇帝，這時還在防範自己的兄弟，其昏庸的程度可想而知。

當然，他也知道，就是殺絕自己的兄弟姐妹，也擋不住李存勖衝殺過來的步伐。他又不採納別人的辦法，只是頑固地把最後的希望寄託在段凝的身上。

朱友貞來到建國樓，拿出一堆錢財，把一群他最信得過的親信叫來，分給他們。然後叫他們穿上老百姓的衣服，再交給他們每人一份蠟書，叫他們去催促段凝加速回師救駕。那些人平時都表現得忠心耿耿，誰要是在他們面前說幾句批評朝廷的話，他們就會立刻大作文章把誰批倒批臭再治罪。朱友貞在他們的臉上，看到的都是凜然正氣。他對他們十分放心。

哪知，這些人拿到蠟書和一大堆金錢、在朱友貞面前拍著胸脯保證完全任務、跑出城外之後，就全部成了失聯人員。

又有人向朱友貞建議，放棄大梁，先到洛陽，再收集諸軍跟李存勖決一死戰。李存勖雖然攻占了大梁，但其勢必不能久留。還有人請他逃出大梁，去找段凝。朱友貞覺得跑去找段凝還是有點可靠的，正想做出決定，控鶴軍都指揮使皇甫麟說：「段凝本來就不是將才，全靠關係得以晉升到這個位置。在這樣的形勢下，巴望他轉危為安、反敗為勝，簡直比登天還難。況且他聽到王彥章失敗，其膽已經裂。現在誰敢保證他還對陛下忠心耿耿？」

趙巖已經很久沒有說話了，這時又出來發言：「事勢如此，一下此樓，誰心可保。」話雖然不多，卻讓朱友貞越想越覺得恐怖。所有的亡國之君，都有一個共同的特點，越到最後，越怕自己朝廷的文武官員突然搞事，把自己賣給敵人。朱友貞這時雖然明知自己對喊殺連天而來的李存勖已經毫無辦法，但他仍然把對自己人的警惕提升到最高級別，聽到趙巖這

第一章　汴梁易主，李存勗擁兵南下終滅後梁

麼一說，他覺得真的太對了，就不再聽從別人的其他建議，硬是坐那裡等著李存勗前來進攻。

朱友貞不敢出城，也不敢進行其他部署，但心頭的危機感越來越嚴重，他又召集宰相們前來商量，要求宰相們提出有效的禦敵方案。

大家只在那裡參觀朱友貞那絕望的表情，沒有誰提出什麼方案。朱友貞等了很久，不但得不到一個有效的方案，連無效的方案都沒有誰提出來。

朱友貞在那裡看著大家。這些人都是他最信得過的親信啊。平時喊忠君愛國的聲音是全國最響亮的，平時一談到外敵入侵，他們都恨不得操起菜刀、上前線砍敵，一直砍到自己光榮犧牲為止。這些聲音，多次讓朱友貞感動得熱血沸騰。熱血沸騰之後，就拿出很多錢財來賜給他們，以表彰他們的忠君愛國情操。哪知，事到臨頭，敵人就在城外，他們都縮著腦袋，以往的那些熱血不知跑到哪裡去了。朱友貞這才知道，口頭的忠君愛國是最不可靠的。這些嘴炮是專門用來轟炸他的感情，而不是用來對付敵人的。

他的眼睛又溼潤了。他的目光透過那層溼潤，看著眼前的這些嘴炮專業人士，忍不住一聲長嘆：「你們，你們真的一言不發了？」

他的話聲一停，整個朝堂一片寂靜。

最後他只得揮揮手，你們出去吧。

眾人出去之後，他把宰相鄭珏單獨召來，別人沒有辦法，你是宰相，你總該提出一個辦法來吧。

鄭珏說：「辦法是有一個，只怕，只怕陛下不用。」

朱友貞激動得差點上前抱住鄭珏，顫聲說：「快說。現在情勢危急得連一秒鐘都耽誤不得了。」

鄭珏說：「請派我帶著傳國玉璽前去詐降，先把時間拖一拖。」

12. 末帝朱友貞

朱友貞一聽，差點罵出髒話，原來是個投降派。別人說投降，那還情有可原，你是堂堂宰相啊，怎麼也是投降派？如果是在往日，朱友貞肯定要龍顏大怒。可是現在龍顏已經不敢大怒了。他把萬分無奈的表情掛上龍顏，再用萬分無奈的語氣說：「朕並不真的愛惜這枚大印。只是如果按你的這個辦法去行事，真的可以緩解今日之危嗎？」

鄭珏沒有想到，一向不清醒的朱友貞這時居然突然有了思考能力，突然反問他起來。他在那裡低著頭，好久才道：「恐怕不能。」

朱友貞一看，立刻知道這傢伙也是個居心不良的「忠臣」。他提出的這個良策，都是一心一意為自己作想的良策──就是讓朱友貞把傳國玉璽交給他，然後他帶著傳國玉璽跑到李存勖那裡，辦理自己的投降手續，說到底，就是想把傳國玉璽哄騙到手，讓他去賣國能賣到了個好的價錢。

朱友貞雖然想到這一層，但也不敢發怒了，他只是用著還在潮溼的眼睛望著這位大唐進士出身的宰相，心裡充滿了厭惡之情。鄭珏則繼續低著那顆腦袋，臉上遍布尷尬之情。朱友貞的左右看到這一幕，沒有誰站出來說什麼，卻在那裡「縮頸而笑」。這些左右這時抗壓性超好，面對亡國之危就在眼前，居然把朱友貞看來極為悲壯的一幕當著喜劇來欣賞。

朱友貞看到大家在那裡吃吃而笑，心底更是無限悲涼，自己身邊怎麼全是這些人？平日好吃好喝地供養他們，讓他們充當自己的心腹人士，有求必應。哪知原來全是一群沒有心肝的無賴啊。

這些人可以毫無心理負擔地笑著，朱友貞卻不能笑。他只能在那裡日夜涕泣。難道父親打下的基業，就真的要完蛋了？他不甘心，但又不知道怎麼辦。

朱友貞在那裡不知所措之後，又突然記起，連鄭珏都在打這個傳國玉璽的主意了，其他人肯定都在盯著這顆大印。他急忙把大印拿過來，放在自己的臥室裡，由他親自保管。

065

第一章　汴梁易主，李存勗擁兵南下終滅後梁

　　他以為這樣就安全了。哪知，幾天過後，那顆大印就不見了。他找遍臥室的每個角落，其他東西都還在，就是沒有大印的蹤影。然後，他又發現，那幾個吃吃而笑的左右也不見了。

　　朱友貞癱軟在那裡。他彷彿看到那幾個他最親近的左右，正在把大印遞給李存勗，他們在李存勗接過大印時，還發出吃吃的笑聲。

　　朱友貞也不再尋找傳國玉璽了。

　　次日，也就是十月初八。

　　有人進來報告：唐軍已經過了曹州。

　　大家登城一看，只見曹州方向，「塵埃漲天」，人人都嚇得面如土色。

　　趙巖也面如土色。他沒有再去向朱友貞提出什麼主張了。現在朱友貞除了會流淚之外，只會在那裡哭著喪著臉發呆，比木頭人還難看。

　　趙巖對他的左右說：「連我都看得出，京城真的守不住了。我向來待溫韜很好。現在前去投奔他，他一定會當我的保護傘。」

　　他說過之後，也不跟朱友貞打一聲招呼，直接就奔出大梁，向許州跑去。

　　朱友貞看到趙巖都不辭而別，意識到真沒有誰再救得他了。

　　他兩眼毫無焦點地到處投放，誰也不知道他此刻心裡怎麼想。他是不是在後悔自己這些年來，自己都重用了什麼人。自己手下也有敬翔和李振這樣的文官，這幾個傢伙在朱全忠時期，表現得都很有謀略，各種陰謀詭計層出不窮，為朱全忠的事業立下汗馬功勞，但他並不把他們當一回事；他手下也有劉鄩、王彥章這些令李存勗都忌憚的戰將，可是他從來沒有放心地使用過他們，即使有時不得已把兵權交給他們，仍然派張漢傑之類的奸臣當他們的監軍。他最放心的只有趙巖，只有段凝。現在事實已經為他證明，這幾個他最放心的傢伙，完全可以劃歸奸臣系列。這是為什麼啊。

12. 末帝朱友貞

這些人的嘴臉,其實是很容易看得清的,他為什麼看不清?而且是常年累月地看不清。他恨不得把自己的眼睛摳下來,這是什麼眼神啊。

朱友貞知道現在就是神仙救不了他。他眼前除了死路之外,沒有別的路子可走。

他對皇甫麟說:「我跟李氏是世仇,不共戴天,實在難以向他們投降,更不能等著他們前來殺害我。我必須在他們進來之前,把自己處理掉。如果我不能自殺,你就果斷下手吧。」

皇甫麟是控鶴軍的指揮官。控鶴軍是皇家近衛軍,向來軍容整齊、看過去鬥志昂揚,其實是從來沒有上過戰場的,那把雪亮的大刀,也從來沒有砍過敵人。皇甫麟萬萬沒有想到,自己手裡的大刀,第一次出鞘,居然是要砍自己敬愛的皇上。他哭了起來,說:「如果陛下命令我帶兵去殺敵,我可以死在敵人的刀下。但這個命令,我不敢執行。」

朱友貞臉色一變,說:「你這是打算出賣我嗎?」

皇甫麟一聽,當場拔出寶劍,準備往自己那粗壯的頸脖上抹過去。

朱友貞急忙拉住他:「你不要急。我跟你一起死。」

皇甫麟只得把朱友貞砍倒,然後用那把還沾著朱友貞的血的寶劍把自己也了結了。

朱友貞一死,朱全忠開創的基業就此完蛋。

朱友貞這個人,性格並不暴躁,自己也很簡樸,私德方面似乎沒有多少可以挑剔的,比如其他亡國之君那些荒淫奢侈,在他當皇帝期間,真沒有出現過。他的失敗,並非因為他的荒淫無道,而是在於他任用非人。他把全部的信任都交給趙巖、張漢傑,讓這幾個無德更無才的傢伙掌握大權、獨斷專行、作威作福,最後把朱家的基業一把搞死。很多人,都把大梁的亡國,歸罪於趙巖和張漢傑集團。其實,真正的追究起來,全是朱友

第一章　汴梁易主，李存勗擁兵南下終滅後梁

貞咎由自取。王夫之一言而蔽之：非外寇之亡之也！

當然，還有一些唯心者又編了兩個八卦，作為他亡國的依據。

第一個八卦：有一次，許州向朝廷進獻一隻綠毛龜。這種龜自古以來就被視為神龜。牠一出現，那是祥瑞之兆。朱友貞大喜。他在宮中修造堂室以養此龜，還命名為「龜堂」。他還派人去購買珍珠。當珍珠數量足夠時，他說了一句：「珠數足矣。」當他修建龜堂時，沒有人說什麼，他說「珠數足矣」時，同樣沒有人聯想到什麼。可是當他亡國時，很多人就跳出來，說「龜堂」和「珠數足矣」是亡國之兆。是的，你沒有看錯，他們就是說這兩樣是朱友貞的亡國之兆。他們理由是：「龜堂」就是歸唐的意思；「珠數足矣」，就是在說朱家的氣數已經到頭了。

第二個八卦：朱友貞後來曾改名朱瑱。當時他改這個名字時，個個都覺得「瑱」字真好。可是他死後，馬上就有人出來重新解釋：瑱字可以拆分為一十一、十月一八。「一十一」，是說他只能當十一年的皇帝；十月一八，是說他死於十月九日。

這些文化確實「博大精深」，只有專家才能深知其中的神妙之處。

當然，不管如何，朱氏王朝到此就黯然謝幕。

第二章
沉溺聲色，帝心昏亂權臣起怨

1. 血染封丘門

　　也是初九當天的清晨，李嗣源的部隊來到了大梁城外。

　　李嗣源來到城外，立刻就向封丘門發動進攻。

　　此時，朱友貞已經倒在血泊當中，雖然屍骨未寒，但開封城中已經群龍無首。即使有人想抵抗一下，為皇上盡忠，可是皇上都已經死了，連盡忠的對象都沒有了，再抵抗已經毫無意義。大家都不知道如何是好。最後，王瓚出面牽頭，打開城門，向李嗣源投降。

　　李嗣源不費一槍一彈，就拿下了大梁的首都。

　　李嗣源進城之後，沒有像以往那樣縱兵擄掠，而是出榜安民告示，讓大家知道沙陀人雖然是少數民族，但他們也是仁義之師。

　　當天，李存勗也來到大梁。

　　李存勗進入大梁時，朱友貞那幫百官都排隊過來，在李存勗的馬前拜伏請罪。如果朱家父子在天有靈，看到這個場面，只怕又要吐血數升了。

　　李存勗並沒有為難這些投降派——他孤軍深入，人心未穩，如果動作激進，說不定會激發出民變，而且大梁的軍事力量並沒有被殲滅，還必須平穩過渡。他好言好語地慰勞這些投降人士，讓他們都官復原職，繼續

第二章　沉溺聲色，帝心昏亂權臣起怨

上班，別想那麼多。

李嗣源也出來迎接李存勖，並向李存勖道賀。

李存勖這時激動得心花怒放，他終於把朱氏王朝滅亡了。這可是他父親臨終前交給他最重要的任務。十多年來，他不是在戰鬥的現場，就是在去戰鬥的路上，一直打到這個時候，這才完成了這個任務。他當然喜不自禁。他突然拉著李嗣源的衣服，然後用頭撞了一下李嗣源，說：「取得今天的勝利，全仗你們父子的功勞。我將和你們共享天下。」

接著，他下令去尋找朱友貞。

不一會，去尋找的人回報：「找到了。」

「在哪？快快把他帶來見我。」

答：「他已經變成屍體了。」

接著有人把朱友貞的首級獻了過來。

李存勖望著朱友貞的那顆死不瞑目的腦袋，悵然長嘆：「古人說：『敵惠敵怨，不在後嗣。』唐梁之間的一切仇恨，都起於朱溫，與朱友貞無關。我和他對陣了十多年，只可惜未能在他活著時見一面。」

當所有的官員都排隊去投降時，還少了兩個人的身影。

李振和敬翔。

李振看到很多同僚都已經安全了，就跑過去找敬翔，說：「如果李存勖下詔赦免我們，我們可以去見新皇帝嗎？」

他大概覺得自己一個人去投降，形單影隻，有點不好意思，就想拉敬翔一起去，讓抗壓性更過硬一點。

敬翔說：「我們兩個當大梁的宰相，君錯不能諫、國亡不能救。如果新皇帝以此來問我們，我們如何回答？」

1. 血染封丘門

李振一看，知道敬翔是要把忠臣做到底了。他沒有再說什麼，起身告辭而去。

李振是在傍晚離開的。

次日天還沒有亮，有人過來對敬翔說：「李太保已經入朝投降了。」

敬翔跟李振一直是朱全忠最為信任的兩大謀主，兩人夥伴許多年，現在終於分道揚鑣。

敬翔一聲長嘆：「李振枉為丈夫。朱氏跟李氏世代為仇。現在國亡君死，即使唐皇帝不殺我，我也沒有臉再活在這個世界上了。」說罷，自縊而死。

大梁的那些百官又到朝堂那裡請罪。

李存勗宣布全部赦免他們。

大家都鬆了一口氣。

趙巖這時正好逃到許州。他以為，到了許州，他的人身就可以安全了。

他遠遠看到他最好的朋友溫韜前來迎接他。他心裡很高興，覺得以前當奸臣時，提供過方便給溫韜，真是提供對了。哪知，他才抹了那把汗，準備向溫韜表示最衷心的感謝時，突然發現溫韜的眼神不對。他嘴巴一張：「老溫，你怎麼這樣看著我。好像你從來沒用過這樣的眼神看過人啊。你這個眼神讓人覺得好恐怖……」

溫韜哈哈大笑，你覺得恐怖就對了。

他說著，大刀揮了上來。

趙巖這才知道，靠腐敗結成的團體是最不可靠的。他跑這一趟，原來也是尋死之旅。自己以前幫溫韜，現在還把自己獻給溫韜當投名狀。這輩子真的為溫韜鞠躬盡瘁了。溫韜還一點不感激自己。

溫韜本來還怕自己沒有辦法投降，現在拿著趙巖的頭，也算是有投名

狀了。他提著趙巖的首級，去向李存勗辦理投降手續。

李存勗也很感謝趙巖。他這些年來，仗著自己是朱友貞的第一紅人，大肆斂財，家中的財貨堆積如山。現在全部被李存勗沒收。

最後，李存勗叫王瓚收朱友貞的屍體，停放在佛寺裡，在他的頭部塗上油漆，然後才入殮，放在太社裡面。

2. 段凝獻降自保，李振伏誅無遺恨

此刻，段凝還在急行軍的路上，他從滑州渡河準備回師大梁。

他命杜晏球為前鋒。

杜晏球來到封丘時，正好遇上李從珂。

李從珂還沒有說一句話，杜晏就先滿臉堆笑地表示：我不是來打仗的，我是來投降的。呵呵，我才跑了這點路，就幸運地偶遇李將軍，讓我的投降之路縮短了很多。

過了一天，段凝也率大軍趕到。

段凝本來就是小人一個，當上前線統帥，並不是為了保家衛國，而只是為了爭奪軍中頭號大將。現在朱友貞自殺了，其他人都投降了，他還抵抗才是怪事。他跟李從珂接上頭後，也是一言不合，就放下武器，請李從珂收編。

最後，段凝帶著他手下的諸將來到朝堂，向李存勗請罪。

李存勗看到段凝等人在那裡低頭時，心裡肯定在哈哈大笑，朕雖然說今日之功，全仗李嗣源父子，其實是全靠你們這些人。如果不是你們從內部搞亂大梁，朕再有一百個李嗣源，也是奈何不得啊。

李存勗對這些降將都慰勞一番之後，鼓勵他們好好工作，從此為大唐

2. 段凝獻降自保，李振伏誅無遺恨

貢獻力量，然後讓他們各回其所。

段凝想不到自己投降之後，還可以繼續享受這麼高的待遇，心裡很得意——如果爭不到軍隊最高指揮權，他能有今天嗎？他心裡一得意，每天都在大家面前，昂著那張臉，臉上都是揚揚自得的表情。他原先的那些夥伴見了，都十分厭惡他，有的人恨不得上前去在那張揚揚自得的臉上狠狠地咬幾口。

段凝投降後，可以揚揚自得，但鄭珏就不一樣了。

他當初想哄騙朱友貞要傳國玉璽，以便去投降，哪知朱友貞卻沒有上當。結果那顆大印卻被人家偷走，獻給了李存勖。鄭珏知道後，心裡裝滿了結結實實的後悔：我怎麼就這麼蠢？為什麼要問他要而不是去偷要？做了這麼多年壞事，就假裝當一回事正人君子，居然還當錯了。看來這輩子真不宜當好人。當李存勖進城時，他除了那個有名無實的宰相頭銜之外，一無所有。李存勖又鄙視他的為人，於是在別人都官復原職時，下詔把他貶為萊州司戶。當然，還有蕭頃等人也被下放到各州當司戶——你們在大梁時當高官，沒有誰為大梁提出過什麼有益的建議，說明你們既不忠心，也沒有能力，那就到基層去再鍛鍊。

段凝和杜晏球看到幾個宰相級別的，都被貶為小卒了，覺得自己真是高瞻遠矚，心裡更加得意。兩人覺得，如果就這樣過著投降生活，還是不夠的，還必須繼續在政治上做出些動作。兩人又向李存勖上書：偽梁要人趙巖、趙鵠、張希逸、張漢倫、張漢傑、張漢融、朱珪等，竊弄威福，殘蠹群生，不可不誅。

當大家看到他們羅列的這份黑名單時，都驚訝地發現，原來他們也知道這一群人都是奸臣。而此前，兩人跟這份名單上的人都是一夥啊。名單上的人做過的事，他們都做過。現在他們居然義憤填膺地把他們原來的同夥都說成十惡不赦的歷史罪人。由此可知，很多壞人是知道他們壞事做絕的。

第二章　沉溺聲色，帝心昏亂權臣起怨

　　李存勗終於下詔：敬翔、李振首佐朱溫，共傾唐祚；契丹撒剌阿撥叛兄棄母，負恩背國，宜與巖等並族誅於市；文武將吏一切不問。

　　這個詔書一下，李振也在被誅殺的名單上。

　　那天李振離開敬翔的家後，立刻就跑去見李存勗。他見到李存勗時，就一股腦兒羅列自己的罪過，整個過程都屈膝低頭，完全沒有了當年被視為鴟梟時的形象和骨氣。

　　郭崇韜在一旁見了，當場就冷冷一笑：「都說李振是一代奇才。今天看來，他也只是個匹夫而已。」

　　李振以為自己主動前去投靠，在李存勗面前，徹底放下尊嚴，對自己的世界觀進行一次深刻地解剖，李存勗就會放他一馬，甚至會看在他的能力上，讓他繼續當高官。哪知，李存勗最恨朱溫，對朱溫這兩個絕對死黨也是恨之入骨。於是，李振也被砍了腦袋。

　　大家看到李振都被誅殺，那個陸思鋒肯定也沒有命了。

　　陸思鋒是個神箭手。他對自己的箭法十分自信，他在他使用的箭上都刻著自己的名字。有一次，他一箭射向李存勗，正中李存勗的馬鞍，把李存勗嚇得不驚。李存勗從馬鞍上拔出那支箭，並藏了起來。大家看到李存勗藏那支箭時，都一致認為，李存勗對這個箭手一定恨得要命，只要抓到，一定千刀萬鍋。

　　李存勗進城之後，陸思鋒也隨眾投降。

　　李存勗下令把陸思鋒帶來。

　　當陸思鋒來到他面前時，李存勗以箭示之。

　　陸思鋒當然認得那支箭，嚇得面無人色，很響地趴在地上，向李存勗請罪。

　　大家一看，李存勗能把這支箭收藏到現在，心裡對陸思鋒的仇恨肯定

2. 段凝獻降自保，李振伏誅無遺恨

已經深入骨髓了。陸思鋒啊，射個箭都還刻名字。這次知道出風頭出錯了吧？出這樣的風頭，等於殺頭啊。

哪知，李存勗把那支箭扔了，然後對陸思鋒一番好言撫慰，然後放他回去。不久，就任命陸思鋒為龍武右廂都指揮使。這個結局比大梁那幫忠臣和姦臣都強多了。

雖然李存勗宣布把朱梁王朝滅掉了，其實他也只是攻占了首都以及首都附近的幾座城，大梁的很多州都還在掌握在梁朝的那些節度使手裡。

這些節度使手裡都還有力量，如果這些節度使都是朱友貞的死忠，這時肯定會聯合起來，再擁立朱家的某個人，繼續高舉朱氏的偉大的旗幟上，跟李存勗硬碰硬到底。可是，朱友貞上臺以來，只會重用一幫小人，僅有的那幾個忠臣，都被他乾脆拿下，通通去當閒散官員，能把節度使當到現在的，大多都是趙巖集團提拔出來的。這些人家裡財富很多，斂財的金點子也很多，唯獨沒有做忠臣的操守。他們看到李存勗進了大梁，段凝他們都已經順利投降，哪有心思去抵抗？於是，他們都稍稍入朝向李存勗投降，有的還上表請罪。

最先投降的是宋州節度使袁象先。

陝州節度使霍彥威緊跟而上。

袁象先當官到現在，最深的感悟就是，想在官場混得好，就要捨得出大血，向有權有勢的人送大量的錢財。袁像在準備投降時，做足功課，把目前後唐朝廷裡最有發言權的權貴人列了個名單，這些名單中包括劉夫人以及權貴、伶官、宦官。然後用車拉著數十萬珍寶財貨進京，按名單分送到他們的府上。這些人得到了人的錢財之後，都爭相為他說好話。李存勗連續多天裡，都聽到大家對袁象先的歌功頌德之聲，想不到這歌們有這麼好的口碑，對他自然另眼相看，很快就把他當成自己的紅人。

第二章　沉溺聲色，帝心昏亂權臣起怨

　　李存勗突然搞定大梁，速度快得連他自己都覺得有些措手不及。

　　他似乎來不及更換大梁境內的節度使。於是，就下詔原來大梁的節度使、觀察使、防禦使、團練使、刺史以及各級將校官員，一律不更改。甚至原先脫離後唐投到梁朝這邊的叛將，也一律不追究責任。

　　李存勗也把自己的政治中心定在大梁。

　　作為宰相，豆盧革也從魏州前來，行使宰相之職。

　　但大家知道，李存勗原來選拔的兩位宰相，也只是象徵性人物，並沒有賦予他們很大的權力。這時，李存勗已經把郭崇韜當成自己最得力的助手。

　　這時，李存勗任命郭崇韜為侍中、領成德節度使。這個任命一下，郭崇韜的權力兼管內外。他也全心全意、毫無保留地為李存勗謀劃經營。而且還可以直接向李存勗引薦人才。作為宰相的豆盧革只能按既然定的方略去實施，對已經發表的方案不能刪裁改正。

　　當然，帶著主力部隊投降的段凝和杜晏球也還繼續當高官。李存勗這時似乎對他們特別優待，任命段凝為滑州留後並賜名李紹欽，任命杜晏球為耀州刺史並賜名李紹虔。似乎已經把他們當成自己人了。

　　接著大梁另一個重臣，張宗奭也來入朝。這哥長期治理河南，是當時少有的善於治理的人才。他早年也曾投靠過李克用，只是後來跟李罕之爭鬥，這才求救於朱全忠，從此成朱全忠的死黨。這時他也跟那些投降派一樣，很快就認清形勢，主動歸順。他長期治理洛陽，掌握大量的財富。他投降時，向李存勗貢獻了大量的錢幣和馬匹。這是李存勗目前最緊缺的。

　　李存勗大喜，就叫他長子李繼岌和他的弟弟李存紀過來，要求他們從此以後，對張宗奭「以兄事之」。同時，恢復張宗奭的原名張宗義。

　　李存勗對朱全忠仍然懷著深刻的仇恨。他下令挖開朱全忠的墳墓，準

備斫其棺、焚其屍。

張全義說：「朱溫雖然是國家的大仇人，但他已經死了，無法再對他加什麼刑罰，屠滅了他的全家，已經足以報其恨了。請不要砍開他的棺材、焚燒他的屍體了。以此存留皇帝的聖恩。」

李存勗這時在中原的腳跟未穩，知道如果光憑情緒做事，會惹出很多不必要的麻煩。於是就聽從了張全義的話，只是剷除了朱全忠墳墓上的闕室，砍掉其墳上的樹木而已。

當然，對於這次滅亡的頭號功臣李嗣源也是必須嘉獎的。

李存勗任命李嗣源為天平節度使加中書令，任命李繼岌為東京留守、同平章事。

3. 諸侯來朝與心存戒懼

當然，李存勗並不想吞併了朱氏的地盤，就萬事大吉。他也像很多皇帝一樣，要憑藉自己的力量消滅各個勢力，一統海內。他派出使者到各個勢力中去，向他們告知，他已經把朱氏王朝徹底抹掉了，原大梁任命的節度使五十多都已經上表入貢，請你們也要認清形勢，好好掂量一下自己的力量，看看你們比大梁的實力如何，然後做出最明智的選擇。

當時，各勢力中野心最不彰顯的就要數馬殷了。他雖然獨立自主，地盤也很大，但到現在還沒有稱帝。他接到李存勗的通知後，馬上就派他的兒子馬希範北上，面見李存勗，並向後唐朝廷交回洪州和鄂州行營都統的大印，並送上本道將吏的冊籍，率先向李存勗稱臣。

高季昌長期以來雖然還高舉著大梁的旗子，但老早就實行高度自治，很多年都沒有服從大梁的命令了。這時他得知李存勗已經滅了大梁，心裡

第二章　沉溺聲色，帝心昏亂權臣起怨

自然就打起算盤起來。他知道李存勗的戰鬥力極強，而且現在又吃掉了大梁，人口和地皮那是翻了一番，如果自己還在這裡高度自治，不鳥朝廷的話，後果會很嚴重。於是，他也急忙向李存勗表忠。首先他發現自己的名字跟李存勗爺爺的名字相重──雙方都有一個「昌」字。於是，他宣布自己為了避諱，把自己的名字改為高季興，然後準備親自入朝。

梁震對他說：「唐有吞天下之志。現在他們剛滅大梁，銳氣正盛，你就是重兵據守險要，恐怕都還無法自保，何況孤身一人、千里入朝？更要命的是，你原來是朱氏舊將，握強兵、居重鎮，誰敢擔保他們不把你當仇人對待呢？」

高季興並不理會梁震的話。留其二子在荊南主持工作，自帶三百騎士，向洛陽出發。

高季興到了洛陽之後，李存勗當然對他是笑臉相迎，並任命他為中書令。

當然，李存勗的這個任命，也只是想糊弄一下高季興。他打算把高季興扣留下來──只要不放高季興回去，荊南基本就可以平定了。

郭崇韜認為不妥，說：「陛下剛得到天下，各地諸侯都只是派人前來進貢，只有高季興親自入朝。陛下正應該褒獎他，把他樹立為諸侯的榜樣。如果把他扣留，如何讓各地諸侯歸心？」

李存勗一聽，這確實是個政治問題，處理不好，以後亂子就只會越來越多，他就大大地表揚了一把高季興，然後讓他回江陵。

高季興是什麼人？他已經覺得情況有點不對頭了，看到李存勗突然鬆口讓他「之鎮」，便在第一時間就跑出洛陽，向南急奔。

高季興一溜煙逃離洛陽後，李存勗又後悔起來。他密令襄州節度使劉訓在中途把高季興截留下來。

3. 諸侯來朝與心存戒懼

高季興也怕李存勗變卦，因此一路都是全速前進，不敢稍著停留——對於他來說，現在時間真的就是生命。

高季興確實也曾在襄州歇過腳。他在襄州跟那幾個隨從喝酒時，說：「我這一趟進京有二錯。我硬入朝是第一錯。他們放我回來是第二錯。」

他很快來到襄州。孔勍熱情地吃了一餐，然後很客氣地請高兄再住襄州幾日，我們好好敘舊。高季興現在敢停留嗎？當天半夜，他就斬關出城，快馬加鞭而去。

當李存勗的密使到襄州，他已經絕塵而去。

高季興回到江陵之後，緊緊握著梁震的手說：「沒聽你的話，差點跟大家永別了。」

大家自然問他在朝中的見聞，他說：「李存勗剛得河南，便舉手對功臣們說：『我靠這十指頭奪得天下。』哈哈，把功勞全歸到他的頭上。好像滅梁朝是他一個人的功勞一樣。如此矜伐其功，功臣們無不寒心。大唐君臣離德離心，已經不遠了。更何況他還荒於酒色，就更不能長久了。我們不用擔心了。」他的原話是：新朝百戰方得河南，乃對功臣舉手去，『吾於十指上得天下，』矜伐如此，則他人皆無功矣，其誰不解體！又荒於禽色，何能久長！吾無憂矣。」

高季興一眼看穿了李存勗，從此就放心在江陵修築加固城池，儲備所有軍需物資，招納梁朝的散兵，做好一切準備工作。

李存勗的使者同時也來到廣陵和成都。

吳、蜀兩個集團的領導人都感到很害怕。

淮南集團雖然此前是梁朝的死對頭，但因為大梁必須把全部精力拿來應付沙陀集團，所以淮南集團的壓力並不大。他們平時只負責跟沙陀集團搞好關係，放下姿態承認河東是他們的上級長官——事實上，河東集團

第二章　沉溺聲色，帝心昏亂權臣起怨

跟他們隔著朱氏集團，對他們向來鞭長莫及，他們也從來沒有服從過李氏的領導，一直有敷衍著李存勖。即使李存勖在大舉南下、要求他們出兵夾擊大梁時，他們仍然找來各種藉口搪塞過去。他們放下姿態當李存勖的二層機構，其實就是想借河東集團牽制大梁，使得大梁無力南顧而已。徐溫盼望河東和大梁永遠就這麼對峙下去，永遠不分勝負──只有這樣，他們淮南集團才安然無恙。哪想到，大梁那個龐然大物，居然如此脆弱，如此經不起打，說滅就滅了，連一場像樣的大戰都沒有打，就宣布徹底完蛋。完蛋得讓徐溫都感到措手不及。

現在李存勖吞掉了大梁，占有了全國一半以上的面積，力量空前雄厚，國際形勢從此前的兩極，變成了後唐的一支獨大，現在他們完全可以放心地向四面勢力伸手了。淮南仍然是當前最富裕的地區，只怕李存勖第一個便要向淮南進兵。沙陀鐵騎如果突然大舉南下，他們拿什麼來抵擋？

徐溫突然之間感受到巨大的壓力。

徐溫把嚴可求叫來，苦著臉責怪道：「你以前老是阻止我出兵響應李存勖，現在怎麼辦？」

嚴可求卻一臉輕鬆，說：「聽說唐主剛剛取得中原地區，每天都在晒著他那無比的驕傲，辦事都十分隨性，不管是用人、還是處理其他事，根本沒有法度。不出數年，其內部必將生變。我們只需繼續對他們卑辭厚禮，保境安民，以待將來。別的都不用管。」

徐溫一想，果然很有道理。李存勖才剛剛打下大梁，就如此志滿意得，驕傲得好像老子天下第一了。從他的這個表現上看，雖然很生猛，但顯然沒有胸懷四海的大格局。因為現在離統一全國的目標還遠得很。如果他是一個雄才大略的皇帝，拿下大梁之後，只會誠驕誠躁，帶著大家繼續艱苦奮鬥，積蓄力量，乘勢出擊。而現在他卻只在洛陽那裡晒他的豐功偉業，享受他的驕傲情緒，這樣的人真沒有什麼可怕。

3. 諸侯來朝與心存戒懼

徐溫還怕這些消息不夠真實全面，就決定派盧蘋去面見一次李存勗。

嚴可求預料到李存勗會問盧蘋哪些問題，便事先做好標準答應，讓盧蘋帶過去。

盧蘋到汴州之後，李存勗果然問了盧蘋那些問題。盧蘋按嚴可求做的標準答案，一一回答。李存勗果然很高興。

盧蘋完成出使任務回來後，對徐溫說：「唐皇帝一天到晚，不是喝酒就是去打獵，還很吝嗇財產、拒絕別人的建議。現在他手下對他意見都很大。

徐溫一聽，原來真的如此，心情這才放鬆了下來。

徐溫雖然說要對李存勗採取卑辭厚禮的原則，但當李存勗的使者拿著文件來到廣陵，說是大唐的詔書時，徐溫就拒絕接受。

李存勗居然也不敢硬逼徐溫接受，而是改變了書信的格式，用平等國家的口氣，稱：大唐皇帝致書於吳國主。

徐溫看到李存勗把調門放下，心裡就笑了。他得了便宜，也賣一個乖，回信時稱：大吳國主上大唐皇帝。信中的用辭和禮節就像下級對上級一樣。

徐溫看透了李存勗的格局，便放心地繼續搞好自己的內政。此時，徐知誥已經被加封同平章事、兼奉化軍節度使，權力更上一層樓。

徐知誥大權在握，更敢使用權力。

有人向他告發壽州團練使鍾泰章利用職權侵占軍馬。

徐知誥立刻以吳王的名義，派滁州刺史王稔去巡察霍丘，取代鍾泰章之職，改鍾泰章為饒州刺史。

徐溫聽說後，把鍾泰章叫到金陵，派陳彥謙去責問他，可是他卻在那裡一言不發。陳彥謙連續發問，他連續不答。一副死豬不怕滾水燙的模樣。

有人對鍾泰章說：「你為什麼不自辯一下？」

081

第二章　沉溺聲色，帝心昏亂權臣起怨

鍾泰章說：「我在揚州，在十萬軍中號稱壯士。壽州離淮水只有幾里，步騎不下五千人，我如真有異志，王稔單槍匹馬就能取代我？我義不負國，即使被貶為縣令也沒有什麼話說，何況是刺史？為什麼要自己辯解來張揚朝廷的過失呢？」

徐知誥強烈要求定罪鍾泰章。

徐溫不同意，說：「如果沒有鍾泰章，我早就死於張顥之手。今天我們父子得以富貴，怎麼可以忘恩負義呢？」他怕徐知誥會繼續糾纏下去，便命令徐知誥為其子徐景通娶了鍾泰章之女，把兩人結成親家。

徐知誥沒有辦法。他這才知道，依法治國的口號喊起來很容易，真的實施起來，就這麼困難。

4. 荒樂治國下的伶人政治

高季興去了洛陽一趟，雖然沒有住上幾天，而且日夜擔心受怕，但他對李存勖的觀察還是很到位的。

李存勖在戰場上很生猛，但精力旺盛，又酒又色，還特別喜歡那些有表演天才的藝人。

李紹欽更深知李存勖的這個愛好。李紹欽顯然並不甘心只當個滑州留後。他到滑州之後，就到處物色這方面的人才，送給李存勖，果然大得李存勖的歡心，很快就被任命為泰定節度使。

李存勖自幼就精通音律，長大後就更喜歡跟藝人伶工在一起玩樂。因此他身邊的親隨，都是那些有表演才能的藝人，他對他們也是極為寵愛。他不光愛看表演，自己也常常粉墨登場，以此來取悅劉夫人。他還為自己取了個名──李天下。

4. 荒樂治國下的伶人政治

李天下在表演時，有個習慣，經常自己喊自己「李天下、李天下……」

有一次，他又在表演時興奮地呼叫「李天下」。有一個叫敬新磨的戲子突然上前去，一巴掌狠狠地打在他那張還塗滿興奮色彩的臉蛋上。

李天下瞬間變了臉色，劇本並沒有打李天下這個細節啊，你改了指令碼也不告知我一聲？況且即使劇本有這個動作，你也不必這麼賣力打過來啊，我都要眼冒金星了。

當大家聽到這個響亮耳光時，都是大為驚駭。敬新磨啊，你今天早餐是吃什麼膽的？居然敢打李天下？而且打得這麼響亮，你要找死也用這麼找吧？

所有人都認為，敬新磨必死無疑。

在李天下摀著那張臉，憤怒地盯著敬新磨、全場人都屏住呼吸時，敬新磨卻不慌不忙地說：「治理天下的，只有一個人。你在這裡大呼小叫『李天下』，到底是在叫誰？」

李存勖一聽，立刻「大悅」起來，隨手賜給敬新磨一大堆財物。

大家一看，都覺得真是大開眼界了。敬新磨真是人才啊。打了皇上一個響亮耳光，居然還拿到這麼多的賞賜。這個巴結的創意，也是太絕了。恐怕除了敬新磨，誰也學不來，即使想學習，估計也不敢下手。

李存勖除了愛看戲演戲之外，還愛打獵。

有一次，他在中牟展開了一場打獵活動，踐踏了大量的莊稼。

中牟縣令看到大片莊稼都被他踩成平地，忍無可忍，就跑到他的馬前，對他說：「陛下是老百姓的父母，怎麼能夠這樣毀壞他們所吃的東西呢？這是想讓他們餓死後好把屍體填進山溝裡嗎？」

李存勖打獵打得正興頭上，突然被這個縣令一頓猛罵，哪能不勃然大怒，你一個小小縣令，居然敢如此無禮，大聲喝叫縣令馬上離開此地。大

第二章　沉溺聲色，帝心昏亂權臣起怨

家看到他的臉上已經殺氣遍布，看來縣令小命不保了。

就在這時，敬新磨突然跑出來，指著準備挨刀的縣令，大聲喝罵：「你這個縣令是吃什麼飯的？難道不知道我們的天子喜歡行獵嗎？為什麼讓老百姓在這裡耕田地，妨礙我們天子馳聘打獵。你罪該萬死。」他說過之後，便向李存勗強烈請求，把這個只怕百姓生死、不管皇帝快樂的縣令處死。老百姓的生死，哪比得上皇帝的歡樂。這是為官的原則問題。

李存勗一聽就笑了，揮揮手讓縣令離開。

從敬新磨的這些行為看，完全可以知道這些藝人是很有權勢的。他們可以在李存勗面前隨意說話，更可以出入宮掖，任意拿官員們開刷。要知道，藝人在當時的社會地位是很低下的，那些士大夫被這些社會低下的伶人肆意戲弄，他們不憤怒才怪，但因為他們都知道，這些戲子的背後有李存勗的力挺，所以又不敢對這些戲子怎麼樣，生再大的氣，也只能悶在肚子裡。很多知識分子，在憤怒之後，突然又想到，現在這些戲子是皇帝的紅人，你恨他們有什麼用？恨他們不如利用他們。

這個思路一打開，很多知識分子立刻轉變立場，徹底放下知識分子的臭架子，轉而跟他們搞好關係，用盡平生所學去巴結他們——皇帝都喜歡他們，我們這些士大夫比起皇帝來算個鳥東西，巴結皇帝喜歡的人，也不算丟人。

後來，那些地方大員也看出門道，紛紛走這些藝人的門路，送給他們大量的財物。藝人們高興了，皇上才高興。皇上高興了，他們就可以高官厚祿。

在這些藝人中，腐敗活動做得最出色的就是景進。

景進不但戲演得好，而且很善於揣摸李存勗的聖意，同時也是講故事的能手。他沒事時，就跑到宮外，採集一些民間故事，然後說給李存勗

4. 荒樂治國下的伶人政治

聽。李存勖也很想透過這個管道了解外間的一些事情。於是就把景進當成自己的耳目。所以，每次景進給李存勖講故事時，李存勖都屏去他人。這個故事會就只他一個聽眾。

景進就成了李存勖最為親信的人。

景進看到李存勖越來越相信自己，便開始利用李存勖的相信，在講故事時，就不斷地夾帶私貨。他覺得誰不爽，就會順便說誰的壞話，誰給他送的錢多，他就說誰好話。後來，他乾脆就直接介入到政事上來。大家看到他在李存勖面前的話語權太大了，對他都十分忌憚。

張全義請李存勖把首都遷到洛陽。

李存勖同意，再廢北都為成德軍，然後賜袁象先名叫李紹安，任命康延孝為鄭州防禦使，賜名李紹琛，還賜溫韜名李紹沖。

溫韜成為李紹沖之後，心裡很高興。他現在仍然任匡國節度使，前來入朝面聖。他怕自己被留大梁為朝官，就拿出大量的金銀財寶，送給劉夫人以及那些藝人。

這一大堆錢財送出去，果然就有了回報。

十天之後，李存勖就命他還鎮。

郭崇韜說：「陛下為唐朝洗刷了亡國之恥，應該繼續追究那些侮辱唐朝的歷史罪人。溫韜幾乎挖遍了唐朝皇帝的陵墓，其罪堪比朱溫。為什麼還讓他居方鎮要職？天下義士會怎麼說我們呢？」

李存勖雖然在很多大事上聽郭崇韜的話，但在這些事上，他更願意聽從劉夫人和那些伶人的話，他說：「我們剛入大梁時，就已經赦免了他的罪，哪能說話不算話？」終於把李紹沖放回去。

當時很多人都認為，郭崇韜雖然位居宰相，但他不了解朝廷的典章制度。他雖然智商很高，玩陰謀詭計，也很有能力，但處理國家大事，還要

第二章　沉溺聲色，帝心昏亂權臣起怨

依照典章制度啊，不能光會玩陰的，就向李存勗提出建議，說應該再選幾個有學問的人當郭崇韜的助手。

李存勗就讓大家推薦人選。

大家說，禮部尚書薛廷很有學問，還有太子少保李琪也不錯，完全可以彌補郭崇韜的不足。

李存勗再問郭崇韜的意見。

郭崇韜說得很直白：「薛廷看起來很有學問，但那個學問只是表面的，是華而不實，從來不能解決什麼實際問題，哪能當宰相？李琪雖然有學問，但人品沒有配備上來，為人險詐，沒有一點士大夫的風範。倒是趙光胤廉潔正直，向來名聲不錯，朱氏還沒有滅亡時，北方就都知道他，說他有做宰相的才略。」

後來，豆盧革又推薦韋說。

於是，李存勗就任趙匡胤為中書侍郎，與韋說同為同平章事。

趙光胤的哥哥叫趙光逢，原來當過梁朝的宰相，被罷相之後，就杜門絕客。

趙光胤也是個喜歡自矜之人，當了宰相之後，馬上就得意洋洋，先到哥哥的家中聊天。哥哥倒是神色如常。趙光胤這樣性格的人，才說幾句話，自然免不了談起自己的職務。趙光逢立刻說：「你要看好，這是我的私宅，不要談論中書省的事。」

那個孔謙一直想當租庸使。他先是極力巴結景進，對景進「以兄事之」，但景進也幫不了這個忙。更讓他感到不爽的是，他的長官張憲為人公正，他想占點便宜都沒有機會。於是，他又大著膽子去找郭崇韜，對郭崇韜說：「東京也是個重要所在，需要一個有威望的重臣去管理。」

郭崇韜問：「你說誰最適合？」

4. 荒樂治國下的伶人政治

孔謙一聽，心下大喜，看來還真成功了，立刻說：「非張公不可。」

郭崇韜點點頭說：「你說的跟我想的一樣。」

孔謙一聽，不由大喜。哈哈，張憲被調走，老子這個副使可以扶正了。

孔謙懷著激動的心情告辭而去。那天，不管他碰到誰，臉上都掛滿了生動的笑容。

次日，朝廷果然下了文件，免去張憲的租庸使之職，調任東京副留守、知留守事。

孔謙屏住呼吸，等著第二份制書的出現。他努力調整情緒，在心裡不斷地告誡自己，一定在鎮靜，不要讓這份幸福砸得血壓升高——那是很危險的。

第二份詔書很快就下來了：任命豆盧革為判租庸使、兼任諸道鹽鐵轉運使。沒有孔謙什麼事。

孔謙在那裡想哭起來。

不過，孔謙仍然不死心。過了一段時間，他調整好心情，又來找郭崇韜，對說郭崇韜說：「盧相公是首相，日理萬機，忙得不可開交，而且住處離朝廷又遠，租庸簿冊等積壓很多，至今都無法處理。朝廷應該另外派人來擔任租庸使。」

孔謙這次來找郭崇韜，並沒有空手前來的。他還握有豆盧革的一個把柄。這個把柄是一張豆盧革的親筆借條。內容是豆盧革向省庫借了數十萬錢。

孔謙看到郭崇韜認真地看了借條，心裡又是怦然一跳，看來豆盧革的租庸使做到頭了。

郭崇韜點點頭，把豆盧革叫來，很委婉地指責了一次。

087

第二章　沉溺聲色，帝心昏亂權臣起怨

豆盧革果然害怕起來，回到家裡後，立刻寫了一份辭職報告，請朝廷同意他辭去租庸使之職，並建議由郭崇韜擔任。

郭崇韜堅決推辭。

李存勗說：「那該由誰來當呢？是不是讓孔謙來？他當副使已經很久了，應該精通業務。」

郭崇韜說：「孔謙雖然管理金穀業務已經很久了，但如果突然委以大任，恐怕不孚眾望，還是讓張憲來吧。」

李存勗立刻下令張憲再次回鍋擔任租庸使。

孔謙一看，只氣得要吐血——連告密手段都用上了，把自己的負面都擺到大家的面前，結果仍然沒有什麼收穫。

孔謙知道，比起豆盧革來，張憲更講原則。他在張憲手下辦事，更討不至什麼便宜。處心置慮，玩來玩去，越玩越虧。他又對豆盧革說：「錢穀這些小事，一個精幹的官員就可以勝任了。魏都是根本之地，怎麼反過來不被重視呢？現在的興唐尹王正言，人品很上乘，可是才智不足，如果必不得已，可以讓他到朝廷任職，大家來幫助他，還是勝過專門委任他擔擋一方的軍政事務啊。」

豆盧革把這話跟郭崇韜說了。

郭崇韜覺得很有道理，就讓張憲繼續在東京工作，而把王正言調到朝廷，任租庸使。

孔謙終於鬆了一口氣。他對王正言太了解了。這個人昏庸軟弱，辦事畏首畏尾，以後本部門的事務，就由孔謙說了算。

5. 兄弟相殘血未乾，禍起心機誤一生

孔謙的心情對大局毫無影響。

李存勖雖然又酒又色又喝又跳，但他還記得，這個天下還有很多勢力需要去滅亡——他不滅亡他們，他們就會滅亡他。

所以，當他才進入汴都不久，就在心裡醞釀著向哪方面出兵。

當時，正好高季興入朝，他就請高季興喝酒，然後在酒席之間，從容問道：「朕欲用兵吳、蜀，二國何先？」

高季興一聽，心念電轉。雖然這兩個勢力跟他都是敵對關係。但不管李存勖先打下哪個勢力，對於他而言，都不是好事了。李存勖打下吳地，荊南還能存在嗎？李存勖滅了蜀國，荊南同樣難再立足。最好讓李存勖都不成功，那就建議他先打蜀地吧，說：「吳那個地方，地薄民貧，打下了也沒有什麼益處。不如先伐蜀。那可是天府之國，這個當年諸葛亮就有過精闢的論著。現在的蜀國，主荒民怨，人疏離散，伐之必克。克蜀之後，順流而下，攻取淮南，易如反掌。」

李存勖大聲說：「好，就這麼辦。」

李存勖就這樣，把矛頭又指向了蜀國。

現在感到最為恐懼的就是李繼韜。

李繼韜本來投靠朱友貞，讓朱友貞當他的靠山。哪知，現在他還在這裡驚恐萬狀的活著，靠山卻先被滅掉了。李繼韜不恐懼才怪。

李繼韜知道如果繼續在這裡恐懼下去，李存勖是不會放過他的。只要李存勖放馬過來，他的末日馬上就到來，這可怎麼辦啊。

他想了很多天，最後只得出一個辦法：北走契丹，或可保住這條狗命。

第二章　沉溺聲色，帝心昏亂權臣起怨

　　正好時，李存勖派人過來，命他入朝。

　　李繼韜看到這個命令的措辭並不嚴厲，看來李存勖對他已經不很氣憤了，便想順著這個臺階入朝。

　　他的弟弟李繼遠說：「哥哥，你能入朝麼？」

　　為什麼不能？

　　李繼遠冷冷地說：「哥哥此前做的是造反活動啊，朝廷能容得下你一個造反人士嗎？你去和不去，結果都一樣。與其把頸脖送過去給人家砍，不如深溝高壘，眾吃存糧，這樣還可以讓生命延長一段時間。如果入朝，立刻腦袋落地。」

　　李繼韜一聽，只覺得全身冰涼，他摸摸自己的脖子，又不知道該怎麼辦了。

　　又有人對他說：「將軍也不必太過擔心。先令公有大功於國，皇上對於將軍來說就如同叔父。他一定不會把事情做絕的。你過去，一定不會有什麼事。」

　　李繼韜一聽，便又放下了心。他做造反事業並不出色，但對朝廷的研究還是很到位的，知道李存勖現在最寵信的是什麼人。而且那幫人有什麼愛好，他也清清楚楚。

　　李繼韜的母親楊氏，是個理財專家。這些年來，不管人家在做什麼，她都在悶聲發大財，家裡的財產已經堆積如山。這時，她決定拿出這些財富，幫助兒子度過難關。她和李繼韜一起進京。當然，並不是他們兩個裸奔前去的，而是帶了四十多萬銀、以及大量的物品一起去的。

　　他們並沒有把這些財富存進京城。他們把這些錢財分別送給李存勖身邊的那些紅人。於是，那些人天天都為李繼韜開脫，說：「李繼韜就年紀不大，當初搞事，完全是被那些奸詐邪惡的小人操縱的。他本人並沒有什

5. 兄弟相殘血未乾，禍起心機誤一生

麼陰謀。何況，李嗣昭為國立有大功，又是個好人，不能讓他無後啊。」

一陣輿論先之行之後，楊氏才進宮去見李存勖。

楊氏絕對是個優秀的政客，她見到李存勖的時候，直接就「泣請其死」，然後又去求見劉夫人，請求劉夫人救救她們一家。

劉夫人拿了大量的錢財，當然得同情她們一家了。她很快就出面，要求李存勖放過李繼韜。

李存勖沒有辦法恨李繼韜了。

李繼韜這才進宮，請李存勖治罪。

李存勖直接宣布赦免其罪。

李繼韜在宮中住了一個多月。他本來就很有心機，這時得到赦免，當然就使出渾身解數，極力討好李存勖。他經常隨李存勖去打獵。李存勖還真的大人大量，對李繼韜「寵待故」。

但李存勖的弟弟李存渥就看李繼韜不順眼了，一天到晚都說李繼韜的壞話。

李繼韜心裡自然又感到不安起來。他覺得還在京城住下，他就會很危險了。於是他又拿出錢財，送給李存勖身邊的那些紅人，請他們再次為他說話，說服李存勖讓他回到原來的方鎮。

李存勖當然不答應。

李繼韜心裡的恐懼感就更大了。他覺得如果不趕緊回到方鎮，哪天就會死於非命。

他看到錢財都不好使了，李存勖連那些那些紅人的話都不採納了，只得另想辦法。

李繼韜後來想出了一個辦法。他寫信給他的弟弟李繼遠，請李繼遠做這個工作：派幾個軍士在軍營裡縱火，然後報告軍心不穩，必須由李繼韜

第二章　沉溺聲色，帝心昏亂權臣起怨

回去安撫。

這個辦法，唐末的節度使經常玩，可以說是一個老舊得不能再老舊的辦法了。李存勗就是用頭髮去想，也知道這是李繼韜玩的小把戲。

李存勗就生氣起來，你這個傢伙怎麼就沒有一點長進？朕放過你一馬，你還要搞事。朕要是還不處理你一下，朕還當這個皇帝做什麼？下令貶李繼韜為登州長史。李繼韜還沒有動身去貶所，就被斬於天津橋南，而且連同他的兩個兒子。當然，李繼遠隨後也被斬首。

這兩個人，只有玩自己兄弟的分，根本沒有造反的能耐。

斬了李繼韜和李繼遠，李存勗就又把李繼儔召來。

相比於李繼韜和李繼遠，李繼儔就顯得十分懦弱了。當初這兩個弟弟略施小計，就把他的大權強行奪走。他雖然懦弱，但也會報仇。李繼韜被殺之後，他做的第一件事就是搶占了李繼韜的家室。他從李繼韜的家裡，選了幾個漂亮的侍妾，然後再搜刮了一堆錢財，這才準備上路去見李存勗。

他的另一個弟弟李繼達知道他這一行徑後，大為憤怒，說：「我家兄弟父子同時被斬殺了四人，絕對是一件令人痛心的事。可是作為大哥，居然沒有一點骨肉之情，還這樣忙於貪財好色，去搶兄弟的美女和錢財。有這樣的大哥，我真的無臉見人了，活著不如死去。」他馬上穿著喪服，帶領他手下的一百多名騎兵，來到李繼儔的門前，大叫：「誰跟我一起造反？」

然後帶著這夥武裝分子，打進李繼儔的府第。

李繼儔搶到李繼韜的美女和錢財之後，心情正處於極度的舒暢階段。他覺得自己的好日子就要到來了──因為他知道，李存勗把他召回去，就是想讓他繼承父親的政治遺產。既繼承了父親的遺產，又拿到了李繼韜

5. 兄弟相殘血未乾，禍起心機誤一生

的財產和美女，心情不舒暢才怪。

他萬萬沒有想到，在他心情大好的時候，李繼達突然殺上門來。當他聽到門外有人大吵大鬧時，急忙抬頭去看。他的美好心情還沒有收回來，李繼達就滿臉怒容地衝了過來，而且手裡舉著明晃晃的大刀。

李繼儔覺得有些奇怪，我又沒有搶你的財產，更沒有搶你的妻子，你跑過來做什麼？還舉著大刀，想威脅我？我這輩子怎麼這麼倒楣，先是被李繼韜搞了一把，現在這個李繼達又來威脅我。我是你們長兄啊，不是你們威脅的對象。

李繼達衝過來後，更不打話，那把刀照著李繼儔的腦袋砍下來。

李繼儔這才知道，李繼達不是來威脅他的，而是來要他的命。到這時才知道李繼達的用意，已經是太晚了，他連躲閃一下都來不及，就被李繼達砍倒。

節度副使李繼珂聽到城中大亂，馬上就招募到一千多市民，向子城發動進攻。

李繼達這次搞事，全憑著一時的激憤，並沒有做過什麼準備，自知難以應付李繼珂的進攻，便打開東門，跑回自己的家裡，先是把妻子和兒子們全部殺掉，然後跑了出來，準備投奔契丹──他的殘忍狠毒，確實突破很多人的底線。很多人絕望之後，先殺家人，然後自殺。他只殺了自己的家人，然後自己逃跑。

不過，他出城才跑了幾里路，他的隨從就都已經逃散了，只剩下他單槍匹馬、孤零零地站在冰冷的冬風裡。他這才徹底絕望，抹了自己的脖子。

第二章　沉溺聲色，帝心昏亂權臣起怨

6. 兄弟鬧劇餘煙未散，契丹鐵蹄再臨幽州

李繼儔兄弟鬧出的這些事，只是一場小鬧劇，對李存勗的心情沒有造成什麼重大的影響，更沒有對時局產生什麼干擾。但契丹又派兵南下，進入幽州地界，就無法讓李存勗淡定地去打獵了。

契丹是在西元 924 年正月初喊打喊殺南下的。

當李存勗接到消息時，契丹的鐵騎已經到了瓦橋。

李存勗在心裡罵了一句，幸虧是現在你們才打進來。要是前一段你們南下，我就真抽不出兵力去打你們了。現在朱氏王朝已經被滅，他們的力量已被收編，手裡的兵力比以前多了，而且目前中原地區，再也沒有哪個勢力跟他為難。他可以放心地派兵去打契丹。

李存勗任李嗣源為北面行營都招討使，派霍彥威為李嗣源的副手，命李紹宏為監軍，帶兵去救幽州。

契丹本來就是想過來搞個打砸活動，在幽州境內洗劫一番，然後滿載而歸，現在看到後唐兵大舉而來，也不敢戀戰，便又退了回去。李存勗又把李嗣源召了回來。

7. 李存勗政局失控的前奏

李存勗不但寵信一幫伶人，也很相信宦官。

大家知道，唐末之時候，幾個強者齊心協力，把宦官集團打得花缺月殘，到處流落，終於使宦官沒有再出現在權力場上，宦官也很久沒有故事了。

李存勗這時又突然想起那個特殊的群體來。

7. 李存勗政局失控的前奏

李存勗下詔，宦官不應在宮外居住。前朝那些宦官以及各道監軍和私人家裡所養的閹人，不論貴賤，一律遣送朝廷。

很多宦官在唐末時，四處流落，藏在民間，苦不堪言。這時他們看到這個命令，馬上就意識到，宦官們的好時代又到了，便都緊急冒泡，到宮中報到，短短幾天時間，宮中就多了五百多個娘娘腔的宦官。

這些宦官進入宮中之後，李存勗變立刻把無限的信任交給他們，給他們優厚的待遇，讓他們當自己的心腹，把很多事情都交給他們。這些昨天還在民間當底層人物的宦官，一夜之間，又成為全國最有權勢的群體。自從大唐天佑年間，那幾個權貴把宦官清除朝廷以來，宦官再一次受到啟用。很多人都不明白李存勗為什麼會這樣。歷史上很多皇帝利用宦官，是因為朝廷中有一手遮天的權臣，皇帝不得不借用宦官的勢力來跟權臣對抗。現在朝中既沒有權臣，藩鎮也沒有哪個人敢挑戰朝廷的權威，李存勗為什麼要利用這些宦官？難道他真的不懂歷史？其實，李存勗也有他的原因。

李存勗對近代歷史也是熟悉的。他絕對知道，大唐的滅亡，有宦官弄權的因素，也有藩鎮權貴割據的因素。很多人都曾經以為，只要把宦官搞定，天下就太平了。可是唐昭宗順利地打倒了宦官集團，結果唐朝還是滅亡了。可以說，大唐之亡，是直接亡於藩鎮之手。剛剛被他消滅的大梁，從來沒有被宦官弄權過，但仍然滅亡了。雖然朱友貞是被他打滅的。朱友貞的那些藩鎮，雖然沒有誰作亂，但這些藩鎮都在為自己的利益設想，立場從來就不堅定過。他一路打下來，藩鎮們根本不抵抗，最後還爭相投降。如果這些藩鎮都忠於朱友貞，都盡力為朱友貞去犧牲，估計現在他還在跟梁作艱苦卓絕的戰鬥。也可以這樣說，藩鎮們的這些行為，也是朱氏滅亡的間接因素。

現在李存勗手下都是這些藩鎮。根本不用花腦子去想，李存勗就知

第二章　沉溺聲色，帝心昏亂權臣起怨

道，這些藩鎮的權貴們，個個都有野心。而且，這些藩鎮也都一直在培養自己的勢力──收大量的養子，不斷地壯大自己的力量。在李存勗看來，愛收養子的權貴，都是有野心的權貴，都是不能相信的。如果這些藩鎮繼續擴張下去，個個都有可能成為安祿山、成為朱溫。李存勗一想到這裡，身上的汗腺就發動起來。他一直試圖阻止這些事的發生。可是現在是戰爭年代，還必須靠這些人幫他打天下。他也曾經從伶人隊伍中選拔過人才，讓他們去充當將軍，結果伶人出身的將軍也很貪婪，而且還丟失了德勝，讓他在一段時間裡十分被動──如果不是朱友貞的無能，現在誰勝誰負還真不好說。他對這些藩鎮是很不放心的，也因為如此，他才把在權力場上毫無根基的郭崇韜突擊提拔出來，專門對付那些家世顯赫的權貴。

藩鎮需要防範，伶人將軍又只好看不好用，就只好又把宦官們叫來。

李存勗把宦官們重新召回來後，連個試用期也省略了，直接就委任他們為諸道監軍，規定節度使出征或入朝時，軍府的事由監軍說了算。這些宦官立刻權力無比巨大，完全可以凌架於節度使之上。於是，各個藩鎮權貴都恨得咬牙切齒。從表面上看，他們恨的是宦官監軍，其實，他恨的是李存勗。

李存勗絕對沒有想到，他的這個做法，為他自己埋下了一個巨大的隱患。

李存勗的種種做法，使得他的形象越來越毀壞。

現在對他造成最大、最直接的負面影響還是那個孔謙。孔謙千方百計去謀取那個租庸使而不得，最後讓王正言當上他的長官，他成功地成為本部門最有實權的人。他如此挖空心思，多方奔走，一定要得到租庸使之職位，並不是想施展平生所學，為百姓服務的，而是因為這個部門是最大的油水部門，他想在這裡獲得自己的利益。

孔謙為了表示自己真的有能力，真能為朝廷創造財富，以便獲得李存

7. 李存勖政局失控的前奏

勖的重視，便加緊搜刮民間財富取悅李存勖。李存勖剛剛遷都洛陽，宣布大赦。這份大赦文件裡，不但赦免了很多吃牢飯的人，還免除了很多人的稅賦。那些被免除租庸的人看到這個赦文，心裡很高興。

哪知，他們普大喜奔還沒有幾天，孔謙的文件下來，仍然向他們徵收各種稅費。他們這才知道，什麼叫現官不如現管，皇帝的赦文原來是空標頭文件。從此之後，不管李存勖發出什麼詔令，大家只兩個字：不信。

皇帝的公信力一旦透支，就真的覆水難收，再做一萬倍的努力，也無可挽回。

於是，大家一談到李存勖，滿嘴都是怨恨的話。李存勖才登基幾個月，形象就直接崩塌。

李存勖雖然敢舞著兵器，第一個衝進敵人的陣地，高呼酣鬥，打得暢快淋漓、險象環生，但這個人對財產很在意。他猛得跟項羽一樣，小氣得也跟項羽一個樣。

郭崇韜剛進入汴洛時，原梁朝那些大大小小的官員都知道他才是朝廷中最有發言權的人，巴結上他就等於巴結上了李存勖。這些剛剛轉換身分過來的官員，這輩子一直靠行賄受賂往上爬，雖然他們在大梁國難當頭時，什麼作為都沒有，但很精於腐敗業務。他們認定郭崇韜的權力可以通天之後，就都扛著錢財來送給郭崇韜。

郭崇韜是來者不拒，多多益善。你們有多少，我就收購多少。

他那些親近的人覺得他這麼做，實在是太不像話了，就對他說：「你怎麼突然變得這麼腐敗了？你混到今天這個地步，很不容易啊，別被人家的甜頭誘惑打倒了。」

郭崇韜說：「我現在位兼將相，俸祿無數，怎麼再去做搜刮外財之事？只是因為梁朝末期，賄賂成風。現在河南的藩鎮都是原來梁朝的舊臣。他

第二章　沉溺聲色，帝心昏亂權臣起怨

們原來都是我們的仇敵，對我們還心存疑慮。如果我斷然拒絕他們，他們一定會感到害怕。我現在是為國家先收藏這些財富而已。」

郭崇韜這番話看起來很有道理，智商看起來真高。其實，也說明了一個問題，後唐君臣都知道梁朝以腐敗亡國，但他們對此仍然拿不出一丁點辦法來，仍然要靠腐敗來維繫各種關係，不敢輕易去碰觸這些腐敗區域。本質上，仍然是治國無能的表現。小聰明層出不窮，但嚴重缺乏大智慧。

郭崇韜收到了大量錢財之後，並不聲張。等李存勗祭南郊時，他突然拿出十萬緡錢來慰勞軍隊。他那幫親隨看到之後，才知道他並沒有糊弄他們。

此前，那幫再進入體制內的宦官，都對李存勗提出一個建議，就是把國家的財賦分為內外二府。州縣稅收的入外府，算是國家經費；方鎮貢獻的則入內府，算是皇帝個人的私房錢，供皇帝揮霍。

李存勗一看，大呼好辦法，立刻就施行了。

施行沒有多久，外府的經費就出現在大量的赤字，而內府的金錢還堆積如山——雖然李存勗一直在努力消費，仍然沒有花完。等有關部門去籌辦郊祭時，由於沒有慰勞軍隊的費用，就向李存勗報告，請他從內府撥出一些資金來，作為勞軍的費用。

李存勗立刻面露難色。

郭崇韜說：「陛下，我已經傾家裡所有以助大禮了，請陛下也從內府裡拿出一些資金來贊助一下。」

李存勗聽了，在那裡「默然良久」。他在「默然」的過程中，腦袋在高速運轉。郭崇韜都貢獻了十萬緡，他作為皇帝，再不拿出一點來，真說不過去——到底這個天下是他的天下啊。但他想起內府那麼多錢，覺得太可愛了，就這樣拿出來送給那些士兵，萬分捨不得。最後，突然想到了一

7. 李存勗政局失控的前奏

個辦法，對郭崇韜說：「這樣吧。我在晉陽也有些個人財富，可以叫租庸使用車拉點來吧。」

大家一聽，這個小氣的皇上終於被郭崇韜逼得大出血了，都覺得今天的太陽已經從西邊升起來了。

哪知，最後李存勗卻從李繼韜的家裡取出金帛數十萬拉來。

士兵們一看，敬愛的皇上啊，你就這麼應付我們。好，你先應付我們，我們也會有機會應付你的。

士兵們很鬱悶，那個李紹宏也很鬱悶。他是個宦官，但因為在滅梁最後一戰時，提出了個保守的建議，就讓李存勗很不爽，職務沒有再提升。他本來是郭崇韜的上司，現在他的級別卻比郭崇韜低。他很希望他重新擔任樞密使——如此一來，至少可以跟郭崇韜成為級別相當的同僚。可是，現在跟郭崇韜一起當樞密使的卻是張居翰，根本沒有了他的位置。他只得在那裡咬牙切齒。

郭崇韜知道李紹宏很恨他，就增設了個內句使，主要職責就是考核三司的財賦，讓李紹宏擔任。想以此來消除李紹宏對他的不滿。這個職務，在很多人眼裡，絕對是個大肥缺，可是李紹宏卻不稀罕這個，他只想當樞密使，而不想當內句使。於是，他就在這個職位上，懶洋洋的過著，什麼都不管。結果只是使德州縣裡增加了移報手續的麻煩——既不能平息李紹宏心裡的憤怒，還使得工作流程多了一個麻煩的環節。

郭崇韜本人還是很用心工作的。此時他位兼將相，不論政務、還是軍務，他都可以全權處理，他也真的「以天下為己任」，其權力和皇帝已經十分靠近，他的門前，一天到晚，都擠滿了車馬。他的智商雖然很高，但剛愎而又急躁，經常遇事就管不住脾氣。即使是李存勗那些紅人求他辦事，他都堅持原則，從來不公事私辦。宦官們自然十分恨他。這些宦官一憤怒，一天到晚就在李存勗面前說他壞話。

第二章　沉溺聲色，帝心昏亂權臣起怨

郭崇韜是聰明人，當然知道這些人在李存勗面前喊吱吱喳喳。以他的性格，他當然會很憤怒，可是他對他們又毫無辦法。現在李存勗信任他，也信任他們。他們沒有辦法把他趕出首席大臣的寶座，他同樣無法讓李存勗棄用他們。他就只有憤怒了，憤怒得無可奈何。

8. 郭崇韜違心求安，劉皇后權傾朝野

那些世族看到郭崇韜在那裡憤怒，在那裡無可奈何，便覺得把郭崇韜拉下深淵的機會到了。為什麼是拉下深淵？因為他們是無法將郭崇韜推向深淵的，就只能變換個手法，把他拉下深淵。

豆盧革，這個因為出身前朝士大夫而被破格提拔的人，在當宰相時，毫無作為，但在玩這些陰謀詭計時，還是很有一手的。

他知道，他得到提拔是因為他出身原因，而郭崇韜得到提拔也是出身原因。他的出身是名門高第；而郭崇韜則恰恰相反——出身底層。所以，他和韋說就想辦法，必須把郭崇韜也拉進他們的圈子，讓郭崇韜也成為他們圈子中人。

有一天，他們跟郭崇韜閒聊。聊著聊著，他們溫不經心地問：「汾陽王本來是太原人，後來他們遷到華陰。你家世代居住在雁門，想來一定也是他的旁枝。」

雖然史書沒有說郭崇韜為自己的身世感到自卑過，但他跟很多人一樣，如果靠上某個顯赫的先祖，也會覺得臉上有光。他此前並沒有想到自己要掛靠過郭子儀，但聽了這兩個傢伙的話，立刻覺得，自己應該靠掛赫赫有名的郭汾陽啊。

他聽了兩人的話，那根神經立刻活躍起來，馬上接下話頭，說：「因

8. 郭崇韜違心求安，劉皇后權傾朝野

為戰亂太過頻繁，我家的譜諜已經找不到了。但我曾經聽到先人說，我們距汾陽王只有四代人。」任何人都能聽出，他這是臨時編出來的。如果真是這樣，他老早就把這事說了出來。

豆盧革馬上附和下去，說：「既然如此，你跟郭汾陽就同一個祖宗了。」

郭崇韜一聽，立刻覺得自己的這個郭字史無前例地氣勢非凡起來，自己的身價也突然急遽高漲，覺得自己在這個世界上活著，已經底氣十足了。哈哈，你們這些人，哪個的身世比得我這個郭字有分量？我的老祖宗再造大唐，我現在又成為後唐的頭號功臣。郭子儀使得這個郭字在歷史的頁面上閃閃發光，我現在把這個郭字再擦亮一次。

郭崇韜把自己劃成郭子儀的同宗之後，心態立刻發生了本質的變化。他從此以出身高門自處，那雙眼睛在看別人時，也開始「甄別流品」——特別辨辨識人的門第，一改過去「唯才是舉」的原則，而是把出身門第作為重要的考核指標。於是，在他的主導下，朝廷多「引拔浮華、鄙棄勳舊」。

如果出身微寒者前來求官，他就會面露難色，說：「我也知道老兄很有才華，完全可以勝任這個職位的工作。只是，只是出身寒門，我才不敢重用。主要是怕那引起名流譏笑。」

你想想，居然堂而皇之地說出這樣的話來，郭崇韜此時對門第的看重，已經到什麼地步了。在一個還處於戰亂的時代，是一個最需要人才的時代，作為後唐能說一不二的重臣，其人才觀居然如此。李存勖的前景還大放光明嗎？

到了這個時候，那些宦官恨他，那些出身微寒的勳舊更恨他。

郭崇韜很快就敏銳地感覺到，現在恨他的人已經很多了。

郭崇韜是在權力場上打滾過來的，他現在的處境並不很好。他雖然位居第一大臣，但在官場上的根基並不深廣，目前僅靠李存勖的支持而已。

第二章　沉溺聲色，帝心昏亂權臣起怨

如果哪天李存勗對他不爽起來，這些敵人就會對他群起而攻，那時就是郭汾陽在天有靈，也救不了他。

郭崇韜這麼一想，就感到身上發冷。他越想越是擔心。

郭崇韜心裡鬱悶之後，就去找李存勗，請求把樞密使之職轉讓給李紹宏。可是李存勗不同意，你不是做得好好的，怎麼突然有這樣的想法？難道李紹宏比你優秀？

郭崇韜又把一部分樞密院的事情分給宦官們掌握的內諸司——也就是向宦官們度讓部分權力，討好一下這些閹人。可是宦官們毫無不客氣地接收了權力，對他的態度並沒有一絲一毫改變，仍然一如既往地說他的壞話、沒完沒了地指責他的過失。

郭崇韜這才知道，這個權力場上的險惡遠比戰場為甚。他已經忍讓到這個地步了，這些人對他仍然不依不饒。他都有些崩潰了起來。他對他的兒子們說：「我輔佐陛下，為國操勞，得罪了太多的人。他們都恨不得對我千刀萬鍋，天天在想方設法陷害我。我不想跟他們再糾纏下去了。我想避開他們，到我的本鎮去，免得以後大禍臨頭。」

他的兒子郭廷說堅決反對他這樣做：「父親功名到了現在這個地步，多少人在忌恨。一旦手中無權，立刻就像蛟龍失水，連個螻蟻都可以制其於死地。只有另想他法了。」

郭崇韜一聽，又是渾身一震，在這個時候放棄權力，就等於放棄了生命。可是繼續在這個位置上待著，又是無比的恐怖。

怎麼辦才好？

有人向他獻了一計：可以從劉夫人那裡入手。

李存勗有很多夫人，而他最寵愛的是劉夫人。他原來的正妃又是韓夫人。他很想立劉夫人為皇后，可他的母親曹太后很討厭劉夫人，而郭崇韜

8. 郭崇韜違心求安，劉皇后權傾朝野

也知道劉夫人貪財，跟那幫伶人和宦官一樣，多次接受很多人的請託，做了很多只利於個人不利於國家的事，所以也很討厭這個劉夫人，便多次勸諫李存勗不要立劉夫人。

李存勗只得作罷，不敢立劉夫人。

郭崇韜的那個手下就勸他馬上改變對劉夫人的態度：「如果你請立劉夫人為皇后，皇上必喜。劉夫人是伶人和宦官的核心人物。只要把她搞定，就等於搞定了那幫人。從此之後，我們有皇后為助，那幫鳥人還敢怎麼樣？」

郭崇韜一聽，果然是好辦法，雖然從他的良心層面說，這對於朝廷是有點不利的，但對他卻大大有利。

郭崇韜迅速行動起來，與宰相帶著百官一起聯名奏請，劉夫人宜正位中宮。

李存勗一看，老郭的能量真大，哈哈，百官都這樣說了，母親還能說什麼？

曹太后果然無話可說。

於是，李存勗宣布魏國夫人劉氏為皇后。

劉氏出身微寒，最大的愛好就是錢財。她當上夫人之後，一直都集中賺錢。她在魏州時，居然親自跑到市場，做販賣柴草、水果、疏菜的生意。她當上皇后之後，四方送給朝廷的貢品都有兩份，一份送給李存勗，一份送給劉皇后。因此，劉皇后的宮中很快就「寶貨山積」。

劉皇后還有個特權，就是可以發出教令。這個教令和曹太后的誥令以及李存勗的制敕一起，在藩鎮中相互交行，而藩鎮的長官則「奉之如一」。

郭崇韜透過這個違心的操作，使得他不再膽顫心驚了。但李存審卻很悲催。他向來是李存勗手下重量級大將，多次在關鍵戰鬥發揮關鍵的作用。

第二章　沉溺聲色，帝心昏亂權臣起怨

他常常認為他是大唐的諸將之首。可是當李存勗發動滅梁最後一戰時，他居然不能參加其中，心裡很是鬱悶。再加上他身體本來就已經有病。現在鬱悶起來，病情就更加沉重了。他覺得他真的挺不了很長時間，就多次請求入朝覲見皇帝。

郭崇韜對他向來有意見，因此接到他的報告後，都是扣壓下來，不許他上朝。

李存審後來病情加嚴重了，又上書要求，能在活著的時候見到皇帝。

郭崇韜看到他真的奄奄一息了，這才允許他進京。

李存審是盧龍的第一把手，他入京之後，必須有人去頂替。

李存勗決定讓李存賢去接替。李存賢也是個武力指數很高的傢伙，經常跟李存勗比試。每次比試，他都不敢「盡其技」，老是讓李存勗贏得比賽。

李存勗是老運動員了，當然知道他是故意輸的，便對他說：「你要是能打勝我，就讓你當節度使。」

李存賢馬上表示「奉詔」。兩人再次比賽，幾個回合之後，李存賢就掌握了主動權，但他也僅把李存勗擊得向前傾跌就住手了。

李存勗笑了笑，你真的很猛。

在場的人一看，皇帝原來也是糊弄人的。李存賢真的勝了他，他就不提節度使的事了。

這時，李存審入朝，李存勗任命李存賢為盧龍行軍司馬，十天之後，提拔為節度使。他說：「手博之約，吾不食言矣。」

郭崇韜這樣的人對伶人和宦官都怕到那個地步，別的功臣就更加畏懼了，個個都怕哪天被那夥人聯手陷害，家族遭滅，無不如履薄冰。

李嗣源是現任藩漢內外馬步副總管，是軍界名將，也怕自己被伶人和宦官們盯上，就向李存勗遞交了辭報告，想脫離這個是非之地。

李存勗不許。李存勗絕對沒有想到,他的這個不許,又為以後埋下一個地雷。

　　李存勗雖然對藩鎮們保持警惕,但他知道,現在他還需要李嗣源這樣的人為他打天下。

　　他雖然登基稱帝,但他還必須去打滅另外那幾個勢力。

　　他的目光繼續鎖定蜀國。

第二章　沉溺聲色，帝心昏亂權臣起怨

第三章
入主洛陽迷失本心，嬖寵宦官亂朝綱

1. 荒淫無度不問政，天象示警亦輕忽

當李存勗和朱友貞在生死相博、打得如火如荼時，偏居蜀地的王衍對此似乎沒有多少反應。他大概以為，戰場離他還遠得很，他還可以繼續玩、繼續荒淫無道地玩。

他覺得只在宮中玩耍，也有點枯燥無味了，倒不如到社會去看看──那才是大千世界，什麼新鮮事都會出現。於是，他就經常脫我皇帝衣、著我百姓服，來個微服出行，專門跑到街上的青樓放蕩形骸。當然，他還記得自己是蜀國的皇帝，人家要是認出來，就不好意思了。別人如果這樣想，就會對自己進行一番改造，請來最頂級的易容師幫他把自己改得面目全非，然後大搖大擺地到大街小巷上亂竄。他卻懶得把自己的面目搞得全非，而是以皇帝的命令下了一道詔書，要求全蜀百姓出門都戴上大帽子，以便擋住視線。而他也可以戴著大帽子出行，把帽沿一拉低，人家最多只能看到他那個圓潤的下巴而已。

王衍對美女永遠那麼熱愛。只要聽到哪個地方有個美女，他就一定搞到手。

軍使王承綱準備嫁女。

這個消息很榮幸地被王衍知道了。

第三章　入主洛陽迷失本心，嬖寵宦官亂朝綱

王衍很接地氣地對王承綱說：「聽說你的千金就要之子于歸了？」

王承綱一聽，皇上真是有心人，連我嫁女的事也關心，忙用感激不盡的語氣回答：「託陛下的福，小女正準備完婚。多謝陛下的關心。」

王衍點點頭，說：「很好。是大好事了啊。請你把她帶來給朕看看。朕要當面祝福她。」

王承綱只喜得要當場手之舞之足之蹈之起來，一臉興奮地把準備當新娘的女兒帶到王衍的面前。

王衍一看，這個準備當新娘的美女果然漂亮。哈哈，王承綱啊，你生了這麼漂亮的女兒，怎麼不送給我，卻讓她嫁給別人？幸虧朕這回聰明，否則，真的錯過了這個美好的機會。

他向王承綱揮揮手：「王軍使，沒有你的事了。你可以回去了。」

王承綱看到王衍的神態，就什麼都知道了。

結果自然是，王承綱帶著女兒進去，自己孤身一人出來。女兒從此就一入宮殿深似海了。

後來，王綱越來越想不通，又跑去請求皇上把他的女兒送還給他。

王衍大怒，就是古代人都知道「率土之濱莫非王臣，普天下之下莫非王土」，在這個版圖內，所有的動物和不動物，都是朕的財產。包括你女兒。你作為當代人，居然不明白這個道理？連個這道理都不明白，你還有什麼資格當大蜀國的軍使？他大怒之下，下令把王承綱流放到茂州。

王承綱的女兒知道自己的父親被流放，萬般絕望，就自殺了。

王衍這樣的人主，圍繞其身邊的自然全是同個品性的人。當時，天天陪著他瘋玩的是文思殿大學士韓昭、內皇城使潘在迎以及武勇軍使顧在為。他們天天跟王衍吃喝玩樂，跟一幫宮女混雜著玩。他們也像當年的陳後主一樣，一邊吃吃喝喝，還一邊寫很銷魂的豔詞、唱很暴露的歌，跳很

刺激的舞蹈。不雅動作，無所不為。王衍十分高興，當皇帝就是應該過這樣的生活，這樣的生活才是皇帝的生活。有些皇帝天天去關心老百姓好不好，自己憂心忡忡，吃不好睡不好，完全是來這個世界遭罪的，還不如去當一個老百姓。

目前蜀國朝廷中權力大最大的大臣，仍然是宋光嗣等人。

這些人都極端自私。他們因為有王建的遺詔作依據，再加上王衍好玩不管事，所以得以專斷國事，完全可以憑自己的情緒處理朝廷大事，任意施威肆虐。

這時蜀國的宰相是王鍇、庚傳素等人。這幾個人手中沒有多大的權力，根基不深廣，人品也不高階，才智同樣平庸，在這個位子上，一天到晚，只挖空心思，想著如何保住自己的烏紗帽，對宋光嗣他們的所作所為，明知錯得離譜，也不敢出來糾正一下。

那個潘在迎倒是經常勸王衍。

他勸王衍要處決那些敢進諫的人。只有把那些人殺掉，我們的耳根才清靜，才能把有限精力投入到無限的荒淫無道的事業中。

高層全是這些貨色，誰還敢出來多嘴？但嘉州司馬劉贊還是忍不住。他製作了一幅陳後主的三閣圖，然後還創作了一首歌，一起送給王衍。大意是說，當年陳後主就是天天跟後宮美女以及一幫狎客飲酒唱後庭玉樹歌，最後被亡了國。

另外一個賢良方正蒲禹卿也上書規勸王衍，不要貪玩了。現在國際形勢很緊張啊。王衍接到這兩人的規勸後，既不處理他們，也不採用他們的意見。

很快就到了西元 923 年九月重陽。王衍平時都玩得像過節一樣，到了節日就更玩得瘋狂。

第三章　入主洛陽迷失本心，嬖寵宦官亂朝綱

王衍當天在宣華苑設了個重陽宴，請來各位大臣，登高作賦。

大家都玩得很瘋，但王宗壽還是憂慮的。

酒過數巡之後，他還是找了個機會，對王衍說，現在國際形勢真的越來越複雜多變了。唐梁之戰已經到了尾聲。不管他們哪個勢力取得勝利，最後國力都會空前強大起來。那樣一來，他們馬上就會把槍口對準我們了。所以，我們必須有所準備。如果繼續這樣瘋玩下去，人家打過來，我們拿什麼去抵擋？他說到最後，淚水都奔流了出來。

在場的人看到這一幕，都放下酒杯，面面相覷。如果是別人，他們肯定會衝上來把這個敢在這個場合說這些話的人群毆到死。現在大蜀百姓在皇帝陛下的英明領導下，國泰民安，四海昇平，全國上下都其樂融融，你怎麼就說我們危險了？你這是在抹黑我們的國家，抹黑我們的皇帝陛下。要是唐梁兩國那麼厲害，他們為什麼不敢出兵來打我們？他們分明是在畏懼我們，這才在那邊互撕。請問你，這樣抹黑大蜀，對你有什麼好處？可是現在說這話的是王宗壽。他們當然不敢說什麼，更不敢做什麼。

後來，潘在迎和韓昭出來解圍，說：「哈哈，嘉王（王宗壽封嘉王）喝酒時喜歡流淚。」於是，王衍也跟著一笑了之。

王衍雖然不信王宗壽他們的話，但他對迷信那一套還是心存畏懼的。

西元923年十月，天空出現了一個不同尋常的天象：彗星見輿鬼。也就是說，輿鬼星附近突然冒出彗星，足足有一丈多長，十分耀眼。司天監說，老天在告訴我們，國家將有巨大的災難。

王衍一聽，不敢再一笑置之了，立刻下詔在玉局化修築道場，準備祭天，求老天爺保佑他。

右補闕張雲上疏：「這是老百姓的怨氣上徹於天，所以才出現彗星。這個彗星的出現，是亡國的徵兆。不是靠設壇祈求就可以解決的。」

1. 荒淫無度不問政，天象示警亦輕忽

王衍一看，你不好好地幫朕祈求、為朕分憂，卻來這一番吱吱喳喳，這不是添亂是什麼？不由大怒，下令把添亂唱衰大蜀國的張雲流放到黎州。

張雲才到半路，就鬱悶而死。

王衍築壇設祭之後，便又覺得高枕無憂了。他又到怡神亭大擺酒宴，跟一夥近臣大喝特喝。只喝得大家的帽子都跌落下來，男男女女在那裡披頭散髮，喧譁吵鬧，像街頭一群酒肉朋友在狂喝。

李龜禎覺得這樣的場面，實在太不成體統了，就對王衍說：「君臣都如此沉湎於酒色，不憂國事，只怕北面的敵人會算計我們啊。」

王衍不以為然：「他們敢算計我們？哈哈，北面的敵人不就是李茂貞那個老鬼嗎？完全不用擔心。喝，先乾了這碗。」

王衍還在生猛地乾杯，李存勗已經把目光投了過來。

西元 924 年三月，李存勗也在百忙的游獵之中抽出時間，做攻打蜀國的準備工作。

他沒有對蜀國搞突然襲擊，也沒有直接就派出大軍踏平蜀道，而是先派李嚴出使蜀地。

李嚴按照他的指示，見到王衍之後，就在那裡抑揚頓挫地對蜀國高層盛稱李存勗之威德，說李存勗已經天命所歸，一混天下之志，誰敢阻撓就滅掉誰。比如朱友貞。朱氏篡竊大唐，諸侯都不敢勤王。結果我們的大唐皇帝，大舉起兵，誅伐叛逆，摧枯拉朽。試問，當今之海內，有哪股勢力比朱氏還強悍？你們看著辦吧。

那些平時玩得十分囂張的人，這時面對李嚴的恐嚇，都緊閉著嘴，不敢做聲。

只有王宗壽敢憤怒，說：「李嚴如此明目張膽地恐嚇大蜀，絲毫不把

第三章　入主洛陽迷失本心，嬖寵宦官亂朝綱

大蜀放在眼裡，請將他斬首。」

王衍一聽，只是看了憤怒的王宗壽一眼。如果是本國哪個大臣敢這樣恐嚇大蜀，他早就果斷地「斬之」了，可這是李存勗派來的啊。他能斬嗎？他敢斬嗎？

他朝王宗壽揮揮手，請他不要說下去了，也不要再憤怒下去了。越是這樣的場合越需要冷靜。當然你可以不冷靜，但朕必須冷靜。

在李嚴走後，宋光葆說：「現在李存勗對我們已經產生了野心，我們必須認真對待了。當務之急，就是選將練兵，加強邊境力量，屯積戰備的糧食，建造戰船，以防他們前來攻擊。」

王衍覺得這話還是有點道理的，便任命宋光葆為梓州觀察使，充武德節度留後。

2. 一死一亂皆成虛，城高池深終被平

也是在這個時候，那個早已老眼昏花、體弱意志更弱的李茂貞宣布與世長辭了。

李茂貞資歷很深，但能力很差，誰都打不過，除了可以肆無忌憚地欺負只有招牌作用的大唐皇帝之外，誰都惹不起。但他的壽命卻是最長的。跟他同個時代、在歷史上十分活躍的朱溫、李克用、王建等人，都已經化作春泥更護花了，他居然還很窩囊地活在這個世界上，看著比他晚一輩的人在生猛地拚殺。

當李存勗打掉朱友貞時，已經行動十分遲緩的李茂貞被火點著一樣地警醒起來，他急忙派人去向李存勗道賀，放下長輩的姿態，向李存勗稱臣。李存勗剛剛打下大梁，還沒有心思去折騰別的勢力，也向來不把李茂

2. 一死一亂皆成虛，城高池深終被平

貞當作威脅，看到他主動向自己低頭，便也很尊重他，給他極高的待遇，封他為秦忠敬王。

忠敬兩個字看起來，滿滿的都是褒義。可是放到李茂貞的身上，就只剩下諷刺的意味了。

李茂貞看到李存勗對自己十分禮敬，大大地鬆了一口氣。可是這口氣才鬆了幾個月，他那具已經十分老朽的身體終於挺不住而宣布去世了。

李存勗任命李茂貞的長子李繼曮為權知鳳翔軍府事，算是接過李茂貞的班。

李存勗這時只想專注於蜀地，因此對鳳翔基本是採取安撫的手段，只要你不作亂，這些條件都不算是條件。

鳳翔這邊好安撫，可是他自己內部又出現了個狀況。

這個狀況還是跟李繼韜有關。

李存勗平定李繼韜雖然很容易，基本不費什麼手段和力量，最後把李繼韜幾個兄弟都搞定了。但李繼韜還有一個死黨叫楊立。

楊立本來是繼韜手下的牙將，向來得到李繼韜的器重，是眾所周知的李繼韜的死黨。

李繼韜被誅之後，楊立受到極大的震動。他怕李存勗哪天突然又肅清起李繼韜的流毒來，他肯定是第一個被肅清的。他越想越怕，最後認為，只有造反，或許還有一線生機。

在楊立決定搞叛亂來挽救自己性命時，正好朝廷發安義兵三千去守涿州。

楊立認為這是個機會。他對大家說：「此前我們潞州的部隊從來沒有被派去戍守邊境過。現在朝廷硬是把我們這些人驅到很遠的邊塞去。朝廷的這個操作，意圖很明顯，就是不想讓我們繼續待在潞州了。我想，與其

第三章　入主洛陽迷失本心，嬖寵宦官亂朝綱

死在沙漠邊塞，不如據城自守。事情成功了，大家都會富貴起來。如果不成功，我們就上山當山大王，也比在那個苦寒之地強一萬倍。」

大家一聽，覺得有理，都說願意跟隨楊將軍到底。

楊立刻上就帶著他們去攻打城東門，燒掠街上的商店。

此時，現任節度使副使正是李從珂。李從珂是著名的猛將，可是打死他都沒有想到，楊立突然舉起叛亂的偉大旗幟，一點防備都沒有。眼看叛軍大喊大叫地橫衝直闖，他已經無法集結兵力來跟楊立作對了。李從珂只得和監軍張弘祚棄城而去。

楊立就這樣輕鬆地拿下城池，然後自稱留後。

楊立的智商絕對低下。他做了這個事之後，居然又派將士們上表，請李存勗發節度使大印給他。這樣的智商，居然也敢起兵造反，也算是奇葩了。

李存勗當然不會把委任狀發給他。

李存勗接到消息後，第一時間就派李嗣源為詔討使，帶兵前去平定楊立。雖然在當時看來，楊立的叛亂完全可以稱之為「癬疥之疾」，對大局基本不會造成什麼影響，但李存勗還是很惱火的。他為此而下詔，全國各州鎮從此之後，不得擅自修築深溝城壘，並全部強拆原來的城防設施。他以為，如此一來，造反的人就無法「據城作亂」了。

李嗣源部隊的前鋒很快就直抵潞州城下。

當時，已是傍晚，大家才剛剛停下腳步，很多人都想著，吃過晚餐，然後好好睡一覺，明天再攻城。

可是張廷蘊卻帶著他手下的一百多名肌肉發達的猛士，突然衝了出來，越過溝坎，直接登城。

雖然楊立已經部署士兵們在城頭守著，可是當張廷蘊的部隊爬上城頭時，那些守兵卻沒有什麼動作，好像登城而來的不是敵人一樣。

張廷蘊帶著大家，一路砍殺，同樣沒有人拚死抵抗。

張廷蘊最後衝到城門口，斬開城門，招呼城外的政府軍殺進來，只片刻就拿下了潞州，抓到了叛亂的首要分子楊立。

天亮的時候，李嗣源和李紹榮來到潞州。

李嗣源正準備部署攻城事宜。

有人報告：夜裡張廷蘊將軍已經打下了潞州。

李嗣源一聽，功勞被張廷蘊一人獨吞了。自己是總指揮，結果這次大勝與自己無關。

李嗣源很不高興，但也沒有辦法，只得如實向李存勗報告：託皇上天威，潞州已經平定。然後在鎮國橋斬楊立。

李存勗知道潞州城高池深，很易守難攻，於是下令，將之夷平。

3. 蜀地外交未果，李存勗決心出兵

李存勗雖然一直在醞釀著攻打蜀國，但他並沒有放鬆自己的那些娛樂活動，仍然像過去那樣愛財。

孔謙瞅準了他的這個愛好，努力為李存勗搜刮民財。

孔謙想了一個辦法，就是向老百姓放貸款，然後讓老百姓用低價的絲來還貸，而且經常發下檄文，讓州縣的官吏們來督促老百姓借貸還絲。

盧質看不過去了，就上書李存勗：「此前偽梁的權臣趙巖為租庸使時，就因為利用貸款來向老百姓搜刮財物。老百姓對他恨之入骨。現在陛下新滅偽梁，正應該革故鼎新、為民除害。可是有關部門居然未改其所為，繼續搜刮老百姓。這是趙巖復生啊。今年春霜嚴重，毀壞了很多莊稼，收穫

第三章　入主洛陽迷失本心，嬖寵宦官亂朝綱

的繭絲也不多。在這樣的情況下，就是指徵正稅，都還怕有人逃亡避稅，何況還增加了借貸款？老百姓能受得了嗎？我現任權知州汴，也收到了租庸使的檄文。但我只侍奉陛下，不侍奉租庸使。現在是敕旨未發，而租庸使卻頻繁地對各州發下文件。希望陛下及早發出正確的命令。」

李存勗當然知道什麼是正確的命令，但他卻什麼都沒做，也不答覆盧質。

李存勗絲毫不關心民眾的疾苦，但他對周匝很關心。

周匝也是個伶人。

周匝原來就很受李存勗的喜愛，即使上前線打拚，李存勗也帶著他。

後來在胡柳之戰中，這個伶人寵臣成為梁兵的俘虜。

周匝失聯之後，李存勗很是鬱悶，一有時間就想念這個心腹藝人。打下大梁之後，李存勗立刻就想搞個尋人啟事，務必找到周匝的下落。

李存勗的尋人啟事還沒有發出，周匝就已經跑到李存勗的馬前，向他下拜，恭祝吾皇威加四海。

李存勗當然大喜：「你還在這個世界上啊。」

周匝在那裡涕淚磅礴，說：「臣之所以得以活下來再見到陛下，全靠梁朝教坊使陳俊、內園栽接使儲德源的保護啊。請陛下把兩個州封給他們，以報答他們的恩情。」

李存勗當場就答應了他。現在你知道了吧，五代十國的「藝人」，比之現在的明星如何？現在的明星只是個個發了大財。那時的周匝，居然能夠推薦兩個州長。

郭崇韜覺得這樣太過分了，就對李存勗說：「朝廷要封賞的應該是那些與陛下出生入死、奪取天下的忠勇之士。今天大功才剛剛告成，這些人中還沒有一個得到封賞，陛下就先任命一個優伶為刺史，只怕會冷了天下

3. 蜀地外交未果，李存勗決心出兵

人之心啊。」

李存勗一聽，摸摸腦袋，終於沒有當場任命那兩個傢伙當刺史。

周匝仍然不甘心，仍然不停地在李存勗面前提起這件事。陛下金口玉牙說過的話，總不能食言吧？

李存勗聽多了，就對郭崇韜說：「朕已經應過周匝，結果卻言而無信。我現在真的覺得很丟臉，都不好意思再見到他們了。你講的當然很正確。但皇帝的面子也是很重要的。你就看在我的面子上，委屈地做一下吧。」

皇帝都把話說到這個分上了，郭崇韜還能怎麼樣？況且郭崇韜對這些伶官已經感到非常恐懼，哪敢再說什麼？

於是，陳俊被任命為景州刺史，儲德源被任命為憲州刺史。

那些跟隨李存勗南征北戰、身上傷痕累累的人看到這兩個傢伙就因為救周匝這個戲子一命，就成為刺史，無不恨得咬牙切齒。在戰場上真刀真槍跟敵人你死我活，到頭來遠不如在舞臺上表演一下英雄的戲子。敬愛的皇上啊，以後你就讓這些舞臺英雄去打天下吧。

這時，後唐的版圖已經很大，軍隊的成分也很複雜。當連李存勗的嫡系部隊都有些惱火了，原來從梁朝改編的將士們就更不用說了。

右諫議大夫薛昭文看出其中的不穩定因素，就向李存勗上書，說：「現在我們內部的情況還是很複雜的，諸道不服朝廷的還是大有人在，一不小心就又會出現什麼亂子來。另外，將士們長時間征戰，但朝廷給他們的報酬並不豐厚，導致很多人還處於極度的貧困狀態。陛下應該把各方貢品以及為南郊祭祀收繳的雜稅賞賜給他們。另外，河南的各路部隊，都是過去梁朝的精兵，他們的政治立場只怕還沒有穩定。那些對朝廷不滿的藩鎮官員一定會暗中用財物去拉攏他們。這是一個大大的隱患。請朝廷對這些部隊，應該加以裁減。最後，請求選擇一些沒有用的空地去牧馬，不要讓馬匹踐踏了民田。」

第三章　入主洛陽迷失本心，嬖寵宦官亂朝綱

李存勖看過之後，扔到一邊，好像沒有看過一樣。

這時，出使蜀地的李嚴也被王衍放了回來。

李存勖在派李嚴出使蜀地時，不光讓他去恐嚇王衍，還交給他一個任務，讓他跟王衍談好一樁生意，就是讓他用馬匹交換蜀國宮中那些比較珍的玩賞器物。當時，蜀中最好的土特產就是蜀地的絲織品。李存勖很想拿到一批高品質的絲織品。可是蜀國有個規定，嚴禁蜀中上好的絲織品出口中原。能出口中原的都是些劣質的次品，當地人稱「人草物」。

李嚴把這個情況向李存勖報告了。

李存勖一聽，不由大怒，拍案而起，說：「王衍寧免為入草地人乎！」意思是，王衍你早晚也成為人草物。

李嚴對李存勖說：「王衍就像個小孩一樣，頭腦簡單，還昏亂放縱，從來不親自處理政務。那些元老功臣都已經被靠邊站，一天到晚只親近那些小人。目前掌握大權的就是王宗弼和宋光嗣。這兩人靠奉承王衍而獲得大權。他們在朝廷專橫跋扈，貪得無厭，賢愚顛倒，刑賞混亂。君臣上下，都以奢侈荒淫為重要業務。以我看，只要大兵一臨，他們立刻土崩瓦解。只要陛下揮兵過去，完全可以在極短的時間內，全部拿下蜀地。」

李存勖哈哈大笑，朕就愛聽這樣的話。

也是在這個時候，早就重病在身的李存審在幽州逝世。

李存審也是李克用的養子，但他到死都還記得自己出身貧寒。他經常告誡他的兒子們：「我小時候拿著一把劍離開家鄉，四十年間，打仗無數，最後位極將相。這期間多次死裡逃生，光破骨取出箭頭就有一百多次。」他把些箭頭都交給他的兒子們，然後命令他們都藏起來，說：「你們生於富貴之家，應該知道你們的父親起是多麼不容易的。」

李存審一死，契丹兵又沙塵滿天地南下。

3. 蜀地外交未果，李存勗決心出兵

李存勗只得派李紹斌為東北面行營招討使，率大軍渡過黃河向北進軍。

契丹兵來得迅速，很快就直抵幽州城下，並駐紮在城的東南門。城頭的人望過去，到處是契丹的騎兵往來奔馳。大家都感到十分害怕。

這時耶律阿保機比以前更囂張了。

他向李存勗提出一個要求，請把幽州割讓給他，以便安置盧文進。

李存勗當然不同意。

一般到了這時，雙方就只有開打了。

幾乎所有關注北方局勢的人，都堅定地認為，雙方馬上就會大打一場。

然而事實上，雙方並沒有打成。

打不成的原因，並不是這兩個戰爭狂人突然熱愛和平起來，而是耶律阿保機撤了回去。耶律阿保機撤兵也不是因為怕後唐，而是有他的難處。

耶律阿保機這些年來，努力打仗，把北方各部都統一了，唯獨渤海國還在那裡獨立自主。耶律阿保機怕自己跟後唐大幹時，渤海國突然在背後捅上一刀，那可不好玩。他思量再三，覺得還是先解決渤海國之後，再南下向李存勗叫板。

耶律阿保機派大將禿餒和盧文進進據營州和平州等地，牽制後唐兵。

他自己率主力去打渤海國。

當他打進渤海國時，才發現渤海國還真不好打。他也不敢戀戰，宣布撤兵回去。

於是，後唐的北方邊境又暫時安定了下來。

第三章　入主洛陽迷失本心，嬖寵宦官亂朝綱

4. 寵姬失守皇心亂，權臣得勢民命輕

　　李存勖現在手下還有一個猛將，就是李紹榮。這個人原來是李嗣源的養子，但被李存勖硬調到自己手下。李存勖知道這傢伙是個人才，先是任命他為武寧節度使，然後又任命他為歸德節度使、同平章事，然後把他留衛宮中，對他「寵遇甚厚」。厚到什麼地步？李存勖經常跟太后和皇后組團到他家裡串門子。

　　李存勖有一個漂亮的寵姬。這個美女不但漂亮，還為李存勖生了個兒子。劉皇后就不高興了，每次看到這個美女，她心裡就無比憤怒，眼裡全是嫉妒的光芒。

　　正好這時，李紹榮的妻子死掉。

　　李存勖知道後，很是關心這個愛將。有一次，李紹榮在宮中侍奉李存勖和皇后，李存勖很關切地問：「你還想再婚嗎？如果你有這個想法，我願意幫你這個忙。」

　　李紹榮還沒有回答，劉皇后就指著那個漂亮的寵姬說：「皇上既然如此可憐李紹榮，何不以此美女賜之？」

　　李存勖萬萬料不到這個皇后居然來這一招，他這時臉皮突然薄起來，不好意思否決皇后的話，只得在那裡含含糊糊地答應了。皇后從他的答應中聽得出，他在心裡哭著。她很高興，馬上對李紹榮說：「你還發什麼呆？還不趕快謝皇上的恩典？」

　　李紹榮更沒有想到，居然會有這樣的情節。開始時，他還以皇后是在開玩笑，可是當皇后叫他起身謝主隆恩時，他才知道，這不是玩笑，是正在進行時的現實啊。他在皇后的催促下，只得起身向李存勖拜謝。

　　李紹榮尷尬。

4. 寵姬失守皇心亂，權臣得勢民命輕

李存勗更無奈。

只有劉皇后在心裡哈哈大笑。

李存勗當然不甘心。第二天一早，他就去看那個美女。可是當他來到她的去處時，人家已經吹吹打打、用大轎把她抬出去了。李存勗只看到那一隊人遠去的身影。再過一會，美女就成了別人的新娘。李存勗這時肯定在心裡大罵自己窩囊得不能再窩囊了。天天嚷著打天下，原來自己的一個美女都保不住。

李存勗對這個美女是真的喜歡。當她成為別人的新娘後，他稱病多日，不吃不喝。

當然，軍事大事還必須理一理。

李存審是軍方頭號人物，他死之後，必須找個人頂替。

現在能頂替這個位置的也就只有李嗣源了。

於是，李存勗任命李嗣源為宣武節度使、藩漢內外馬步總管。

李嗣源就這樣成為後唐軍方一哥。

包括李嗣源在內，這時根本沒有想到，這個任命對歷史發展有著重大的影響。

李嗣源進入歷史的關鍵點，孔謙也想再上一層樓。

孔謙前一段成功地把張憲擠走，讓王正言當租庸使。他利用王正言性格弱點，把本部門的大權牢牢地控制在手裡，成為本部門實際控制人。但他仍然不甘心，仍然想把王正言擠走，自己當上第一把手。

孔謙覺得這次成功的把握很大。一來王正言自從當了租庸使之後，基本就是領空餉，直到現在都不知道真正的工作是什麼；二來這段時間，都是孔謙在忙活，他不顧老百姓生死地為李存勗搜刮民財，深得李存勗的讚賞。只要他有所求，李存勗就會把他扶正的——那幾個唱戲的都可以當

第三章　入主洛陽迷失本心，嬖寵宦官亂朝綱

刺史，他一個為李存勗搞到這麼多錢的技術官員還不能提拔一個級別？

他又去找郭崇韜，搬了一大堆王正言的不是。

當然，他這次比以前老練多了，不光到郭崇韜面前搬弄王正言的是非，還給那幫戲子和宦官送去大量錢財，讓他們幫他講話。

他看到很多人走這兩條路線，結果都是如願以償，所以他嚴重相信，他也會成功。

哪知，一陣忙活之後，所有的門路都走完了，最後租庸使之職仍然沒有搞到手。

孔謙心裡就大大不滿了，他無論如何都想不通。別人送錢給那幫人，都輕而易舉地得到了回報，他一堆一堆地送出去，結果全打了水漂。他最後氣不過，既然你們覺得我無能，那我就不幹了。他就賭氣遞交了一份辭職信給李存勗。

他這個職位絕對是肥缺，按往常而言，只要他一離開，就會有很多人過來搶。李存勗也會很快批准他。哪知，現在李存勗的心情也很敗壞——心愛的美女被皇后硬生生地奪過去，送給李紹榮，現在你孔謙又來噁心我。朕拿皇后沒有辦法，難道對這個腐敗分子還沒有辦法？

他大怒之下，說孔謙想撂擔子、逃避責任，必須嚴重處理。

幸而景進出面求情，這才使孔謙免於處分。

孔謙嚇得癱軟了好一段時間，在心裡哀嘆這輩子完了。

哪知，在孔謙悲憤地絕望時，情節又突然反轉起來。

當然，這個反轉不是孔謙搞出來的，而是王正言搞出來的。王正言也不是看著孔謙如此挖空心思、孜孜不倦地謀求這個租庸使之後，便心生同情，主動把位子讓出來的，而是他那個身體突然發病起來，而且得的是風病，一天到晚恍恍忽忽，不但不能辦公，就是自理還需要別人幫忙。

4. 寵姬失守皇心亂，權臣得勢民命輕

　　景進就在李存勖面前反覆說這個事，說王正言已經成這個樣子了，哪還讓他繼續在那麼重要的職位上待著？不如讓孔謙接替他算了。孔謙雖然人品不上乘，可是他斂財有方。沒有他這段時間的到處搜刮，朝廷能有這麼多錢嗎？陛下能這麼大手大腳嗎？

　　李存勖本來就很聽景進的話，現在把景進的這個話一細想，覺得很對，就任命孔謙為租庸使，任命孔循為副使。

　　孔謙想不到自己在萬分絕望的時候，突然得到這個夢昧以求的職位，立刻就起提精神，更加努力盤剝百姓，為李存勖積聚了更多的財富，弄得民不聊生。

　　民雖不聊生，但李存勖卻很高興。他覺得他真的用對人了。他一高興，就送了一個光榮稱號給孔謙：豐財贍國功臣。

　　天平節度使李存霸和平盧節度使符習覺得孔謙太過亂來，便又上奏說：「現在節度使所屬州官都稱他們只按照租庸使的文件來貫徹實行，節度使司根本不知道這些情況。這些州官這樣做，把規矩都打亂了。」

　　孔謙只得說，是租庸使的文件直接下發到各州，沒有透過節度觀察使。

　　李存勖看到李存霸他們說得有道理，就下了個詔書：「按朝廷舊例，敕令不下發到各州。各州的官吏也不能單獨上奏。天平、平盧兩道所講的事情，是本朝過去的規定。租庸使所講的是梁朝的近事。從今以後，不是各支郡親自進奉，都必須先移交本道，然後由本道節度使上奏。至於租庸使催辦的賦稅，也要先下文件給觀察使。」

　　大家看以這個詔書後，以為李存勖終於要按照規矩辦事了，孔謙不能亂來了。哪知，這個詔書下發之後，租庸使繼續越過節度使，直接要求州官們按過去方針辦事。別人都不用管。大家才知道，原來這是個空標頭文件。李存勖只是用這個文件來搪塞一下李存霸他們的嘴而已，算是給他們

第三章　入主洛陽迷失本心，嬖寵宦官亂朝綱

一點臉面而已。

大家由此可知，老百姓在李存勗的心目中，只能算個屁，是真正的屁民。

李存勗下發文件之後，繼續打獵，而且繼續踐踏老百姓的莊稼。

洛陽令何澤看到李存勗和他的從騎都不把老百姓辛辛苦苦種下的莊稼當一回事，心裡極是不爽，就爬伏在草叢中等李存勗的到來。

李存勗很快就騎著大馬、颯爽英姿而來。

何澤立刻站了起來，攔住李存勗的馬，說：「陛下斂財向來都很急。現在莊稼就要熟了，卻又來踐踏它。這讓官員們以什麼理由來對做老百姓的說服。老百姓就靠種莊稼來養活自己、提供錢財給陛下。陛下這樣做，讓老百姓以後怎麼生活？請陛下先把我賜死吧。」

李存勗近期雖然表現得十分昏庸，但他並不是真的愚蠢。他知道何澤說的話是很對的。於是，他一臉親切地表揚了一何澤一番，然後讓他回去，今天我不再踩踏莊稼了。

莊稼可以少踩一點，但打獵的規模是不能越打越小的。

有一次，他帶著他的親軍在伊闕展開一次大規模的打獵活動。他把這場打獵活動展開得像一場戰鬥，要求參加打獵的全體人員，都跟他一起翻山越嶺，而且晝夜不停，有時夜裡還在合圍獵物。很多士兵都不幸跌下懸崖撤死。至於受傷的，就不計其數了。

李存勗還喜歡去人家家裡串門子，而且還經常帶著他的皇后。

這一次，他和劉皇后到張全義家。

張全義看到李存勗和皇后到來，就拿出家裡最寶貴的東西來送給李存勗，這讓李存勗和劉皇后萬分高興。

劉皇后比李存勗更高興。

酒喝到酣處時，劉皇后對李存勖說：「我幼失父母，只要見到老者就會想起我的父母。請陛下把張全義當父母來對待。」

李存勖當然許之——連漂亮美女被強行奪去送給人家當新娘，他都無話可說只有悶氣，這樣的事他當然更無話可說。

張全義卻怕惶恐固辭。

但劉皇后卻再三堅持，張全義沒有辦法，只得接受了皇后的拜禮。

張全義突然當了張皇后的「父親」，當然又得意思意思，否則這個父親就不好意思了。他又拿出一堆財寶送給張皇后。

劉皇后拿了這麼多的財寶，心裡很高興，哈哈，這個父親真孝順女兒。她當然也得裝著有禮貌。第二天，她叫翰林學士趙鳳起草一封信，去感謝張全義。

趙鳳說：「自古無天下之母拜人臣為父者。」意思是皇后這樣的做是有違禮制的。開開玩笑是可以的，但不得當真啊。

李存勖把趙鳳表揚了一把，說你很忠誠耿直。但最後還是按皇后的意思進行。從此之後，皇后和張全義者保持著密切往來，幾乎每天都派人往來問候，互送禮品，從不間斷。

5. 削防禦，擁嬖寵，蜀主自毀長城

王衍這時感覺到後唐可能真的要拿他開刀了，必須繼續做好準備。他任王宗鍔為招討馬步使，率二十一軍屯駐洋州；派林思鍔為昭武節度使，去守利州。這個部署說就是針對後唐的進攻的。

王宗儔看到王衍太不像話了，明明聽到李存勖對蜀國磨刀霍霍的聲音了，還在拚命地玩，這是在葬送王建的基業啊。他雖然是養子，可是養子

第三章　入主洛陽迷失本心，嬖寵宦官亂朝綱

也是子。他覺得他必須對王建負起責任。於是他就去找王宗弼，請王宗弼帶起這個頭，帶領大家廢掉王衍，以挽救大蜀。

王宗弼雖然很貪很腐敗，但他到底是在王建起家時就跟著王建，知道這個基業來之不易，如果按照王衍這樣下去，他們養父打下的基業，很快就會完蛋。可是，他又覺得這樣做，有點不妥，就在那裡猶猶豫豫。

王宗儔一看，這個兄弟原來也是個只想腐敗，不願冒險的傢伙。連王宗弼這樣的人都甘願墮落了，大蜀的前景已經徹底黑暗了。他這麼一想，心裡就裝滿了憂憤之情。最後，他就憂憤而死。

王崇儔憂憤而死後，王宗弼狠狠地鬆了一口氣。他居然用十分討好的口氣對宋光嗣和景潤澄等人說：「王崇儔叫我殺你們。現在他死了。你們可以無憂矣。」

宋光嗣這些人之所以敢在朝中霸道，霸道得誰都不敢說什麼，是因為手中緊握著大權。但這些人都是很怕死的。只要有人真的敢跟他們叫板，他們就束手無策，慌成一團。他們聽了王宗弼的話後，立刻知道，如果王宗弼答應王宗儔的請求，他們早就一命嗚呼了。雖然王宗儔已經死了，但他們仍然嚇出一身冷汗，立刻爬在地板上，淚流滿面，對王宗弼大謝特謝。

王宗弼的小兒子王承班聽到這個事後，一聲長嘆，對別人說：「我家必將遭受一場大災難。」

所有人都知道，王建時代，手下這幫養子都生龍活虎，能衝能打，都是上戰場的好手。現在做防範後唐進攻的部署，正好把這些人投放到前線。可是王衍卻沒有這樣想。他最放心的仍然是那些平時跟他玩得來的人，他覺得這些人在玩遊戲時，腦子都轉得飛快，創意一個接著一個，要是讓他們上戰場，肯定是妙計接著一個妙計，把李存勗的部隊耍得團團轉，被打死了還不知道是怎麼死的。

5. 削防禦，擁嬖寵，蜀主自毀長城

王衍決定把兵權交給王承休。

王承休是個宦官。

王衍任命王承休為龍武軍馬步都指揮使，專門從諸軍裡挑選最精銳驍勇的一萬二千人，組成左、右龍武步騎四十軍，交由王承休統帥。他下令把最精銳的武器都給了這支部隊，還特別給這支部隊最優厚的待遇。然後任命安重霸為王承休的副手。

安重霸這個名字看起來霸氣，甚至看起來有點簡單粗放，其實是個幾姓家奴。他從小就表現得十分狡詐，極富心機。他年輕時就在代北一帶混。後來，他跟李嗣源一起，為河東勢力效力，成為李存勖的手下。如果他就這麼跟李存勖做下去，估計現在也能在後唐那裡混到不低的位置。可是他在那裡混了不久，就犯了法。犯了法的安重霸，畏罪潛逃，投奔到朱友貞那裡。他到大梁後，發現朱友貞好像也不是什麼好主公，便又逃了出來，跑到蜀地，投奔王建。

王建當時看他是北方人，不但有謀略，而且還善於騎謝，能帶兵打仗，是個人才，就重用了他。算起來，他也是王建時代留下的重臣。但他跟王建那幫養子不一樣。他比他們更狡詐、更有心計。那幫養子在王建死後，除了幾個託孤之臣比如王宗弼之外，都不怎麼巴結宋光嗣等人，所以很快就被邊緣化。安重霸雖然沒有成為王建的養子，但他頭腦比那些養子靈光，一直用心去巴結王承休等人。

王衍對王承休也是無限信任。王衍雖然偏居一隅，東面北面都有敵國，但他並不覺得危險，仍然是一副少年心性，對政事一竅不通，也從不用心去研究，他把這些事都交給王承休去處理。王承休手裡的權力就大了起來。王承休為了獨攬大權，長期跟韓昭內外勾結，大量採集奇花異草，獻給王衍，使得王衍把全部精力都投入到玩樂事業之中，既沒有精力也不願去管朝廷中的事。

第三章　入主洛陽迷失本心，嬖寵宦官亂朝綱

　　王承休知道自己雖然可以玩玩王衍，便知道自己還必須有個懂軍事的死黨幫忙。現在能死心塌地跟著他的就只有安重霸這個人才了。於是就把讓安重霸當他的副手，為他主管軍事。

　　其他將領一看，都十分氣憤。

　　王衍雖然也做了一些備戰工作，但他還是很怕打仗。他就派人去見李存勗，請求修好雙邊關係。李存勗又派人出使蜀地。這一次，後唐使者嘴裡的火藥味不那麼濃烈了。

　　於是，王衍就天真地認為，他跟後唐的關係已經修好了，不必再那麼高度緊張了——一天都是這麼緊繃著好根神經，對身體是不好的。為了表現出他的誠意，他下令罷威武城，將原本在那裡的二十四軍召還成都。接著，又罷武定、武興招討劉潛等三十七軍。

　　過了一段時間，又宣布罷天雄軍的招討任務，命令王承鑒等二十九軍回成都。

　　王衍根本不知道，他這麼大力罷去邊境戍守，完全是單方面的作為。這種單方面的作為，跟自殺完全可以劃上等號。

　　王衍做完這些事後，覺得天下又太平了。哈哈，都說國際事務紛繁複雜，國與國之間的關係也複雜多變，其實也就是這個樣子。真正處理起來，一點不棘手。完全可以繼續玩了。

　　王衍又讓張格兼任中書侍郎、同平章事。

　　張格雖然生於世家，很有知識涵養，但這個人心狠手毒。他當年曾經犯一大罪，全靠王魯柔出手相救。當他東山再起、官至宰相時，很多人以為，王魯柔可以飛黃騰達了。

　　大家在心裡下了這個結論之後，就在那裡等著，看張格如何操作，把他的救命恩人大力提拔、放到哪個有油水的部門。

5. 削防禦，擁嬖寵，蜀主自毀長城

哪知，張格當宰相後辦的第一件事，就是找了一個巨大的藉口，將王魯柔「杖殺之」。

大家一看，都是不寒而慄，想不到一介書生，居然如此心腸。

許寂說：「張格這個人才高而識淺。連王魯柔都殺掉，其他人誰還敢跟他玩？這絕對是取禍之道！」

那個王承休突然覺得，只在成都這裡專權，已經有點疲勞了，便想，如果去當個節度使，在地方玩玩，會很新鮮的。

於是，他就對王衍說：「陛下，洒家告訴陛下一個好消息。」

什麼消息？搞得這麼神神祕祕？

王承休說：「根據調查顯示：秦州那裡的美女很多。」

王衍一聽，口水馬上就流了下來，說：「是不是要到秦州去一趟？哈哈，組一個採花團去秦州，那很好玩的。」

王承休說：「陛下到底是一國之主，哪能組採花團？會被人家說吃相太難看了。」

王衍說：「那怎麼辦？」

王承休說：「這個很好辦，就是派個親信去當秦州的節度使。讓他幫陛下挑選美女送到成都來。哪用陛下辛辛苦苦跑去秦州？」

王衍笑了起來，說：「對。朕只需要在家吃好補藥，專等美女。你說派誰去？」

王承休說：「只能派我這類沒有能力的人去。要是派正常人過去，他們就會先把美女用了。」

王衍大笑起來：「好啊。誰去呢？」

王承休說：「還是洒家去吧。別人去，陛下還得跟他交待這些任務，那多麻煩。」

第三章　入主洛陽迷失本心，嬖寵宦官亂朝綱

王衍大叫：「好啊，交給你朕絕對放心。」

他馬上任命王承休為天雄節度使，封魯國公，並以龍武軍為王承休的牙兵。大家知道，唐末雖然宦官的權力巨大，堪稱宦官們的黃金時代，但並沒有哪個宦官可以出任節度使。王承休就在蜀地這裡創造了這個歷史紀錄。

王衍除了把充分的信任交給宦官們之外，還給他的外戚很大的權力。他任命他的舅舅徐延瓊為京城內外馬步都指揮使，取代了王宗弼之職，成為所有舊將的直接上司。

大家一看，心裡自然憤憤不平。

王衍當然不管大家的心情。他繼續打擊那些「宗」字輩的舊將，徙普王王宗仁為衛王，雅王王宗輅為豳王，褒王王宗紀為趙王，榮王王宗智為韓王，興王王宗澤為宋王，彭王王宗鼎為魯王，忠王王宗平為薛王，資王王宗特為莒王。同時把原來在軍任要職的王宗輅、王宗智、王宗平，都調離軍隊，不再讓他們插手軍中的事務。

6. 毀壇忘本逞自喜，調將備邊起波瀾

在這段時間裡，唐蜀邊境確實很平靜，並沒有出現過一次肢體衝突。

因為此時，李存勗還在為北方的穩定擔憂。

他在準備對蜀用兵時，那個討厭的契丹又進入幽州地界。李存勗只得又派李嗣源帶幾萬部隊北上，以拒契丹。

李嗣源率兵經過興唐時，覺得軍中的裝備有些簡單，尤其是鎧甲有些短缺。他知道東京武器庫中有一大批專供皇帝用的鎧甲。這些鎧甲的品質絕對很好。於是就寫了一張牒文，交給東京副留守張憲，請他撥給五百副鎧甲。

6. 毀壇忘本逞自喜，調將備邊起波瀾

張憲因為部隊緊急需要，來不及告訴李存勗，就直接撥給了李嗣源。

李存勗知道後，十分惱火，怒批張憲：「張憲不遵詔令，擅自把朕的鎧甲送給了李嗣源，是何意也？」

當然，他發火之後，也沒有嚴厲地處罰張憲，只是罰了張憲一個月的工次，然後叫張憲跑到李嗣源的軍中，取回鎧甲。

如此一來，李嗣源不高興，那幾萬跟隨李嗣源的將士也不高興。

這個不高興再疊加此前和此後的多次不高興，成了李存勗最巨大的後患。

張憲雖然被罰了一個月的工錢，但他並沒有因此而撂擔子不幹。

李存勗這時也很講排場。

西元925年正月，義武節度使王都準備來朝。

王都雖然只是個節度使，而且人品極壞，靠奸詐手段獲得王處直的信任，當上了節度使。前兩年，李存勗北征追擊契丹時，經過定州。王都親自到馬前奉迎李存勗，讓李存勗十分開心。之後，李存勗親臨王都府中。王都更是擺設了定州有史以來最豪華的酒席接待李存勗。李存勗更是高興得心花怒放。

席間，李存勗發現王都有一個女兒，才十歲。他一高興，就指著這個美女說：「等她長大了，就當朕兒子李繼岌的王妃。」

這個婚約一定，王都迅速成為李存勗親信的人之一。只要王都所奏，李存勗無不答應。

現在這個親家要入朝，當然得隆重接待。

李存勗將原來的行宮開闢成一個球場，來讓親家娛樂娛樂。

其他人都沒有什麼意見，反正是你的行宮，跟我們有什麼關係。

第三章　入主洛陽迷失本心，嬖寵宦官亂朝綱

張憲卻忍不住，說：「如果是別的行宮，我也沒有什麼意見。但這個行宮是不能的。」

為什麼？

張憲說：「這是前年陛下即位之地，其壇不可毀啊。如果一定要修球場，還是在宮西那邊開闢吧。」

李存勗也不好說什麼了，那就這樣吧。

可是宮西那邊比較複雜，工程隊連續幾天晝夜話不停地大幹，仍然沒有修好。

李存勗就不耐煩了，下令直接毀掉那個即位時用的祭壇，然後把它做成球場，這樣會快很多。

張憲一看，心裡很是悲涼，對郭崇韜說：「這個壇是皇帝用來祭祀上帝的。是皇帝一開始受命於天的地方，怎麼能把它毀掉呢？」

郭崇韜聽了之後，把這個話再轉告給李存勗。

李存勗一聽，你們這幾個老教條，這個壇已經沒有用了，還要留下來做什麼？他不但不聽郭崇韜的話，反而叫兩都虞侯加班加點剷除祭壇。

張憲更是大搖其頭，對郭崇韜說：「忘本背天，不祥莫大焉。」

李存勗從張憲的臉上就看出他的心裡是怎麼想的。心裡冷冷一笑，你又在說朕這樣做是大大的不祥吧？朕偏偏就這樣做。既然朕受命於天，老天爺怎麼會怪罪於朕呢？你們這些腐儒，哪能把問題看得這麼透。

就在這時，北方來報：李嗣源已經在涿州大破契丹。

李存勗哈哈大笑：「朕才毀祭壇，北方馬上就來捷報。」

李存勗雖然心裡很高興，但他也有一些憂慮。前段時間，他手下的猛

6. 毀壇忘本逞自喜，調將備邊起波瀾

將李存賢又病逝。此時，大唐的名將已經凋零了很多。而四方還需要很多能打的人才。尤其是北方，契丹目前正處於強盛之時，一有時間就南下攻打幽州。如果稍有閃失，幽州就會被契丹拿下。為此，李存勖在前些天就任命李紹斌為盧龍節度使，專門防範契丹。

可是他任命李紹斌之後，並沒有放鬆起來。他跟郭崇韜進行了一場討論。兩人一致認為，李紹斌不管是能力還是威望，都不足以擔當重任。

為此，李存勖打算改派李嗣源去鎮守真定，作為李紹斌的後援。

郭崇韜認為，這個部署很正確。

當時，郭崇韜正兼管真定。

於是，李存勖就想把郭崇韜改任到汴州。

郭崇韜說：「我在朝中掌管機密，在朝外又參與重大政事，已經算是富貴至極。何必還要再兼藩鎮？現在朝中很多大臣，跟隨陛下征戰好多年了，身經百戰，所得的也不過是一個州官。我無汗馬之勞，只是陛下的左右侍從，隨時輔佐陛下作些謀劃，結果致位於此，心裡常常感到不安。現在正好乘機委任賢能之士，讓我解脫藩鎮之位，這才是我最大的心願啊。況且汴州是關東的要衝，地富人敏，我不能到治所辦公，只能令別人代管。這對我來說，只是一個空城。對國家也是有害無益。」

李存勖說：「我知道你一片忠心。你為我出謀劃策，奪取了汶陽，保住並鞏固了黃河渡口。之後，我們就從這條路乘虛搗大梁，成就了朕之帝業。豈是百戰之功可比？現在朕貴為天子，哪能讓你無尺寸之地？」

郭崇韜還在堅持推辭。

最後，李存勖拗不過他，只得答應了他的請求。再調李嗣源為成德節度使。

第三章　入主洛陽迷失本心，嬖寵宦官亂朝綱

7. 南霸天驚聞帝業變，試探中原竟無懼

　　李存勗近期以來，雖然把皇帝當得荒淫無道，但他打下大梁，對其他勢力仍然造成極大的震動。

　　偏居嶺南的劉巖，聽說之後，也是大吃一驚。這個人雖然已經稱帝，其實也沒有多大的志向，就是想把這個南霸天當到頭而已。他對迷信那一套向來深信不疑。

　　有一次，某個大師對他說，他必須到梅口去躲避災難。他連個為什麼都不追問一下，扛起行李就跑到梅口。

　　梅口地近王審知的閩西。王審知的部將王延美得知後，好你個劉巖啊，居然偷偷跑來這個地方。你以為我怕你？馬上帶兵過來，襲擊劉巖。

　　劉巖才在那裡待了幾天，突然看到閩兵殺來，不由嚇得魂飛魄散。這個大師完全可以鑑定為冒牌大師了。叫朕到這裡來躲避災難，結果卻差點受災受難了。劉岩心裡大叫倒楣，連行李都不收，直接逃得路都不見。

　　劉巖逃回之後，再也不敢做那些不可思議之事了。

　　他雖然居於南鄙之地，但仍然關注中原的局勢。

　　他聽到李存勗滅梁之後，就害怕起來。要知道，李存勗如果是個李世民一樣的君主，吃掉大梁、力量空前強大之後，就會發動統一全國的戰爭。到時，他這個南霸天也當了不多久了。

　　最後，他覺得光在這裡怕，也是無濟於事的，就派何詞為使者，到洛陽去一趟，說是前來入貢，其實是到實地參觀一下大唐的情況。

　　何詞回來之後，對劉巖說，李存勗驕淫無政，不足畏也。

　　劉巖一聽，大大地鬆了一口氣，從此就果斷地斷絕了跟後唐的來往。

8. 權不下放心漸險，妃宮擴建鬼作由

　　李存勗當然沒有意識到外界對他的這些評價。他繼續按照他的性格進行下去。

　　李存勗除了愛玩愛耍之外，還有一個明顯的性格特徵，就是剛愎好勝，覺得誰都比不上自己，覺得不管什麼事，別人都做不過他，因此他什麼事都要管，都不願把權力放給大臣。他入洛之後，更是偏信戲子和宦官們，對那些曾經跟他征討四方的舊臣宿將越來越顧忌，也越來越疏遠。

　　李嗣源的家在太原，因此他就請求讓李從珂為北京內牙馬步都指揮使，讓李從珂回太原任職，這樣就可以照顧一下他的家屬。

　　李存勗大怒，說：「李嗣源掌握兵權，又身居大鎮。怎麼能再為他的兒子提出這些要求呢？他這是什麼意思？難道大權是掌握在他手裡、不是掌握在我的手裡嗎？」

　　他一怒之下，不但沒有答應李嗣源的請求，反而貶李從珂為突騎指揮使，讓李從珂率領幾百人戍守在石門鎮。

　　李嗣源本來只是想方便照顧一下家屬，心裡並沒有想得很複雜，哪想到居然把李存勗惹到惱羞成怒的地步，心裡大是懼怕，急忙上書為自己解釋了一番，直到很久之後，才緩解了他跟李存勗的緊張關係。

　　李嗣源仍然覺得不安全，就請求到洛陽朝見。

　　李存勗卻沒有答應。

　　當然，不但李存勗顧忌李嗣源，郭崇韜也因為李嗣源功高位重，心裡十分嫉妒他，曾經私下對別人說：「總管令公非久居人下者。現在皇家子弟皆不及他。」

　　為此，郭崇韜私下曾勸李存勗把李嗣源召回朝中宿衛，然後罷其兵

第三章　入主洛陽迷失本心，嬖寵宦官亂朝綱

權，再將他除掉。

但李存勗卻不聽。他雖然顧忌李嗣源，對李嗣源的很多舉動都很敏感，但他認為他的能力比李嗣源高了無數倍，一點不怕李嗣源搞什麼鬼。

李存勗覺得自己的戰績十巨大，得好好地紀念一下，好好地展覽一下。於是，他安排了一次重走戰場路活動，帶著大家從興唐出發，從德勝渡河，過楊村、戚村，參觀前些年他戰鬥過的地方，然後跟大家一起歡樂。

李存勗進了洛陽之後，他的那些戲子和宦官馬上就有了一個新發現，洛陽的宮殿很宏偉，還可以裝得很多人和很多物品。他們決定請李存勗大力增加後宮的侍妾和宮女。當然這些人都不傻，知道直接提出這個建議，會被朝廷反對──甚至劉皇后都會帶頭反對，那就很難通過了。他們在某個角落裡商量了一陣，就得出一個方案。這個方案很簡單，就是製造一個謠言，說宮中黑夜裡發現鬼物。

李存勗當然也怕鬼。他聽說宮中有鬼之後，馬上就想請這方面的大師作法來驅逐宮中的鬼怪。

宦官們早就料到他會來這一招，就讓一個絕對資深的老太監對他說：「我們過去侍奉過懿宗、僖宗，當時宮中的人口不下一萬人。現在嬪妃們居住的地方，有一大半都是空著。所以鬼物就跑到這些地方遊戲了。如果把這些地方都住滿人，鬼物們就不敢來了。」

李存勗一聽，很有道理，還是宦官們有見識。

他馬上命令宦官王允平和大戲子景進深入民間，挑選美女。這幾個傢伙做這些事時，很有效率。不過一段時間，選美工作隊的足跡就走遍了太原、幽州、鎮州的很多地方，帶回一大批美女，全部放到後宮。大唐的後宮一下就多了三千美女。

8. 權不下放心漸險，妃宮擴建鬼作由

後來，李存勗從興唐回洛陽時，還用很多車拉著美女，弄得一路上美女成群，隊伍接連不斷。不明就裡的人看到路上全是美女，一定懷疑自己走錯路、誤入女兒國了。

張憲看到這個現象，便又說：「魏州各營婦女逃亡的有一千多人，可是那些扈從的士兵都把她們藏了起來，然後把他們帶走。」

李存勗一看就笑了。老憲啊，朕說你就是頭腦簡單。哪是士兵們把她們藏起來的。這些美女老早就進入朕的後宮了。

劉巖很迷信，李存勗同樣迷信。

五臺山有一個叫誠惠的和尚，自稱有降伏天龍之能，至於呼風喚雨，那更是小菜一碟。李存勗聽說之後，立刻就無條件相信。

李存勗把他請到宮中，然後親自帶著皇后、妃子、一眾皇弟皇子，向誠惠下拜。

誠惠則穩坐於前，不動聲色，坦然接受李存勗的下拜。

群臣見了，哪敢不下拜。

當時正值大旱，大家都仰望天空，盼望老天灑點雨水下來。可是他們仰得都有頸椎炎了，頭上的天空仍然是藍藍的天。

李存勗突然記起，誠惠大師不是說呼風喚雨對於他而言，就是小菜一碟嗎？

馬上請大和尚來作法。再旱下去，朕都沒有水洗臉了。

李存勗把誠惠從鄴城叫到洛陽，請他略施小法，讓老天來一場瓢潑大雨。

大家知道後，都十分興奮，看來我們有救了，都放下手中的活路，前來看大師作法祈雨。

誠惠在那裡裝神弄鬼了整整弄了十幾天，頭頂仍然是藍藍的天，連白

第三章　入主洛陽迷失本心，嬖寵宦官亂朝綱

雲都不見一朵，更不見一滴雨漏下來。

看來這個大師是騙人的大師。

於是，有人對誠惠說：「皇上請你來祈雨，可是你祈來祈去，卻沒有雨下來。聽說皇上已經大怒，想治你欺君之罪，把你燒死在這裡。」

誠惠一聽，立刻嚇尿了，連夜逃跑。但不久，他就因為恐懼和慚愧死去。當他去糊弄李存勖的時候，絕對沒有想到這個下場。

誠惠死不足惜，但另一個人的死去，讓李存勖和他的母親還是很傷感的。

這個人就是李克用的正妃劉氏。

劉氏跟她的那個姐妹曹氏感情很深厚。當李克用還在世時，她作為正妃，曹氏只能排在第二位。後來，李存勖當了皇帝，曹氏母以子貴，成了太后，劉氏只能當太妃。但她還是放得下的。因此兩人的感情還深厚如故。

李存勖到洛陽之後，曹太后當然得跟他到洛陽居住。

曹太后跟劉太妃告別之後，就覺得心裡空落落的，總是悶悶不樂，雖然有很多娛樂擺在她面前，她仍然苦著那張太后的臉。劉太妃自從跟這個妹妹告別之後，心情也是十分鬱悶。最後，她居然積鬱成疾起來。

曹太后知道後，心裡十分著急，派宮廷醫生連續不斷地去為劉太妃看病。

後來，她聽說劉太妃的病越來越沉重，就愁得連飯都吃不下。

再後來，她實在忍不住了，就對李存勖說：「我與太妃恩如兄弟，現在她病情這麼嚴重。我想親自跑去看她。」

李存勖認為，路很遠、天又熱，母親年紀也大了，真不宜冒著酷暑進行長途跋涉。他苦苦勸了太后很久，太后這才作罷。

李存勖最後派他的弟弟李存渥代表他和太后去看望太妃。

劉太妃最後撐不住了，於西元925年五月宣布駕崩。

太后得知之後，十分悲傷，連續幾天吃不下飯。

李存勗雖然很荒淫無道，但他對母親還真的很孝順，天天守在母親的身邊，不斷地勸慰傷心欲絕的母親。

太后傷心了一段時間之後，身體也有點垮了下來。她覺得她真的太想念她的這個姐姐了，又想去參加葬禮，送她最後一程。

李存勗自是不答應。

在歷史上，宮廷中女人們的爭鬥向來十分激烈，這些宮廷中的女人，雖然平時笑起來，滿臉春色，越看越可愛，但她們爭鬥起來，心狠手毒的程度，絲毫不亞於男子漢們。李克用的這兩個女人，如此相敬相愛，堪稱異數。

9. 酷暑興樓不顧民，遺書暗藏接班局

這一年，連續大旱了幾個月，天氣熱得要命。

熱到什麼程度？熱得李存勗這個打獵的狂熱分子都不出去打獵了。

李存勗在皇宮中高涼之處避暑，仍然覺得十分難受，嘴裡不斷地埋怨這個鬼天氣。

那幾個宦官對他說：「當年我們在長安時，大明、興慶等宮的高大樓觀足足有幾百座，那都是避暑的好地方啊。現在陛下的宮裡竟然沒有一個像樣的避暑所在，一些宮殿還不如當時公卿們的私宅豪華。」

李存勗一聽，原來如此，馬上下令王允平另外修建一座高樓，以便讓他在上面避暑。

宦官們又說：「近來郭崇韜的臉上都是憂心忡忡的表情。原因是孔謙

第三章　入主洛陽迷失本心，嬖寵宦官亂朝綱

老是說費用不足。現在陛下雖然下決心修樓，只怕最後還是修不成啊。」

李存勗說：「這個不用郭崇韜解決。我自用內府的錢修樓，跟國家財政無關。」話雖然這樣說，但他還是怕郭崇韜勸諫，就先派中使去找郭崇韜，轉告他的話：「今年夏天實在是太熱了。朕前些年在黃河邊跟梁兵對峙，條件十分艱苦，行軍的軍營都很低矮潮溼，即使披彼堅執銳，衝鋒陷陣，也沒有現在這麼熱。現在深居宮，被酷暑煎熬，該怎麼辦？」

他真的希望郭崇韜聽過之後，當場就領會他的精神，請求馬上蓋一座避暑樓。

郭崇韜當然深刻領會他的這番話的內涵，可是他會這麼說嗎？他說：「陛下昔日在黃河邊上，因為強敵未滅，大仇未報，日夜都在想著如何洗雪恥辱和殺敵報仇。那時雖然也酷暑難耐，但陛下並不在意。現在外面的憂患已經消除，國內的諸侯都臣服，所以雖然有珍貴的樓臺和空閒的館所，仍然覺得很悶熱。陛下如果還記得以前的艱苦，則暑氣自消矣。」

李存勗一聽，又沒有話說了。

那幾個宦官又急起來，說：「陛下為什麼要聽郭崇韜的話？他現在的宅第，比後宮還豪華，他當然不覺得天氣熱。」

李存勗一聽，便下令開工。由於要趕工期，每天參加修樓的民工有一萬多人，耗費的錢財十分巨大。

郭崇韜看到李存勗一意孤行，便又去勸諫：「今年兩河地區，乾旱十分嚴重，軍糧都憶經難以充足。請陛下暫停建設吧，等到豐年時再動工。」

到了這個時候，李存勗還能聽郭崇韜的話嗎？

郭崇韜也不敢再說什麼了。

李存勗大叫酷暑難耐，他的母親這時也已經病到臨終時刻了。

李嗣源聽說太后病情嚴重，上書請求去見太后。但李存勗不同意。

當年的七月十一日，劉太后終於與世長辭。李存勗很是悲痛，連續五天沒進食。

　　這邊劉太后死去，淮南的徐溫的謀主陳彥謙也宣布去世。

　　當然陳彥謙也是先有病的。

　　當時最關注陳彥謙病情的不是徐溫，而是徐知誥。

　　徐知誥這時心裡已經裝滿了野心，隨時準備取代徐溫的地位。他一直在培植自己的實力，曾多次跟徐溫唱反調。只是徐溫很相信他，並不把他的唱反調當一回事。徐知誥知道陳彥謙在徐溫心中的地位，知道徐溫對陳彥謙的話向來全盤相信，他預料到作為徐溫的頭號謀主，陳彥謙在臨終之際，肯定會給徐溫留下一封遺書。徐知誥也早就知道，陳彥謙一直都在勸徐溫提防徐知誥。所以，對於徐知誥而言，陳彥謙的這封遺書到頭重要。徐知誥最怕的是，陳彥謙在遺書中，會涉及徐氏繼嗣之事。

　　為了知道這封遺書的內容，徐知誥就不斷地給陳彥謙送藥、送金銀絲帛，以致給陳彥謙運送物品的車子「相屬於道」。他以為，他這麼努力巴結陳彥謙，給陳彥謙這麼大的臨終關懷，陳彥謙會很感激他，最後會在遺書裡建議讓他當接班人。

　　但陳彥謙是徐家的死忠，他絲毫不為所動，臨終時寫下的遺書，還是建議徐溫立自己的親生兒子為嗣。

　　徐知誥很是鬱悶。

10. 忠直難容於昏君，羅貫一命葬權奸

　　這時，郭崇韜也碰到了一件讓他鬱悶的事。

　　就是他賞識的一個人才被李存勗處死。這個人叫羅貫，現任河南縣

第三章　入主洛陽迷失本心，嬖寵宦官亂朝綱

令。羅貫此前任禮部員外郎。他性格剛直，深得郭崇韜賞識。郭崇韜就任他為河南令。

河南令的職務雖然不大，但轄區內聚居著當朝的權貴。羅貫到任之後公事公辦，從來不理權貴的臉色。那些伶人和宦官請託他辦事的書信，堆滿他的桌面，他一個也不答覆。最後他還把這些書信送給郭崇韜看。

郭崇韜就把這事向李存勖「奏之」。

結果是李存勖聽了之後，面無表情，什麼話都不說，那些戲子和宦官已經惱羞成怒，對羅貫恨之入骨。另外，羅貫的頂頭上司河南尹張全義因為羅貫很高傲，對羅貫也很「惡之」。你一個小小的縣令，有什麼了不起，居然也敢這麼清高，老子在河南當政這麼久，哪個見老子不服服貼貼？他心裡一恨，也想讓羅貫知道他的厲害。他是老司機了，並沒有親自出手，而是派他的奴婢跑到宮裡，向他的皇后「女兒」控訴羅貫。

皇后便跟那幫伶人和宦官一起，在李存勖面前共說羅貫的壞話。

李存勖聽了這麼多的壞話，自然會大為生氣，只是沒有發作而已。

不久，李存勖親自前往壽安視察修築坤陵（即太后陵墓）的進度。他發現，這裡的道理泥濘不堪，難以投足，而且橋梁也多處毀壞，便問這裡的主事者是誰？

宦官們馬上回答：「河南令羅貫。」

李存勖大怒，這廝果然不是好鳥，難怪伶人和宦官都這麼恨他。這個世界上看來真沒有無緣無故的恨。你們恨羅貫恨得太對了。

李存勖大怒之後，羅貫的厄運就來了。你不修好路，我就要你的命。他下令立刻將羅貫下獄。

獄吏們知道皇后、伶人、宦官以及皇上都恨羅貫，因此在羅貫被下獄的時候，就對他棍棒交加，打得羅貫體無完膚。

次日，李存勗就下令把羅貫處死。

郭崇韜知道後，跑去見李存勗，說：「羅貫犯了橋路不修之罪，但按照法律，罪不至死啊。」

李存勗這次也不再給郭崇韜面子，怒氣勃勃地說：「太后靈駕將發，天子朝夕往來，他居然橋道不修。你還說他無罪。這是沒有原則地偏袒他。」

郭崇韜說：「陛下以萬乘之尊，為一個縣令生氣，使天下人說陛下用法不平，這是我的罪過。」

李存勗冷冷一笑，說：「既然是你喜歡的人，就由你來裁決。」

他說過之後，立刻甩起衣袖，氣呼呼地大步向宮中走去。

郭崇韜也一路跟隨著，沒完沒了地向李存勗請求免除羅貫的死罪。

李存勗一路只有憤怒沒有說話。

到了宮門之後，李存勗大步進去，然後親自反身把大門關上，不讓郭崇韜進去。

郭崇韜只得呆呆地站在宮門前。

結果，羅貫被處死，屍體還被拉出來示眾。

老百姓都說他死得太冤了。

第三章　入主洛陽迷失本心，嬖寵宦官亂朝綱

第四章
蜀主荒政，郭崇韜平定兩川蒙冤喪命

1. 伐蜀大軍整裝出征，少主掛帥郭崇韜實掌兵權

當然，殺羅貫不是李存勗現在最緊迫的任務。

李存勗現最迫切的就是伐蜀。

他召集大家前來，討論伐蜀事宜，請大家推薦伐蜀的主將。

最先發言的是李紹宏。

李紹欽一直巴結李紹宏，李紹宏對他很有好感。當李存勗請大家推薦人選的話聲剛落，他就大聲說：「李紹欽有蓋世奇才，雖孫、吳不如。完全可以擔當在任。」

其他人一聽，都想笑起來，李紹欽還是段凝時的表現，簡直是軍事白痴，現在改名叫李紹欽了，就軍神附體、孫吳不如了？但大家都不敢做聲，你要是敢做聲、得罪李紹宏，李紹宏就會讓你魂不附體。

只有郭崇韜出來反對。郭崇韜沒有叫李紹欽現在的名字，而是稱之為段凝，說：「段凝是亡國之將，奸謅絕倫，能相信他嗎？」

李紹宏一聽，又不敢說話了。

最後，大家都說：「那就只有李嗣源了。他要是不行，就沒有誰行了。」

第四章　蜀主荒政，郭崇韜平定兩川蒙冤喪命

郭崇韜說：「現在契丹十分囂張，北方更需要李嗣源。所以，李總管萬萬不能離開河朔。魏王（即李繼岌）應該是以後的嗣君，但他到現在並沒有立過大功，請按過去慣例，任命他為伐蜀都統，以成其威名。」

李存勖搖搖頭說：「李繼岌年紀還小，哪能獨當一面。如果一定讓他去，還得選一個好的助手。」

他說過之後，就對郭崇韜說：「沒有誰比得過你了。」

人選就這樣定了下來。

西元 925 年九月初十，李存勖任命李繼岌為四川行營都統，任命郭崇韜為北面行營都招討制置使。軍中的所有事務，全由郭崇韜拍板決定，李繼岌只是掛牌統帥。同時，以荊南節度使高季興充東南面行營都招討使，鳳翔節度使李繼曮充都供軍轉運應接等使，同州節度使李令德充行營副招討使，陝州節度使李紹琛充蕃漢馬步軍都排陳斬斫使兼馬步軍都指揮使，西京留守張筠充西川管內安撫應接使，華州節義使毛璋充左廂馬步都虞候，州節度使董璋充石廂馬步都虞候，客省使李嚴充西川管內招撫使，總兵力六萬，進討蜀國。

郭崇韜在出發時，為了報答孟知祥以前的推薦之恩，就對李存勖說：「孟知祥忠厚誠實，又有謀略。若得西川而求帥，沒有誰可以比得上他。」

他推薦完孟知祥之後，又推薦張憲，說張憲可以為相。

九月十八日，伐蜀大軍出發。

2. 貪戀遊宴誤國機，王衍痴心秦州行

當李存勖在這邊部署伐蜀事宜，派大軍以四川為目標大步挺進時，王衍仍然用心玩樂。

2. 貪戀遊宴誤國機，王衍痴心秦州行

安重霸成為軍方重要統帥之後，更是用心巴結王承休。他掌握了全國最精銳的部隊後，並沒有好好地去訓練士兵、備戰備荒，而是勸王承休盡快請王衍到秦州遊玩。

王承休到任之後，發現秦州的官邸太過簡陋，能當我這個頭號宦官的官邸？太寒酸了。在這樣的場地做事，心情一點不舒暢。心情不舒暢，能全心全意為百姓服務嗎？

為了心情舒暢地全心全意為百姓服務，必須改善條件。

王承休都不進去看一下，就當場霸氣地下令拆樓重建。而且不光建造自己的官邸，還要為修建一座行宮，以便接下來王衍來秦州玩樂（當然他說是來工作的）時住得舒服、玩得開心。

王承休一邊大興土木，一邊到處徵選美女，教她們唱歌跳舞，還請來畫家，為這些美女畫像，然後送給韓昭，讓韓昭轉交給王衍。當然，除了這些，他還蒐集奇花異草、連同秦州最美的風景，也描繪成圖，獻給王衍先睹為快。

王衍一看，秦州的美女真漂亮，秦州的花草樹木真奇特，秦州的山水風物真醉人。這樣的地方要是錯過，真是人生最大的遺憾。

王衍臉上全是興奮的色彩，決定來個說走就走的秦州之行。

群臣都勸他，現在國際形勢真的太不好說了，聽說李存勗那邊已經在部署伐蜀之事。在這個關頭，皇帝怎麼離開首都去玩去耍？

王衍擺擺手，你們可以說，但朕不聽。

長期以來，都用全部精力去搞腐敗活動的王宗弼也看不下去了，上表直諫，請王衍聽一聽大家的聲音。

王衍粗略地看了一下王宗弼的文字，就往地板上猛甩，你也說這些狗屁不通的話。

第四章　蜀主荒政，郭崇韜平定兩川蒙冤喪命

　　最後王衍的母親都出來勸阻，而且還哭著不吃不喝，說你要不是聽大家的話，哀家就這樣下去。

　　王衍仍然不聽，你不吃不喝，那是你在找死，我必須又玩又耍。

　　原秦州節度判官蒲禹卿仗著自己曾經在秦州當過官，對秦州情況很熟悉，也上書勸王衍，說：「先帝創業萬分艱難，他打下這個基業之後，最大的願望就是要傳之萬世。陛下長於富貴之時，不知創業守業之艱辛，而迷戀於酒色。我在秦州工作過，對秦州的情況十分熟悉。那裡是胡、羌雜居的地方，經常流行惡性瘧疾等傳染病。百姓更加困於力役，郡縣為了供應官府所需，都疲憊不堪，總而言之，那是一個地貧民窮的地方。更要命的是，秦州的北面就是鳳翔的地界。鳳翔向來是我們的仇敵。皇上突然到秦州，鳳翔方面說不定會說我們是在尋釁搞事，最終釀出什麼後果來，誰也無法預料。另外，我們剛跟唐國修好，現在無事出兵，他們會怎麼看？我記得，先帝在位時，從來沒有無故去遊玩過。陛下繼位之後，卻經常隨意離開宮殿。陛下肯定會記得：秦始皇向東巡狩，最後車駕未歸；隋煬帝向南出遊，結果龍舟不返。現在蜀都強大，雄視鄰邦，邊庭無烽火之虞，但境內有腹心之疾。老百姓大量失業，盜賊到處橫行。歷史上，李勢曾屈於桓溫，劉禪也降於鄧艾。由此可知，山河險固，是不足為憑的。」

　　他熬夜寫了個長篇大論，遞交上去之後，先由韓昭處理。

　　韓昭拿到後，對蒲禹卿說：「我先收起你的奏章，等皇上回到成都時。我再讓獄吏一字一句向你詢問。」

　　王衍這次力排眾議——即使是他親愛的母親也勸不住他，並不是全因看了王承休的那些圖畫，覺得秦州太美了，才非去不可的，而是另有隱情。這個隱情，只有他和一個美女知道。

　　這個美女就是王承休的妻子。

2. 貪戀遊宴誤國機，王衍痴心秦州行

王承休雖然是個宦官，但他卻也有愛美之心，硬是討了個如花似玉的妻子。

王衍看到後，也覺得這個美女真是天姿國色，

王衍一覺得她天姿國色之後，當然就不會放過。於是，他就來個暗度陳倉，跟這個美女勾搭上了。現在這個美女已經跟王承休去了秦州，所以，他必須去秦州跟美女相會。

當王衍堅決要去秦州時，郭崇韜的討伐軍已經在路上。

後唐伐蜀大軍的先鋒正是那個曾經出使過蜀地、然後建議伐蜀的李嚴以及李紹琛。他們帶著三千驍騎和一萬步兵為前部，向蜀地狂奔。

大家都知道，蜀道之難難於上青天。很多人都認為，伐蜀是一場艱苦卓絕的戰鬥，很難取得勝利。鄧艾和桓溫的戰例，那是特殊例子，沒有普遍性——他們最終取得勝利，雖然跟他們的聰明才智有關，但其間還摻和了很多偶然因素，只要其中有個偶然因素喪失，他們就會死無葬身之地。所以，這是一場沒有把握之仗。

有些人就膽怯了。

招討使陳義想到這些，覺得壓力越來越大，前途越來越悲觀。到寶雞時，他就說身體有病了，請求留在寶雞，一邊養病一邊等待兄弟們的捷報。

李愚一看，你這位老兄身體比我都還硬朗，前些天上紅燈區比我都還勤，現在就說身體有病？我看你是心裡有病吧。他大聲說：「陳義見利則進，遇難則止。今大軍正涉險前進，人心易搖，宜斬陳義以固人心。」

這話一出，軍中再也沒有誰敢躊躇不前了。

成都那邊的王衍仍然一片歲月靜好。

王衍也知道，秦州與鳳翔勢力交界，如果他輕車簡從而去，鳳翔突然襲擊，他立刻就會成為風流鬼，因此他出發時，帶著幾萬軍隊一起前進。

第四章　蜀主荒政，郭崇韜平定兩川蒙冤喪命

為了跟一個美女約會，王衍用了全軍最精銳的部隊保駕護航。

十月初五，這支隊伍來到漢州。

這時，武興節度使王承捷派了個使者前來，向王衍報告：唐兵已經西上。請皇上看著辦。

如果是別的皇帝，聽到這個消息，肯定面色冷峻起來，然後揮師迎敵。

可是王衍聽了來人的報告後，卻認為，這是群臣為了阻止自己來秦州，這才串通起來，用敵情來讓自己回去。哈哈，你們跟朕玩這個，還嫩得很。朕要是連這種小兒科的把戲都看不透，朕還當什麼大蜀皇帝？還有什麼臉稱自己受命於天？

他大聲對大家說：「哈哈，他們來得正好，我正想秀一下大國的肌肉呢。」

他說過之後，下令繼續出發，不要在這個地方白白地浪費時間。

王衍在半路上，一邊慢悠悠前進，一邊還和群臣賦詩，務必把這次秦州之行過得又快樂又風雅，讓人看起來，十分有意義，根本不把邊關的告急當一回事。

3. 兵臨城下蜀方醒，攻心為上敵不戰

當月十八日，李紹琛的部隊已經來到蜀國的武威城下，並立刻展開攻城戰鬥。

武威城的將士一點沒有準備。

蜀指揮使唐景思看到唐兵突然出現，皇帝都還去玩，自己死拚還有什麼意思。於是，帶著他的部隊打開城門，向唐兵舉手投降。

3. 兵臨城下蜀方醒，攻心為上敵不戰

當時，武威城的第一把手周彥禋還在自己的家中，聽說唐兵出來，急叫：「快快請唐指揮使過來，商議迎敵。」

答：「唐指揮使已經投降了。」

周彥禋一聽，差點罵出髒話，投降得這麼快？平時跟我關係這麼好，去投降也不告訴我一聲。他大叫：「既然他都投降了，我們也投降。」

李紹琛就這樣和平地進入武威城，城中有戰備糧二十萬斛。

李紹琛把武威城的一萬多敗兵全部放回去，然後加快步伐直奔鳳州。

李嚴寫了一封威逼利誘相結合的信，派人騎快馬給王承捷。

根據李存勖的部署，這次入川部隊的糧草都由李繼曮全部負責供應。大軍才過一輪，鳳翔的所有儲備都已經貢獻出來，倉庫中已經顆粒無存，但據說仍然不滿足前線將士的需求。大家的信心就都下跌了，前途的路又這麼艱難，軍糧這麼短缺，這仗好打嗎？

郭崇韜很快來到了散關。

郭崇韜指著那一片連綿起伏的群山，說：「我們如果不能成功，就不能再回到這裡了。我們只有盡力決一死戰。現在運來的糧食已經不多了。我們必須在糧盡之前，攻下鳳州，奪取他們的糧食。」

諸將一聽，你這話說起來很輕鬆，可是鳳州能那麼容易攻下嗎？你看看前面山中的這些路，這麼險惡，人家在某個更險要的地方一扼住，我們能衝得過去嗎？還是先從長計議的好，如果冒進，只怕有來無回。

大家的臉上全是悲觀的表情。

郭崇韜一聽，信心也有點晃動起來，小聲地問李愚，你說怎麼辦？真的不能前進了？

李愚說：「王衍荒淫無道，蜀人苦之久矣，都不願為他出力。我們正好趁他們人心崩離之時，大步衝鋒，風驅霆擊。他們一定為之膽裂。王衍

151

第四章　蜀主荒政，郭崇韜平定兩川蒙冤喪命

縱有險阻，誰與之守？到了這個時候，只有一句話：兵勢不可緩也！」

正在這時，李紹琛的捷報傳來，郭崇韜大喜，對李愚說：「你真是料敵如神啊。我還有什麼顧慮？」

下令大家不要再有什麼想法了，前鋒部隊已經攻無不克，我們只管加快行軍步伐，奮勇前進，勝利的曙光就在眼前。

更好的消息是第二天傳來的：王承捷帶著鳳、興、文、扶四州的大印前來投降。

郭崇韜又獲八千多降兵。更重要的是還獲得了四十萬斛糧食。

郭崇韜看著這個數字，信心更是飆上天際，說：「平蜀必矣。」

當天他就以都統的名義任命王承捷代理武興節度使。

此時，王衍還在利州。

當時一大隊從武威跑來的敗兵，也來到了利州。

當王衍看到這些狼狽不堪的士兵、個個跑得面無人色時，這才相信，唐兵真的來了，而且已經連續攻破幾個城池，正縱深入蜀。

王衍終於也不敢再淡定了，問王宗弼和宋光嗣怎麼辦？

兩人說：「東川、山南的兵力還很完整，陛下只要以大軍扼住利州，他們就不敢孤兵深入。」

王衍一看，兩人都這麼說了，那就這麼辦吧。

同時，他還任命王宗勛、王宗儼、王宗昱為三招討，帶三萬兵前去迎戰。

跟隨他的部隊從綿、漢出發，到達深渡，相連千里。他望著這浩浩蕩蕩的部隊，心裡又有了底氣。

王衍的心裡有了底氣，可是士兵們卻很不爽。他們的不爽是因為長期

以來，王衍待他們太薄了，他們都說：「平日裡龍武軍的待遇是我們的幾倍。他們拿了那麼多的軍餉，現在卻讓我們來對敵。」

4. 兵未交鋒蜀地潰，權謀交錯宦官喪軍

　　李紹琛這次進軍，實在是太順利了，一路而來，最艱難的就是走蜀道而已，一碰到敵人，根本不用打仗，對方就高舉白旗，友好得要命。這時，李紹琛已經過長舉。興州都指揮使程奉璉看到前面那麼多人都投降了，自己還傻乎乎地抵抗，那就不是一般的傻瓜了，他馬上跟上潮流，帶著手下的五百人前來向李紹琛投降。而且他投降得比誰都積極主動。唐兵還沒有抵達，他就已經先修好橋梁和道路，等大唐子弟兵的到來。

　　有了這一支工程兵，唐軍在此後的進軍就不用提心吊膽，怕什麼艱難險阻了。

　　二十二日，蜀興州刺史王承鑑棄城而逃，李紹琛又輕鬆地進入興州。

　　郭崇韜又任命唐景思為代理興州刺史。郭崇韜自從進入蜀地以來，做得最多的就是任命這些投降的蜀地官員，而不是衝鋒陷陣。

　　成州刺史王承樸看到王承鑑棄城了，便也向這位兄弟學習，在唐兵還沒有到來時，捲起自己的家財，逃之夭夭 —— 如果晚了，這些浮財都沒有來得及打包 —— 到時就只有裸奔了，所以做什麼事，都要搶在時間的前面。

　　李紹琛繼續前進。

　　終於與王衍任命的那三個招討帶著的部隊相遇了。

　　這三個招討都是「宗」字輩的元老。他們沒有像前面那幾個傢伙那樣，還沒有打一槍就腿軟，要麼投降、要麼棄城而逃。他們必須打。

153

第四章　蜀主荒政，郭崇韜平定兩川蒙冤喪命

雙方打了一場，結果蜀兵大敗，被斬首五千。

那些沒有光榮犧牲的士兵都全部逃走，最後還丟下十五萬斛的糧草在三泉。

連續得到蜀兵這麼多的糧食，入蜀的唐兵終於有了足夠的口糧。

王衍聽說王宗勛他們大敗了，也怕了起來，顧不得再去跟美女相會了，抱著那顆花花公子的腦袋，向西邊急逃，盡量遠離前線。他一面努力狂奔，一面將沿途的橋梁全部強拆，並命令王宗弼率領大軍堅守利州。他對王宗勛三個人很是惱火，如果你們能頂得住敵人，朕能跑得這麼狼狽嗎？現在朕越跑越覺得不安全，越跑越覺得危機四伏。你們的無能，把朕連累到這個地步。你們通通該死！

王衍一氣之下，又給王宗弼下了個命令：處死那三個招討。

王宗弼拿著王衍的這個殺氣騰騰的命令，還沒有做出是否執行的決定，李紹琛的部隊已經直插利州而來。

蜀武德留後宋光葆派人送了一封信給郭崇韜，說：「請你們不要進入我的轄區內。如果這樣，我就將轄區範圍內的地方全部歸附大唐。如果不能滿足這個條件，我就只有背城一戰、以此來報答蜀帝了。」

郭崇韜得書之後，立刻回覆了一封十分親切友好的信，對宋光葆大大地表揚了一把，然後表示，堅決滿足宋將軍提出的要求，保證不會有一兵一卒進入他的轄區內。

幾天之後，李繼岌來到興州。

宋光葆率梓、綿、劍、龍、普五州，武定節度使王承肇率洋、蓬、壁三州，山南節度使王宗威率梁、開、通、渠、麟五州，階州刺史王承岳率階州，全部投降了李繼岌。這樣的投降規模，可以說是史上罕見。

而在這個龐大的投降隊伍中，最讓郭崇韜高興的是王承肇也投降了。

4. 兵未交鋒蜀地潰，權謀交錯宦官喪軍

因為王承肇是王宗弼的兒子。

這個大規模的投降之後，其他附近的蜀兵也都望風歸附。

恐怕整個地球人都沒有想到，伐蜀之戰，竟然順利到這種不可想像的地步。

不過，這時蜀國最精銳的部隊龍武軍，還在王承休手裡。他自從當了秦州老大之後，大拆大建、大搜大刮，搞得雷厲風行，可是當唐兵進入蜀境時，他帶著全國最精銳的部隊卻麻木不仁，毫無動靜，好像他帶的不是蜀國的部隊一樣，更好像是唐軍沒有攻打他的國家一樣。他依然在秦州這裡什麼都不做。

他的副手安重霸看到局勢已經無比嚴重了，如果再沒有動靜，他們的後果就會無比嚴重。當然，如果他認為後果無比重，就派遣部隊衝上前線，共赴國難，倒也是條硬漢。可是安重霸這個幾姓家奴的辭典裡有「硬漢」這個條目嗎？

他在這個時候，只為自己的利益和生命著想。

當前線的敗報一個接著一個地送到王承休的面前時，王承休終於也感受到了壓力。他知道自己真不能繼續在這裡弄建設了。他必須帶著他的部隊準備戰鬥了——你不戰鬥，人家也會打上門來逼你去戰鬥。

王承休也知道自己做宦官的業務是很精通的，但打仗卻很業餘，這方面的事情，還得相信安重霸將軍。

王承休請安重霸來，說：「唐軍已經打過來了，我們必須去跟他們打仗了。是不是直接開過去，奄襲他們？」

安重霸這時心裡已經有了自己的計較，聽了王承休的話，就說：「公公的這個想法很對。只是公公沒有想到一點，就是如果擊之不勝，那我們就大事去矣。這是做賭啊。而且是不能從頭再來的一次性下注，風險太

第四章　蜀主荒政，郭崇韜平定兩川蒙冤喪命

大。我們現在是國家長城，不是瘋狂的賭徒，必須放眼全局。現在的情況是，蜀中尚有十萬兵力，地勢險要牢固，唐兵雖然神勇，只要我們用兵得當，他們怎麼能順利到達劍門呢？公公深受國恩，聞難不可不赴。我願與公公一起向西回朝。」

他說了這麼多，其實核心內容就是一句話：放棄抵抗。只是他說得拐彎抹角，沒有直說「放棄抵抗」這四個字而已。

王承休向來對他的話深信不疑，聽了他這個長篇大論之後，立刻認為他講得真對，講得真高屋建瓴，真高瞻遠矚，滿滿的都是大局意識。專業的事還是由專業的人來說。

王承休馬上宣布採納安重霸的建議，並由安重霸去具體施行。

安重霸心裡哈哈大笑，人生碰上這樣的宦官，實在是太幸福了。

他馬上請求賄賂一下羌人，以買通文、扶兩州的路向西回朝。

王承休當然同意照辦。他讓安重霸帶龍武軍以及招募來的一萬二千士兵跟他一起回朝。

一切準備就緒，王承休宣布率隊回朝。

王承休上路之後，安重霸突然跑到他的馬前尊重其事地下拜，說：「公公，我突然想到一事。國家曾竭力以得秦、隴，如果我隨公公回朝，那誰來守這裡？公公回去之後，我就為公公守衛此地吧。」

王承休想不到安重霸會突然說出這個話來。他很不願意，他認為回朝之後，還得靠安重霸幫他主持軍事工作。但現在安重霸這樣說了，他又無從反駁，而且他也不能再回去了。王承休沒有辦法，只得點頭同意。

很快，王承休就領教了安重霸的險惡用心。

安重霸為王承休劃出的這條回朝之路，原來是一大片不毛之地，前途茫茫，不知盡處在哪裡。更要命的是，羌人還乘勢抄了他們的後路，不斷

地襲擊他們。

王承休沒有辦法，只得且戰且走。一路更是又冷又餓，很多士兵都倒在行軍的路上。

好容易來到茂州。王承休清點一下人數，只有兩千多人了。

蜀國最精銳的部隊，就這樣被安重霸折騰得接近精光。

安重霸看到王承休離去，便放心的向唐軍舉起了白旗。他確實很有心機。他最知道，如何投降才能讓自己的利益最大化。如果唐軍打到秦州，秦州的第一把手是王承休。王承休如果抵擋不住，最後投降，那麼投降的領頭人是王承休，他只是附帶過去而已。他把王承休糊弄離開秦州之後，他就是秦州第一把手。這樣一來，這次投降的頭功就是他自己了。哈哈，玩這些腦力勞動，王承休就差遠了。

5. 亡國在即，王宗弼坐收殘局

在唐兵如入無人之境進入蜀地時，高季興也出來混水摸魚。高季興一直盯著三峽，老早就想把三峽據為己有，前些年就曾悍然出兵過，但被人家打得抱頭而回。他一點不甘心失敗，心裡仍然對三峽念念不忘，奈何據守此的張武，軍事能力很不一般，高季興估計真打不過他，所以，就只好按兵不動。這時，他看到唐軍已經把蜀兵打得七零八落，毫無還手之力──其實是根本沒有還過手──覺得機會來了，便派他的兒子高從誨留守後方，自己親自帶著水軍逆流而上，進入三峽，奪取施州。

張武用鐵鎖封鎖了長江上的通路。

高季興派勇士乘船去砍斷了鐵鎖鏈。

這時正好大風猛颳，高季興的船隻被風吹著，掛在了鐵鏈子上，一時

第四章　蜀主荒政，郭崇韜平定兩川蒙冤喪命

無法進退。

張武派一聲令下，箭石齊飛，向高季興的部隊砸來，把高季興的船隻都砸壞了。

高季興沒有辦法，他知道他要是還在船上指揮，他就會被人家打死。他又像上次一樣，跳下小船，飛也似逃離，片刻就孤帆遠影碧空盡。

張武雖然把高季興打得落花流水，但這一個勝仗，對於他的國家而言毫無意義。因為蜀地的其他地方都已經組團向郭崇韜投降了，蜀國的主力部隊基本都消失了，他堅守在這裡還有什麼用？於是，他也轉變思路，跟上潮流，叫夔、忠、萬三州的使者跑到李繼岌那裡，辦理投降手續。

郭崇韜繼續展開政治攻勢。

他知道目前王衍集團的主心骨就是王宗弼。

他寫信給王宗弼等人，為他們分析利弊、陳述利害，請他們認清形勢，放棄原有的立場，投奔光明。

此時，李紹琛的部隊還沒有到利州，但王宗弼已經帶兵向西撤退。

王宗勳等三個招討還不知道王衍已經下令把他們處斬了，還傻乎乎地跑過來。他們在白芀才追到王崇弼。他們汗臉滿臉地趕過來，見到王宗弼，這才鬆了一口氣——終於找到了。

哪知，他們這才口氣還沒有完全鬆下來，王宗弼卻一臉冷峻地對著他們。

他們覺得有點異樣，都望著王宗弼，到底怎麼啦？好像不歡迎我們？

王宗弼伸手入懷，摸出王衍的手令，給他們看，說：「宋光嗣叫我殺你們。」

三人一看，原來不是什麼找了組織，而是自投羅網啊。大帥啊，你真的要執行這個命令嗎？

5. 亡國在即，王宗弼坐收殘局

王宗弼說：「我能執行嗎？」

三人說著，突然抱頭痛哭起來。我們怎麼會找到這樣的主公？人家劉禪雖然窩囊，可是他也沒有這麼無能啊。劉禪即使在最後，也沒有濫殺手下啊。這樣的皇帝，值得我們去效忠嗎？既然他什麼都聽宋光嗣的，都聽王承休的，都聽張格的，什麼好事都給了他們，就讓他們繼續為他賣命吧，我們就到此為止了。

在王宗弼他們商量著如何投降的時候，王衍回到了成都。

王衍雖然一路狼狽，但他仍然講皇帝的排場。

十一月初七，他回到成都城外，要求百官和後宮都到七里亭迎接他。

當然他的心裡還是很著急的。第二天，他就把大家都召集起來，請大家討論一下現在的形勢。他此前腦子裡都是歲月靜好，不管別人怎麼向他灌輸危機意識，他都嗤之以鼻，一點不關他的痛癢。但這些天來，一個敗報接著一個敗報送到他的眼前，他派往前線抵抗的將軍，一個接著一個地投降或棄城而逃，終於意識到，傳說中的亡國危險已經近在眉睫，他離國破家亡的末日真的不遠了。他必須認真對待了。

可是他怎麼認真對待啊？可是面對大唐部隊的進攻，他只覺得腦子一片空白。

他摸著自己的腦殼，搜不出一個主意來，最後話還沒有說一句，淚水就噴湧而出，片刻就溼透了衣襟。

大家看到這個鏡頭，都知道他這是真的哭了，哭得很真誠。大家更知道，他這是再向大家徵求救國圖存的大計。

可是他們能有什麼大計？連小計都沒有啊。敬愛的皇上，這個危局不是我們造成的，是你一手造成的。你去翻歷史書看一看，哪個皇帝如此貪玩不喪權滅國的？我們曾經多次勸過你，可是你都不理。你只相信那幾個

第四章　蜀主荒政，郭崇韜平定兩川蒙冤喪命

宦官，一天到晚都玩。請問，難道皇帝的職責是玩耍嗎？你連自己的根本職責都不懂，還當什麼皇帝。這樣的政權不亡，天下還有亡國這個概念嗎？你自己做死，現在卻來叫我們拿出救國的主意。真是豈有此理。

大家都在那裡看著王衍淚奔淚流，沒有誰拿出大計來。

這時，李紹琛才來到利州，他修好了桔伯浮橋。

蜀國的昭武節度使林思諤此前已經逃到閬州。他逃到閬州之後，仍然覺得逃不過唐兵的打擊，乾脆派人前來請降。

十一月十五日，李繼岌來到劍州。

武信節度使兼中書令王宗壽率遂、合、渝、瀘、昌五州投降。

王宗弼也回到了成都。

王宗弼和那三個兄弟，已經決定當賣國賊了，所以他回到成都之後，立刻「嚴兵自衛」。

王衍當然不知道這位他父親最為信任的大哥已經有了其他想法。他看到王宗弼回到成都，覺得自己又有了依靠，便跟他的母親過來慰問王宗弼。

大家都知道，王宗弼雖然是王建的養子之一，而且還是最為資深的養子，追隨王建討伐過王仙芝、尚君長，但他的人品卻不怎麼樣，當年曾經有意把王建要攻殺的顧彥暉的圖謀洩漏給顧彥暉，使得王建陰謀落空。但王建還是很信任他。王建本來手下養子很多，也有幾個養子特別有才能，但都被王建親手搞定。最後剩下的這些養子，基本都不怎麼成才，雖然能打點仗，但都是貪財之輩，一遇到利益，就什麼都可以拋到腦後。王建到臨死前，沒有辦法，就只能把大蜀這個攤子交給這幾個傢伙了。

王建把他的事業託付給這樣的一些人，最後就只好失敗了。

王宗弼既然已經決定跟王宗勛他們當賣國賊了，他再見到王衍時，自然不把王衍放在眼裡——王衍在他的心目中，只是一個已經被插了草標

5. 亡國在即，王宗弼坐收殘局

的商品，就等他定價賣出去了。他對王衍就再也沒有君臣之禮，大剌剌地坐著，你覺得不舒服，就請馬上離開。這個地方不需要你。

王宗弼休息了一天之後，馬上對王衍採取行動，派武裝人員，把王衍以及所謂的太后都抓了起來，關在西宮，收掉他們的玉璽，同時派王衍的親信官吏在義興門那裡領取內庫的資金，讓他們全部回原籍。

王宗弼的另一個兒子王承涓這時也昂然出場，他提著寶劍，大步流星地進入宮中，把王衍的那幫妃子都叫來，然後挑選了幾個最漂亮的帶回自己的家裡。哈哈，父親真好，搞了這個政變，我也可以滿足一下自己的身體需求。

次日，王宗弼自稱權西川留後——等於宣布王建建立的大蜀國滅亡了。

這時，後唐的先鋒部隊才在李紹琛的帶領下進至綿州。

此前，綿州的蜀兵已經先亂了自己，他們看到別的州都已經投降，他們當然也不願去拚命。於是，他們就衝進倉庫，搶走所有的物資，最後還一把火把倉庫燒掉。他們還燒了綿江的浮橋。

綿江的水很深，一時之間，唐軍也無舟楫可渡。

李紹琛對李嚴說：「我們孤軍深入，利在速戰。現在完全可以乘蜀人破膽之時，繼續前進，我可以保證，只要有一百騎過鹿頭關，他們連出來投降的時間都沒有。如果我們要修浮橋，就會花掉好幾天時間。如果在這幾天內，突然有人建議王衍封鎖鹿頭關，扼住要害，讓我們無法前進，就會嚴重挫掉我軍的士氣。如果延緩十天，那就更加難以預測了。」

李嚴認為完全正確。

兩人立刻帶頭乘馬渡江，其他士兵緊隨其後。由於綿江水冷浪急，最後能跟著李嚴和李紹琛渡過去的只有一千人，另外一千多人都溺死河中。他們進入蜀地以來，在戰鬥中都沒有損失過這麼多人。

第四章　蜀主荒政，郭崇韜平定兩川蒙冤喪命

他們上岸之後，即急速前進。

鹿頭關果然還沒有蜀兵把守。

他們順利搶占了鹿頭關。

李嚴和李紹琛在心裡齊呼，真是天助我也。他們繼續前進，漢州仍然是一座無人把守的空城，他們又像趕集一樣，大搖大擺地進入了漢州。

他們在漢州住了三天，後面的部隊才陸續到達。

在成都的王宗弼早就做好了投降的準備。他看到李嚴的部隊已經很近了，便派人以王衍的名義給李嚴寫了一封信，說：「公來吾即降。」

有人對李嚴說：「將軍不可往。」

李嚴說：「為什麼？」

答：「你首建伐蜀之策，又曾在出使成都時，恐嚇過他們，他們對你肯定恨之入骨。如果你過去，絕對凶多吉少。」

李嚴並不理這個勸告，單騎進入成都。

李嚴到了成都之後，立刻展開安撫工作，告訴成都官民，大軍即將陸續到來，請大家不要緊張，像往常一樣生活。

蜀國手下的那些大臣以及王衍的妻妾們聽了都痛哭流涕。

王衍領著李嚴去見太后，把母親和妻子託付給他。

王宗弼仍然堅守在城上。李嚴命令他撤除所有的高臺。

6. 賣國有術，王宗弼斬舊黨爭節度

二十日，李繼岌到達綿州，王衍命令翰林學士李昊起草了一份降表。這個人這次投降絕對是很真誠的，他看了李昊起的降表，覺得很不滿意，

6. 賣國有術，王宗弼斬舊黨爭節度

便又叫中書侍郎、同平章事王鍇再起草降表，然後派歐陽彬拿著這個降表去迎接李繼岌和郭崇韜。

此前，王宗弼已經劫持了王衍。如果他先派人去向李繼岌投降，然後再獻出王衍，也許主動權就會掌握在他的手上——這一點，他就比不過安重霸了。他偏偏又以王衍的名義，去跟對方聯繫，結果王衍成了主導投降的人物。

於是，情節發展到這裡，投降手續都基本辦完了，還沒有王宗弼什麼事，他根本無法出鏡。本來好好的投名狀握在手中，現在他什麼事都沒有，只是成為投降隊伍中的隨員之一，完全淪為一個附屬產品。

王宗弼也有些著急起來了。最大的投名狀就這樣沒有了，他的投降還有什麼意義？

王宗弼一急，就只好再找投名狀。

於是，他對郭崇韜稱：本來大蜀君臣老早都想歸順大唐了，只是因為內樞密李光嗣、景潤澄、李周輅、歐陽晃等人迷惑王衍，這才拖到最後不得不降。這四人阻撓歷史的發展，是歷史的罪人，當斬。他也不等郭崇韜發話，就直接帶著士兵去找這四個人。

這四個人再加上王宗弼，一直是大蜀進行權力場的核心人物，大蜀的軍政大事基本都是他們說了算。他們在王建死後，結成一個大型的利益集團，獲得了極大的利益。他們在這期間，抱團發財、相互利用，如魚得水。眼看大蜀就這樣的亡了，宋光嗣也驚呆了。

這夥人最大的特點是，弄權有術，救國無計。他們以前能弄權，是因為他們完全可以控制住王衍。現在王衍投降人家了，他們手裡就沒有弄權的工具了。他們立刻進入徬徨無策、極度恐懼的狀態。

他們在徬徨無策、極為恐懼的時候，看到王宗弼來了。他們的心裡又

第四章　蜀主荒政，郭崇韜平定兩川蒙冤喪命

突然生出些許希望——王宗弼雖然長期跟他們合作，共同把腐敗事業進行到底，但他到底是王建的資深養子，在王建打天下時，作出過很多貢獻，是見過大風大浪的人。他應該會有好辦法。呵呵，老搭檔來了，我們有救了。

哪知，王宗弼到了之後，就冷著臉宣布他們的罪狀，然後喝令士兵上前，把他們一律斬首。

他們望著王宗弼，嘴頭哆嗦著說：「我們一向老搭檔啊……」

王宗弼冷冷一笑，說：「老搭檔有時就是拿來出賣的。」

那幾條好漢這才知道，原來老搭檔還有這個用處。只是他們知道得太晚了。

王宗弼拿著他們的首級送給李繼岌。

然後，王宗弼又把韓昭等人叫來，當眾大聲譴責他們，說他們是蜀國最為奸巧諂諛之臣，大大地誤國誤民，這樣的奸臣留著何用？然後把他們押往金馬坊門處以極刑。

王衍另外的幾個紅人潘在迎、徐延瓊、顧在以等人，看到王宗弼突然翻起臉，拿奸臣們來大開殺戒，而且看樣子他已經殺紅了眼，不由都是惶恐起來，爭相從家裡扛起錢財送給王宗弼。

王宗弼照單全收，心裡哈哈大笑，你們用盡心機搜刮到的錢財，結果都變成老子的財富了。

王宗弼這時表現得還有點職業道德——誰送錢，他就免誰的死罪。誰不送錢，那就只好送命了。

所有的人都不會想到，王宗弼到了這時，居然還能給自己創造了這一個巨大的發財機會。另人都已經惶惶不可終日，他卻在那裡日進斗金，財富不斷地刷新歷史紀錄。

6. 賣國有術，王宗弼斬舊黨爭節度

二十二日，李繼岌來到德陽。

王宗弼這次抓住機會，派出自己的使者，拿著他的降箋交給李繼岌，稱已經把王衍遷到他西邊的住宅裡，並安撫了城中的軍隊，以等大王的到來。接著他又派兒子王承班帶著王衍的妻妾以及一大堆珍貴玩物來賄賂李繼岌和郭崇韜——性賄賂和錢財賄賂兩手並用——反正這些賄賂品也不是他家的。

他隆重地把兩人賄賂了之後，覺得應該可以提出他的條件了。

他的條件是：擔任西川節度使。

李繼岌一看，哈哈大笑：「你送的這些，本來都已經是我家的東西了。你以為你送了就是你的？你不送也會是我們的。」

他把所有的賄賂品都留了下來，然後對王承班說：「你可以回去了。」

伐蜀先鋒官李紹琛在漢州停了八天，李繼岌才到。

二十五日，李繼岌進入漢州，王宗弼前來拜迎。

次日，李繼岌進入成都。

二十七日，已經先行到成都接受王衍投降的李嚴，領著王衍以及原大蜀百官、儀仗和衛士在升遷橋，向李繼岌舉行一場受降儀式。

王衍穿著白衣、嘴裡銜著玉璧，手裡牽著羊，還用草繩纏繞著腦袋，低著頭來迎接李繼岌。原蜀國的百官也都身穿喪服、赤著腳，用車子拉著空棺，大聲號哭，等待李繼岌的號令。

李繼岌接受了王衍獻出的玉璽，郭崇韜解開了王衍脖子上的草繩，並把那些空棺全部燒掉，然後宣布，遵照大唐皇帝的命令，赦免他們的罪過，並當場釋放了他們。

王衍帶著他的群臣，向東北方向拜謝。

王建建立的蜀國，到此宣布徹底閉幕。

第四章　蜀主荒政，郭崇韜平定兩川蒙冤喪命

二十八日，後唐大軍進入成都。

郭崇韜下令，嚴禁士兵搶掠，街市上照樣貿易往來。

從郭崇韜率兵出發到進入成都，總共用了七十天，取得十個節度使、六十四個州、二百四十九個縣，俘獲三萬士兵，其他物資，不計其數。

7. 諸侯自危懼，馬殷請老納印綬

蜀國政權的滅亡，在當時絕對是個最為重大的國際事件。

高季興雖然掛著大唐的招牌，其實是在高度自治。當初他建議李存勖率先攻打蜀國，是把李存勖當傻瓜看的。因為他認為，蜀國易守難攻，他多次去攻打，哪次都是帶著大軍打過去、結果只剩他孤身逃回。所以，他認為，只要蜀國都派像張武這樣的人守邊關，李存勖無論如何都是打不進去的。只要李存勖和蜀國你攻我守，互相耗盡力量，他就永遠安全。甚至他還可以在兩家的你死我活當中，混水摸魚，獲取一些利益。哪知，王衍居然就是這個模樣，人家大軍開進去，暢通無阻，蜀國的那些險要以及蜀國的國防力量，都成了擺設。

高季興聽到蜀地滅亡時，正在吃飯，手中的勺子和筷條一齊跌落下來。他好久才說一句滿是後悔之意的話：「是老夫之過也。」

梁震還是過來安慰他：「蜀亡，也是不足憂的。李存勖這些天來，驕橫奢侈，所作所為，其實跟王衍已經沒有什麼兩樣。這次成功滅蜀，他只會更加驕傲。他只要繼續驕傲下去，就離滅亡不遠了。」

馬殷聽到蜀滅的消息後，也很恐懼，他在第一時間就上表李存勖：我已經把衡麓地區治理成我告老隱退之地。現在我唯一的希望就是讓我交出印綬來保全我的有生之年。

李存勗從馬殷的字裡行間，都能讀出他的瑟瑟發抖來，心裡十分高興。他馬上給馬殷回覆，信裡都是好言好語，把馬殷這個機會主義者狠狠地安慰了一番。

8. 功高震主，李紹琛失勢憤懟

這次平蜀之戰，郭崇韜是實際操盤手，但立下最大功勞的絕對是李紹琛。他作為此次伐蜀的先鋒，敢打敢闖，而且能抓住時機，終於得以勢如破竹，大步挺進蜀地。直到後唐軍進入成都，主力部隊都沒有經過一場像樣的戰鬥，基本都是沿著他打開的道路前進。

很多人都認為，論平蜀之功，李紹琛應該無可爭議地被推為第一——因為就是傻子都能看得出他的功勞。

然而，大家都忘記了，這個混亂的時候，不是一個應該的時代，恰恰是一個不應該的時代。

李紹琛懷著激動的心情等那塊最大功勳章的到來。

只有拿到這塊最大的功勳章，他才會被最高層更加器重。

最後卻是那個董璋更得郭崇韜的器重。董璋能得郭崇韜的器重，是因為董璋跟他關係好。他也是因為這一層，得以隨郭崇韜出來伐蜀。進入成都之後，郭崇韜更是把他當第一參謀，不管什麼事都跟他商量，李紹琛這個頭號功勳反而無可事事，像被邊緣化一樣，毫無存在感。

李紹琛很不高興，我的功勞比他大、級別和爵位都比他高，可是現在他比我還要紅。他越想越憤懣不平，終於在一次酒後，大聲對董璋說：「我有平蜀之功，你們就是一群跟過來的隨從人員，現在反而成為郭公的座上客，天天在郭公那裡吱吱喳喳，說三道四，做誹謗陷害人的勾當。我身為

第四章　蜀主荒政，郭崇韜平定兩川蒙冤喪命

都將，你只是個裨校，難道我不能以軍法將你們處死嗎？」

董璋很是害怕，急忙告退下去。

酒宴結束後，董璋就把這話告訴了郭崇韜。

郭崇韜一聽，這不是罵董璋，是在罵我。他本來就很有性格，看到李紹琛敢對他不滿，心裡當然很記恨。你恨我用人不明吧？你恨我有功不賞吧？告訴你，我就偏偏這樣。他立刻上表，請求任命董璋為東川節度使，免去其行營的軍職。董璋一沒有軍方的職務，李紹琛就沒有辦法管他了。

李紹琛就更加氣憤了，他對毛璋說：「我冒著敵人的箭矢，衝破重重險阻，平定兩川，董璋有什麼功勞。竟然得到那塊地方？」

兩人便去見郭崇韜，說：「東川是很重要的地方，應該選擇良將去鎮守。我們認為，工部尚書任圜才華出眾，文武雙全，很適合擔當此任，請任命他為東川主帥。」

郭崇韜大怒：「李紹琛你想造反嗎？居然敢違抗我的調遣！」

李紹琛沒有想到郭崇韜突然這個大帽子蓋下來，懼意立刻驟升，惶恐而退。

伐蜀之前，李存勗就已經明確規定，出兵伐蜀，雖然由李繼岌領銜統帥，但大小軍政事務，都由郭崇韜說了算。

到了成都之後，大事小事，仍然由郭崇韜拍板，其權力已經無窮大。郭崇韜每天在處理事務，將吏們在他的官邸前你來我往，門庭若市。而李繼岌的都統府裡，除了大將早晨按慣例來拜謁之外，再也沒有誰往來了，顯得冷冷清清。

李繼岌自己還沒有什麼感覺，那個跟隨前來的宦官李從襲先覺得不爽了。

8. 功高震主，李紹琛失勢憤懟

後來，大家看到郭崇韜的權力越來越大，他的兒子郭廷誨也很愛財，就都爭著往他們家送錢，尤其是原蜀國的大臣和貴族，更是努力給郭家送錢送物還送美女。

李從襲去查看了一下李繼岌得到的賄賂品，只不過是一些馬匹、束帛、唾壺之類的日用品而已。李從襲就更加惱火了。

李從襲為他的主子惱火，王宗弼卻在為自己鬱悶。

王宗弼在給郭崇韜送了大量的錢財和美女後，就曾明確地提出讓他當西川節度使。當時，郭崇韜假裝答應了他的要求。

王宗弼得到郭崇韜的許諾之後，就放心地在家坐等好消息。哪知，他等來等去，就是等不到那張委任狀。他知道自己被郭老大放了鴿子。

他左想右想之後，就認為，郭崇韜遲遲沒有讓他當西川節度使，也沒有任命別人當這個節度使，是不是他自己想當？

但不管是不是郭崇韜自己想當，總得讓他盡快把這個底牌揭開。

王宗弼又想了很久，就想出一個逼迫郭崇韜做出決定的辦法。

他聯繫了一批蜀國舊臣，集體去找李繼岌，擺出了一大堆理由，說朝廷應該任命郭崇韜為西川節度使。現在蜀地剛平，太需要郭公這樣的人治蜀了。

這個建議本來跟郭崇韜無關。

但李從襲卻硬是認為跟郭崇韜有關。

他對李繼岌說：「入蜀以來，郭公父子越來越專橫，現在蜀人的這個請願，絕對不是他們自發做起來的，而是郭崇韜教唆他們搞的。他這樣做，只有四個字：其志難測！大王不可不做好準備。」

李繼岌一聽，就覺得問題有些嚴重了，如果讓郭崇韜留下來鎮蜀，以

第四章　蜀主荒政，郭崇韜平定兩川蒙冤喪命

後還真的無法約束他了，他急忙去找郭崇韜，說：「現在皇上倚侍中如山岳。可以說，侍中不可一日離開廟堂。朝廷更不可能把一個元老重臣丟棄在蠻夷地區。如果誰還想為侍中請願，就請他們到朝廷那裡去陳說吧。」

郭崇韜看到這個李繼岌對自己突然不客氣，心裡自然也很不爽。而李繼岌更是因此事對郭崇韜不放心。

兩人的裂痕就此出現。

王宗弼自己都沒有想到，他這一番請願就把郭崇韜放到火爐上烤了起來。他肯定暗自高興——如果郭崇韜不能當這個節度使，那就只能讓他來當了。哈哈，到那時，老子就不客氣了。

王宗弼才剛把興奮的神態刷到臉，宋光葆從梓州回來了。

宋光葆回到成都，做的第一件事，就是向李繼岌控告王宗弼利用權力誣殺宋光嗣等人，請大王為這些冤魂作主。

接著又發生一件事。郭崇韜向王宗弼徵收幾萬緡錢，想用來慰勞部隊。

王宗弼素來愛財如命，看到郭崇韜開出的要求，一下就覺心臟劇痛起來，沒有答應。

士兵們沒有得到慰勞物品，就都生氣起來。他們先是在那裡怨聲載道，然後大聲喧譁，最後都血脈賁張起來，跑到王宗弼的住處放火喧鬧。搞出一個不大不少的事件來。

郭崇韜自然大怒，認為一切責任都在王宗弼身上。再加上王宗弼的請願，導致他現在的處境非常尷尬，他目前還沒有找到一個能夠自辯的好辦法。於是，就想藉此殺掉王宗弼以自明。

李繼岌更想殺掉王宗弼——他那麼積極為郭崇韜請願，就是該死。

幾個人都想要他死，他還能活嗎？

8. 功高震主，李紹琛失勢憤懟

十一月初十，郭崇韜請李繼岌把王宗弼等人抓起來，譴責他們的不忠之罪，然後把他們以及他們的親屬全部斬殺，並沒收了他們的全部家產。

當王宗弼被五花大綁押赴開場時，他心裡肯定裝滿了後悔。他肯定會罵自己怎麼這樣蠢，性命都掌握在人家手裡了，居然還捨不得那些財富？利令智昏啊。他如果還有時間總結他的這輩子，估計最後也只能總結出令智昏這四個字。他的智商並不低，但太過愛財。經常為了自己的利益，不顧一切，甚至出賣過他的養父王建，當他掌握大權時，一切也是圍繞自己的利益來進行工作的。結果使得王建的基業一朝垮塌。當蜀國被宣布滅亡時，他還在努力發這個國難財。直到郭崇韜向他伸手要錢時，他居然分文不出。這樣一來，他就只有丟掉性命了。而且還是全家人的性命。愛財愛到不顧性命的地步，只有該死了。

成都人對這個原蜀國最大的腐敗分子，老早就恨之入骨了，等王宗弼被殺之後，都搶上來吃他的肉。

在王宗弼懷著無窮無盡的後悔被殺的時候，另一個強者也死掉了。

他就是一直偏居閩地的王審知。

在現階段的這些割據勢力中，王審知應該是最低調的。他偏居閩地，很少惹事。這些年來，除了跟劉巖的勢力發生了幾次小規模的流血衝突之外，很少跟其他勢力兵戎相見，使得福建一帶，成為當時最為安定的地區。很多中原的難民都逃到福建安居下來，使得福建的人口增幅很大。王審知「為人儉約，好禮下士」。他雖然割據一方，但他並沒有像其他老大那樣，不管怎麼樣，先修建幾個高樓大廈來享受，而是「府舍卑陋，未常葺」——就是他的住處，都做得十分低矮、簡陋，而且很少進行裝修。他更沒有像劉巖之類那樣有野心，才掌握一塊地皮，就宣布當皇帝。當時，也有很多人都勸他稱帝——劉巖都敢稱帝，你為什麼不敢？但他都拒絕

第四章　蜀主荒政，郭崇韜平定兩川蒙冤喪命

了，他說：「我寧為開門節度使，不作閉門天子。」仍然不斷地派人到去向中原王朝進貢，以前是向大梁入貢，現在同樣向後唐稱臣納貢。

王審知在福建當了幾十年的節度使，對外不爭霸，對內不折騰，他自己雖然在這個瘋狂的亂世中，出鏡率雖然很低，但對於閩中百姓而言，是很幸運的。

王審知死後，他的兒子王延翰嗣位，自稱威武留後。

9. 宦官王承休自投羅網

王宗弼死後，原蜀國的權臣集團基本遭到團滅。

但還有一個人還活著。

王衍的頭號紅人王承休。他原來掌握著蜀國最精銳的部隊，結果還沒有見到敵人，就被安重霸幾句話一糊弄，精銳部隊就全部折騰得接近精光。當他帶著那一隊殘兵向成都急奔時，還在半路，王衍就已經投降了。但他還是進入了成都。

李繼岌指著他罵道：「你居大鎮，擁強兵，為什麼不拒戰？」

王承休倒沒有被嚇破膽，而是很藝術地回答：「畏大王神武。」他以為他這個馬屁話奉獻過去，李繼岌立刻就會笑逐顏開，赦免他的罪過，然後又讓他繼續當宦官，他的好日子就會繼續。

哪知，近來李繼岌的心情不好，聽了這話之後，就感到十分噁心，喝道：「既然畏我神武，為什麼不投降？」

王承休這才知道，並不是任何人在任何時候都喜歡拍馬屁的，他急忙解釋：「因為王師沒有進入境內。我找不到投降的對象啊。」

李繼岌冷冷一笑，說：「你入羌時，一共帶了多少人？」

9. 宦官王承休自投羅網

答：「一萬二千人。」

問：「現在還有多少人活著回來？」

答：「兩千。」

王承休在回答「兩千」時，心裡又鬆了一口氣，我一路狂逃，直接就為你們消滅了一萬人，這也是在為你們立了大功啊，要是還有那一萬人，你們還要費很多力氣啊。我這也算是立了功吧？

哪知，李繼岌的想法跟他完全不一樣。

李繼岌聽完之後，大喝：「現在是報答死去的一萬人的時候了。」下令把王承休等人全部殺掉。

王承休這才知道，自己這麼傻乎乎的狂奔而來，是自投羅網、自尋死路。

王宗弼因為想當西川節度使，結果玩來玩去，把自己玩得全家被斬。王宗弼和李從襲都以為郭崇韜想當這個節度使，也是錯會了郭崇韜之意。

郭崇韜在率兵出發時，就已經向李存勗推薦了西川節度使的人選──孟知祥。

別人可能沒有記得郭崇韜的推薦了，但李存勗還記得。

當李存勗得知伐蜀之戰已經徹底勝利之後，立刻任命孟知祥為西川節度使、同平章事。

當時孟知祥正任北都留守，得到李存勗的任命之後，立刻急赴洛陽。

孟知祥離開了北都，北都留守之位就空缺了下來。

李存勗問誰可以去守北都？

樞密承旨段徊等人向來討厭張憲，不想讓他繼續在朝中任職，就對李存勗說：「北都的重要性，陛下比誰都清楚。依我們看，這麼重要的地方，非得張憲去不可。張憲雖然有宰相之器，但國家新得中原，宰相天天在天

第四章　蜀主荒政，郭崇韜平定兩川蒙冤喪命

子面前，如果出了什麼過錯，完全可以更改；如果北都有失，麻煩就大了。所以，相比於北都的重要性，宰相根本不算什麼。」

李存勗被這幾個傢伙一糊弄，就把張憲任命為北都留守，然後以王正言為興唐尹，知鄴都留守事——取代了張憲的職位。王正言在租庸使上的表現，大家都已經有目共睹，都曾經毫無爭議地對他下過這兩字評語：昏耄。

那夥人看到王正言當了鄴都留守，知道他們完全可以把這個人玩弄到底了。

他們又推薦武德節度使史彥瓊為鄴都監軍。

史彥瓊也是伶人一枚，深受李存勗的喜愛，得以成為節度使。人家是學而優則仕，在李存勗這裡，是演而優則仕，而且個個都位高權重，飛揚跋扈。

如此一來，魏博等六大州的軍旅金穀之政，都被史彥瓊壟斷，由他一人說了算。

史彥瓊從一個戲子成為獨霸一方的大員，成為皇帝面的紅人，權傾一時，更是威福自恣，誰都不放在眼裡。王正言雖然昏聵得所有的人都看他不起，但他還是清楚知道，自己是惹不起史彥瓊的。他雖然是主官，但他還是把姿態徹底放下，一天到晚老態龍鍾地去巴結史彥瓊。其他人看到王正言都這樣了，誰還敢在史彥瓊面前昂頭走路？

不光李存勗身邊的這些宦官、戲子作威作福，不可一世，就是他的護衛部隊也是如此。當初他拿下魏州之後，得銀槍效節都八千人。他就以這支部隊當他的親軍。這支部隊確實英勇無比。他在黃河與梁兵對壘時，這支部隊多次在關鍵時刻，為他衝殺、扭轉戰局，屢立殊功。

李存勗當時對這支部隊感到無比滿意，多次在他們面前拍著胸脯，說等滅了梁國，一定會對他們大大有賞。在平定河南之後，他雖然多次賞

9. 宦官王承休自投羅網

賜，但這支部隊向來自恃功高，總覺得他的賞賜力度不夠，離他們的期望值太遠。他們平時更是驕縱專橫，貪得無厭，看別人不爽，對李存勗同樣怨聲載道。這一年，又是個欠年，糧食收成很差，很多老百姓都背井離鄉。因此，收上來的賦稅也很少，道路上到處是積水，弄得水陸兩路交通都不暢通，東都的糧倉已經空空如也，無法給部隊供應口糧了。

連最會搜刮的租庸使孔謙都沒有辦法了。

他每天都在上東門外站著，手搭涼蓬，望著諸州從水上運來的糧食。只要糧食一到，他立刻就發到軍營。

士兵們由於缺乏糧食，沒有能力再養家餬口，就把妻子嫁走、甚至把孩子也賣出去。年老和體弱的人們，則在野外採野菜充飢。

於是，在那年的荒野之上，北風勁吹，雪花如席，饑民們成群結隊在堅硬的地裡尋找野菜。不久，堅硬的荒野上，就軀著無數瘦骨如柴的屍體。這些屍體都堅硬得像史前的石頭。人們眼裡的星光已經完全熄滅。

這是一個災難之年。

可是李存勗卻完全選擇了忽視。他繼續帶著他的打獵隊伍，在堅硬的土上，往來奔馳，其樂融融。是的，這些災難，與他無關。

十一月二十日，李存勗一如既往地在白沙打獵，皇后和諸皇子也都跟隨著他縱馬奔馳。

冬天的雪景，在他的眼裡，是一片美景。

這一場打獵活動，他一直展開了四天，一直到二十四日才回到宮中。

當時，正下大雪，天地一片蒼茫。李存勗駿馬奔馳的後路，士兵凍死的屍體相望。

而他這幾天打獵的伊、汝地區，饑荒最為嚴重，他的禁衛兵所過之處，都要當地的百姓供應糧草，如果不能滿足他們的要求，禁衛軍就放開

第四章　蜀主荒政，郭崇韜平定兩川蒙冤喪命

手腳，破壞當地百姓的日常用具，甚至拆掉他們的房子當柴燒，所作所為，比傳說中的土匪做得還滅絕人性，很多縣裡的官員都不得不逃到山裡躲起來。

李存勗很快就知道軍隊的口糧已經嚴重短缺。

他也不得不在百忙的打獵活動中抽出時間，召集大家開會，討論如何解決糧食的問題。

該來開會的人都全部到場，可沒有誰舉手發言。

李存勗再三向大家提出這個問題，但自豆盧革以下的大臣們，都在那裡站著，臉上表情全部雷同，這個表情就是毫無表情。

吏部尚書李琪上疏，以為：「古時候都是量入為出，計農而發兵，也就是根據收入的多寡來決定支出，根據農時的忙閒來發動戰爭。所以，即使發生了水旱等自然災害，也不會出現嚴重缺乏糧草之虞。近代，是依靠農民的稅賦來供養軍隊。在這樣的制度下，不可能有農民不富足而軍隊供需不足、或是農民因飢餓而死、而軍隊卻豐衣足食的現象發生。現在即使不能減少農民的租稅，如果能免除折納、紐配之法，農民也可以稍微得到休整。」

典型地增加農民負擔的做法。

李存勗一聽，覺得也有道理，便要求有關部門按李琪的建議去實施，但這個命令最後沒有人去執行。

飢餓問題不了了之，但蜀地那批投降的人還得安排。

李存勗下詔，凡前蜀官員，四品以上的，按不同情況降職安排工作；凡五品以下而又沒有什麼才能的，都一律放回原籍，自食其力。當然，率先投降的和有功的人，是不在遣返回原籍之列的。這批人可由郭崇韜按照具體情況予以獎勵和任用。

當然，對王衍還是有所表示的。他派人對王衍說：「按老規矩，對於你老弟，我一定會裂土而封，而且一定不會少於別人。三辰（日月星）在上可以作證，我絕對不會食言。」

王衍得到他的保證後，心裡很高興。

糊弄王衍是很容易的，但面對饑荒，就有些難辦了。群臣沒有辦法，李存勗也沒有辦法。如果是老百姓沒有吃的，李存勗會覺得關他鳥事，可是現在軍隊都缺糧了，他能不急嗎？他是實實在在地馬上皇帝，軍隊才是他永遠的保障。他覺得洛陽的糧食儲備不足了，就打算又帶著大家到汴州就糧——以前隋文帝還帶著關中的軍民到洛陽來就食呢。

他才提出這個方案，諫官們就出來勸諫：「帶著大家跑來跑去，不如節儉以足用。自古無就食天子。現在淮南的楊氏還未滅，不宜把我們的底細暴露給他們。」

李存勗一聽，覺得還真有道理，就放棄了這個打算。

10. 風聲鶴唳，蜀國土崩瓦解

李存勗被饑荒鬧得心情很鬱悶，郭崇韜則對宦官們咬牙切齒。現在朝中的很多大臣，都盡力巴結宦官和那些戲子。他們都怕這兩個團體的人。郭崇韜想找個同黨都難。郭崇韜深知，這兩個團體對後唐政權的危害，他認為，如果不除掉這兩個團體，後唐的政權就會不長久。他找不到其他幫手，突然就想起李繼岌。他認為，李繼岌作為李存勗的繼承人，對宦官們也會是十分憤怒的，於是就對李繼岌說：「大王他日得天下，騙了的馬都不能乘，更何況要任用宦官？應當早日把他們全部除去，專門引用士人。」

第四章　蜀主荒政，郭崇韜平定兩川蒙冤喪命

　　他平時做事很嚴謹，可偏偏在說這個極為機密的話時，居然沒有想到，李繼岌的住處也有宦官。當他說這番話時，有個叫呂知柔的宦官，正好在外偷聽到他的話。

　　宦官們立刻把他當成最大號的敵人，對他咬牙切齒。

　　郭崇韜雖然平定了四川，收編了王衍的軍隊，但蜀中並沒有平靜，各地盜賊群起，到處占山為王。郭崇韜怕大軍撤回去之後，這些群盜會成為嚴重的後患，就命任圜和張筠分道去剿匪。他要等他們取得全面的勝利後，才宣布班師回朝，所以他還在成都「淹留未還」。他的淹留未還，其實是很正確的。可是李存勗卻有點放心不下了。按他原來的預期，郭崇韜打下成都，處理完那幫蜀國的舊臣、安撫一下蜀中的百姓之後，就應當奏凱而歸了。可是郭崇韜卻仍然找各種藉口帶著部隊留在那裡。他越想越覺得可疑，就派宦官向延嗣去催促郭崇韜盡快回京，朝廷的事太多了，需要你回去處理。

　　郭崇韜對宦官向來很憤怒，當向延嗣來到成都時，他沒有像別人那樣，端著一張笑臉，前來郊迎。

　　郭崇韜雖然智商很高，但性格很耿直，向來不會隱藏自己的表情。他跟向延嗣見面之後，臉上仍然保留著對宦官們憤怒的表情，絲毫不把向延嗣當欽差大臣對待，表現得十分傲慢。

　　向延嗣也是心頭火起，只是沒有當場爆發而已。

　　李從襲見狀，知道搞郭崇韜的時機到了。他對向延嗣說：「魏王是太子，主上對郭公太過信任。而郭公仗著主上的信任，在成都這裡獨斷專行，他的兒子郭廷誨更是仗著父親的權勢，每天和他的同黨混在一起，召集軍中的猛將以及蜀地的豪傑，喝酒作樂，指天畫地，肆無忌憚。近來又聽說他讓父親郭崇韜上表請求為蜀帥。他還經常說：『蜀地富饒，完全可以幹一番事業，大人應當為自己好好地籌劃一番。』現在諸軍將領全是郭

10. 風聲鶴唳，蜀國土崩瓦解

氏的同黨，大王在蜀，形同寄身虎狼之口。一朝有變，我們都不知道自己的骨頭丟在哪裡啊。」

兩人一番互訴衷腸之後，就相向而泣。

向延嗣回到洛陽後，就到劉皇后的面前添油加醋了一番，說郭崇韜父子在蜀中擁兵獨裁，一點不把李繼岌放在眼裡。要是任由郭崇韜父子這樣下去，魏王的後果非常嚴重。

劉皇后對宦官們的話，向來沒有免疫力，聽了向延嗣一番控訴之後，立刻情緒崩潰，跑到李存勗面前，哭訴了一番，請李存勗採取果斷措施，及早挽救他們可愛的兒子一命，要是晚了一點，只怕我們只能聽到他被砍頭的消息了。

李存勗曾經給過郭崇韜無限的信任，也曾經對他言聽計從。可這個人到底是皇帝。歷史已經無數次證明，只要當上皇帝，身上那根多疑的神經就會特別敏感，不管對誰，都先懷疑一下再說——即使是對自己的兒子，心裡總是保留著那種懷疑的態度。李存勗在派郭崇韜出征之前，似乎對他還是全方位的信任的。等他接到前方那幾個宦官的報告說郭崇韜教唆蜀地舊官請求讓郭崇韜留鎮西川時，心裡馬上就咯噔一下，覺得郭崇韜真的值得可疑了，心裡開始有些憤憤不平，你想當西川節度使，公開向朕提出，朕也會同意的。可你卻用這個手段。你這是在搞陰謀詭計。做人要光明正大，不要搞陰謀詭計。

當時，李存勗並沒有把這個心理活動暴露出來，仍然下令由郭崇韜全權處理安置舊蜀國官員。這時，他聽了向延嗣的報告，臉上瞬間就遍布了疑雲。

李存勗現在最感到鬱悶的是，朝廷的財政已經嚴重困難，老百姓餓殍遍地，軍中已經沒有糧食。他多次向群臣問計，大家都跟他一樣，毫無辦法。後來，他想，諸葛亮不是說四川是天府之國嗎？天府之國，應該富有

第四章　蜀主荒政，郭崇韜平定兩川蒙冤喪命

啊。他立刻要來蜀國府庫的帳本來翻閱，看看他們到底還剩多少。他多麼希望，天府之國的府庫還有金山銀山，讓他繼續揮金如土。

當他滿懷希望地翻開那疊帳本後，不由大失所望，說：「人們都說蜀中的珍寶無數，怎麼帳面就這一點？」

向延嗣一聽，哈哈，又是個誣陷郭崇韜的好機會，他馬上說：「我聽說破蜀之後，珍寶都到了郭崇韜父子的手中。據說，現在郭崇韜有黃金一萬兩，白銀四十萬兩，錢百萬緡，名馬千匹，其他東西更是數不清。而他那個兒子郭廷誨得到的，還沒有計算在內。所以朝廷就只能得到這麼多了。」

李存勖這時對向延嗣的話已經徹底相信了，他聽完向延嗣的誣告之後，立刻滿臉怒容，氣得在那裡兩手緊握著拳頭，嘴裡已經說不出話來。

向延嗣看到李存勖的這副表情，心裡就笑了，郭崇韜啊，我完全可以肯定，你的性命即將到頭了。你終將知道，得罪宦官的後果會有多嚴重。你自己掛靠郭子儀家族，可你就沒有好好想一想，以郭子儀那樣的程度、那樣的功勞，他都不敢得罪宦官。見到宦官都得放下令公的姿態，你居然敢跟我們宦官作對。你不死誰死？

等到孟知祥準備去成都任職，去向李存勖陛辭時，李存勖對他說：「據說郭崇韜已經起了異心。你到了那裡，馬上把他殺掉。」

孟知祥說：「郭崇韜是國家的功臣、更是重臣，不應該根據一些據說就這樣處理。等我到了蜀中，實地觀察一段時間後，如果他沒有異心，就送他回來。」

李存勖覺得也有些道理，畢竟關於郭崇韜的這些行為，他也真的是據說而已。李存勖答應了孟知祥。

十二月二十四日，孟知祥離開洛陽，向成都出發。

10. 風聲鶴唳，蜀國土崩瓦解

　　李存勗雖然答應了孟知祥，但又覺得向延嗣的話更有道理，向延嗣也是在蜀中實地觀察過，掌握的全是第一手資料。向延嗣的話是可信的。他又派衣甲庫使馬彥騎快馬前去試探郭崇韜。他對馬彥對說：「如果郭崇韜能奉詔回朝則已，如果他還在拖延時間或者表現出跋扈之狀，你就跟李繼岌圖之。」

　　馬彥離開洛陽前，又去向劉皇后辭別，並對劉皇后說：「按照向延嗣所說的蜀中情況，真的是危在旦夕，皇上當斷不斷，實在令人擔憂。要知道，在緊要關頭，成敗之機、間不容髮，哪能在三千里之外不顧緩急而派人回來請示呢？」

　　劉皇后這時更恨不得將郭崇韜剁成肉泥，聽了馬彥的話後，馬上去找李存勗，把馬彥的話向李存勗複述了一遍。

　　李存勗這時頭腦又突然清醒起來，說：「道聽塗說的話，很難判斷真假。豈可倉促作出決定？」

　　劉皇后想不到居然碰了一個釘子。她當然不甘心。郭崇韜居然敢跟宦官們中板──她是宦官們的總後臺啊，他還敢看不起李繼岌──李繼岌可是她的兒子啊。既然你全面看不起老娘的陣線了，老娘只有把你往死裡打。雖然李存勗不同意根據傳言、捕風捉影就幹掉郭崇韜，可是她怕過李存勗嗎？她要是怕李存勗，她敢當面把李存勗最可愛的美女強行奪走、送給人家做新娘嗎？

　　李存勗不同意是李存勗的事，搞不搞定郭崇韜是她的事。

　　她從李存勗那裡告退出來後，立刻給李繼岌寫了一封信，命令李繼岌當機立斷，殺掉郭崇韜。

　　孟知祥來到達石壕時，馬彥星夜趕來，直接敲開孟知祥的門，向孟知祥宣布了李存勗的命令，催他加快步伐趕往成都。

第四章　蜀主荒政，郭崇韜平定兩川蒙冤喪命

孟知祥一聲長嘆，說：「亂將作矣！」

他不得不遵照這個命令，星夜起程，向成都晝夜兼行。

宦官們不但誣陷郭崇韜，連河中節度使李繼麟也一起陷害。李繼麟就是原來的朱友謙。他歸順李存勗後，再賜名李繼麟。他雖然是降將，但跟李存勗的關係很好，李存勗一直把他當成最親密的同袍。那幫宦官和戲子可不管這些，他們認為這個人長期主政河中，家裡的財產肯定富可敵國，就不斷地向他伸出巨大的手掌，無論他給多少，那幫人都不滿足。看到那夥人如此貪得無厭，他心裡大為憤怒，終於把手一拍，老子家裡的礦都被你們挖完了，現在什麼都沒有了。就不再給他們。

宦官們看到他居然敢拒絕他們，心下自然異常惱火，我們向你伸手要錢，那是看得起你。你居然不識抬舉。你以為你跟皇上關係好，我們就怕你？

他們就不再向李繼麟伸手，而是睜大眼睛死盯著李繼麟，只要他出現什麼差錯，哪怕是一些毫不起眼的小過失，他們都完全可以將之放大無數倍，然後告到李存勗那裡，將他打翻在地──這可是他們的特長。

李繼麟跟郭崇韜的關係也很不錯。當郭崇韜率兵征蜀時，李繼麟也在河中那裡舉行了一次閱兵儀式，然後派他的兒子李令德帶兵隨郭崇韜出征。

宦官們看到李繼麟閱兵時，就把這個事當把柄牢牢抓住，對李存勗說：「李繼麟看到朝廷舉大兵，以為是在討伐他，故而驚懼起來，這才整兵欲以自衛。」後來看到李繼麟派兒子帶兵助朝廷入蜀，這才沒話說。但他們仍然不放過李繼麟。他們仍然在等著機會，把李繼麟搞定。

等他們策劃把郭崇韜打倒的時候，便又把李繼麟搞成郭崇韜謀反集團的核心人物。他們對李存勗說：「郭崇韜之所以敢在蜀地那裡囂張，是因為他老早就跟李繼麟有過密謀。」

把兩個握有兵權的大人物捆綁在一起，由不得李存勗不怕。

李繼麟聽到這些話後，也害怕起來。他是真的沒有跟郭崇韜有過什麼圖謀，所以他想親自入朝當面向李存勗申辯。他的左右都勸他不要去──那是自投羅網啊。

李繼麟說：「郭崇韜的功勞比我高，現在正被那幫人陷害，情勢十分危急，我必須去見皇上，當面說清我對他的忠誠。這樣，那些陷害別人的人才會受到懲罰。」

西元926年元月初六，李繼麟入朝。

11. 人心未安，孟知祥撫慰全局

這時，李繼岌也打算離開成都回朝，他叫任圜權知留事，主持成都的大局，以待孟知祥的到來。

李繼岌的一切工作都已經準備就緒，正要下令諸軍啟程，那個馬彥來到了。

馬彥到了之後，立刻向李繼岌宣布了皇后的命令。

李繼岌這時雖然對郭崇韜已經沒有什麼好感，但他真的沒有抓到郭崇韜謀反的把柄，他也不相信郭崇韜會謀反。郭崇韜父子現在就是有些傲慢，有點貪財，不給他很多面子。但這也罪不至死啊。他的頭腦還是有點清醒的，對馬彥說：「大軍就要出發，郭崇韜確實也沒有什麼跡象表現出來。怎麼可以做出這種對不起人家的事呢？你們不要再說這些話了。況且沒有皇上的命令，僅憑皇后這張字條就把招討使殺死，這不對吧？」

李從襲他們早就料到李繼岌會這樣，因此都在一旁哭起來，勸李繼岌：「事情都到了這個地步。如果郭崇韜知道，中途就會有所動作。那時，

第四章　蜀主荒政，郭崇韜平定兩川蒙冤喪命

什麼都來不及了。」

其他幾個宦官也在一旁，吱吱喳喳，為什麼一定要等他宣布謀反對攤牌？那時，我們還能抓主動權嗎？既然皇后都這樣了，大王殿下為什麼不聽皇后的話？

李繼岌畢竟年輕，又受了郭崇韜的氣，被這些人圍著起鬨，只得同意了他們的意見。

幾個宦官看到李繼岌同意，都是歡天喜地，郭崇韜老匹夫，你今天完蛋了。

他們迅速以李繼岌的名義召郭崇韜過來議事。

李繼岌想不到這幾個傢伙居然如此雷厲風行，便緊急上樓躲避。

郭崇韜當然沒有意識到會生出這樣的變亂。他來到現場，正要舉步上臺階，李繼岌的衛士李環突然用重物向郭崇韜的腦袋擊去，當場把後唐朝廷裡最聰明的腦袋擊碎。

接著，他們又殺死了郭廷誨和郭廷信。

為李存勗立下汗馬功勞的郭崇韜就這樣被打死。

郭崇韜對李存勗父子一直忠心耿耿，也是李存勗手下最有謀略的人。他之於李存勗，相當於當年劉秀手下的鄧禹。有一段時間，李存勗確實也像劉秀對待鄧禹一樣對待他。可是，鄧禹能得以善終，而郭崇韜卻死於非命，而且還是在李存勗最需要郭崇韜這樣的人時，被打得腦漿迸裂而死。這只能說明一點，李存勗差劉秀實在太遠了。

很多功臣含冤而死時，皇帝當時都相信該功臣真的在謀反。而郭崇韜被打死前後，李存勗也只是有點懷疑，而沒有肯定，更沒有下令殺他；李繼岌則根本不相信郭崇韜有造反的圖謀。但最後郭崇韜仍然死了。

郭崇韜被打碎腦袋時，外面的將士一無所知。

都統推官李崧對李繼岌說：「現在我們還必須行軍三千里。沒有皇上的命令，就擅自處死大將。大王怎麼能做出這樣的事來？難道不能忍一忍到洛陽再說嗎？」

李繼岌摸著自己的腦門說：「你說得很對。現在已是悔之無及了，你說說該怎麼辦？」

李崧召來幾個文書，待他們上樓之後，就撤掉樓梯，讓他們製造了一份一假敕書，然後又用蠟摹刻了個印章蓋上，才對外宣布。

雖說世人自有公論，但其實在現實生活中，大多時候百姓都是不明真相的。將士們聽說是皇上下令處死郭大帥的，也就沒有什麼異議了。

李繼岌又命令任圜代郭崇韜為全軍總管。

幾天之後，孟知祥才到來成都。因為郭崇韜剛剛被殺，人情未安。孟知祥對官民們都好好安撫，慰勞賞賜將士們，無論他們願意留下還是離開，都順從他們的意願，使得成都很快就恢復了安定。

第四章　蜀主荒政，郭崇韜平定兩川蒙冤喪命

第五章
兵變連起，李存勗眾叛親離終喪國

1. 誅心之政，李嗣源倖存

　　郭崇韜被殺，在成都沒有造成很大的震動，但朝廷裡還是很多人感到震驚。

　　西元926年正月，原蜀國的俘虜都被陸續送到洛陽。

　　最先一批來到洛陽的是樂工二百多人。這二百多人裡有一個叫嚴旭的，曾任蓬州刺史。

　　李存勗見到嚴旭時，就問他：「你是怎麼當上刺史的？」

　　嚴旭說：「我因為歌唱得好。」

　　如果別人聽到這個回答，肯定會覺得太搞笑了。歌唱得好就可以當上一個相當於低直轄市半格的高官？衡量一個人是否有治國理政能力的，就看他的歌喉？歌唱得好，就等於文武雙全？就可以出將入相，就可以當地方大員，就可以威風凜凜地當佩劍將軍？只要成為伶人寵臣，就可以將星閃耀？敵人來打，難道這些將星在陣前一展歌喉，就讓能敵人化泥土？王衍如此操作，不亡國那就真的豈有此理了！

　　可李存勗不是別人，他比王衍更喜歡戲子。他聽了嚴旭的話，覺得王衍的這個操作，也是大得朕心，就應該這樣用人。哈哈，這些伶人，不但

第五章　兵變連起，李存勗眾叛親離終喪國

歌唱得好、表演十分精湛，而且個個長得帥，完全可以代表國家的形象啊。李存勗叫嚴旭試唱一曲。

嚴旭一展歌喉之後，李存勗立刻拍手叫好，嚴旭你真是太厲害了，這一曲下來，感情充沛，朕聽得熱血沸騰。哈哈，後面的那一段，更是情真意切，滿滿的一腔忠君愛國的情懷。王衍用你真的用對了。你可以官復原職。

嚴旭此前碰上王衍，覺得真是一件無比幸福的事。當他成為俘虜後，剛被李存勗審問，他又覺得這輩子完了。我就是是一個賣藝餬口的戲子，去當那個刺史做什麼？歷史上哪個戲子去當過高官？他甚至已經做好了引頸就戮的心理準備。因為他估計李存勗會指責他這類人誤導皇帝，使得皇帝荒淫無道、導致亡國，必須斬首，以儆效尤。哪知，李存勗在這方面比王衍更瘋狂，他又可以繼續當刺史，一邊盡情用歌聲歌頌偉大的李存勗，一邊努力盤剝蓬州百姓。

接著馬彥回到洛陽。

馬彥回到洛陽之後，自然向李存勗報告了撲殺郭崇韜的經過。

我們無法知道，李存勗聽到這個消息之後，內心到底起什麼樣的波瀾。但他並沒有對馬彥生氣。從這個情況看，我們可以猜測到，他對郭崇韜的被冤殺，並沒有感到很大意外，更沒有認為殺郭崇韜是殺錯了。他當初不同意殺郭崇韜，並不是因為想留下郭崇韜一命，讓這個後唐最有能力的政治家繼續為他服務，而只是覺得證據有些不過硬，讓他直接下詔處死，有些太勉強了。現在皇后繞過他，果斷地處理了這個事，他覺得也沒有什麼。既然已經如此了，那就完善一下手續吧。

李存勗下詔大暴郭崇韜之罪，然後把他在洛陽的另外三個兒子全部處死。

1. 誅心之政，李嗣源倖存

幾乎所有的朝臣都沒有想到郭崇韜這樣外表忠厚的人居然也搞陰謀詭計？他們有些不相信，他們無法相信。這些年來，郭崇韜掌握著全國最大的權力，軍事政事，都由他說了算。而且他處理得確實比別人好。李存勗這些年來，專業荒淫無道，朝廷全靠郭崇韜操作，否則這個勢力不知爛到什麼地步了。雖然郭崇韜性格有些缺陷，惹惱了很多人，朝廷中對他有好感的並不多。可是他的性格為大家所不喜，但他對李存勗的忠誠，大家還是可以看得出來的——如果他的忠態有些雜質，生性極端多疑的李存勗老早就應該看得出了。可是李存勗一直把全部的信任交給他，最後還把六萬精兵放心地讓他帶著遠征蜀中。可是，只短短兩個月，老實的郭崇韜就心生異志了？他們不相信。

這些大臣雖然平時並沒有什麼權力，在朝廷中也很少發言，但郭崇韜之死，絕對是一件重大的政治事件，他們終於忍不住議論紛紛，而且個個對於郭崇韜之死感到驚駭和惋惜——目前朝廷像郭崇韜這樣的人真不多了啊。殺了一個郭崇韜，就找不到第二個郭崇韜了。郭崇韜雖然有些不討喜，可是他一直壓制那幫宦官和戲子。現在郭崇韜一死，宦官們和戲子們只有更囂張了。他們連郭崇韜都可以殺，其他人還在話下嗎？他們不驚駭才怪，他們不議論紛紛才怪。

李存勗閉著眼睛去想，都知道朝臣們會對他的做法議論紛紛。李存勗並沒有採取其他措施去做大家的說服、安撫大家的情緒，讓大家安下心來，好好為百姓服務，而是派宦官們暗中去觀察情況，看看誰議論得最深刻，誰的態度最鮮明、誰就是郭崇韜的同黨。

李存勗既然已經把郭崇韜打成陰謀家、野心家，那就只有把他搞到底了。

有人說，保大節度使李存乂是郭崇韜的女婿。宦官們聽說之後，眼中都是凶光大盛，這個可是實力派啊，更不能留下，他們馬上對李存勗說：

第五章　兵變連起，李存勗眾叛親離終喪國

「李存乂曾多次對著諸將捋袖出臂，痛哭流涕，為郭崇韜申冤。言語之間，對朝廷極為不滿。」

李存勗一聽，下令把李存乂抓起來。當然不是抓了就完事。不幾天，就把郭崇韜的死黨李存乂處死。

景進看到李存勗對郭崇韜的同黨要斬盡殺絕，便對李存勗說：「陛下，河中有人來告，李繼麟和郭崇韜早就有勾搭。郭崇韜死後，他又與李存乂密謀搞事。」

那些宦官馬上就過來，異口同聲地附合，這些陰謀家、野心家是留不得的。如果陛下一定要留下他們，到頭來他們是不會放過陛下的。

李存勗到了這時，頭腦已經全面進水，看到伶人和宦官都說李繼麟該死，那李繼麟就真不該再活在這個世界上了。

李存勗的智商雖然不斷地被拉低，但他還記得，李繼麟主政河中幾十年，在河中打下了堅實的群眾基礎，如果直接向他攤牌，他狗急跳牆起來，想在短期內把他搞定，還真不容易——當年，朱友貞就打不過他。那就調虎離山吧。

李存勗下了個文書，調李繼麟為義成節度使。

當天夜裡，李存勗就派朱守殷帶兵包圍了李繼麟的住宅，逼迫李繼麟走出徽安門之外，然後手起刀落。這個人從朱簡變成朱友謙，再變成李繼麟，當了兩個大皇帝的養子。從一個獨腳大盜到投入軍中，最後成長為一個重鎮的節度使，身分多次置換，每一次置換，都為他打開一個更好的前程。直到這時，他的前程才突然被打黑。

李存勗殺掉曾經最親密的朋友之後，下令恢復他原來的名字——朱友謙，你只能跟朱溫那樣的人捆綁在一起。

李存勗曾經把李繼麟當成最親密的朋友，所以李繼麟的兩個兒子都官

1. 誅心之政，李嗣源倖存

至節度使：李令德是武信節度使，李令錫是忠武節度使。兄弟倆靠父親得掌方鎮大權，富貴已極。他們做夢都不會想到，李存勖會突然對他們動了殺機，更是一點準備都沒有。

當時，李令德還在伐蜀軍中，準備隨李繼岌回朝。李存勖就叫李繼岌把李令德殺掉，不要有什麼猶豫。

李繼岌得令之後，就在遂州殺死了李令德。

李存勖又叫鄭州刺史王思同搞定李令錫。王思同也是不費吹灰之力，就在許州砍死他的頂頭上司李令錫。

李繼麟的其他家屬也不能放過。

李存勖派河陽節度使李紹奇去執行誅殺朱友謙家屬的任務。

李紹奇來到朱友謙的家裡時，朱友謙的妻子張氏帶全家兩百多人出來見李紹奇，說：「朱氏宗族當死，願無濫及平人。」

她說著，把家中一百多名奴僕分出來，說：「這些都是外姓的人，我們家的事都跟他們無關。剩下的這一百多人，都是我們朱家的男女老少。可以去死。」她就帶著朱家男女老少一百多人，共赴刑場就刑。

到了刑場，張氏又拿出前些時候李存勖剛剛賜給朱友謙的免死鐵券，遞給李紹奇看，說：「這是皇帝去年賜給我們的。我就是一個見識短淺的女人，也不識字，不知上面寫的是什麼字。」

李紹奇不用看都知道那上面寫的是什麼字。他看著那塊還很錚亮的免死鐵券，臉面居然也有紅了起來——不知這個羞愧是為自己而發的還是因為李存勖而起的。去年才剛剛宣布免死，今年就誅滅全族。皇帝啊，你怎麼拿自己的信用去開玩笑？其實，這個世界最不把信用當一回事的，就是金口玉牙的皇帝。很多相信皇帝的話的人，最後死得都很慘。

後來，李存勖覺得光殺朱友謙一家人，還不解恨，又找來七個刺史——

第五章　兵變連起，李存勗眾叛親離終喪國

這幾個刺史都是朱友謙的舊將——一併族誅。這幾個舊將此前以為巴結上了皇帝最親密的同袍，這輩子就只剩下榮華富貴了，他們根本不知道，一個皇帝的親密同袍算什麼？你就是傍上皇帝這個靠山，都有可能一朝被屠滅——郭崇韜的靠山就是皇帝大人，李繼麟此前的靠山，同樣是皇帝大人。皇帝殺他們時，就沒有眨過一次眼睛。

李存勗下決心砍殺了這麼多人，除了被皇后和那幫宦官、伶人硬來，把生米煮成熟飯、這才不得不硬著頭皮去做之外，還有一個原因。

當時，由於嚴重缺糧，將士們都很不滿，都覺得生活有些無望起來。他們憤怒之餘，就編造了很多謠言，到處傳頌，想製造輿論來迫使朝廷解決他們的口糧問題。

這些謠言還沒有傳進李存勗的耳朵裡，宦官和伶人集團就先得到了。他們派人下去，把這些謠言全部採集出來，再重新加工，然後送到李存勗面前。

李存勗一看，軍心如此，如果哪位大人物到軍中一呼，只怕就會一呼萬應、甚至十萬應。而郭崇韜、李繼麟確實有這方面的能耐。於是，他藉此來一場大清洗。

不光郭崇韜和李繼麟被謠言中傷，李嗣源也被包括了進來。

李存勗馬上命令朱守殷去偵察李嗣源，看看李嗣源有沒有可疑之處。

哪知，朱守殷對李存勗並不那麼忠心耿耿。本來這件工作，他必須做得十分祕密，不能讓李嗣源知道一點一滴。可是他見到李嗣源時，直接就對李嗣源說：「令公的勳業，已經足以震主。這是很危險的。所以，令公必須要為自己的命運著想、即宜圖歸藩以遠大禍。」

李嗣源並不在乎，說：「此心不負天地，不管是禍是福，都不會去躲避，就在這裡聽天由命。」

朱守殷當然也不敢再說什麼了。

殺了郭崇韜等一大批實權派人物，宦官和伶人集團就更加囂張了。其他人看到曾經是皇帝第一親信、朝廷第一大臣郭崇韜以及皇帝最親密的同袍──手握免死鐵券的李繼麟就這樣被宦官伶人集團族滅，而且滅得行雲流水，整個行動過程沒有一點卡住，都怕得要命，個個都畏首畏尾，像駝鳥一樣活著。

宦官集團這時更是把火力全部對準李嗣源。

很多人都認為，李嗣源很快就會成為另一個陰謀家、野心家而被打翻在地了。

但李嗣源卻仍然好好地活著。

李嗣源能在這個大風大浪中，屹立不倒，並不是他有什麼特異功能，而是因為他還有一個保護傘。

這個保護傘就是李紹宏。李紹宏雖然已經是李存勗的貼身護衛，深得李存勗的信任，但他還記得他的養父李嗣源。如果當時李嗣源把他咔嚓了，他老早就完蛋了──為人要知恩圖報啊。

於是，他利用一切機會，不斷地為李嗣源開脫，這才讓李嗣源得以保全。

李繼岌於正月二十八日從成都出發，他命令李紹琛率一萬二千人為他的後援部隊，這支後援部隊與中軍保持兩百里的距離。

2. 謠言四起驚軍心，賭徒作亂破鄴城

雖然李紹宏不斷地出手保護李嗣源，李存勗對他仍然最為放心，覺得他越來越可愛。於是，又提拔他為樞密使，進入權力核心層。

第五章　兵變連起，李存勖眾叛親離終喪國

　　李存勖和宦官以及伶人們以為，殺了郭崇韜以及那麼多死黨，然後公布了郭崇韜那麼多罪行，郭崇韜事件到此應該劃上句號了 —— 他們自己覺得都累了，想去做別的事了，其他人誰還有心思去管這些事？

　　可是這個世界有時就是說不清。

　　當時的消息傳播並沒有現在這麼快，很多謠言也很容易氾濫。本來，這件事的真實情況是，李繼岌在蜀中撲殺了郭崇韜以及他的幾個兒子，可是傳到社會上卻是另一個版本：郭崇韜在蜀中稱王，殺掉了李繼岌。所以，李存勖才把郭崇韜殺掉了。

　　除了這個烏龍外，還有一個誤會。當時李存勖曾經祕密派史彥瓊去殺死朱友謙的另一個兒子 —— 澶州刺史李建徽。因為這是一個祕密任務，所以，史彥瓊為了把這個事進行得更祕密一些，他是半夜出去執行任務的。

　　城門的守門人就向王正言報告：史彥瓊半夜馳馬出城，他也沒有告訴我們去了哪裡。

　　於是，根據這個事，民間又生出了一個謠言：皇后把李繼岌之死，歸咎到李存勖的頭上，一氣之下，把李存勖也殺死了。現在他們正把史彥瓊緊急召回去商量大事。

　　從郭崇韜殺李繼岌到皇后殺死李存勖，似乎事態越越來越大。如果光是郭崇韜殺了李繼岌，局勢還可以鎮得住，要是後皇殺了李存勖，這個局勢將會如何進行下去？百姓一下就不知所措了。

　　當然，百姓不知所措，也沒有什麼大不了的，長期以來，百姓都不知所措，李存勖這個皇帝也從來不管百姓的感受 —— 你們餓死都是活該的，最討厭的就是有的大臣，天天拿你們的餓死來噁心朕，干擾朕的打獵活動，對朕的心情造成極大的影響。但軍心也跟著浮動起來，局勢就不一樣了。

2. 謠言四起驚軍心，賭徒作亂破鄴城

前一段時間，由於楊仁帶著他的部隊在瓦橋那裡駐紮已經超過一年，必須換他們回來。

楊仁帶著部隊來到貝州時，李存勗又覺得鄴城太空虛，怕楊仁回來之後，會發生什麼不可預測的事來，就令他們駐守貝州。

楊仁對這個命令也沒有什麼異議，很服從地帶著大家繼續留在貝州。

但他手下有一個人叫皇甫暉，是個賭徒。他到了貝州後，立刻進賭場展開賭博活動。可是他的手氣太差，才上場不到幾分鐘，家當就輸了個精光，心裡十分鬱悶，覺得這個天下怎麼這麼不公平，下了這麼多次注，哪次也不讓他贏。既然這個世界不讓他活下去了，他就把這個世界鬧一鬧。怎麼鬧才鬧得轟轟烈烈？

他當然知道，憑他一個賭徒而且是一個手氣極差的賭徒再怎麼折騰也不會折騰出什麼事來。他就突然想到，近來不是說朝廷亂子很多了嗎？郭崇韜殺了李繼岌、皇后又殺了李存勗。現在全國到處都是人情洶洶，軍中也是人情洶洶啊。哈哈，大家的情緒都處於超級不穩定狀態，這是可以搞大事的狀態啊。

這個賭徒想到這一層，突然覺得自己前的前途豁然開朗。他馬上深入軍中，進行了一番宣傳。這些天來，士兵們都在那些謠言中生活著，一邊是沒有了糧食，一邊又聽著那些謠言，皇帝還活著時，他們都差不多沒有口糧了，如果皇帝死了，以皇后為核心的宦官集團能讓他們吃得飽嗎？那全是一群貪得令人髮指的傢伙啊──連李繼麟這樣的人都受不了他們的盤剝。因此，他們都感到很焦慮。很焦慮的士兵們聽了皇甫暉的話後，都覺得十分有道理，問他怎麼辦？

皇甫暉說：「我們就去逼迫楊將軍，強迫他帶領我們搞事，不起來搞事，我們就只會餓死。」

第五章　兵變連起，李存勗眾叛親離終喪國

　　大家當然同意，你說怎麼辦就怎麼辦。

　　皇甫暉是個賭徒，賭徒向來說做就做，從不拖泥帶水。他帶著這幫士兵連夜衝進楊仁的房間，把楊仁從被裡叫起來，在黑暗中對他說：「皇上之所以有天下，全靠我們魏博兵。我們魏博子弟兵甲不去體、馬不解鞍已經整整十年。現在天下已經太平，天子不但不念我們的功勞，反而更加猜忌我們。我們在邊遠地區艱苦守戍了一年多，好容易才給換回來。可是我們還來不及高興，朝廷又不讓我們回去，使我們無法與家人相見。現在聽說皇后已經殺死了皇帝，京師已經大亂。兄弟們都希望你帶著我們一起回去。還請你奏請朝廷讓我們回去跟家人團圓。當然，如果天子真的洪福齊天，沒有被殺死，興兵討伐我們，憑我們魏博的兵力也足以抵禦他們。這看起來是很冒險，但也是個博得榮華富貴的大好機會。」

　　楊仁一聽，這不是在造反是什麼？你藉著天上的星光看看我的臉，我是做造反的人嗎？

　　皇甫暉一看，既然你不願造反，那我們就只好把你殺了。這個賭徒當機立斷，揮刀砍了楊仁。皇甫暉殺了楊仁，又突然想到，還必須有一個帶頭人啊。他當然可以宣布自己當帶頭大哥，可是他地位太低了，而且還有個賭徒的光榮稱號，在這個官本位的社會裡，真不好拿出來擺到檯面上。於是，他又去威脅一個基層軍官，請他來當老大。可是那個小校也是個膽小鬼，對他搖搖頭。皇甫暉大怒，你這顆頭不是用來搖的。既然這顆頭只會搖，那就只有砍了。於是，又把這個小校殺死。

　　皇甫暉鬧了這麼多久，終於驚動了效節指揮使趙在禮。

　　趙在禮聽說軍營裡發生了亂子，趕緊起來，連衣服都沒有穿好，就跑了出來，跑到城頭上，來個老翁逾牆走，但仍然走不了。原來皇甫暉知道他在逃跑，就追了出來，硬是把他從牆上拖了下來。

2. 謠言四起驚軍心，賭徒作亂破鄴城

皇甫暉這次不再多說什麼，只是把楊仁和那個小校的腦袋丟在狼狽不堪的趙在禮面前，問他從還是不從。

趙在禮望著地板上的兩顆腦袋，縮著身體，表示「從之」。

皇甫暉這才鬆了一口氣，原來請人來當老大，也不那麼容易啊。

次日清晨，在皇甫暉的安排下，亂兵們擁立趙在禮為帥，然後馬上展開叛亂活動──在貝州放火燒殺、搶掠。

幾天後，也就是西元926年二月初四的晚間，有幾個從貝州逃出來的人，向鄴城報告說亂軍將要前來進攻了。

都巡檢孫鐸一聽，怎麼就突然又發生了叛亂？這段時間是什麼時間啊，什麼事都發生在這個時候。他看到這些報告的人，確實是從貝州沒命逃出來的，跑得都差不多斷氣，看來他們說的是真的。他急忙跑去見史彥瓊，請史大人發放武器，讓他帶著大家登城守備。

史彥瓊一聽，什麼，貝州的部隊發生叛亂？你這是在造謠嗎？我怎麼沒有聽說過？你這是在製造謠言，想自己搞事才是真的。他由此懷疑孫鐸有不可告人的想法，所以決定不答應孫鐸的請求，他喝了一口茶，胸有成竹地說：「根據你提供的情況，報告的人說亂賊今天到了臨清。嗯，就算他們說的是真的，按照里程計算，他們也在六天六夜之後，才到這裡。到那時，我們再做準備也為時不晚。」

孫鐸一聽，就急了，說：「他們既然搞叛亂，就必定晝夜兼程，乘我不備，突然殺到。哪會按常規行軍速度行軍前來？現在我們最好的做法是，僕射帥眾登城防守，我負責招募精兵千人伏於王莽河附近，對他們進行襲擊。亂兵的銳氣一遭到挫折，一定會四處逃散，我們就可以全面討伐他們了。如果一定要等他們來到城下才作防守，萬一有內奸和他們呼應，那就萬分危險了。」

第五章　兵變連起，李存勖眾叛親離終喪國

　　史彥瓊一聽，在心裡冷笑，我要是把部隊交給你才是萬分危險。他說：「你不用慌。區區幾個亂兵，有什麼可怕的？他們來到城外時，我們但嚴兵守城，他們就一點辦法都沒有。何必去跟他們拚命。」

　　孫鐸只得退了起來。

　　史彥瓊看著孫鐸離去的背影，心裡還在冷笑不止。

　　就在史彥瓊還在那裡冷笑時，亂軍已經拚命衝殺過來。

　　當天夜裡，亂軍的前鋒就到了鄴城外，而且他們一到就猛攻北門。

　　史彥瓊正好就住在北門樓上。他正在酣然大睡，突然有人衝進來大喊大叫，賊兵打過來了，賊打過來了。

　　他剛聽到這個大喊大叫，就立刻認定，一定是孫鐸那小子搞的鬼。這小子真該千刀萬剮。他虎地爬了起來。他的親兵已經跑到他的房間。

　　他大叫：「孫鐸那廝在哪？是不是他搞的鬼？」

　　答：「是賊兵真打進來了。現在外面全是箭頭亂飛。大人一定要注意安全。」

　　史彥瓊一聽，這才知道，孫鐸說的是真的。孫鐸啊，你今天怎麼就不跟老子據理力爭呢？怎麼被我一嚇，就不敢說話了？我不是多次強調過，辦事要有擔當，要唯實、不要唯上。你都把我平時的教誨丟到哪裡去了？等打退完賊兵，一定要好好收拾你這個唯上不唯實的傢伙。

　　史彥瓊還想抵抗一下。可是這個念頭才在心裡一閃現，他就突然記起，兵器都還沒有發放啊，拿什麼去抵抗？

　　史彥瓊想到這裡，不由暗叫僥倖不已：幸虧我的腦子轉得快，能在電光石火的一剎那記得還沒有發放兵器。否則，就大大地誤事。

　　他什麼也不說，跑到馬廄那裡，翻身上馬，然後揚鞭奮蹄，乘夜而逃，一騎絕塵，跑向洛陽。

3. 後軍起逆，李紹琛悔失成都良機

二月初五，叛軍就進入了鄴城。

雖然孫鐸還帶著部隊抵抗了一陣，但被打敗。他本人也逃跑了。

趙在禮占據了宮城，任命皇甫暉及趙進為馬步都指揮使，然後大力展開搶掠活動。

比較讓人覺得可笑的是，當時鄴城的主政官是王正言。雖然鄴城已經亂得像一鍋粥，史彥瓊和孫鐸都已經落荒而去，王正言居然還在那裡這不知情。天亮之後，按時上班。

他到官邸之後，伏案起草了一份奏章，然後吩咐工作人員，把相關部門的負責人都叫來，他要部署今天的工作。可是他高喊幾聲之後，沒有一個人前來向他報告。他十分生氣，今天怎麼啦？這些人都跑哪裡去了？上班時間已經過了這麼久啊。王正言平時脾氣很好，但這時也禁不住發怒起來，真想抓起桌上的杯子摔個稀巴爛。

他的家人看到他這個模樣，就對他說：「老爺你不要生氣啊。」

王正言：「我怎麼能不生氣？這些人都是朝廷命官，領著朝廷俸祿，今天居然一個都不來上班。這是一群什麼樣的官員？」

家人說：「老爺啊，不是他們不來上班，是因為他們沒有辦法來了。」

王正言說：「怎麼沒有辦法來上班？難道他們都走不了路？」

家人說：「半夜裡，賊兵已經進城，目前正在街市上又殺又搶，大家都在逃命，哪個還來上班。」

王正言一聽，居然會發生這樣的事？簡直是在看傳奇小說啊。這些賊兵是怎麼來的？居然來得毫無半點徵兆？

他很快就知道，這確實是真真切切發生的事。而且他很快就知道，這

第五章　兵變連起，李存勖眾叛親離終喪國

次叛亂的帶頭人就是趙在禮。趙在禮他是認識的。他想不通，平時那麼老實的趙在禮為什麼發動叛亂？這個世界上，真是什麼事都有發生的可能。

王正言更知道，史彥瓊和孫鐸兩個主管軍事的傢伙都已經逃得命都不要了，他也該逃跑了。他去找人備馬，但沒有找到一匹馬。

王正言本來就已經又老又病，估計即使找到馬，都無法逃出去，何況還沒有馬？他知道自己是逃不掉了。他就帶著他的左右走出府門，來到趙在禮處。他見到趙在禮時，就向趙大帥拜了又拜，老態龍鍾地向趙在禮請罪——如果是前幾天，趙在禮碰到他，向他打招呼，他理都不會理趙在禮一下。

趙在禮倒沒有為難他，對他也回拜了幾下，說：「將士們只是想太想家了，急著回家而已。請尚書大人自重，不要自己卑躬屈膝。」然後就把他送出去了。

亂兵們占據鄴城之後，就推趙在禮為魏博留後。然後把情況向朝廷進行了反映。

當時，北京留守張憲的家屬也居住在鄴都。

趙在禮不但沒有為難張憲的家人，反正帶著重禮前去，安慰張家，還派使者帶著一大筆現金送給張憲，想請張憲出來當他們的帶頭人。

張憲連信封都沒有打開，直接將來使斬首，然後向朝廷報告。

二月初八，史彥瓊失魂落魄地來到了洛陽。

李存勖得知鄴城之亂後，不會太心慌，畢竟他是經過大風大浪拚殺過來的。他問李紹宏誰可以去平定趙在禮之亂——如果是此前，這個問題，他都問郭崇韜，但現在他只能問李紹宏了。

李紹宏推薦了李紹欽。

李存勖說：「那就叫李紹欽去吧。」如果是郭崇韜，肯定不會同意派李

3. 後軍起逆，李紹琛悔失成都良機

紹欽去的。

李存勗同意讓李紹欽掛帥之後，就命令李紹欽做好具體作戰方案，並把方案送給他過目。

李紹欽把一批將佐的名單也羅列了出來，請李存勗批准。

李存勗一看，這個名單中的將佐，全是李紹欽的舊部，不由又是懷疑起來，現在這個天下，真的是誰都不可信了，這些傢伙平時都唯唯諾諾，一旦覺得有機會，野心就冒了出來。於是，他就不再讓李紹欽掛帥了。

但趙在禮還必須去打啊，那幫叛軍在那裡，你不打他們是不會主動宣布失敗的。

可是該派誰去？好像誰都值得懷疑。

最後，劉皇后說：「趙在禮算什麼人物？小菜一碟，何必勞動大將？我看，派李紹榮這樣的級別去，都能很好地完成任務。」

李存勗就真的派李紹榮帶著三千部隊前去，攻打鄴城，同時釋出命令，要求諸道派兵配合。

李紹榮一點不把趙在禮放在眼裡，他一到城下，就猛攻南門，還派人帶著敕書去宣諭趙在禮。

趙在禮本人並不真的想搞事，只是被迫了上賊船，所以做事還留有餘地，比如禮送王正言出城，對張憲的家屬也很優待。這時他看到李存勗的詔書後，覺得還是可以通融一下的，便派人送羊送酒到城外，犒勞大軍。他還在城上拜謝李紹榮，說：「將士們太過思念家人，這才擅自回來。李相公如果能真誠地將他們的願望奏明皇上，能夠免除我們的死罪，我們一定會重新做人、改過自新。」

事情到了這一步，如果李存勗派出的人有點政治智慧，歷史的軌道很可能就會是另一個方向。可是隨軍前來的偏偏是史彥瓊。

第五章　兵變連起，李存勗眾叛親離終喪國

　　史彥瓊在鄴城不聽孫鐸的話，鑄成大錯，最後狼狽逃出，只覺得臉面丟盡，恨不得把這個趙在禮砍得肉泥，哪願意和平解決這個事？他指著趙在禮大罵：「你們這些死賊還想活命？告訴你們，城破之後，我要將你們碎屍萬段。」

　　皇甫暉最怕這個事件得到和平解決，聽了史彥瓊的話，不由大喜，史彥瓊太感謝你了。他對大家說：「從史彥瓊的話來看，皇帝是堅決不會放過我們的。」

　　大家更是憤怒起來，從趙在禮的手中搶過那份敕書，撕得粉碎，然後操起兵器，堅守在城頭的女牆上，跟李紹榮的部隊硬碰硬。

　　李紹榮雖然打得很賣力，但並沒有取得一點進展。

　　李存勗得知後，也是心頭大怒，他沒有怪史彥瓊，而是生亂軍的氣，大聲地發出最高指示：「攻下城的那一天，一個活人也不能留下。」他怒氣勃勃地下令，調集各路軍隊去討伐趙在禮。

　　李紹榮則暫時退駐澶州。

　　李存勗絕對沒有想到，他這一憤怒，對他的命運造成了重大的影響。

　　李存勗正在部署諸道部隊去打趙在禮，可是他的衛隊卻又出了亂子。

　　他的親兵就是從馬直軍。按道理說，從馬直軍對李存勗是最為忠誠的。李存勗這段時間以來，除了那幫宦官和戲子之外，他已經懷疑一切，唯獨不懷疑從馬直軍。他不懷疑從馬直軍，並不代表馬直對他很滿意。從馬直軍看到兄弟部隊都鬧了起來，他們也覺得這個王朝真的沒有什麼前途了。二月十六日，在李存勗部署去圍剿趙在禮時，從馬直軍也鬧了起來。帶頭起鬨的是軍士王溫等人。他們顯然並沒有做過什麼前期準備工作，基本就是說做就做。他們開始只有五個同夥。這五個同夥約好之後，什麼也不說，提起大刀，就上門去把他們的總頭目殺掉，然後宣布準備作亂。但

3. 後軍起逆，李紹琛悔失成都良機

五人迅速被打死。

從馬直軍使被殺了，從馬軍使郭從謙就成了第一把手。

郭從謙本來也是個戲子，藝名叫郭門高。李存勖在德勝與梁兵對壘時，很久沒有進展，便招募勇士去挑戰。身為戲子的郭從謙勇敢地應募。他在這次戰鬥表現十分良好，斬了幾個敵人，然後又血跡斑斑而還。

李存勖一看，好啊。小郭不但戲唱得好，上臺一站，演誰像誰，想不到仗也打得這麼狠，真是文武雙全。對他就特別寵信。

後來，李存勖從諸軍中挑選特別英勇的士兵為親軍，分置四個指揮，號稱馬直。郭從謙因為有過作戰勇猛的表現，立了很多戰功，被一路提拔，最後成為從馬直軍的頭目。郭從謙不但舞臺功底深厚，能提刀上戰場砍人，也很會巴結。當郭崇韜還當首席大臣時，他就一臉誠懇地去找郭崇韜，請求郭崇韜當他的叔叔。郭崇韜自然點頭答應。之後，李存父又把郭從謙拿來當養子。

郭從謙跟其他戲子還真不一樣，別的戲子都是人生如戲、全靠演技，他還真講點義氣。郭崇韜和李存父獲罪被誅之後，他不但沒有像別人的那樣落井下石，再踩上一腳，宣布與他們劃清階級界限，反而拿出自己的錢財來犒賞馬直各軍校，然後對他們痛哭流涕，說郭崇韜死得冤枉。

他這麼公開透明地做了這些事、說了這些話，李存勖自然很快就知道。可是李存勖居然沒有對他怎麼樣。

當王溫事件平息後，李存勖有一天突然對郭從謙開了個玩笑，說：「你，辜負了我的期望，堅定地站在郭崇韜和李存父一邊。現在又教王溫造反，你到底打算做什麼？」

李存勖以為自己是在開玩笑，可是作為當事人的郭從謙還敢把這些話當玩笑話嗎？

第五章　兵變連起，李存勗眾叛親離終喪國

他聽了李存勗這番話後，立刻嚇得汗冒淋漓，看來皇上接下來要拿我開刀了。

退朝之後，滿懷恐懼的郭從謙就對他手下的軍官說：「主上因為王溫作亂，對從馬直軍很憤怒。等鄴都平定之後，要把大家全部坑殺。我建議把家中所有的財產都換成酒肉。不要再作什麼長遠的打算了。」

大家聽到這樣的話，不害怕才怪。

4. 前鋒變亂，李紹琛悔失良機

鄴城前線的李紹榮休整了一段時間後，又發兵去攻打鄴城。

這一次，他攻得很猛，手下的裨將楊重霸帶著幾百士兵已經成攻登上了城頭，可是後面沒有士兵跟上來。結果楊重霸等人都被殺在城頭上。

這時，趙在禮他們都知道，李存勗已經不會赦免他們了，因此個個都抱定戰鬥到底的決心，越打越是拚命，李紹榮根本打不進去。

李存勗也不由得有點擔憂起來。

可能很多人都會說，既然如此，為什麼不多派大軍前去攻城？

李存勗當然想派更多的部隊前去，奈何現在他手裡也沒有多少兵力。後唐的主力部隊都被派去伐蜀，目前還在班師的途中。

李存勗就派人去催促李繼岌趕緊回來。

可讓李存勗沒有想到的是，李繼岌那邊也出了狀況。。

搞出這個狀況的就是那個李紹琛。

李紹琛在平蜀之役之中，立了最大的功勞，結果沒有得到郭崇韜的重用，在成都都被邊緣化了，但他怕郭崇韜，不敢有什麼想法。郭崇韜死後，他以為他出頭的日子到了。哪知，李繼岌仍然不把他當一回事，他在

4. 前鋒變亂，李紹琛悔失良機

李繼岌面前，仍然比不過董璋。

李紹琛氣不過，又對董璋說：「你這個傢伙又準備到哪個家裡竊竊私語？」

董璋看到他滿臉怒色，也很害怕，急忙向他謝罪。

不久，李繼岌帶著部隊來到武連。他們在這裡碰到朝廷的使者。使者向他們宣布朝廷的詣意：朱友謙已經被誅殺，請他們殺死朱令德。

李繼岌就派董璋帶兵到遂州去解決朱令德。

這時，李紹琛正帶著後軍在魏城，聽到這個消息後，就生氣起來，李存勗為什麼不派自己去執行這個任務，而叫董璋去？因為他正統領後軍，離遂城很近。這明顯是不把他當一回事。

郭崇韜不把他當一回事，李繼岌不把他當一回事，現在李存勗同樣不把他當一回事。

李紹琛差點面對天空大罵出髒話了。

正好董璋經過李紹琛的駐地而沒有去拜見李紹琛。

李紹琛徹底怒了，連個天天被他罵得眼睛都睜不開的董璋都敢忽視他的存在了。

他把諸將請來喝酒，然後借酒對大家說：「皇上南平朱梁，西定巴、蜀，都是郭公為之定計、我們為他們打拚的結果。而背叛梁國，歸順皇上，並且與皇上夾擊敵人，最後攻破大梁，則是朱公的功勞。現在朱、郭二公都被無罪滅族。回到朝廷，只怕族滅之罪就輪到我了。我該怎麼辦？」

李紹琛所帶的部隊，大多都是河中人。他們對朱友謙的被殺，自然充滿了同情。李紹琛的話，很快就引起了他們的共鳴。河中將焦武等人在軍門那裡放聲大哭起來，說：「西平王何罪？居然被闔門屠殺。我們如果回

第五章　兵變連起，李存勗眾叛親離終喪國

去，一定會被誅殺。絕不能再回東方了。」

李紹琛看到他順利地把大家激怒了，知道完全可以搞事了。

這一天，李繼岌來到泥溪。

李紹琛派人去向李繼岌報告：「河中將士不停地號哭。看來他們想叛亂了。」

李繼岌還不知道如何回覆，李紹琛就已經從劍州率兵回去，然後自稱西川節度使、三川制置使，並向成都發出檄文，宣布自己已經奉詔取代孟知祥，並向蜀中徵兵。只三天時間，就有了五萬人。

二月十一日，李繼岌到達利州時，李紹琛派人去拆了桔伯津的橋梁。

李繼岌聽說之後，就任命任圜為副招討使，帶七千步騎與梁漢、李延安去追擊李紹琛。

十三日，任圜的別將何建崇追到劍門關，並順利攻下。

就在這個時候，李存勗的使者來到李繼岌的大營，催促李繼岌趕緊帶兵回去，平定鄴都之亂。

可是李繼岌的精兵都隨任圜去打李紹琛，還沒有回來。

李繼岌只得繼續留在利州。他只能在心裡盼望任圜早日取得勝利，早日班師回到中原，為父皇打平趙在禮。

可是李紹琛容易平定麼？

李紹琛雖然是胡人，長得高鼻深目，但久在中原，對中原文化的研究頗深，胸中極有韜略。正是他獻計給李存勗，從鄆州那裡找到突破口，然後孤軍深入，直取大梁，才取得了滅梁之戰的勝利。在看他入蜀之後，身為前鋒，每打一戰，都有勇有謀、可圈可點。這樣的人，擺平他容易嗎？

當然，也不是任圜一個人在跟李紹琛對抗，李紹琛最恨的董璋也帶著兩萬人屯綿州，跟任圜一起討伐李紹琛。

4. 前鋒變亂，李紹琛悔失良機

正好李存勗的中使崔延琛出使成都，在路上與李紹琛的部隊相遇。

崔延琛眼見逃不掉，就只好跟李紹琛見面。

崔延琛便糊弄李紹琛說：「讓我去召回孟知祥，你如果暫緩進兵幾天，自然就會很輕鬆地得到蜀地。你現在急著進攻成都，弄得大家都沒有了面子。」

李紹琛一聽，覺得也有道理。便答應了崔延琛。如果他此時，不管不顧，向成都狂奔，成都根本就沒有來得及設防。他會很容易拿下成都。如果他拿下了成都，整個格局又會是另一個樣子了。可是他就在這個關鍵時刻，輕易地相信了崔延琛。

崔延琛來到成都之後，就勸孟知祥做好戰鬥準備。

於是，孟知祥帶著大家沒日沒夜的開工，挖好戰壕又樹柵壘，並派馬步指揮使李仁罕率四萬人、李延厚率兩千人一起去打李紹琛。李延厚對大家說：「有年輕力壯又想立功求得富貴者站在東邊，年老有病、害怕行軍打仗的站在西邊。」

李延厚帶著七百個篩選過的士兵出發。

就在這個時候，任圜已經在漢州追上李紹琛。

李紹琛出兵迎戰。

任圜手下的掌書記張礪在出戰之後，就請求讓他帶著精兵埋伏在後面，只讓老弱去正面引誘敵人。

任圜同意照此辦理，並讓董璋用東川的弱兵先去作戰，然後假裝抵擋不住向後撤退。

李紹琛本來精通戰術。平常他是能夠一眼看出這種小技倆的。可是他認為任圜是個書生，哪知道什麼用兵之法？因此一直不把任圜放在眼裡，看到他的部隊老弱，絲毫沒有戰鬥力，心裡就哈哈大笑，居然派這樣的人

第五章　兵變連起，李存勗眾叛親離終喪國

來跟我鬥。先把老任搞定，然後一心一意奔向成都。

李紹琛下令全力猛追。

眼看就要追到任圜兵的屁股後面、只須片刻就可以大開殺戒了，突然四面伏兵大起。

李紹琛和他的部隊這才知道他們上當了。李紹琛軍一下就亂了陣腳。李紹琛這才知道，輕敵真的要人命。他急忙帶著部隊殺出重圍，但已經被人家砍了一千多人。

李紹琛沒有辦法，只得進入漢州，緊閉城門，然後在城裡悔恨：為什麼輕信崔延琛的話？在這個亂世，最重要的就是機會。機會一旦喪失，就什麼都喪失了。

更讓李紹琛倒抽一口氣的是，漢州並沒有城塹，他只是以樹木為柵。

任圜率軍包圍漢州之後，便下令縱火燒掉漢州的柵欄。

李紹琛沒有辦法，只得引兵出戰到金雁橋與任圜大戰，結果大敗。

李紹琛大敗之後，與剩下的十餘騎逃奔綿竹。最後被任圜的部隊追上並生擒。

孟知祥親自到漢州犒軍，與任圜和董璋置酒高會，把李紹琛的檻車拉到宴席的座位中間。孟知祥用大杯自酌自飲，對李紹琛說：「你已經是方鎮大員，又有平蜀之功，為什麼還要做出這種事來求富貴呢？」

李紹琛說：「郭公佐命之功，舉世無人可比。他率兵入蜀，沒有經過大戰，就奪取了東川和西川，其功勞如何？可是他竟然還是突然無罪被族滅，像我這樣的人，又怎麼能保全自己的腦袋？」

李繼岌得知李紹琛已被擒，這才下令全軍加速回朝。

5. 兵亂四起，李嗣源身陷反軍擁戴

　　任圜把李紹琛平定了，似乎消除了一方的大患。其實後來的事實證明，這一戰對李存勗不但沒有什麼幫助，反而誤了大軍的行期。

　　現在李存勗最重要的不是蜀中，而是河南一帶。四川即便又落入敵人之手，他完全無所謂，但河南能不能平亂，關係到他整個事業的成敗。

　　目前在鄴城前線的，仍然只有李紹榮一軍。

　　除了鄴城之亂難平，前一段邢州左右步直兵趙太又舉起了反旗，據城自稱安國留後。李存勗正派李紹真去討伐。

　　一直到現在，李紹榮討趙在禮無功，趙太據守的邢州，也仍然掌握在他的手中。

　　接著滄州又出現了亂子，一群士兵沒頭沒腦地發動叛亂。最後，居然是一個小校王景把這個叛亂擺平。王景擺平叛亂之後，又宣布自己當留後。

　　李存勗還在那裡惱火著，朔州地區又派來很多使者，說朔州地區的很多縣也發生了動亂。

　　李存勗也覺得事情真的很大了，看來連李紹榮都無法擺平了。

　　李存勗這麼一想之後，決定親自去進攻鄴城。

　　如果他真的御駕親征，結局也許會有不同結果。

　　可是當他做出這個決定時，那一幫宰相和樞密使便出來勸阻，說：「京師是根本。車駕豈可輕動。」

　　李存勗說：「我也不想輕動，只是諸將已無可派者。」

　　大家都說：「李嗣源有功勞，也有能力，還是朝廷的功勳舊將，完全可以把重擔交給他。」

209

第五章　兵變連起，李存勗眾叛親離終喪國

李存勗當然知道李嗣源有能力，但他心裡一直忌恨李嗣源，不想讓他繼續掌兵、繼續立功，便說：「我愛惜李嗣源，想留在宮中宿衛。」

大家說：「那真沒有誰可以去了。」

張全義也說：「河北事多，時間長了就會變成大的憂患，應該讓李總管去主持討伐事宜。如果只依靠李紹榮等人，只怕很難看到他們的成功。」

然後李紹宏也力勸李存勗，派李嗣源出馬。

李存勗看到大家都這麼說了，他又確實找不到更好的人選，就只好同意讓李嗣源去攻打鄴城。

二月二十六日，他下令李嗣源帶著皇帝的親軍去討伐鄴城——連皇帝的親兵都抽調出去了，可見他現在的兵力已經嚴重缺乏了。

不過，就在這時，李存勗還是收到了個好消息，李紹真已經平定了邢州之亂，生擒趙太等人。

李紹真平定邢州之後，立刻帶著部隊抵達鄴都城下，在城西北紮下營寨，然後將趙太斬首。

三月初六，李嗣源也來到鄴都，營於城西南。

初八，李嗣源下達命令，要求全體人員做好準備，明天攻城。

情節發展至此，一切如常。

但到了半夜，就不如常了。

從馬直軍有個軍士叫張破，突然宣布叛變，帶著很多人大聲喧譁，殺死都將，焚燒營寨。

第二天早晨，叛軍已經衝出營外，向中軍逼近。

李嗣源萬萬沒有料到居然會發生這樣的事情。他真不知道那個張破是

5. 兵亂四起，李嗣源身陷反軍擁戴

什麼時候搞的鬼，什麼時候開始策畫的，怎麼能在一個漆黑的夜晚裡召集這麼多人跟隨他叛變。

但現在已經容不得他多想了，鄴城還沒有攻下，自己的軍營先叛變。他得先擺平張破。

李嗣源沒有辦法，只得親自帶兵出來跟張破對敵。

按他的想法，張破只是一個軍士，要能力沒有能力，要地位沒有地位，只要他一出馬，張破就會被攻破。

哪知當他出兵的時候，他突然驚奇地發現，跟他來的兵就那麼幾個，而張破那邊的戰士卻越來越多。他也有點糊塗了，這是怎麼回事啊。

李嗣源看著自己身邊的士兵，只稀稀落落幾個，知道是不能大破張破了，就大聲喝道：「你們想怎麼樣？」

張破說：「將士們隨主上十多年，經百戰而得天下。現在主上忘恩負義，根本不把士兵們當人看，任意對待我們。駐守貝州的弟兄們只是想回家跟妻小團聚，主上竟然不放過他們，還說：『克城之後，當盡坑魏博之軍』。近來從馬直少數士兵鬧事，上主又想把這些士兵全部殺掉。大家都已經憤憤不平。現在大家經過商量，準備和城中的人聯合起來，擊退各路軍隊，請主上在河南稱帝，李總管就在河北稱帝。請總管答應我們的請求。」

李嗣源也沒有想到，事情居然會是這個樣子。他雖然長期被李存勗猜忌，很多次被那幫宦官逼到死地，但他還真的沒有想過要篡奪皇帝之位。他流著淚說服大家，勸大家不要有這樣的想法，他真的不想當皇帝。

可是不管他怎麼說、他怎麼流淚，他們都不同意。

李嗣源最後說：「既然你不聽我的話，我也無話可說了。你們想怎麼辦就怎麼辦，我自己回京師算了。」

第五章　兵變連起，李存勗眾叛親離終喪國

　　那群亂兵也不答應，他們拔出大刀，把他包圍起來，說：「我們這些人都是虎狼之輩，動起刀來，是不論尊卑大小的。現在總管還想往哪裡走？」

　　李嗣源還想不答應。

　　站在他身後的安重誨和李紹真看到叛兵們個個都臉冒殺氣，顯然已經到不耐煩的程度了，如果李嗣源再堅持，那幾把大刀就會狠狠地砍下。兩人急忙踩了一下李嗣源的腳後跟，暗示他先答應下來再說。

　　李嗣源這才猛醒過來，跟這些軍士是不能講那些大道理的。於是，就點了點頭。

　　軍士們看到他鬆了口，就不再說什麼，直接擁護著李嗣源和李紹真等人入城。

　　城裡的人不讓外面的人進去。張破就帶著大家硬衝。

　　皇甫暉衝上來，跟張破大戰，將張破打敗並擊斬之。

　　城裡的兵雖然擊敗張破，但他們對李嗣源還是很尊重的。他們起兵的初衷並不是為了造反打天下，只是不服朝廷將他們又安排在貝州、不讓他們回家而已。現在事情搞到這個地步，趙在禮也很想找個解決的辦法。他看到李嗣源後，覺得還是讓李嗣源來當老大的好。

　　趙在禮擊斬張破，等於是為李嗣源平定了從馬直軍的叛亂，立刻從李嗣源的敵人變成李嗣源一家人了。他率領大大小小頭目出城來拜見李嗣源，邊哭邊向李嗣源謝罪：「我們辜負了總管的期望，讓總管受到了牽連，我們對不起總管。現在我們堅決聽從總管的指揮。」

　　李嗣源這時只是光棍一人，身邊沒有一個士兵，哪敢強硬，便順著趙在禮的話，假意說：「凡舉大事，必須藉助兵力。現在城外的士卒被打散後，無處可歸。我為你出去收集他們。」

　　趙在禮同意了。

5. 兵亂四起，李嗣源身陷反軍擁戴

李嗣源和李紹真一起出城，在魏縣住下來，釋出告召集散卒。那些散兵又有一些回來報到。

本來，李紹榮還有一萬多人駐紮在城南。

李嗣源在被亂兵所逼的時候，曾派張虔釗和高行周等人去召李紹榮，共同去消滅亂兵。

可是李紹榮因為不明情況，怕李嗣源已經參與謀反，召他過去，是在使詐，就把李嗣源的使者都扣了下來，然後閉起營壘，不再理李嗣源。

後來，李嗣源進了鄴城，李紹榮更認定李嗣源已經加入了叛軍，便引兵離去，只剩下李嗣源在魏縣那裡，手下的人馬不過一百，還沒有武器。幸虧李紹真還有五千兵，聽說李嗣源來出來後，便過來依附他。如此一來，李嗣源又有了點兵力。

李嗣源這時也已經很失望，流淚著對大家說：「我明天就回我的藩鎮，聽候皇上處置。」

李紹真和安重海對他說：「總管這樣做是不對的。總管身為元帥，不幸被亂兵所劫。李紹榮不戰而退兵，回到朝廷後一定會把責任都推到總管的身上。如果總管歸鎮，那就是占據地盤來脅迫皇上，正足以證實那些讒言了。不如日夜兼程回朝廷，面見天子，或可自明。」

李嗣源一聽，覺得很對。

三月十一日，李嗣源離開魏縣，向南直奔相州。途中，他碰到馬坊使康福，又得到了幾千匹馬，才組成了一支部隊。

本來，除了李嗣源外，平盧節度使符習也已經引兵前來攻打鄴城。他聽說李嗣源的部隊已經崩潰，便也引兵回去了。

符習來到淄州時，監軍楊希望派兵前來攻打符習。

符習不敢接戰，便帶兵西進。青州指揮使王公儼突然向楊希望襲擊。

第五章　兵變連起，李存勗眾叛親離終喪國

楊希望只是氣勢洶洶地面對符習，哪想到人家舉著大刀從背後砍來？一下就被人家全殲，並丟了腦袋。

前些時候，李存勗恢復了大唐的監軍制度，把自己身邊的工作人員以及宦官們都派去當監軍。這些監軍也跟唐朝時期的那些監軍一樣，仗著自己是宦官、是皇帝的親信，一天到晚都在跟節度使們爭權。節度使們自然對他們恨之入骨。現在鄴城一亂，節度使們就趁著這個機會突然向監軍們發難。一時之間，那些曾不可一世的監軍，大多都被砍死。

安義監軍楊繼源看到自己的很多夥伴都死於非命，就想先下手以保性命。他跟幾個親信經過密謀，準備殺死節度使孔勍。哪知孔勍早有準備，看到楊繼源居然敢動自己的腦筋，不由冷冷一笑，你們這些宦官，仗勢欺人是很有本事，可是玩陰謀詭計，還差得遠。來個將計就計，把楊繼源引誘出來，然後手起刀落。

武寧監軍認為李紹真跟隨李嗣源，也是個大大的壞人。他一時無法對李紹真怎麼樣，便想殺掉原來跟李紹真的將士，然後占據彭城來對抗李紹真。

可是他的計畫還沒有發動，權知留後淳于晏就先把他的腦袋砍掉。

到了這個時候，後唐地盤上各種勢力紛紛崛起，到處攻伐，又亂成一團。李存勗真不知道該從哪個地方收拾才好。更讓他頭痛的是，饑荒仍然沒有解決。軍隊已經沒有飯吃了。

李存勗沒有辦法，只得下令河南尹，你先預借夏秋的賦稅——就是讓老百姓提前交稅。現在正處於青黃不接的時期，老百姓家裡本來就已經嚴重缺糧——很多人都已經賣兒賣女去逃荒，現在居然還讓他們提前交稅，這不是要他們的性命是什麼？老百姓就更加憤怒了。現在是士兵們憤怒，老百姓們更憤怒。

6. 君權崩裂，節度割據蜂起

李存勗的頭就更痛了。

李存勗很頭痛，張全義也很鬱悶。這個人本來是個亂世之能臣，曾經把河南治理得很好，可是自從跟隨李存勗、成為劉皇后的「父親」後，原先的能力都荒廢了，天天跟天后來來往往，過著腐敗的生活。他多想把這種生活持續到地老天荒。可是當他聽說李嗣源進了鄴時，他就無法淡定了。

他深知李嗣源之能，現在李嗣源加入叛軍隊伍，這個局勢真的無可挽回了。張全義年輕時抗壓性超高，可是這時卻變得十分脆弱。他越想越覺得恐怖，最後怕得吃不下飯，幾天之後，就宣告死亡。死因——飢餓。當然，他家的糧食還堆積如山。他死的時候，面前還擺著山珍海味。

雖然李存勗下令提前交納賦稅，但租庸使仍然無法從倉庫裡領工錢。他們只得盡量壓縮軍糧的支出。士兵看到伙食越來越差、也越來越少，便都大聲咒罵起來。

宰相看到軍中都是憤憤不平的怨言，覺得問題已經很嚴重了，便帶著百官上表：「陛下，現在租庸已盡，內庫還有剩餘，各軍的家室都不能保，如果不趕快開內庫賑救，只怕軍隊會離心。等過了災年，錢財會收回來的。」

這幾句話已經說得很嚴重了，已經清楚地告訴李存勗，如果你再愛自己的財富，那就只有丟掉政權了。保住了政權，什麼都好說。

李存勗並不是笨蛋，也明白這個道理，他看了群臣的表章後，打算按此辦理。如果真的按此辦理，也許後面的情節就會是另一種版本的歷史。

哪知，就在這個關鍵時刻，另一個人跳出來反對。

反對的就是劉皇后。

第五章　兵變連起，李存勗眾叛親離終喪國

　　劉皇后最大的特點就是愛財，而且愛得要命。她一直以來都在努力發財。家中的財富已經聚積如山。她每天盤點著這些財富，感覺全身通體舒暢。這時聽說李存勗要從內庫裡撥出物資去當軍費，立刻就臉色大變。這麼多軍隊要發放多少才夠？老娘這些年來日夜理財，大肆收受賄賂，各種手段都反覆用了N次才有了這麼多財富，現在卻全拿去給士兵們吃吃喝喝。老娘不准。他說：「妻子啊，現在我們還必須靠士兵們保衛啊，要是士兵們都罷工了，誰來保衛妳保衛我？」

　　劉皇后大聲說：「我們夫婦君臨萬國，雖然憑藉的是武功，但亦由天命。命既在天，誰又能奈我們如何？堅決不給錢。」

　　李存勗雖然在戰場上殺伐果斷。可是在這個妻子面前，向來沒有主張。這個妻子可以把他最心愛的美女奪走，還可以繞過他殺掉郭崇韜這樣的重臣，他居然一言不能發。現在劉皇后豎起柳眉，堅決反對他拿內庫的錢去發軍餉，他又在那裡紅著那張臉，不敢再說什麼。

　　宰相們看到李存勗遲遲不下決心，便又在便殿那裡議論此事。

　　劉皇后親自躲在後面，把耳朵貼在屏風後面，偷聽宰相們的議論。

　　她聽到宰相們都在那裡絕望了，覺得再不表示一下，還真難矇混過去。

　　她就把幾件梳妝用品、三個銀盆還有皇帝三個幼小的兒子一起抱到外面，對大家說：「大家都說宮中積蓄甚多。宮中確實得到四面八方的貢獻。但每次拿到之後，都賞賜下去，現在宮中就只剩下這些東西了。請你們拿這些東西去賣掉，拿來充軍餉。」

　　宰相人一看，連幾個小兒子都抱來了，意思是他們現在連養小兒子的能力都沒有了，哪還有別的閒錢。他們看了看一臉悽楚的劉皇后，知道如果再打內庫的主意，就等於與虎謀皮。於是都退了下去，反正這個江山是你們的江山，你們只愛財不愛江山，我們有什麼辦法。

6. 君權崩裂，節度割據蜂起

李存勗看到妻子雖然把宰相們逼退，但問題是不能用這個方法解決的。

目前李存勗手裡最多的部隊就是李紹榮手裡掌握的幾支武裝力量了。

偏偏李紹榮又是個無能之輩，他對趙在禮一點辦法都沒有，但對李嗣源卻保持著高度的警惕。他退兵回去之後，果然像李紹真他們預料的那樣，把責任都推到李嗣源的身上。

他退到衛州之後，就向李存勗上表，聲稱李嗣源已經反叛，現在已經跟賊兵會合。

李嗣源也多次上表申訴，而且一天之內連續上表多次。

李嗣源的長子李從審任金槍指揮使，跟隨在李存勗的身邊。

李存勗這時也不敢刺激李嗣源，便對李從審說：「我最了解你的父親了。他絕是個忠厚老實的人。你可以前去轉告我的話，請他不要有什麼疑慮。」

李從審到了衛州。

李紹榮看到是反賊李嗣順的兒子到了，馬上就把李從審抓了起來，準備要殺掉。

李從審說：「你們既不相信我的父親，又不讓我回到父親的駐地，就請把我再放還禁軍吧。」

李紹榮又把李從審放了回去。

李從審就又回到李存勗的身邊。

李存勗本來是派李從審去安撫李嗣源的，現在居然被李紹榮卡住。而李存勗也沒有再派人去向李紹榮解釋清楚，也沒有再派人去跟李嗣源聯繫。

於是，事情就往更糟的方向滑行。

李存勗對李從審還是很信任的。他覺得李從審很可愛，待他十分親

第五章　兵變連起，李存勖眾叛親離終喪國

切，視之如子，並賜名繼璟。

李嗣源一直派人去洛陽向李存勖解釋，但送信的人都被李紹榮攔住。李紹榮對趙在禮毫無辦法，但拖住李嗣源的報信人卻做得滴水不漏。

從此，李嗣源跟李存勖就徹底失去了聯繫。

李嗣源更是誤以為李存勖已經拒絕了跟他的對話，心裡更是充滿了疑懼。

李嗣源這時真不知道該怎麼辦了。他既無法得到李存勖的最新指示，又沒有力量去攻打鄴城，一天到晚就在魏縣裡坐困愁城。

石敬瑭說：「自古以來，凡事都是成於果決而敗於猶豫。哪有上將與叛卒入賊城，而他日還得保無恙？大梁，是天下的要害，我請求帶三百騎先奪取大梁。如果我僥倖成功，總管就率領大軍繼進。只有占據大梁，才能保全自己。」

李嗣源還沒有說話，突騎指揮使康義誠又說：「主上無道，軍民怨怒。總管只有順從大家的意見，才能活下來，還堅守什麼節操，就只有死路一條。」

李嗣源想了想，也只有如此了，於是他下令安重誨發出檄文，集中部隊，準備向南進軍。

當時，李紹虔、李紹欽、李紹英正帶著所部駐紮在瓦橋，北京右廂馬軍都指揮使安審通駐紮在奉經軍。李嗣源派人去召集他們。

此時，局勢已經很混亂，李存勖根本無法再掌控這個局勢。這些軍頭也都在觀望。他們中的大多數人對李存勖已經不抱什麼希望了。

李嗣源的家屬一直住在真定。由於虞侯將王建立事先已經殺掉其監軍，使得李嗣源的家屬得以保全。

6. 君權崩裂，節度割據蜂起

李從珂得到李嗣源的檄文後，就從橫水率部取道盂縣直奔鎮州，與王建立會合。兩人合兵一處之後，立刻晝夜兼程，向魏縣奔赴，馳援李嗣源。

李嗣源得到這支生力軍後，力量馬上壯大起來。因為李紹榮的部隊還在衛州。李嗣源就決定從白皋渡過黃河，分出三百騎兵讓石敬瑭率領用為先頭部隊，李從珂則率軍緊隨。

李嗣源的姪兒李從璋也從鎮州帶部隊向南進軍。李從璋經過邢州時，被邢州人擁立為邢州留後。

到了這個時候，李存勗才真的覺得問題已經嚴重到不能再嚴重了。

他看到李嗣源部隊大步而來，矛頭已經赤裸裸地對準了他。他必須有所部署了。他派白從暉帶騎兵扼守河陽橋。

李存勗知道，現在真需要戰士們為他賣命了。他必須拿出一些錢財來收買他們了。這一次，劉皇后也不敢再反對了。

李存勗終於忍痛從自己的私房錢裡拿出一筆錢，發給諸軍。其他如樞密使以及景進也貢獻了一些金帛，當了一次贊助商。

士兵們拿到沉甸甸的金銀之後，並沒有滿臉笑容，而是大聲說：「我們的妻子都已經餓死，還要這些東西做什麼？」

三月十七日，那個死死卡住李嗣源與李存勗的交通管道的李紹榮，看到李嗣源真的舉起了反旗，他覺得自己終於完成了任務，便從衛州跑回洛陽。

李存勗這時正需要軍隊，看到這個傻瓜回來，心情大為激動，親自跑到鵂店去慰勞他。

李紹榮說：「現在叛軍已經派翟建白占領了博州，準備渡河襲擊鄆、汴，請陛下巡幸關東去招撫他們。」

李存勗覺得很對。

第五章　兵變連起，李存勗眾叛親離終喪國

7. 誅蜀舊主，信義盡失

　　景進又說：「現在魏王還沒有回到，康延孝初平，西南局勢還存在諸多不確定因素，王衍的同黨也在蠢蠢欲動。如果他們聞知車駕東征，只怕又要搞出什麼事來。不如先把王衍除掉。」

　　李存勗一聽，覺得也對，便派向延嗣帶著他的敕書前去誅殺王衍。

　　這首敕書寫得很簡單：王衍一行，並從殺戮。也就是那一幫人，一個都不要留下。

　　樞密使張居翰一看，這也太不講道義了吧？本來都已經宣布赦免王衍之罪、並已經許諾給他一塊大大的封地了，才幾個月時間，就食言而肥，而且還要殺那麼多無辜的人。他想改一改，奈何已經蓋上了大印。他就把敕書靠到殿堂的柱子上，用筆勾去了「行」字，改為「家」字。張居翰改了一個字，救了一千多人的性命。

　　向延嗣來到長安，向王衍宣布了李存勗的命令。

　　王衍萬萬沒有想到，李存勗居然這麼不講信用——其實，他在當蜀國皇帝的時候，也從來沒有講過什麼信用。做事也是看心情。王衍死的時候，才二十八歲。他的母親徐氏臨刑時，大叫：「我兒子以一國迎降，反而被誅殺。李存勗如此背信棄義，其禍必將不遠了。」這位老美女，此前用盡一切手段，為自己這個兒子謀到皇帝之位。她以為只要她兒子當了皇帝，她這輩子就一定能過著幸福的皇家生活直到壽終正寢的那一天——她也確實跟著她的兒子過了很多年的腐敗生活。哪知，最後卻被人家輕鬆滅國，還滅了門。如果王衍不當這個皇帝，只是當一個吃喝玩樂的花花皇子，說不定現在他們還能在成都那裡玩得無比快樂。

　　王衍有個妾劉氏，長得天姿國色，楚楚動人，連行刑的人都憐香惜玉、捨不得下刀，準備赦免她。

她卻大聲說：「家喪國亡，寧死也不能遭受汙辱。」然後立於劊子手前，從容就死。

蜀從後唐兵入境到滅亡，無數戰將，都在敵人還沒有進攻時，就已經舉手投降、或者棄城而走，很多大丈夫平時嘴上都掛著一大套忠君愛國的大道理，常常在眾人面前把那些大道理說得熱血沸騰，可是當敵人真的打過來時，他們全都撲通跪倒在地。倒是這個小妾，表現出了她的堅貞，似乎還為王衍掙了一點臉面——當然，這個臉面，王衍是自己丟掉的。

8. 失道者衰，忠臣絕望棄主走

十九日，李存勗從洛陽出發。這時他可以仰仗的只有李紹榮這支部隊了。

二十二日，李紹榮帶著騎兵沿黃河向東進軍。

所有的人都知道，李存勗這時出征就是去跟李嗣源打仗的。還有很多李嗣源的舊部都還在李存勗的軍中。這些人在行軍途中，都找機會逃了出去，只有李繼璟始終跟著李存勗，從來沒有逃跑的想法。

有人勸李繼璟趕快逃命，但他硬是堅定立場，繼續緊跟李存勗。

李存勗也多次派李繼璟到李嗣源那裡去，但他都沒有去。他說，他現在只希望用死來證明自己對李存勗的忠誠。

李存勗聽說李嗣源在黎陽，就一定要李繼璟渡河過去見李嗣源，好好說服李嗣源，請李嗣源過來見他。

李繼璟沒有辦法，只得奉旨前去。可是在半路卻被李紹榮殺掉。

當李紹榮這一刀砍下，李存勗與李嗣源最後和解的希望就徹底破滅了。

二十五日，李嗣源進至白皋，正好碰到來自山東上供的絹帛，他馬上

第五章　兵變連起，李存勖眾叛親離終喪國

把這些東西都拿來發給指戰員們。

那些跟隨安重誨的人看到一船的貨物，便都衝上去哄搶。陶玗一看，這麼亂下去，還用去打仗嗎？他馬上帶人上去，連續砍了幾個腦袋，軍中這才平靜下來。

李嗣源渡過黃河，進至滑州，派人去見符習。

符習前次無故被監軍打出來，對李存勖也已經喪失信心，看到李嗣源到來，便跟李嗣源在胙城見面。

這時，安審通也帶兵前來會合。

到了這個時候，後唐所有的人都知道，他們的勢力已經分成兩個你死我活的陣營，他們又到必須選邊站的歷史轉折點了。他們都必須選對陣營。

汴州刺史孔循看到這個架勢，立刻知道現在李嗣源就是在爭奪汴州的。因此，別人可以先作壁上觀再見機行事，他已經處於風暴的漩渦，不能當吃瓜觀眾。

他的智商果然不低，他略一思索，就得了個好主意。這個好主意就是牆頭草主意。

他先是給李存勖上表，然後在西南迎接李存勖的到來，同時又派人去告訴李嗣源：「先至者得。」汴州就在那裡，誰先到就是誰的。

李嗣源一看，叫石敬瑭加速前進，務必在李存勖集結到軍隊之前，拿下汴州。

奔襲汴州的方案是石敬瑭提出來的，他當然知道奪取汴州的重要性。他帶著部隊奮力狂奔，很快就到了大梁城下。石敬瑭的副將李瓊趁著大梁城還沒有回過神來，就突然攻進封丘門。石敬瑭則從西門入城，以極快的速度搶占了汴州。

8. 失道者衰，忠臣絕望棄主走

本來，此前李存勗就派西門鄴鎮守汴州。可是他太大意，人家都打進來了，他還不知道什麼情況。等他知道是怎麼回事時，已經什麼都完了。

西門鄴沒有辦法，只得請求投降。

石敬瑭派人向李嗣源報告：汴州已在我手。

二十六日，李嗣源進入大梁。

當天，李存勗還在滎澤之東，他命龍驤指揮使姚彥溫帶三千騎為前軍，對他說：「你們都汴州人，我進入你們的轄區，不想讓其他人為前鋒。唯恐打擾你們境內的民眾。」他這時才深刻地感受到軍心的重要性，又拿出很多財物送給姚彥溫的部隊，然後才叫姚彥溫出發。

李存勗以為自己這次出手大方，姚彥溫他們拿到這麼多的財物，心裡一定會裝滿了對他的感激之情，就會為他努力去戰鬥。

哪知，姚彥溫早就看衰了他，一分不少地拿了他的錢財之後，帶著部隊急馳而去，毫不猶豫地投奔了李嗣源。

姚彥溫歸順了李嗣源之後，就對李嗣源說：「現在京師已經十分危險，主上也已經亂了方寸，什麼主意都拿不定，一天到晚被李紹榮迷惑，真的大勢已去。我們都不能再跟隨他了。」

李嗣源大喝道：「你不忠於皇上，說出如此悖亂的話來。」於是奪取了他的部隊。

當時，指揮使潘環還駐守在王村寨。這裡屯積了好幾萬斛的糧食。

李嗣源便派騎兵前去偵察。

潘環看到李嗣源的騎兵前來，以為李嗣源馬上就會派兵前來攻打他。他覺得自己哪是李嗣源對手。於是，就自己逃到大梁，向李嗣源投降。

李存勗到萬勝鎮時才得知李嗣源已經占領了大梁，諸軍叛離，突然之間就覺得萬分沮喪，獨自登到高處，放心哀嘆：「吾不濟矣！」

第五章　兵變連起，李存勗眾叛親離終喪國

李存勗下令班師，先回去守住京師。

李存勗出發時，帶著兩萬五千人，到現在還沒有跟李嗣源的部隊打過照面，更不用說有過激烈的衝突，可是現在他的部隊就只剩下一萬多人了。另外那一萬多人，都開小差走了。

李存勗看著自己的隊伍越走越少，臉色已經發白。他留下張唐帶三千步騎把守關口，自己繼續前進。

二十七日，李存勗跑過子谷。此時道路十分狹窄，大家都擠著前進，每遇到拿著兵器儀仗的衛士，他就用很親切友好的語氣跟他們說話，他對他們說：「剛才有人報告，魏王已經從西川進了金銀五十萬。到了京師，我就把它們全分給你們。」

有人回答：「陛下現在才大手大腳地賞賜大家，但為時已晚。你分再多的錢財，大家都不會感謝聖恩了。」

李存勗聽到這話，只覺得心頭一片悲涼，最後禁不住放聲痛哭起來。大家看到曾經英勇無敵，幾可與年輕時的李世民相比的李存勗，這時臉上長久地掛著淚珠——英雄氣概，蕩然無存。

李存勗此前，一提到從私房銀裡拿錢去充軍費就心疼，現在則恨不得把所有的錢財都拿過來硬塞給大家，塞到大家感謝他為止。他身邊的財物已經送完，便又尋找袍帶之類的物品賞賜還在堅定地跟隨他的官吏們——就差沒有脫下褻褲來送給人家了。

主管袍帶的張容哥說：「賞賜用的袍帶已經沒有了。」

衛士們一聽，就罵張容哥：「使主上丟失江山，造成今天這個局面的，都是你們這些閹豎所為。」他們越罵越氣憤，最後拔出大刀，砍向張容哥。

張容哥只得拚命逃跑，這才免於一死。

8. 失道者衰，忠臣絕望棄主走

張容哥差點被亂刀砍死，他知道如果還在這裡繼續混下去，不用幾天就會成為這些衛士的刀下之鬼。

衛士們把責任都堆到他們這些宦官的頭上，張容哥又把責任推到皇后的身上，他對他的同夥們說：「皇后吝嗇到令人髮指的地步，這才弄得全軍怨氣沖天。現在這些衛士歸咎於我們。如果發生什麼意外，我們將會最先被碎屍萬段。我真不想等那一天的到來。」

同夥們一聽，那我們該怎麼辦？我們能逃出去嗎？我們就算逃出去，也會被人家抓到啊。現在天下的人都恨我們。

這夥人原來也知道，他們的所作所為，已經到了全民皆喊殺的地步。

張容哥說：「是的，我們已經無路可走。我們此前所作所為，已經把我們的生路都堵死了。」

既然生路已經沒有了，那就只有死了。

張容哥最後跳進了黃河……

李存勖來到石橋西。

士兵們不斷地逃走，連身邊那些曾經窮凶極惡的宦官們都絕望跳河了。李存勖更是滿懷絕望。

他擺了一桌灑，一邊喝酒一邊落淚。他對李紹榮說：「你們追隨我到現在，急難同當，富貴同享。今天到了這個局勢，難道你們都沒有一個計策來救我？」誰能相信，曾經英雄蓋世的李存勖居然會說出這樣的話來？想當年，他叱吒戰場，自認為天下無敵，公然宣稱，這個江山是靠他雙手打下的。現在面對困境，居然只知以酒澆愁，乞求手下這些人為他想辦法。

這時跟隨他的還有一百多個將領。他們聽了李存勖的話，面面相覷之後，都覺得自己的腦袋不會想出什麼辦法來。他們突然都動起手來，舉刀

第五章　兵變連起，李存勗眾叛親離終喪國

割斷自己的頭髮，放到地板上，表示誓死也要報答皇上的大恩。做完這些動作，就一起放聲大哭。

當天晚上，李存勗帶著這些割斷了頭髮的人進入洛城，

在李存勗悽悽惶惶地進入洛城時，李嗣源派石敬瑭到氾水那裡，收集從李存勗那裡逃散出來的散兵。不久，李紹虔和李紹英也率部前來會合。

9. 斷髮無救，帝崩國滅

李存勗那邊的軍隊就更加縮水了。

李存勗這時覺得自己的腦子都已經一片混亂，什麼辦法都想不出了，便又把大臣們叫來。

大家都對他說：「魏王西軍將至，車駕應該先扼住氾水，收集散兵，好好安撫，讓軍心穩定下來，等魏王大軍的到來。只要魏王大軍到來，則萬事無憂矣。」

李存勗一聽，覺得又有道理。

他到上東門那裡，舉行了一次閱兵儀式，然後向大家宣布，明天清晨向東進軍。

四月初一，一切準備就緒：騎兵已經陣陣於宣仁門外，步兵陳列於五鳳門外。就等他一聲令下，大家一起出發。

然而，就在這時，突然發生一個意外。

這個意外是郭從謙搞出來的。郭從謙是郭崇韜的死黨，而且他對自己當郭崇韜死黨的身分毫不隱瞞，經常在部曲面前痛哭流涕，為郭崇韜喊冤。而且這事李存勗也知道，還拿來跟郭從謙開過玩笑，把郭從謙嚇得差點尿褲子。令人奇怪的是，已經多疑成性的李存勗，居然對咬牙切齒的郭

9. 斷髮無救，帝崩國滅

從謙還信任如初，繼續讓他當自己親兵頭目。

郭從謙被李存勖的玩笑嚇得到現在都睡不著覺，他怕哪天李存勖會把他當成郭崇韜的餘黨殺掉。於是，一直找機會謀反。

郭從謙肯定在心裡謀劃了很久，他知道要成事，還必須找一個有影響力的人來當領袖。他認為他的養父李存乂可以當這個人物。可是他居然不知道，李存乂已經死了。

郭從謙覺得現在是叛變的好機會，就帶著他的部下從營中、高舉大刀衝了出來，與黃甲兩軍去攻打興教門。

這時，李存勖正在吃早餐。他絕對沒有想到這時居然還會出這個亂子來。他聽到報告後，立刻丟下餐具，帶諸王及近衛騎兵去打郭從謙。李存勖這時奮發神威，硬是把亂軍趕出興教門。

當時，藩漢馬步使朱守殷正帶著騎兵在外。李存勖看到事發突然，便急派中使去召回朱守殷，以便把郭從謙盡快擊敗。

哪知，朱守殷接到他的命令之後，並不理會，而是帶兵跑到北邙山那片茂密的樹林中休息，你們打你們的，關我們什麼事。

郭從謙的部隊雖然被李存勖打出門外，但他們並沒有氣餒，很快又集結起來，放火燒了興教門，然後緣城而入。

那些曾經在酒席上割斷頭髮、表示誓死保衛皇上的將領都脫下鎧甲，逃得不知去向。只有散員都指揮使李彥卿以及宿衛軍校何福進、王全斌等十多個在苦苦奮戰。

李存勖這時也不得不衝在第一線，親手砍人，殺死了幾百人。可是敵人太多，他的手下卻越來越少。

此時，現場已經十分混亂，刀劍相交之聲，不絕於耳，箭頭到處亂飛。

在混戰中，李存勖被一支流矢射中。

第五章　兵變連起，李存勗眾叛親離終喪國

　　有個叫善友的人見狀，急上前把李存勗扶起來，從門樓上走了下來，到了絳霄展的屋簷下，這才把箭頭拔出。

　　李存勗流了很多血，口渴起來，說他想喝水。

　　劉皇后聽說之後，並不關心在李存勗的傷勢，只是派個宦官送去一些乳漿。

　　李存勗還沒有喝下這些乳漿，就因失血過多，宣布駕崩，時年四十三歲。

　　李彥卿等人看到李存勗已經死了，放聲大哭一番後，離開了現場，其他左右也都散去。

　　善友則收拾屋簷下的樂器，蓋住李存勗的屍體，然後放火焚燒。

　　此刻，劉皇后正在後宮收拾她的金銀財寶。她把很多財寶都包裝好，然後繫到馬鞍上，和李存渥及李紹榮等人帶七百多人，焚燒了嘉慶殿後出走。這個皇后愛財勝於愛江山，而且還勝於愛丈夫。丈夫受了致命傷，她居然看都不看一眼、也不問一聲，只是急著打包財寶，然後出逃。她大概從來沒有想過，她的這些財寶，都是來源於無窮大的皇權，如果皇權喪失了，這些財寶還是她的嗎？這絕對是一個完全沒見識的皇后。

　　劉皇后出走後，其他宮人也相繼失散。

　　這時那個在密林裡休息的朱守殷終於露面了。他帶著部隊入宮。這個人也是個好色之徒。他進宮做的第一件事就是，挑選三十多個漂亮的宮女，然後命令她們各自拿著樂器和珍玩，全部帶回他的家。

　　皇帝死了，皇后也走了，朱守殷搶了宮中的女和財物，其他各路部隊就放手在城裡打砸搶。只片刻之間，京城就被搶掠一空。

　　至此，李存勗自己親手締造的後唐帝國宣告結束。他是這個政權的開

國皇帝，也是他自己政權的最後一個皇帝。李存勖的興衰成敗，向來是一件令人感到難解的事。他年輕時英氣逼人，不但武功高強，而且十分英明。當年他跟他父親的對話，令他的父親都稱他為奇才。他剛即位時，在政治上也表現得極為開明，比他父親強多了。至於軍事能力，在他巔峰時期堪稱舉世無匹——不管是戰爭的謀略，還是在戰場上的衝殺，他都可以傲視當時的所有的軍事家。他一生都念念不忘父親的遺願，一定要滅掉朱氏的梁朝，一定要掃平北方的劉氏集團。結果他用了十多年時間，都做到了。

然而當他進入大梁之後，就直接蛻變成一個昏庸的君主，讓宦官專權，把戲子當人才，懷疑一切勳舊。尤其是在處理郭崇韜的這件事上，更是他這輩子最大的敗筆。可以說他滅亡的重要原因是他的荒淫無道，用人不明，但最直接的導火線就是冤殺郭崇韜這件事。

如果沒有郭崇韜事件，那麼征蜀部隊就會提前回到洛陽。這支部隊不但戰鬥經驗豐富，而且還有很多能打的將領，更重要的是，如果郭崇韜和李紹琛不死，完全可以幫他擺平很多叛變。只是他已經自斷臂膀，結果在趙在禮叛亂之後，即無兵可調，也無將可用。他只能左支右絀，無力回天，東征無功之後，再東征。最後，自取滅亡。

他滅亡的時候，他的主力部隊還在。

一個曾經是天縱英明的戰神皇帝，結果變成一個荒淫無道的君主，最後死得十分窩囊。

歐陽脩在評論李存勖時說：方其係燕父子以組，函梁君臣之首，入於太廟，還矢先王而告以成功，其意氣之盛，可謂壯哉！及仇讎已滅，天下已定，一夫夜呼，亂者四應，蒼皇東出，未及見賊而士卒離散，君臣相顧，不知所歸，至於誓天斷髮，泣下沾襟，何其衰也！豈得之難而失之易

第五章　兵變連起，李存勗眾叛親離終喪國

歟？抑本其成敗之跡而皆自於人歟？《書》曰:「滿招損，謙得益。」憂勞可以興國，逸豫可以亡身，自然之理也。故方其盛也，舉天下之豪傑莫能與之爭；及其衰也，數十伶人困之，而身死國滅，為天下笑。

　　偉人對他前期的評價也很高：康延孝之謀，李存勗之斷，郭崇韜之助，此三人可謂識時務之俊傑。

第六章
李嗣源登基定中原，
述律平弒兄立德光

1. 義不受命，李嗣源辭讓帝位

　　李存勗死亡的當天，李嗣源到達罌子谷。他聽說李存勗駕崩的消息後，痛哭了一場，對諸將說：「主上平時深得士心，只是被一群小人矇蔽才到這個地步。現在我還能到哪裡去呢？」

　　四月初二，朱守殷派人過來向李嗣源報告京城的情況，說：「現在京城大亂，諸軍燒殺搶掠不已，請總管趕快過來，解救京師。不能再讓京師亂下去了。」

　　李嗣源很快就來到洛陽。李嗣源並沒有馬上跑到宮殿那裡發號施令，而是回到自己的住宅裡，下令禁止一切打砸搶燒活動，然後從灰燼中找到李存勗的遺骨，將之安葬。

　　李存勗這樣死去，對於李嗣源來說，確實是一件重大的利好。否則他還得跟李存勗對打，而且如果李存勗抓對時機，跑出河南，投奔李繼岌，得以帶著那支部隊回來，雙方拚鬥，真不知鹿死誰手。即使最後李存勗失敗了，但弒君之名這個汙點，李嗣源也不樂意背負。現在李存勗死於亂軍之中，跟李嗣源似乎毫不相干，李嗣源完全可以撇清這個責任。

第六章　李嗣源登基定中原，述律平弒兄立德光

比起李存勗來，李嗣源的性格要寬厚得多。

在李嗣源不得不進入鄴城時，前直指揮使侯益脫身歸洛陽。這時李嗣源進入洛陽，他只得自縛出來向李嗣源請罪。

李嗣源並沒有為難他，說：「你那是為臣盡節，何罪之有？」下令恢復他的原職。

李嗣源這時還很謹慎，他雖然打敗了李存勗，已經掌握了朝廷的大權，但事起倉促，就連他都沒有什麼心理準備，因此他必須事事謹慎，不能亂來，他對朱守殷說：「你好好巡察，以待魏王。現在淑妃、德妃都還在宮中，一定要給她們足夠的優待。等皇上的陵墓修好，國家有了繼承人，我就回到我的藩鎮去，繼續為國家效勞。」

李嗣源此前，確實沒有什麼野心，但大家知道，現在必須有野心了。他現在說的這些話，只是在做表面文章而已。如果現在誰推薦另外一個皇位繼承人來，他肯定會恨不得生啖其肉。

大家當然都知道他的這個心思。

就在當天，豆盧革就帶著百官上箋勸進。

李嗣源把這些人都叫來，然後當面對他們說：「吾奉招討賊，不幸被部曲脅迫，欲入朝自訴，又為李紹榮所阻。以至於鬧到現在這個地步。我絕對沒有別的想法，你們現在突然推舉我，是根本不了解我。請你們不要再鬧了。」

他這話說得斬釘截鐵，態度十分堅決。

但大家都知道，這個斬釘截鐵是裝出來，誰相信誰就是十足的傻瓜。

豆盧革他們都是聰明人，等他說完之後，又在那裡努力勸他，態度比他更堅決。

李嗣源就是不許。

1. 義不受命，李嗣源辭讓帝位

李嗣源如果這時就滿臉笑容地答應這夥人勸進，他就只是一個野心家，而不能算是一個出色的政治家。野心家做的只是滿足自己的野心，而政治家每一步都要算政治帳。

這筆政治帳，李嗣源是很清楚的。事情到了這個地步，這個皇帝無論如何，都會是他的了——即使他不願當，別人也不敢當。所以，他還必須忍一下，假裝謙虛一下，塑造一個良好的形象。另外，目前李繼岌還帶著那幾萬精兵，如果他急著稱帝，很有可能刺激李繼岌，也刺激那些部隊，到時就不好收拾了。他先不稱帝，留下的退路就多，能讓他隨機應變，能進能退，主動權完全掌握在自己手中。

李嗣源還在那裡假裝謙讓，李紹榮卻已經無路可走。他原來是猛將一枚，當被被李嗣源俘虜。李嗣源愛其勇猛，就收他為養子。哪知李存勗看到他之後，也覺得他很可愛，就強行把他調到自己的身邊，當他的貼身保鏢。他當了李存勗的保鏢之後，對李存勗還真的忠心不二，不再把李嗣源當他的恩人了。這個人肌肉發達，但頭腦簡單，那雙看起來十分銳利的眼睛，並沒有看清局勢的眼光。當李存勗把最後的希望寄託在他的身上時，他一步接著一步地把本來並沒有反心的李嗣源逼反了。雖然李存勗已經不得人心，諸營將士都不願為李存勗賣命了。但如果沒有李嗣源這塊招牌，那些造反的亂兵，也只會是一盤散沙，場面看起來雖風起雲湧，但對李存勗未必造成致命的殺傷力。甚至他們還會各自為戰，相互拚殺。李嗣源這些年來四處征戰，戰功赫赫，位至總管——這可是軍方第一號人物，其威望無人可比，有著極大的號召力。果然，當李嗣源亮出他的招牌後，各路強者都紛紛會集於他的帳下，聽從他的調遣，李存勗的陣營瞬間土崩瓦解。

這其中，李紹榮的作用是巨大的。

李紹榮知道自己把這個養父逼成反派，這個養父肯定放不過他，他只

第六章　李嗣源登基定中原，述律平弒兄立德光

得尋路逃跑。

他本來想投到河中，讓李存霸當他的保護傘。李存霸是李存勖的親弟弟，應該為他提供這個保護。

李紹榮這麼一想，就帶著部隊向河中跑過去。他才跑到半路，士兵們就不斷地私自逃跑。到平陸時，他身後只剩下幾個騎兵，看起來形單影隻。他還繼續逃，但逃不了幾里，就被人家抓住，並將他扭送靈寶。虢州刺史石潭知道他勇猛，怕他逃出去，就打斷了他的雙腿，然後把他送到洛陽。

李存霸更窩囊，他怕李嗣源派兵來打他，就帶著一千多人棄鎮，逃奔晉陽。

這時，李存勖一直寄予重望的李繼岌來到興平。他得知洛陽大亂之後，也不敢繼續前行了。他又帶著部隊向西而去，打算占領鳳翔。

這時，向延嗣也來到了鳳翔。他到現在仍然深恨郭崇韜和李紹琛。他宣讀了李存勖的敕書，然後將李紹琛斬首。

這時晉陽留守正是張憲。

此前，李存勖就安排兩個太監在晉陽，一個負責監兵，一個負責監倉庫。這兩個宦官的權力很大，即使是留守張憲，也不得不對他們點頭哈腰。

後來，鄴都有變，李存勖又命李彥超為北都巡檢。李存勖死後，洛陽群臣都在那裡積極地向李嗣源勸進。張昭遠也勸張憲奉表勸進，這事不能太落後。

張憲說：「我只是一介書生，從一個普通百姓而位極人臣，都出於先帝之恩，現在天下有變，豈可偷生而不自愧？」

張昭遠哭著說：「此古人之事，公能行之，忠義不朽矣。」

1. 義不受命，李嗣源辭讓帝位

李存勗地下有知，不知是否心中有愧？在他還處於人生巔峰時，他雖然認定張憲對他忠心耿耿，也很有才能，完全可以重用。可是硬是聽信宦官們和戲子的話，沒有任張憲為相，把他調到這裡又調到那裡，始終沒有讓他人盡其才。到他最危難的時候，那些宦官有的直接跑路不見人影，有的乾脆就投降他人，戲子出身的郭從謙乾脆起兵攻打他，然後亂箭把他射死。他地下有知，一定會對自己的靈魂拷問：活著的時候，那雙眼睛到底是怎麼看人的？

在張憲態度鮮明地表示堅決不跟隨波逐流勸進時，那個叫李存沼的人來到了晉陽。

李存沼自稱他來自洛陽，還自稱他是李存勗的近親，只是以前他太低調，所以大家都不認識他。他說，他曾得到李存勗的遺命，只要聽他的指揮，就可以再圖恢復。

他偷偷去找那兩個監軍監倉的宦官。三個人在某個角落一陣密謀，便決定殺死張憲和李彥超，然後據晉陽以拒李嗣源。

但他們的密謀被李彥超得知。

李彥超趕緊去告訴張憲，請張憲「先圖之」。

張憲說：「我受先帝之厚恩，真不忍心做這些事。堅守道義而至死不變，這是天命。」

李彥超一看，這個人原來是個死腦筋，人家都在商量砍你的腦袋來了，你還在這裡講這些空洞的大道理。再跟他這樣堅守這個道理下去，他們都得沒命。你可以堅守，我不能跟著你去死。他決定自己動手。

李彥超還沒有下最後決心，當天晚上就傳來消息，一群士兵無法忍受兩個宦官的欺壓，半夜裡突然叛變起來，把兩個宦官和李存沼殺了。士兵們殺了這三個人後，就在城裡大肆搶劫，一直搶到天亮。

第六章　李嗣源登基定中原，述律平弒兄立德光

張憲聽說城裡有變，也不打話，自己逃出城，奔向忻州。

正好李嗣源的公告送到。

李彥超只得出面收拾殘局，使得城中安定起來。李彥超宣布自己暫代太原軍府。

2. 登監國位，李嗣源拒美色立威信

目前雖然到處都還亂糟糟，但洛陽那批大臣，仍然堅持做一件事：向李嗣源勸進。

他們勸了多次，都被李嗣源推辭。他們知道，李嗣源一下從個總管直接爬到皇帝的寶座，這個跨度似乎有點過大，還是先上一個臺階——以前很多權臣準備篡位時，都必須花點時間，一步一個腳印先自我提拔一段時間，一直提拔到加九錫、封一字王，再開府置百官，然後才當上皇帝的。搞得太突然，大家都會覺得不適應。

於是，他們就改變了策略，集體上書，請李嗣源先當監國——現在沒有皇帝，你總得暫時主持大局吧？你不處理，誰來處理？

李嗣源一看，哈哈，你們真聰明。

李嗣源同意了大家的請求，然後以監國的身分入居興聖宮，開始接受百官的班見，釋出的命令稱教——以前皇后的命令就是稱教。百官都稱他為殿下，享受的是監國太子的待遇。

當時，李存勗的後宮還有一千多人。負責管理後宮的宣徽使從中選了幾百個姿色出眾的美女，獻給李嗣源。

如果李嗣源看到這些美女之後，色瞇瞇地點頭笑納，他就不是李嗣源了——因為如果他想要這些美女，他老早就已出手了，還用等你們選來

2. 登監國位，李嗣源拒美色立威信

選去，誤了風流快活的時間。

他嚴肅地對他們說：「用這些人做什麼？我是來監國的，不是來姦汙婦女的。」

宣徽使回答：「宮中的主管不可缺啊。」

李嗣源說：「宮中主管應該熟悉過去的典章制度。這些美女怎麼能懂這些業務？」

他把那些年輕漂亮的美女全部退回原籍，只留用那些老人來代替。蜀中送來的宮人也照此辦理。

李嗣源登上權力顛峰，並沒有事先準備，完全是事出倉促，所以他並沒有自己的班底，手下也沒有一批人可以任用。他算來算去，目前算得上他的親信就只有安重誨了。他就任命安重誨為樞密使。

安重誨也是出身少數民族。他跟李紹琛一樣，是粟特族人。他出身還是不錯的，他的父親就在李克用手下當大將。

安重誨還很年輕的時候，就投到李嗣源軍中。這個人驍勇善戰，還很有才識，很快得到李嗣源的賞識，最終成為李嗣源的心腹。

安重誨進入權力核心圈之後，又向李嗣源推薦張延朗。

張延朗原來是大梁的官員，曾任梁朝的租庸吏。這個人工於心計，善事權貴。他看到安生誨很有潛力，就把自己的女兒嫁給了安重誨的兒子。安重誨跟他結成了兒女親家，就向李嗣源引薦了他。

李嗣源又下令，尋找還活著的諸王。

當時，通王李存確和雅王李存紀都藏在民間。有人知道他們的藏身之所後，就偷偷地向安重誨報告。

安重誨跟李紹真就此事進行了一次磋商。安重誨說：「現在殿下已經監國、又主持喪事，各王應當及早安排處理，以此來統一人心。殿下性情

第六章　李嗣源登基定中原，述律平弒兄立德光

慈善，不能把這事告訴他。」

於是，兩人就暗中派人去把李存確和李存紀殺掉。

一個月之後，李嗣源才知道此事。他嚴厲地大罵安重誨一場。據說，他還為此傷心了很久。當然，是否真的傷心，只有他知道了。

劉皇后與李存渥還在逃跑的路上。兩人一邊逃跑一邊私通。

他們跑到晉陽，猛敲城門，可是李彥超卻不開門放他們進去。

兩人沒有辦法，只得離開晉陽。

兩人胡亂漂泊，來到了嵐谷。他們還想繼續漂泊，但他們手下的人覺得這麼沒有目的地亂跑，真的沒有意義了。於是，他們就對李存渥手起刀落。

劉皇后繼續逃。

3. 剪草除根，李嗣源收網舊主宗族

楊存渥他們離開晉陽後的第二天，李存霸也來到晉陽。

他本來是帶著一支部隊前來的。可是當他來到晉陽時，從兵都已經逃得一個不剩了。

李存霸也是萬分絕望，他脫下自己的衣服，換上了僧袍，並剃光了頭，再去見李彥超，對李彥起說：「願為山僧，幸垂庇護。」

說得無比悲涼。

李彥超手下的軍士都爭過來，要殺掉李存霸。

李彥超說：「六相公李存霸既然來到這裡，我應當奏明朝廷，請朝廷決定他的去留。」

但那些軍士不聽，舉刀就把李存霸殺在府門前的碑下。

劉皇后這時也已經削髮為尼。她所帶的財產，都已經被人家搶光，她現在只孤身一人。當那些她不顧丈夫性命也要搶出來的財產都化為烏有時，她的心裡肯定都裝滿了後悔。當她在佛像前落髮時，她一定會默默祈禱，自己之後能在青燈古佛之下，了此殘生。

可是她能如願以償嗎？

李嗣源雖然在聽說李存確等人被殺時，灑了把眼淚，罵了安重誨一頓，但當他聽說劉皇后還在晉陽某個寺院裡手握念珠念有詞當尼姑時，馬上就派人前去，把她一刀殺掉。李存勗的另外幾個幼子都不知所終。李存勗的另一個弟弟李存美因為中風、半身不遂，這才得以免死。從李嗣源的這些動作，我們完全可以看得出，他哭李存確和李存幻是如假包換的假哭，是故意表演給人家看的。

4. 兩吳對峙，錢鏐巧收玉冊封王

目前幾個大勢力都在不眨眼地關注著後唐的局勢。

當他們聽說蓋世英雄的李存勗被殺之後，都不由驚呆了。

最為驚呆的是徐溫和高季興。因為他們此前手下的謀士嚴可求和梁震都曾十拿九穩地預言，李存勗必定不能長久。現在李存勗果然像他們所說的那樣被部下殺掉。為此，徐溫對嚴可求就更加信任、而高季興對梁震也更加看重了。

在洛陽亂成一團的時候，淮南跟吳越也差點擦槍走火了。

淮南這時的國號稱吳，而錢鏐的國號則稱吳越。兩國都有一個吳字，但這兩個勢力又最為水火不容。

徐溫掌握著吳國的大權，一直表現得好像很沒有野心。可是他一有時

239

第六章　李嗣源登基定中原，述律平弒兄立德光

間就勸吳王楊溥稱帝。但楊溥就是不肯當皇帝。

徐溫也沒有辦法，不稱帝也可以，那就去祭一祭南郊吧。

但楊溥仍然不願意。這也是天子才可以舉行的啊。他派人對徐溫說：「禮樂還沒有安排好呢。而且聽說唐國前一段祭祀南郊，耗資巨大，但現在還辦不了。」

徐溫說：「哪有當了王而不祭祀天的？我聽說侍奉上天、貴在心誠，多耗費又有什麼用呢？每當唐朝在南郊祭天、打開南門時，都要用一百斛油脂灌大門的樞紐。搞這種排場當然要花大錢了。我們只是誠心誠意地祭祀上天，為什麼要學他們的這些做法？」

楊溥沒有辦法，只得搞了個極簡版的南郊祭天，並宣布大赦，加徐知誥為同平章事，兼江州觀察使，不久又改江州為奉化軍，徐知誥兼任節度使。

徐溫雖然把大事都交給徐知誥，但他對很多事還是很關注的。比如官員的任用。

徐溫聽說壽州團練使崔太初為官十分苛刻，很不得民心，便想把他調離當地。

徐知誥說：「壽州是邊陲大鎮，如果輕易動崔太初，恐怕會引起不必要的動亂。不如令他回朝，再順勢把他留在朝廷。」

徐溫大怒，說：「一個崔太初尚不能制，其他人又怎麼樣呢？」於是，調崔太初為右雄武大將軍。

徐溫有時候也很尊重楊溥。

有一次，楊溥到白沙視察樓船，徐溫也從金陵前來朝拜吳王。

徐溫是人人皆的淮南權臣。權臣的重要工作就是控制國主。徐溫長期居住在金陵，無法親自控制國主，就派了個親信翟虔充任閣門、宮城、武

4. 兩吳對峙，錢鏐巧收玉冊封王

備等使，全面負責吳王的起居 —— 其實就是全方位無死角地監視。

翟虔有了個這個特權之後，對楊溥的監控極為嚴格，這也限制，那也動不得。楊溥很鬱悶，但又不能如何。

這次徐溫來朝拜時，兩人自然要聊一下天，以便摸清對方有什麼想法。

在聊天的過程中，楊溥提醒徐溫，說：「下雨不能說下雨。」

不能說下雨，要是下起雨來，如何正確地表達下雨的意思？

就說下水。

為什麼這麼說？

楊溥說：「這是因為要避翟虔父親的諱，我和我身邊的工作人員都已經習慣了。」

徐溫一聽，也有點臉紅起來。人家都是避皇帝的諱，現在國主居然要為一個宮城使的父親避諱。這個翟虔也太不識趣了。讓他來執行這種祕密任務，看來只能往死裡執行。

楊溥接著說：「你的忠誠，我是知道的。然而翟虔實在是太無禮了。現在他管我極嚴。宮中以及宗室所需要的東西，我都得不到。」

徐溫一聽，翟虔啊，我只是讓你監視他，隨即把他的行為如實向我報告而已，你居然管得這麼細。你這麼做，人家不就把我當成曹操了嗎？他不動聲色，等楊溥控訴完畢之後，說：「翟虔欺主太甚，當處以極刑。」

楊溥說：「斬則太過，遠徙可也。」

徐溫就把翟虔徙到了撫州。翟虔這才知道，做事有時還真不能太過狗仗人勢。如果這條狗太過囂張，說不定主人一生氣，就會把狗錘死 ——畢竟你就是條狗。

當然，徐溫投入精力最多的就是防範吳越國。

第六章　李嗣源登基定中原，述律平弒兄立德光

　　吳越的國主仍然是錢鏐。他應該是目前各勢力中最資深的老大了。

　　但他並沒有像新興的那些強者那樣，一旦覺得版圖稍微可觀，就宣布登基、過一把皇帝癮。他仍然尊奉中原王朝。

　　此前，錢鏐進貢給梁朝，梁朝被滅之後，他又進貢給後唐。

　　錢鏐姓錢，而他管轄的地方，也是當時的富庶之地，物資豐富。他拿出很多錢，送給後唐很多權貴，然後請那些權貴為他謀取一些權益。當然這些權益都是虛的，比如，請朝廷發金印、玉冊給他，賜詔不名（即朝見時不稱姓名），讓他自稱國王等等。

　　當時，那些權貴幫他把這個提案提上去了，偏偏上面的人很講原則，說：「按照規定，只有天子用玉冊，王公們都用竹冊。另外，不是四方夷族，一律不封國王。」

　　但最後還是那些權貴占了上風。現在是什麼時候了，錢鏐就是自己在那裡當皇帝，我們都沒有辦法，還講究那麼多做什麼？如果事事都抬個周禮來，現在還應該是大周的天下才對。你們也應該是大周的臣子。為什麼你們又當大唐的臣子？

　　錢鏐弄了一本玉冊，十分開心。他就利用這件事派人到徐溫面前炫耀一把，說，我已經接受了玉冊，還被封為吳越王。

　　徐溫當然很生氣。他才看了信的封面，就把那封信丟到地上。原因是我們的國家稱吳，他又用這個吳，這是明目張膽地盜版。他把錢鏐的使者送回去之後，宣布了一個政策：不得讓吳越國的使者和商人過吳國境內。要與這個可惡的吳越國徹底脫鉤。

　　兩國的關係就更加惡化了。

　　接著，錢鏐的健康也有點惡化起來。

　　本來這應該是國家機密，但錢鏐有病的事，硬是讓徐溫知道了。

徐溫也不知道錢鏐到底病到什麼地步，就派人前來問侯一番。

錢鏐的左右認為，徐溫這傢伙很噁心，大王不要見他的使者。

錢鏐說：「徐溫是當今最狡詐的政治人物──而且沒有之一。他這次派使者前來問疾，不是真的關心我的健康，而是想看看我到底病得是不是能趁虛而入的地步。」

於是，他強行振作起來，跟那個使者見了面，進行了一場會談。

徐溫在派使者時，就已經做好了戰爭準備。當使者回來向他報告，錢鏐身體雖然有病，但病得並不重，跟我舉行會談時，還能談笑風生。

徐溫一聽，幸虧沒有魯莽行事──其實他這次要是真的魯莽行事，說不定還真的能得到一些便宜。

兩吳就這樣，一直都以對方為最大的防範對象，時時都有擦槍走火的危險。他們到現在還沒有打得血流成河，最大的原因就是徐溫和錢鏐兩人的性格都有個共同點：持重。在戰亂年代，有個持重的執政者，也算是老百姓的福氣了。

5. 北顧無憂，高季興謀伐楚未果

除了兩吳是死對頭之外，高季興和馬殷也是冤家。

高季興看到後唐已經亂七八糟，連李存勗都被殺了，看來這個亂子不會在短期內搞定，他可以不用管來自北方的威脅了。比起其他勢力來，他的地盤是最小的，以至他不得不繼續打著後唐的招牌。他知道，他想獨立自主下去，就必須尋找機會擴大地盤，把自己的勢力擴大。可是他夾在幾個大勢力之中，後唐他惹不起，淮南同樣不好動手，只有馬殷的楚國稍為有點弱。於是，就只好把目光都盯向馬殷勢力了。

第六章　李嗣源登基定中原，述律平弒兄立德光

現在北方的壓力一去，高季興就想趁機對馬殷動手。

高季興下令大造戰艦，準備進攻楚國。

他的掌書記孫光憲對他說：「自從荊南混亂之後，這些年來，大家在你的帶領下，士民得以休養生息，現在才剛剛有點生機，如果又跟楚國交戰，只怕其他勢力又會趁虛而入。這不能不讓人擔心。」

高季興一聽，他的勢力太弱了，就算跟楚國硬拚，也很高的機率拚不過。如果別的勢力趁他全力跟楚國對打時突然進攻荊南，他將毫無還手之力。這賭太大了。於是，就聽從了孫光憲的話，把伐楚的想法先擱置。

6. 義斷養子，李嗣源斬元行欽雪恨

再說說那個李紹榮。他被打斷雙腿之後，押到洛陽。

李嗣源對他是很惱火的——如果當初我一刀把你咔嚓，你早就化成泥土了，老子救你一命，你不感恩，反而把老子逼成反賊。他見到李紹榮時，馬上就大罵：「我有什麼地方對不起你？你竟然殺了我的兒子？」

李紹榮雖然打仗很死板，腦袋也不靈光，從來不會拐個彎去思考問題，但這時腦子卻轉得很快，李嗣源才堪堪罵完，他就瞪著大眼怒視著李嗣源，義正詞嚴地對李嗣源大聲說：「先帝又有哪裡對不起你？」

李嗣源大怒，下令把這個不知感恩的傢伙拉下去，斬訖報來，並恢復他原來的姓名——元行欽。

到了這時，河北河南一帶，李嗣源基本都擺平了。這主要得歸功於李存勗這些年來的所作所為太不得人心了。大家看到李存勗被打倒，沒有幾個人對他有同情心。

李嗣源現在最擔心的仍然是李繼岌那支軍隊。

6. 義斷養子，李嗣源斬元行欽雪恨

他任命石敬瑭為陝州留後、李從珂為河中留後，以便對付李繼岌的伐蜀大軍。

李存勖這些年來，貪玩好耍，大力壓榨民力，即使在災年，也不顧百姓死活，民心盡失。李嗣源當政之後，知道要想穩腳步，就必須一改李存勖的苛政。

李嗣源經過一番思考，決定從孔謙這個傢伙入手。

孔謙雖然出身底層，可是為了迎合李存勖，硬是不擇手段，不顧後果地徵收稅賦，置老百姓的生死於不顧，在老百姓心目中，已經是壞人一個。

李嗣源下了一條命令，羅列了租庸使孔謙的種種罪惡，說孔謙對長官奸巧諂媚、對底層百姓百般侵奪，致使軍民貧困，罪不容誅。然後直接宣判孔謙死刑。

這些年來，孔謙一直把租庸使當成最大的肥缺，花了很多年的時間和心血，使用各種手段，終於把這個職位弄到手。他以為只要他魚肉百姓、為皇帝搜刮到更多的錢財，他就能夠在這個位子待到海枯石爛的那一天。哪知，天有不測風雲，後唐突然發生這個事變，李存勖居然在事變中被打死了，後唐的朝廷瞬間風雲變幻。

孔謙還沒有回過神來，城頭已換大王旗。

當然，孔謙並沒有心慌。因為他嚴重認為，李嗣源剛得政權，百廢待興，更需要錢。目前國庫空空如也，李嗣源還必須仰仗他，需要他繼續剝削老百姓——別的他不敢吹牛，但剝削百姓的才段，目前他還沒有對手。

孔謙這麼一想，便很淡定地在家等著李嗣源的重用，結果卻等來了這張殺氣騰騰的判決書。他這才一聲哀嘆：完了。出來混總是要還的。這話真不是白說的。

第六章　李嗣源登基定中原，述律平弑兄立德光

一個從底層混出來的人，這輩子做得最多的居然是對底層最無情地欺壓和剝削。

奇葩吧？

這個世界就是這麼奇葩。

李嗣源處死孔謙之後，接著宣布：凡是孔謙制定的苛斂政策，全部廢除，同時撤銷了臭名昭彰的租庸使和內勾司，依照舊例設鹽鐵、戶部、度支三司，由宰相一人專管。又取消了各道的監軍使。並把李存勖重用的宦官全部殺掉。他們的罪名是依仗權力，陷害忠良，誤國誤民，使國家陷於極度的混亂。我想，當宦官們被押赴刑場時，他們心裡是不服的，這怎麼全怪我們啊。如果皇帝不把那麼大的權力給我們，我們只能在宮裡掃地、端尿壺，能誤國誤民麼？誰見哪個倒尿壺倒得不乾淨能把國家誤了？

李嗣源靠這幾招，很快就讓自己的形象變好了。

7. 繩斷渭南，李繼岌自縊身亡

這時，李嗣源最忌憚的李繼岌已經帶著軍隊退到武功。

比起李存勖年輕時，李繼岌就差多了。他現在身邊也有幾個人才，但對他最有影響的仍然是宦官李從襲。李繼岌顯然並沒有記取父親失敗的教訓，並沒有意識到父親最大的敗筆就是殺死郭崇韜。而郭崇韜事件最重要的推手正是這個李從襲。

他更沒有去想過，這個李從襲隨他入蜀天天跟在他的屁股後面，除了陷害郭崇韜很賣力很不擇手段之外，別的計謀從來沒有貢獻過一條。這完全是一個成事不足敗事有餘的傢伙。

李繼岌沒有反思過這些，就只有繼續倚重這個宦官。

7. 繩斷渭南，李繼岌自縊身亡

這時，李從襲又出來獻計：「現在國家如此形勢，我們的處境可以說是福禍難料。既然如此，我認為，為今之計退不如進。請大王改變方向，率軍東行，以救內難。」

李繼岌一聽，馬上就「從之」。

他帶著部隊又向前進，推至渭水。可是當他們來到渭水岸邊時，突然發現，代理西都留後的張籛已經拆斷了浮橋。

如果李繼岌稍有點頭腦，就應該明白，他父親這些年來的倒行逆施，已經不得人心。舉國上下都已經徹底拋棄了他們家——想想，連護衛部隊都向他父親舉起了大刀，這個世界還有誰會同情他們？他們就是回到內地，也會陷於百姓戰爭的汪洋大海，不但救不得「內難」，反而會死無葬身之地。

但李繼岌仍然沒有這樣想，他看到浮橋被拆了，便帶著部隊順流渡過渭水。當天來到渭南。

這時，李繼岌的很多死黨比如呂知柔等人都已經意識到問題的嚴重性。他們不願再隨李繼岌往死路繼續大步前進了，便來個不辭而別，連李繼岌都不知道他們是在什麼時候偷跑的。

李從襲最先發現很多同夥已經不見蹤影了，他腦子裡馬上閃現出一個成語：眾叛親離。現在李繼岌真的到了眾叛親離的地步了。通常到了這個地步，接下去就是死無葬身之地。他也怕了，臉色蒼白地對李繼岌說：「大王，大勢已去，我不能再跟大王了，大王好自為之。」

李繼岌一看，連這個忠心耿耿的李從襲都不願跟他了，看來真的大勢已去。他突然伏地痛哭起來。當他抬起那張滿是淚水的臉，只覺得天地之間，真的沒有他的容身之地了。

他淚水婆娑地叫來李環。

第六章　李嗣源登基定中原，述律平弒兄立德光

他對李環說：「麻煩你找來一根繩子。」

李環找來了一根繩子。

李繼岌說：「你用這根繩子勒死我吧。」

當所有人都在盯著他的動向，都在猜測他的下一步，到底是到哪個地方割據、再跟李嗣源決一死戰時，他卻這樣結束了自己年輕的生命。

李繼岌死後，任圜帶著部隊繼續前進。

李嗣源知道李繼岌死後，大大地鬆了一口氣，立刻叫石敬瑭出面，好好安撫任圜的部隊。

本來，此前李嗣源也曾安排自己的一個親信李沖為為華州都監。他交代給李沖的任務，就是應對李繼岌。

李沖也是個很有野心的人，到了華州之後，就仗著自己是李嗣源的親信，便威逼華州節度使史敬熔入朝，自己就成了華州的一把手。後來，同州節度使李存敬路過華州。李沖一看，你叫李存敬，跟李存勗就是一夥的，於是就把李存敬殺掉。而且還盡屠其家。那個李從襲離開了李繼岌之後，也跑到華州來。他以為自己已經跟李繼岌劃清了階級界限，人家就不會對他怎麼樣了。哪知他碰到的是李沖這種從來不講道理的人。

李沖看到李從襲之後，你就是李繼岌曾經最親信的那個李從襲嗎？好啊，你在李繼岌那裡做盡壞事，連郭崇韜那樣的人你都敢害，還有誰你不敢害？這樣的奸人能活下來嗎？李從襲就也被他一刀砍了。

史敬熔來到洛陽之後，就跑到安重誨那裡，流淚控訴了李沖一番。

安重誨一聽，這個李沖的行為比以前那些宦官有過之而無不及，立刻叫史敬熔還鎮，然後召李沖回來，不讓他在那裡繼續胡來了。

除了安重誨之外，李嗣源還重用另一個人——李紹真。

李紹真本名霍彥威。他出身很卑微。在他很小的時候正好碰上唐末戰

7. 繩斷渭南，李繼岌自縊身亡

亂。十四歲時，被朱全忠帳下的霍存掠得。霍存掠到他之後，覺得這個小屁孩長得不錯，就收他為自己的養子，取名霍彥威。霍彥威還真沒有辜負霍存的期望，打仗很勇猛，其名聲很快就引起朱全忠的注意。後來，朱全忠就把霍彥威調到自己的身邊。從此霍彥威跟隨朱全忠四處征戰，立了很多功勞。他打仗時奮不顧身。他終於在一次奮不顧身的戰鬥中，一隻眼睛被一支來歷不明的箭射中，從此瞎了一眼。

朱全忠建立政權後，霍彥威不斷被提拔。朱全忠死後，他跟袁象先等人協助朱友貞殺掉朱友珪，因而被任命為洺州刺史，之後轉任河陽留後。

再後來，因為邠州留後李保衡背叛李茂貞，舉城投降朱友貞。朱友貞就任命霍彥威為邠州節度使。

朱茂貞派劉知俊前來奪回邠州。霍彥威據城固守，而且固守了一年多時間，令名將劉知俊無可奈何。

霍彥威在跟劉知俊交戰期間，表現得很有大將之風：每次俘虜到鳳翔的士兵，他都把他們放還回去。因此三秦一帶的人對他都頗有好感。後來，因為蜀國那邊出兵攻打鳳翔，梁國這邊又派兵來救邠州，劉知俊只得解圍而去。

後來霍彥威不斷被重用，最後官至北面行營招討使，帶兵跟李存勗在黃河邊對峙。當然，這一段時間他打的仗基本上都是敗仗。屢戰屢敗之後，被降為陝州留後。

李存勗打下汴州宣布梁朝摘牌之後，霍彥威立刻改變立場，從陝州急赴汴州，向李存勗請罪。

李存勗赦免了他的罪。

有一天，李存勗在崇元殿擺了個酒席，霍彥威和段凝以及袁象先等人都收到了請貼，得以參加宴會。

第六章　李嗣源登基定中原，述律平弒兄立德光

酒過數巡，李存勗環視了一下全體參宴人員，在座既有他原先的部屬，也有最近投降的原梁朝將領，就轉頭對李嗣源說：「此席宴客，皆吾前歲之勁敵也，一旦與吾同宴，蓋卿前鋒之效也。」哈哈，今天在這裡喝酒的，去年都還是我的勁敵，跟我殺得你死我活。現在卻跟我們在一起大碗喝酒、大塊吃肉，這都是你這個先鋒的功勞啊。

霍彥威等降將一聽，都嚇得趴下向李存勗的謝罪。

李存勗哈哈大笑，對他們說：「我這是在跟總管開玩笑，你們不必害怕。」

李存勗說過之後，還賜給他們御衣等物。

不久，李存勗任命霍彥威為鎮國軍留後，再調保度軍留後。

後來契丹入侵，霍彥威隨李嗣源去抵禦契丹，援救幽州，任北面招討使。也是當年（西元924年）的四月，李存勗給霍彥威賜名李紹真。從此，李紹真就成了李嗣源的手下。這個人雖然沒讀什麼書，但作戰勇猛，而且極善於言談，擅長打好人際關係，故深得李嗣源的器重。

尤其是在鄴都之亂時，李嗣源處於人生的關鍵時刻，李紹真堅定地站在李嗣源一邊。當時，李嗣源身邊已經沒有什麼力量，李紹真的部隊成了李嗣源最有力的保障。

可以說，李紹真對李嗣源的忠誠是經過考驗的，李嗣源沒有理由不重用他——更何況現在李嗣源手下也沒有其他人才。於是，他就把內外重要的事情都交由李紹真處理。

李紹真當初投降李存勗時，是跟溫韜和段凝一起的。他是降將，那幾個傢伙也都是光榮的投降將軍，但他跟他們還在梁朝當夥伴時，關係就很緊張，一直都恨他們。他拿了大權之後，也不給個理由，直接把李紹欽和李紹沖抓起來，準備把他們殺掉。

7. 繩斷渭南，李繼岌自縊身亡

安重誨對李紹真說：「溫韜和段凝的種種罪行都發生在梁朝。現在殿下新平內難，希望四方安定，並不是為了幫你報仇啊。」

李紹真這才收住他的脾氣，不敢對那幾個冤家動刀。

之後，李嗣源下教令，恢復李紹沖的名字為溫韜、李紹欽的名字為段凝，放他們回家。

李繼岌的隱患消失了，李嗣源的形象也打造出來了，接下來就該即位稱帝了。

大臣們在這方面向來都很主動積極。

相關部門又開始討論監國再更進一步的問題。

李嗣源這時也沒有再假裝謙讓了，大臣們稍一勸進，他就爽快地同意——由此可知，他此前的謙讓是假得不能再假了，一旦李繼岌那支武裝力量解決後，他就沒有什麼顧忌了。

李紹真以及剛任樞密使的孔循認為，唐運已經盡，宜自建國號。以前的大唐，存在了三百年，把大唐的福運都用光了。李存勗還在用這個國號，結果就成了短命王朝。還是再找個嶄新年號吧。一切重頭開始，不要吃別人的剩飯。

李嗣源問左右：「請教一下，何為國號？」

答：「先帝賜姓於唐，然後又為唐復仇，繼唐昭宗之後，所以稱唐。現在梁朝的人不想讓殿下手國號稱唐。」

李嗣源說：「我十三歲就隨獻祖（即李克用之父李國昌，李存勗稱帝後，追尊唐獻祖）來到昌國，獻祖視我為同宗，待我如親生，後來我又跟隨武皇近三十三年，再侍奉先帝近二十年，每次籌劃大事和攻伐征戰，未嘗不參與。可以說，武皇的基業，就是我的基業，先帝之天下，就是我的天下。哪有同家而異國呢？」

第六章　李嗣源登基定中原，述律平弒兄立德光

他要求相關部門重新商議。

吏部尚書李琪說：「如果改變國號，那先帝就成了與國家沒有關係的歷史人物，他的棺材往哪裡安放才合適？這不僅僅是殿下忘記了三世舊主，我們這些人心裡也難以安心。過去的朝代以旁支繼承王位的有很多。殿下應該以嗣子在棺材面前即位的禮儀即位。」

大家知道，李嗣源已經決定繼續稱唐了，李琪的話其實就是李嗣源的意思，哪個再敢反對。

大家都點頭稱是。

四月二十日，李嗣源從興聖宮到西宮，穿著用粗麻布做的重喪服，在棺材前面即位。

百官們都穿著白喪服，前來參加這個典禮。

這個過程過後，李嗣源才換上皇帝的制服和禮帽，接受冊書，百官們也都穿著吉祥的服裝向李嗣源稱賀。

李嗣源經歷了李存勗由一代英主蛻變到玩物喪志之君的整個過程，深知如果不勵精圖治、不克勤克儉，自己也會像李存勗那樣「其興也勃、其亡也忽」。李嗣源即位後，下的第一個詔令，就是命令朝廷內外大臣，不得貢獻鷹犬珍玩之類的東西。

也是在這個時候，任圜帶著那支部隊來到了洛陽。這支部隊現在還有兩萬六千人。

李嗣源對他們慰勞一番，然後各令還營。

李嗣源不光命令大臣們生活節儉，他自己也說到做到。他大力精簡後宮人員，只酌情留下宮女一百人，宦官三十人，教坊一百人，鷹坊二十人，御廚五十人。精簡出來的人員，放到社會上，你們想去哪裡就去哪裡。這個政策一發表，很多宮女再謀出路，可能並不難，但宦官們就難搞

7. 繩斷渭南，李繼岌自縊身亡

了。宦官們都知道自己這些年來做的壞事太多，百姓都恨他們。他們要是跑到社會上，只怕還沒有走幾步就被人家亂棍打死。於是他們都跑到山林裡，打算在深山老林裡了此殘生——他們是真正的殘生。有的覺得密林太恐怖，就落髮為僧。還有七十多人跑到晉陽討生活。李嗣源知道後，命令北都指揮使李從溫把他們全部「誅之」。

清理完那些宮女宦官之後，就清理那些閒散部門，比如各司、使、務等有名無實的單位通通廢除。分派各軍在附近的地方供給糧食，以節省運送的費用。他還宣布免除夏、秋兩季的稅賦和省耗稅。他要求各節度、防禦等使，元旦、冬至、端午、皇帝生日四個節日聽任貢奉，但不得向百姓斂財。刺史以下的官員嚴禁貢奉。選拔人才時，如果有先塗改文書的人，命令三銓制止他們的詐欺行為，其餘的按舊的規定辦理。這裡提到的「三銓」，就是自唐朝以來對文武官吏的選授考課，由吏部和兵部之尚書、侍郎分掌其事。尚書稱尚書銓，掌五品至七品選；侍郎二人分掌中銓、東銓，掌八、九品的選拔事宜，合稱三銓。說得通俗一點，就是主管官員的選拔。

到了這時，李嗣源的權力基礎也已經穩定下來，大臣們也沒有別的想法了。

可以說李嗣源繼續沿用唐這個國號也很成功。因為他宣布自己是繼承李存勗的全部遺產，這個朝廷仍然是以前的朝廷，給那些大臣的感覺就毫無違和之感，新的權貴階層也不再對李存勗時代的大臣另眼相待，大家都可以毫無隔閡地在一起上班、喝酒，自然而然，省卻了很多麻煩。從這個事上看，李嗣源確實是個成熟的政治家。

如此一來，那些大臣不用再轉彎，直接當了李嗣源的大臣，他也就有了可用之人。

他任命鄭珏、任圜為中書侍郎、同平章事。

第六章　李嗣源登基定中原，述律平弒兄立德光

任圜確實很有能力，是真的文武雙全。他本來只是一個書生，但他卻在關鍵時刻，擊敗一代戰將李紹琛。後來在李繼岌自殺之後，又能順利帶著部隊回來，其領導力確實非同一般。

任圜除了以上職務外，他還有個權力：判三司。即主管三司的事務。

任圜確實是朝廷的好公僕。他上任之後，「憂公如家」，選拔德才兼備的人，杜絕一切不良風氣。只用一年時間，府庫就充實，軍民都能維持基本的溫飽。至於朝廷的各種規章制度也逐步完善。

大家知道，本來安重誨是李嗣源的第一親信，此前很多事務都由他全權處置的。只是這個人的行政能力實在不突出，在位期間並沒有取得多少成效。現在看到任圜一上任，朝廷一切都進入正常軌道，大家對任圜都十分滿意。而任圜為政只講求原則，不顧私情，作風與安重誨更是大相逕庭。大家把兩人一對比，都覺得任圜比安重誨要好很多倍。

安重誨就有些眼紅，然後就開始忌恨。

雖然李嗣源聲稱，他全面繼承了李存勗的法統，但大家都知道，他的這個說法其實重點是在玩政治手段，他所做的一切都在與李存勗割席。他的心裡對李存勗也是很憤怒的。

李紹真他們一眼就看得出李嗣源的心思。他們紛紛請求恢復他們原來的名字。於是，李紹真又成了霍彥威。這一段時期，很多人的名字都成了政治符號。

還有那個趙在禮。

趙在禮此前算不得什麼強者，早期輾轉多個勢力，但都沒有做出什麼引人注目的事，他也沒有想過要做出什麼讓歷史記住的英雄事蹟。可是皇甫暉卻把他硬生生地逼上了叛亂這條賊船。他即使當了叛軍的第一把手，在跟政府軍的對峙中，仍然留有餘地。可以說，他是一個最不愛搞事的

7. 繩斷渭南，李繼岌自縊身亡

人。可偏偏就是他這個人，硬是成了這次事件最為關鍵的重要人物。他帶的這夥叛軍人數並不多，影響力也不大，如果在平時，根本不夠李存勗猛打一拳。但就是他帶的這一幫人、在這個時候，搞出的這件事，改變了歷史軌跡。

他沒有想到。所有的人都沒有想到。

五月十一日，趙在禮看到朝廷已經進入安定局面，便請李嗣源幸鄴都。

趙在禮雖然參與脅迫過李嗣源，李嗣源對趙在禮還是很感激的。如果當初不是趙在禮，而是其他人魯莽行事，李嗣源很有可能就沒命了。李嗣源任命趙在禮為義成節度使。但趙在禮以軍情未安定為由，沒有去赴任。

李嗣源搞到現在，很多事都處理得十分妥貼，比起前面很多皇帝來，也更有見識。其實這位老大出身貧苦，沒上過一天學，至今仍然目不識丁。所以，四方奏事，都由安重誨讀給他聽。哪知，安重誨也是個半文盲，一篇奏摺有時也讀得磕磕絆絆，更不能解釋清楚意思。

後來，安重誨覺得再這樣下去真的會累死人，甚至會誤了大事，就對李存勗說：「我只是以忠誠之心來侍奉陛下，受到陛下的錯愛，這才得掌朝內的機密。對於現在的很多事，還算略知一二，至於過去的事情，我就說不清了。請陛下仿效前朝，設立侍講、侍讀等職位，再恢復近代的直崇政、樞密院，先擇一些有學問的大臣來共同處理這些事。」

李嗣源就設立了端明殿學士，以翰林學士馮道和趙鳳任端明殿學士。安重誨這才如釋重負，心裡暗道，誰再說讀書無用論，老子去打他的嘴巴。

李嗣源跟李存勗劃清界限的另一個動作，就是對郭崇韜和朱友謙平反昭雪，不但安葬了他們的遺骨，還把此前沒收他們的財產全部歸還。

一切好像都在沿著正常的軌道進行，大家好像都沒有什麼意見了。

但還是出了個亂子。

第六章　李嗣源登基定中原，述律平弒兄立德光

這是個混亂的時代，不出個亂子，真不能叫亂世。

亂子又與老地方瓦橋有關。

李嗣源下詔，令控鶴指揮使張諫帶三千人去守瓦橋。這個本來也是個正常的部署。

六月十二日，張諫帶著部隊已經出城了。但不知什麼原因，張諫突然情緒不穩，又帶著軍隊又返回城裡。而且進城之後，就宣布作亂，所到之處殺人放火。他們殺紅了眼之後，跑到州政府官邸那裡，抓起權知州高逖，然後也一刀砍下。

他們殺死高逖之後，又抓到馬步都指揮使、曹州刺史李彥饒。這一次，他們沒有殺李彥饒，而是把刀架在他的脖子下，說：「你想死還是想活？如果想活命，就當我們的帶頭人。」

李彥饒知道自己的命還有救，就對他們說：「你們想讓我當統帥，就應當聽我的命令。」

答：「這個自然。」

李彥饒說：「立即停止焚掠。」

他們果然停止了燒殺活動。

他們對李彥饒還是很服從也很相信的。

但李彥饒並不服從他們。

李彥饒當了他們的頭目以後，就想辦法收拾他們。經過周密策劃，李彥饒精心設了個局。他事先埋伏了一群武士，然後通知亂軍的大小頭目前來慶賀。

那些大小頭目當然沒有懷疑其中有詐，都欣欣然而來。

等大家都坐定之後，李彥饒宣布，現在是在清算叛亂分子，他對大家說：「前日鼓動叛亂的只有幾個人而已。其他人不必害怕。」

7. 繩斷渭南，李繼岌自縊身亡

他說過之後，武士們都冒了出來。場面雖然嚇人，但李彥饒只抓了張諫等四人並就地「斬之」。

張諫的同黨張審瓊知道後，當然不服，帶著一批死黨在建國門那裡起鬨吵鬧。

李彥饒這次已經做好準備，立刻帶兵前去，一頓衝擊，盡誅其眾，總共四百多人。

這次動亂的規模雖然不大，但事發突然，差點讓李嗣源都措手不及，這讓李嗣源大為震怒。他任命孔循任汴州知州，專門去秋後算帳。

孔循到任後，抓了三千家作亂的人，全部處死。

汴州的亂子才剛剛清理完畢，滑州都指揮使于可洪又宣布搞事，帶著一批人殺人放火，並攻打駐守魏博部隊的三個指揮。那三個指揮沒有想于可洪會打過來，根本沒有提防，瞬間就被打得落荒而逃。

沒有誰知道于可洪搞叛亂的目的是什麼。他攻打魏博之後，並沒有在那裡宣布獨立、或者去投奔其他勢力，而是跟魏博戍將互相告狀，你說我謀反我說你叛亂。

李嗣源派人前去視察，結果當然是于可洪才是真正的叛亂分子。

于可洪被斬於都市，他的謀主左崇牙以及另外一百多人全部族滅。

李嗣源對於叛亂分子是毫不手軟的。但他對安重誨的胡亂來很能容忍。

安重誨仍然是李嗣源跟前最大的紅人。他仗著李嗣源的恩寵，十分驕橫。誰得罪他誰倒楣。

有一次，殿直馬延陵不知道眼睛往哪裡看了，居然誤衝了安重誨的前列儀仗。

安重誨大怒，你的眼睛長在什麼地方了？居然看不到我威風凜凜的儀仗。你敢衝撞我，我就敢殺你。當場將馬延陵斬殺。

257

第六章　李嗣源登基定中原，述律平弒兄立德光

御史大夫李琪聽說之後，立刻向李嗣源報告。

很多人以為，這一次，李嗣源會勃然大怒，即使不把安重誨拉下去砍頭，以命抵命，但至少會把安重誨臭罵一頓

然而，事實證明，大家把李嗣源想得太好了。

李嗣源聽了李琪的報告後，就下了個詔書，說馬延陵衝撞重臣，自食其果。現在把此事向百姓告知，一定引以為戒，走路不要老低著頭，衝撞了重臣還不自知。

8. 契丹滅渤海，述律平掌權立德光

也是在這個時候，契丹的耶律阿保機再次向渤海國發動軍事行動。這個人對渤海國也像以前李存勗對大梁一樣，只要每天醒著，就念念不忘要滅掉渤海。他說，這輩子最大的願望就是兩件事，一是稱帝，另一個就是滅渤海。去年冬（即925年）他舉傾國之兵東征渤海，進圍渤海國的西部重鎮扶餘府。只用了四天時間，耶律阿保機就攻占了扶餘府。

他揮師猛進，僅六天時間，就包圍了渤海都城忽汗城。

三天之後，渤海國王大諲譔眼看無法守住了，就宣布投降了事。

耶律阿保機一占領渤海全境，就將渤海國改為東丹國（即東契丹國），封耶律倍為東丹王，號「人皇王」。

雖然耶律阿保機封耶律倍為東丹國國主，但他還是留在東丹國，進討拒絕歸附的渤海殘餘勢力。

李嗣源得知契丹攻取渤海國之後，也很想跟契丹搞好雙邊關係——目前他的內部還沒有穩定，必須跟契丹這樣的大集團搞好關係。他派姚坤出使契丹，向耶律阿保機通報了後唐的這些情況，說李存勗已經被亂兵所

8. 契丹滅渤海，述律平掌權立德光

害，目前由李嗣源繼位當皇帝。

耶律阿保機也是個實力派演員。人人都知道，此前他不斷地派兵南下，把李存勗騷擾得火冒三丈。李存勗恨不得把他碎屍萬段，直到他決意舉全力收拾渤海時，才不得不跟李存勗修好。只要稍有點思辨能力的人都知道，這個修好是赤裸裸的權宜之計。只等渤海之事一了，他就會翻臉不認帳。這時，他聽到李存勗被害的消息，突然就對著大家放聲慟哭起來，說：「李存勗是我『朝定』（契丹語：朋友）的兒子，我正要去救他，只是渤海這邊事未了，不能抽身前去，結果致我兒如此。」他在那裡痛哭很久之後，對姚坤說：「現在的天子聽說洛陽有急，他為什麼不去救呢？」

姚坤答：「因為路太遠，救不及。」

問：「那他為何又自立為帝？」

姚坤就對他解釋了一大通。

耶律阿保機說：「漢人做什麼事都喜歡粉飾，從來沒有說過實話。不必多談了。」

當時，耶律倍正好在場，對姚坤說：「有人牽牛踐踏了別人的田地，田主就把他的牛奪為己有，這樣可以嗎？」

姚坤說：「中原沒有君主，我們的皇上是不得已才即位的。這就好像天皇王剛剛有了封國一樣，難道是強奪過來嗎？」

這時契丹剛剛以武力強奪了渤海，被姚坤拿過來狠狠地堵他的嘴。耶律倍也沒有話說了。

耶律阿保機只得說：「這是理所當然的。」他接著說：「聽說我那兒子專好聲色，還特別喜歡打獵，不愛惜百姓，也合該有如此下場。我自從聽說這件事後，全家不喝酒，把戲子們都遣散了，還釋放了鷹犬。如果我也向他學習，我也會自取滅亡的。」

第六章　李嗣源登基定中原，述律平弒兄立德光

　　姚坤一聽，想不到這個夷人老大居然也有此見識，真該刮目相看。

　　耶律阿保機又說：「我兒雖然跟我是世代友誼，但我們曾多次發生戰爭。我和現在的天子沒有什麼積怨，為什麼一定要鬧彆扭。你回去告訴天子，如果能夠給我黃河以北的地方，我就永遠不會南侵。」

　　姚坤這才知道，耶律阿保機那個痛哭完全是為了這句話作伏筆的。也就是說，他跟李克用是好朋友，現在好朋友的兒子被李嗣源搞死了，他有責任去為李存勗報仇的。不管他什麼時候出兵，他都師出有名。但他也可以看在李嗣源的面子上，不再發動戰爭。只是這個是有條件的，就是把黃河以北的土地轉讓給他。否則就不好說了。我都拿原則來做交易了啊。

　　姚坤說：「這不是我一個使臣可以說了算的。」

　　耶律阿保機大怒，就把姚坤關了起來。

　　過了十幾天，耶律阿保機又對姚坤說：「這樣吧，我也可以放寬條件，黃河以北呢，就算了。但劃出鎮、定、幽三州，總可以吧？」

　　他拿出紙和筆，叫姚坤把這話寫下來，再簽個合約。

　　姚坤不寫。

　　耶律阿保機又憤怒起來，大手一揮，喝道：「老子把你殺了。」

　　韓延徽在旁邊勸住了。

　　耶律阿保機就收住臉上的殺氣，又把姚坤關了起來。

　　耶律阿保機說了這些話不久，就決定班師回去。可是他才到扶餘城，就宣布駕崩。

　　耶律阿保機死後，述律平就把諸將及酋長中難以制服的人的妻子叫來，對她們說：「我現在已經成為寡婦，你們也必須跟我一樣。」

　　她說完之後，又召集他們的老公前來。她哭著對他們說：「你們思念先帝嗎？」

260

8. 契丹滅渤海，述律平掌權立德光

誰敢說不思念？

大家都說：「思念啊。先帝對我們有莫大的恩情，不思念他，我們還是人嗎？」

述律平點點頭，說：「好。既然你們如此思念他，那就隨他而去吧。」下令把他們都殺掉。

這個契丹皇后果然手段狠辣，出手比她老公還狠。

作為極為強勢的皇后，在耶律阿保機死後，契丹的大權自然落到述律平的手裡。

耶律阿保機雖然有幾個兒子，但述律平最喜歡的是中子耶律德光。她只想立耶律德光為契丹皇帝。

到了西樓，述律平讓耶律德光跟耶律倍一起，騎馬立在帳前，然後她對各位酋長說：「這兩個兒子，我都喜歡他們。我不知道立哪個才好。現在把這個決定權交給你們。你們覺得誰最適合，就去拉住他的馬韁繩。」

酋長們都是政壇老手，立刻知道她的心裡是怎麼想的。如果她真的難以取捨，那肯定就會按傳統那套立長立嫡的規矩。現在她這樣做，明顯就是不想遵守那套規矩，這才把球踢給他們，讓他們來幫她說話。

他們聽了她的話後，都站起來，爭著去拉耶律德光的馬韁，還大聲歡呼：「願意侍奉元帥太子！」

述律平說：「這是大家的願望，我怎敢違背。」

於是，就立耶律德光為契丹皇帝。

耶律倍當然知道這是母親的套路，他心裡除了憤憤不平之外，還能做什麼？這個契丹的天下已經是他母親的了。即使是他的父親還活著，很多事都還得聽從這個母親。他敵不過母親，更不願在老弟的帶領下生活。他一氣之下，決定投奔後唐，但被巡邏的人制止。述律平也不為難他，只是

第六章　李嗣源登基定中原，述律平弒兄立德光

把他送回東丹。

耶律德光即位後，尊述律平為太后，國家大事都由新科太后拍板。述律平又把自己的姪女嫁給耶律德光，並讓這個姪女成為皇后。耶律德光個性比較隨和，為人也很孝順——這也應該是述律平喜歡他的原因之一。述律平有一次生病吃不下飯。耶律德光看到母親不能進食，他也不吃飯，天天在母親的病榻前服侍她。有時，他跟母親對話，偶有應對不符母親的心意，述律平就睜大眼睛看著。他就會害怕得快步離開。如果述律平不叫他，他就不敢回來。

耶律德光即位後，由於剛剛換屆，也怕內部出現狀況，便決定跟後唐修好。他把姚坤釋放回國，還派他的大臣阿思沒骨餒來到洛陽，向李嗣源告哀。

耶律德光不想惹麻煩，但李嗣源卻從中鑽了一個漏洞。這個漏洞就是盧文進。盧文進本來是漢人，投靠契丹之後，為中原王朝造成了極大的麻煩。

李嗣源是個權鬥高手，最知道高層一換人，高層圈子就會有動盪，容易人心不安。尤其是述律平玩了個滿是陰謀的花樣手段，廢長立幼，很多人心裡是不滿的。說不定盧文進的心裡也不是滋味。於是他就派人前去，偷偷地面見盧文進，對盧文進說，現在中原已經改朝換代了，我從來不跟你有什麼怨仇，何不脫離契丹歸來？

盧文進當年也是逼不得已才憤而投奔契丹的。他和他手下的部眾都是漢人，久在北方，一直都思念故土。只是因為這些年來契丹屢屢跟中原王朝作對，所以都不敢作再回故鄉的打算，但心裡的思鄉之情不但揮之不去，反而更加濃烈。他聽了來人的話後，立刻答應南歸，並祕密上表，跟李嗣源做好約定：十月十日，決計殺在城契丹，取十一日離州，押七八千車乘，領十五萬生靈，十四已達幽州。

盧文進果然按此計畫行事，率部來歸。

李嗣源大喜，盧文進脫離契丹南歸，比獲得一場大勝仗還要值得可喜可賀。百官都前來向李嗣源稱賀。李嗣源宣布免除盧文進所部戶口三年的租稅，而且每口還給糧五斗。當年十二月，盧文進率他手下的將佐四百人來到洛陽。

　　李嗣源賜他鞍馬、玉帶、衣被、器玩、錢帛等物無數。當然還要給他高官厚祿，授他為檢校太尉、同平章事，封范陽郡侯。

9. 削權貶臣肅朝綱，孟知祥擴軍現野心

　　耶律阿保機死去，盧文進又脫北南歸，契丹處於一個特殊時期，也沒有精力南顧了。

　　李嗣源因為沒有自己的班底，只得大量任用李存勗朝的大臣們。

　　這些人在當李存勗的大臣時，最擅長的就是貪汙腐敗。

　　現任門下侍郎、同平章事的豆盧革和韋說在李存勗時代也是這個職務。這兩個人大概覺得自己是元老，而且以前又跟李嗣源是夥伴，因此就在李嗣源面前大剌剌，即使在奏事時，也常常表現得沒有禮貌。

　　兩人敢在李嗣源面前不禮貌，對其他人就更不用說了。這兩人的腐敗作風已經成習了。百官的工錢都由他們造冊發放的。他們就利用職權將百官的工錢折價發放，而他們的工錢則按實際錢數打款。百官的工錢都從五月開始支付，他們自己的工錢則從正月開始就給了。

　　大家當然很有意見，到處議論紛紛。

　　韋說還把孫子說成是兒子，然後呈上報告請求以門蔭讓這個孫子當官。

　　韋說改了孫子的輩分之後，就送錢給官員，結果被任命為京畿附近的縣官。

第六章　李嗣源登基定中原，述律平弒兄立德光

李嗣源本來想任命蕭希甫為諫議大夫，但豆盧革和韋說又駁回。蕭希甫很恨他們。

蕭希甫就抓住他們這個把柄上疏，說豆盧革和韋說不忠於朝廷，善於阿諛奉承。接著又給兩人捏造了幾個汙點，說豆盧革強奪民田，指使佃農殺人；韋說強奪鄰家水井，搶奪別人窖藏的東西。

李嗣源本來對這兩個傢伙就很不滿意，立刻下令貶豆盧革為辰州刺史，貶韋說為漵州刺史。這兩個傢伙到這時才知道，真不能憑手中的權力去欺負別人，尤其是不能欺負大多數人。

幾天之後，李嗣源再貶豆盧革為費州司戶、韋說為夷州司戶。

如果誰以為此事到此就結束了，那就大錯特錯了。僅僅過一天，朝廷又宣布：豆盧革流放陵州，韋說流放合州。

李存勗時代的高層在李嗣源這裡，很多人都遭遇了挫折。

當遠在蜀中的孟知祥看到他昔日的夥伴都碰上了麻煩，心頭暗自慶幸，如果他還在洛陽，估計現在也會過得非常鬱悶。

李嗣源雖然已經全面掌握了後唐的大權，河北河南地區也在他的牢牢掌控之下，但蜀地太過遙遠，他一時鞭長莫及，甚至還沒有擠出時間向那個地方發號施令。

孟知祥把這個形勢拿來反覆研究，最後得出結論，只要自己下定決心，完全可以在這裡當劉禪。他檢查了一下府庫，有鎧甲二十萬。於是，他就設立了左右牙等兵十六個營，一共一萬六千人，駐紮在牙城內外。

郭崇韜還主政蜀中時，他就把蜀騎兵分為左右驍衛等六營，共三千人；步兵分左、右寧遠等二十營，共二萬四千人。

孟知祥又增設左、右衝山等六營，共六千人，駐紮在羅城內外。他再設立義寧等二十營，共一萬六千人，分別駐守在管轄內的州縣，並由這些

州縣就近供給，最後還設立了左右牢城四個營，共四千人，分別守在成都境內。

孟知祥這一番操作，明眼人都可以看得出，這個人的野心已經完全暴露了。

10. 王公儼圖謀節鉞遭誅滅，韓熙載入吳尋機遇

平盧那邊同樣不平。

當初王公儼殺了楊希望後，最大的願望就是以此為功勞得到節度使的大印。當時，到處都還在亂，朝廷都沒有皇帝了，不知道去跟誰提這個要求。於是他就等，一直等到現在。他決定向李嗣源提出這個要求。但他又怕李嗣源會把這個節度使送給符習。於是，他就到處對人家說，符習治軍太過嚴苛，如果他再回來，將是大家的惡夢。大家聽了這些話，都怕符習回來當他們的老大。

符習並不知情，看到形勢已經穩定，便又回去。

當他來到齊州時，王公儼就把他攔住。符習不敢再前進。

王公儼就叫將士們上表，請朝廷讓他擔任節度使。

李嗣源當然不答應，只任命他為登州刺史。

王公儼一看，辛苦做了這麼多的謀劃，結果只拿了個刺史，跟他原本預期的也太遠了。他當然不甘心，便又藉口平盧軍情還沒有穩定，他還必須留下來協調，沒有去登州就職。

李嗣源一看，又拿這個老掉牙的藉口來搪塞自己，你這個老匹夫是把朕當成三歲小孩耍吧？他當然不能向王公儼妥協。因為他知道，只要他向這個王公儼妥協，以後就會有無數王公儼出現，他這個皇帝也不用當了。

第六章　李嗣源登基定中原，述律平弒兄立德光

不妥協，就只好鐵腕。

李嗣源馬上任命霍彥威為平盧節度使，把軍隊集中在淄州，大聲宣布準備進取青州。

王公儼一看這個架勢，知道再玩下去，就會把腦袋玩完，只得乖乖地去登州就任。

可到這個時候才低頭，已經晚了。

霍彥威沒有因為他老實了就放過他。霍彥威派兵追到青州，一把將王公儼抓住，然後把他的那些同黨一起，全部斬首。

王公儼的同黨裡有個人叫韓叔嗣，也被霍彥威斬殺。

韓叔嗣的兒子韓熙載逃了出來。

相信很多人都知道這個韓熙載。因為那張〈韓熙載夜宴圖〉太有名了。這張畫裡的主角就是這個韓熙載。

那幅夜宴圖裡的場景極為奢華，但現在的韓熙載很是狼狽，他在他的國家已經沒有容身之地。他決定往南逃，投奔吳國。

韓熙載先躲到他的老朋友李谷的家裡，請李谷幫忙他混出去。

李谷送他到正陽。

兩人就此離別。他們痛飲了一頓告別酒。

韓熙載說：「如果吳用我為相，我一定能幫助他們長驅以定中原。」

李谷哈哈一笑，說：「如果中原用我為相，取吳則如探囊取物。」

兩人一番對答之後，韓熙載渡過淮水，進入吳國境內。

西元926年七月，韓熙載終於來到廣陵。

在這裡韓熙載沒有一個熟人。當時要想在仕途上平步青雲，必須有大

大的貴人提攜——否則就只有從軍，透過在戰場上拚殺，用戰功來飛黃騰達。

韓熙載既沒有熟人，更不能上戰場。但他還是胸有成竹。

沒有熟人推薦，那就自薦。

自薦就是拿出自己的實力來，直接向當權者展現自己的能力。

韓熙載寫了一篇〈行止狀〉，向楊溥寄過去。

他在這篇文章裡，除了介紹自己的籍貫、出身，以及投吳的原因外，更暢述了自己的遠大理想——長驅以定中原。一路寫下來，洋洋灑灑，氣勢恢宏，連他自己讀下來都還熱血沸騰。他對自己的這篇求職信十分滿意，他堅信楊溥讀完他的信後，一定會在第一時間召見他。他就可以像當年諸葛亮在劉備面前那樣侃侃而談，再次征服這個吳王，然後吳王就會把他當成當代的孔明，然後他就可以實現自己偉大的抱負……

韓熙想得很美，而且越想越美。

可是他沒有想到，他這篇讓他自己熱血沸騰的文章，通篇都是傲視天下的氣度，大家一頓通讀下來，立刻就認為，此人如此狂妄不羈，肯定不會有真才實學，難堪大用。

於是，他在楊溥這裡什麼都得不到。

他這才知道，那句「理想很豐滿、現實很骨感」的話真不是白說的。

不過，他仍然沒有放棄。他已經無法放棄。如果吳國沒有他的立足之地，他還能到哪裡去？

他在廣陵待了一段時間，很快就把吳國的情況弄清楚了。吳國真正掌握大權的是徐溫父子，而不是吳王楊溥。即使楊溥真的欣賞他，他同樣沒有出頭之日——大不了每天只陪著這個掛名國主遊山玩水、吟詩弄月，主要工作就是飽食終日。

第六章　李嗣源登基定中原，述律平弒兄立德光

這根本不是他想要的前途。

於是，他又把目光投向了徐溫父子。

現在徐溫雖然是吳國實際最高掌權者，但他卻在金陵辦公，專門防錢鏐。廣陵這裡基本都是由徐知誥全面負責。

他更知道，徐知誥只是徐溫的養子。

養子的身分一般都是很尷尬的。尤其是徐知誥，他這時大權在握，當慣了上位者，哪肯放下來。他已經在心裡做好一切準備，只要徐溫哪天不幸去了，他就一躍而上，當上吳國的頭號大臣。這事說起來好像不怎麼難，但大家都知道，一旦到了那天，弄不好就會血雨腥風，人頭遍地。要想取得成功，手下必須有一大批可用之才——就像當年的李世民一樣，如果李世民只是光棍一個，他能達成玄武門之變嗎？

徐知誥為了那一天的全勝，一直積極招攬人才。

為了招到大量的人才，徐知誥在他的府裡設立了「延賓亭」。

徐知誥不是本地人，他預料那一天到來時，跟他作對得最厲害的，肯定是本地勢力。於是，他就著重招攬外地人，尤其是北方來的士人——這些人也會像他一樣，遭到本土勢力的排擠，就會毫無選擇地緊密團結在他的周圍，為他賣命。

韓熙載透過觀察很快就進入了延賓亭，成為徐知誥圈子裡的人。

第七章
朝局傾軋連換宰輔，
任圜去國猶遭暗害

1. 王延翰稱王擺天子儀仗，孟知祥殺監軍奪遂州

剛繼承王審知大位的王延翰，沒有像父親那樣低調。這傢伙的性格火爆，驕淫殘暴。他放棄了父親堅持了幾十年的低調策略，自稱大閩國王，立宮殿、置百官，所有的儀仗皆依天子之制，群下稱他為殿下。到了這個時候，除了高季興之外，所有的勢力都已經稱孤道寡，但稱天子的只有李嗣源。

高季興雖然不稱孤道寡，但他一直在努力往獨立自主的方向一步一腳印。

他看到李嗣源在忙著處理那些大大小小的亂子，便乘機向李嗣源提出個要求：請把夔州、峽州等劃撥給他。李嗣源心裡當然不高興，但為了安撫一下高季興，讓他情緒在這一段時期穩定下來，就答應了他的請求，但有個條件，這幾個州的刺史必須由朝廷任免。

高季興也是個老滑頭，在那幾個州還沒有到手時，自然滿口答應了朝廷的條件——等畫好版圖了再說。

高季興一直在忙著自己的獨立行動，孟知祥也在做著脫離後唐的準備。

第七章　朝局傾軋連換宰輔，任圜去國猶遭暗害

　　孟知祥仍然在加強蜀地的軍事建設。西元926年九月，他又設立左、右飛棹後六營，一共六千人，分守濱江諸州。這是一支水軍，重點防範來自夔、峽方向的敵人。

　　孟知祥入蜀時，並沒有帶幾個自己的親信，手下沒有什麼人才。此前，他抓到了虢都指揮使李肇和河中指揮使侯弘實。李肇是軍人世家，先是效力於朱全忠。梁朝被滅之後，他又成了後唐軍將領。後唐伐蜀時，他被安排在李紹琛手下，一路入蜀。之後，隨李紹琛舉兵。李紹琛兵敗之後，他被孟知祥生擒。侯弘實也是在這個時候成為孟知祥的俘虜。

　　孟知祥這時手下沒有帶兵的人，就讓李肇為牙內馬步都指揮使，讓侯弘實當李肇的副手。

　　那時，蜀中初平，郭崇韜又剛被殺，蜀中已經陷入一片混亂，到處匪盜橫行。孟知祥就讓李肇帶兵去平定匪盜。孟知祥深知，這些匪盜大多都是為生活所逼，這才不得不打集體砸搶的。只要把社會治理好了，匪盜才會絕跡。孟知祥在選擇官員的時候，特別重視個人私德，提拔了一大批廉潔自律的官員去當州縣的第一把手，減輕老百姓的各種負擔，免除了很多此前隨意增加的賦稅，召集那些流散人員，將他們都好好安置，讓老百姓重新安居樂業。

　　幾乎所有的人都認為蜀地是天府之國，是當時最大的一塊肥肉。

　　郭崇韜入蜀之後，同樣這樣認為。他跟李繼岌計算了一下，就主觀地認為，蜀中富裕的百姓們應當可以交納犒賞錢五百萬緡。他要求他們，可以直接交錢，也可以用金銀繒帛來充抵。當時大概府庫太空，所以這個政策一發表，郭崇韜就派人去晝夜督促他們上交。

　　其實老百姓們根本沒有多少財富，被逼之下，很多人走投無路，選擇了自殺。但郭崇韜仍然獲得了大量的錢財。這一波下來，除了供給軍需之外，還剩下四萬緡。

1. 王延翰稱王擺天子儀仗，孟知祥殺監軍奪遂州

任圜也到過蜀地，知道蜀中富饒，判三司之後，就派鹽鐵判官趙季良來到蜀中，先是給孟知祥送去一張加封侍中的委任狀，然後就讓趙季良兼任三川都制轉運使。其實就是要來搜刮一把蜀中的財富。

趙季良來到成都之後，蜀人都很生氣，都不願意給朝廷上繳錢財。

孟知祥更不願意。他說：「府庫裡的錢財是別人收集過來的，交出去是可以的。但州縣收上來的租稅，是用來養兵的，絕不能上送朝廷。」

最後，趙季良只能拿走府庫裡的東西，不敢再說制置轉運的事。

但饒是如此，趙季良還是從蜀中運送了十億到洛陽。當時，朝廷已經無米下鍋，全靠這筆錢財度過難關。

從這事上看，孟知祥已經不把朝廷當一回事了，朝廷對他也無可奈何。

安重誨看到孟知祥已經有了獨立的意圖，便想辦法如何解決西川的問題。現在當然不能以武力解決。他想來想去，就覺得還是讓董璋來壓制一下孟知祥。董璋現在是東川節度使，此前就跟李紹琛堅決鬥爭，還深得郭崇韜的器重，看來不但有能耐，而且還滿腔忠義，完全可以信賴。於是，他就以朝廷的名義，不斷地籠絡董璋，讓他在東川那裡監控孟知祥，便得孟知祥感到壓力，不敢囂張。董璋的兒子董光業現任宮苑使，專門在朝廷裡為父親拉攏大臣。大家拿了董家的錢財，嘴上自然大讚董璋的美德。董璋的風評在朝廷裡很好。後來，李亶派李仁矩來到蜀中，要求孟知祥和董璋各向朝廷進貢五十萬，說是供祭天之用。

大家認為，可能孟知祥會有所抵抗，但滿腔忠義的董璋就是砸鍋賣鐵、賣兒賣女也會湊齊交上來。

哪知，當董璋看到這個數目之後，馬上就說：「東川就這麼一塊小地方，土地又是超級貧瘠，向來屬於貧困地區，哪有這麼多錢財？我就是使用所有的壓榨手段，把老百姓壓得出血來，最多也只能拿到十萬。」

第七章　朝局傾軋連換宰輔，任圜去國猶遭暗害

　　董璋雖然不打算給更多的錢，但他還是準備好好招待一下李仁矩，以便讓這位欽差大臣回去幫自己美言幾句。他在自己的府上擺一桌他自入川以來最為豐盛的酒席，請李仁矩過來把盞言歡、盡興方罷。哪知，他老早就把東川的山珍海味羅了上來，貴客李仁矩卻遲遲沒有來到現場。一直等到中午，菜都涼了，還沒有看到李仁矩的身影。

　　董璋心裡也不耐煩了，就差人前去催促李仁矩。

　　董璋的手下來到李仁矩下榻飯店去，發現欽差大人正在跟幾個小姐玩得眉開眼笑。只得回去向董璋報告：欽差大人現在忙著尋歡作樂呢。他們已經喝得花殘月缺、恐怕來不了了。

　　董璋一聽，不由大怒，老子恭恭敬敬地在這裡擺桌等你喝酒，你卻去玩小姐。老子堂堂方鎮大員，在你眼中，居然不如那幾個賣皮肉的娼婦？你這不是欺人太甚了？這樣的人回到朝廷後能幫你講好話嗎？

　　董璋也是職業軍人出身，雖然很善於曲意逢迎，但脾氣一上來，也不計後果。他立刻帶著幾百個人，衝進飯店，指著興猶未盡的李仁矩大罵特罵，然後喝令手下將這個一天到晚把尋花問柳當唯一的工作的欽差大臣砍了。

　　董璋的左右看到董璋真的動了殺機。李仁矩雖然可恨，但他到底是欽差大臣啊，要是把他殺了，後果會很嚴重的。便過來勸住董璋。

　　李仁矩這才撿回那條性命。他心裡當然有氣，我不過就是去嫖一次，你就想殺我？試問，嫖娼是死罪嗎？

　　他回到朝廷之後，就大量散布董璋的壞話，說董璋不但不足額交錢，還做了很多不法之事。

　　但此前安重誨拿了很多董璋的錢財，對董璋大加保護。李仁矩的這些言論，沒有對董璋造成什麼傷害。安重誨仍然盼望董璋在那裡，對孟知祥

1. 王延翰稱王擺天子儀仗，孟知祥殺監軍奪遂州

造成一定的壓制作用。

安重誨看到孟知祥不但在蜀中獨裁，不理朝廷的命令，而且還是李嗣源比較親近的姻親，如果向李嗣源請示，再處理孟知祥，只怕會生出很多波折來，他就自己挖空心思，尋求從實際上消滅孟知祥的辦法。

正好，曾任伐蜀先鋒官的李嚴自己請求去當西川的監軍。

安重誨大喜，李嚴對蜀的局勢瞭如指掌，有謀有勇，他到成都之後，必定能控制孟知祥。於是，就任命李嚴為西川都監，任命朱弘昭為副使。

李嚴接到這個委任狀後，很興奮。但他的老母親一點不興奮，對他說：「汝前啟滅蜀之謀，今日再往，必以死報蜀人矣。」

孟知祥得知李嚴入蜀，果然就很憤怒。他手下看到他一臉的憤怒，就對他說：「要不要奏請朝廷別再給我們派監軍？」

孟知祥說：「何必如此。我自有對付他的辦法。」

他派官員到綿州、劍州迎接李都監的到來。

正好武信節度使李紹文逝世，孟知祥自稱他曾接到過皇帝的密令，允許他見機行事。

927 年正月初十，孟知祥任命西川節度副使、內外馬步軍都指揮使李敬周為遂州留後，叫李敬周火速去赴任。然後才向李嗣源（李嗣源已於當月初一改名李亶）報告。這是用生米煮成熟飯的辦法，把遂州搶到自己的手中。

李嚴還在半路，就已經先派使者來到成都。

孟知祥此前跟李嚴的關係很好。當年兩人都在李嗣源手下供職，孟知祥那時是中門使。有一次李嚴犯了個錯誤，李嗣源很憤怒，拍著桌子喝令把李嚴斬首。

第七章　朝局傾軋連換宰輔，任圜去國猶遭暗害

孟知祥叫執行的人暫時刀下留人，然後進去見李嗣源，對李嗣源說：「李嚴只是犯了個小的過錯。總管不能以自己的喜怒而殺。這樣做，就會失掉士大夫的心。」

李嗣源怒氣消了一大截，叫孟知祥去打了李嚴二十杖，然後釋放。

孟知祥覺得自己對李嚴有過這樣的大恩，李嚴看到自己不高興，一定會知難而退。

為了爭取到大家的支持，孟知祥說：「各地藩鎮都廢除了監軍，唯獨在我們西川設立監軍。李嚴這是想再立滅蜀之功。」這個話散布出去之後，大家對李嚴的到來就更加氣憤了。

在李嚴來到成都時，孟知祥舉行了個歡迎儀式，把自己的軍隊都殺氣騰騰地排列出來。

他希望李嚴看到這個架勢之後，心生害怕，就打道回府。可是李嚴絲毫不以為意，在孟知祥的陪同下，硬是臉不紅心不跳地把部隊檢閱了一遍。

孟知祥想不到這個架勢對李嚴沒有產生一點威脅作用，也不好意思當場發作——畢竟他還不想把自己的野心完全暴露出來。他只得陪著笑臉，隆重地接待了老朋友，但他心裡更惱火了。既然擺個架勢，你可以裝糊塗，那就只好直接說明白了。

孟知祥還沒有跟李嚴攤牌，李嚴卻從懷裡取出詔書，要求孟知祥殺掉仍留在蜀中的前任監軍焦彥賓。

孟知祥不但沒有答應，反而對李嚴質說：「老兄奉詔出使見了王衍，回去之後就請求出兵伐蜀，先帝聽從了你的建議。結果使兩國都滅亡了。今天你又來到成都，蜀中人都感到害怕。不知是朝廷派你來的，還是你自己來的？」

李嚴看到孟知祥把話說得如此直白，知道老孟對自己真的很憤怒了。

1. 王延翰稱王擺天子儀仗，孟知祥殺監軍奪遂州

他在成都幾天，當然已經看出孟知祥要做什麼了。一個連皇帝都敢反的人，他還有什麼不敢做？

李嚴知道問題很嚴重了，立刻放下架子，十分惶恐地說：「是皇帝派我來的。」

孟知祥冷冷地說：「天下藩鎮都沒有監軍，為什麼只安排你到我這裡？這是你欺騙朝廷吧？」

李嚴聽到這個話，知道孟知祥真的對他動了殺機。他也不再辯解了，只是在那裡苦苦哀求，請老朋友高抬貴手，千萬不要拿他開刀。他知錯了，馬上捲起包袱從原路滾回去。老朋友當年救過我一命，現在就再救我這一次吧。

孟知祥說：「我們是老朋友了，我不想對你怎麼樣。但蜀人對你已經怒不可遏了。」

孟知祥沒有再跟李嚴囉嗦，大手一揮，在場的賓客立刻出手，把李嚴拿下，當場斬殺。

孟知祥殺了李嚴之後，又召左廂馬步都虞候丁知俊。

丁知俊嚇得面如土色。

孟知祥指著李嚴的屍體說：「過去李嚴出使蜀地時，你是他的副手。算起來，你是他的故舊，請你把他埋葬了。」

即使到了這時，孟知祥仍然沒有公開地宣布脫離後唐的統治。他殺了李嚴之後，就向李亶上奏，說了李嚴該殺的理由：李嚴來到成都之後，居然敢膽膽假傳陛下的口頭命令，說讓我回到朝中，由他代替我。他又擅自允許將士優選獎賞，任意作為。我已經替陛下把他殺了。」

內八作使楊訟芝這時也因公到蜀地出差，聽說李嚴已經被砍了腦袋，也怕得要命，馬上調轉馬頭，急奔而還。

第七章　朝局傾軋連換宰輔，任圜去國猶遭暗害

東川副使朱弘昭聽到李嚴被殺，知道孟知祥已經要脫離朝廷了。孟知祥一旦獨霸一方，第一步就會殺奔東川。他也害怕起來，天天動腦筋、想著離開東川回洛陽的辦法。正好這時有個軍事任務，董璋派他回去向李亶當面報告。他不由大喜過望，真是天助我也。當然，他還是假裝推辭幾下，然後風也似地出城，一騎絕塵而去。

李亶很快就得知李嚴被殺的消息，他雖然心頭怒火萬丈，但也無法追究此事。為了安撫孟知祥，他還派李仁矩將孟知祥被扣在鳳翔的家屬送到成都，以示他對孟知祥的恩德。原來此前孟知祥曾派武漳到晉陽接他的妻兒到成都。他們來到鳳翔時，李從曮聽說孟知祥殺了李嚴，就把他們扣在鳳翔。然後向李亶報告了此事。李亶接報之後，當然恨不把孟知祥的全部親屬都殺光，但現在他不敢再刺激孟知祥，只得下令把他們全部放回成都。

2. 宰相人選眾說紛紜，戲子功臣終遭清算

高季興在努力挖後唐的牆腳，孟知祥也在加緊腳步脫離後唐。

而朝廷還有很多制度都沒有完善。

比如，自從豆盧革和韋說被拉下馬後，現在宰相的職位都還在空缺的狀態。

目前決定朝廷人事的，仍然是安重誨。

安重誨雖然專權，但他也知道自己的學問實在太差，做什麼好像都不合規矩。所以，他就把孔循當自己的參謀。他認為，孔循從小就在宮廷裡，肯定熟悉朝廷裡那些紛繁得讓他腦子混亂的典章制度，也能看出朝士的品行和才能，很多事都向他請教。

2. 宰相人選眾說紛紜，戲子功臣終遭清算

現在朝廷缺宰相，大家都說，應該有宰相了。別的職位可以空缺一下，但宰相不能空缺太久了。

那誰來當宰相？

安重誨又問孔循。

孔循是南方人，心裡滿滿的都是地域歧視，他不願意由河北人來當宰相，就先推薦了鄭珏，又推薦崔協。

這時任圜也出來推薦人。他推薦的是李琪。

鄭珏向來跟李琪關係緊張，不願意跟他共事。所以，孔循就極力阻止李琪為相。他對安重誨說：「李琪雖然很有學問，但太不廉潔了。宰相只能由端重有器度者來擔任。這才能足以作百官的典範。」

大家吵來吵去，都沒有達成共識。

有一天，李亶也問到這個事。

安重誨又把崔協的名字提交上來，說：「我認為，崔協完全可以為相。」

任圜馬上反對，說：「安重誨對朝中的人員並不熟悉，他只是被人收買了，才力推崔協。崔協雖然是名家，但認識的字都沒有幾個。我已經是因為沒有學問而忝列相位，怎麼可以再加一個崔協而被天下人笑話呢？」

李亶說：「宰相之位，非常重要，你們務必再商討一下。我在河東時，發現馮道多才博學，與世無爭。我看他可以為相。」

如此一來，任圜和孔循推薦的人選就都落了榜。雙方都可以否定對方提出的人選，但哪個都不敢否定皇上提出的人選。

任圜還算有點城府，當場沒有表面出什麼臉色來。孔循就不一樣了，他當場怒氣勃勃，即使到了離開時，也沒有按規定向李亶行禮告退，而是用力一甩衣袖之後，逕自離開，嘴上還說：「天下之事，一是任圜，二也是任圜。任圜算什麼東西？如果崔協突然暴斃則已，只要他還活著，就必

277

第七章　朝局傾軋連換宰輔，任圜去國猶遭暗害

須讓他當宰相。」他說過之後，就連續幾天稱病不朝。

李亶便叫安重誨去向他解釋了一番，他這才一臉不高興地來上班。

安重誨又私下去找任圜通融，說：「現在正嚴重缺乏人才，就讓崔協暫作備選人員，可以吧？」

任圜態度十分堅決，說：「拋棄李琪而用崔協，就好比丟掉蘇合之丸，而選用屎殼郎推出的糞球一樣。」

這話直接把安重誨堵得無言以對。

孔循還不放棄。他跟安重誨在同一個地方當差。這一段時間，他當差時，不做別的事，專門在安重誨面前說李琪的壞話，然後又大力讚揚崔協，說崔協才是好戰友。

最後，孔循終於占了上風——李亶下詔，任崔協和馮道為中書侍郎，晉升宰相行列。

崔協終於如願以償。但那個郭從謙就悲慘了。

李亶能有今天，郭從謙的功勞絕對是最大的。如果沒有郭從謙搞出的興教門事變，後來的事情如何，誰都無法預料。李亶在心裡肯定大大地感激郭從謙，但他知道郭從謙幹了這一大票之後，在人們的心目已經是極差的形象——儘管百姓都在說「天下苦李存勖久矣」，恨不得李存勖死去。可是正統皇權觀念在所有人的心中，永遠占據著不可撼動的地位，他們對殺皇帝的人都會很生氣。何況，郭從謙還是個人人憎恨的戲子。百姓恨李存勖，更恨宦官和戲子。再說，不管哪個皇帝，對有殺皇帝前科的人都很不放心。綜上所述，郭從謙這樣的人，都是該死。

李亶先是把郭從謙調為景州刺史，把他從從直馬軍調出。郭從謙到景州後，還沒有上班，李亶派出的殺手已經大步上來，把他以及他全家都殺掉。

3. 徐知誥自罰立威，軍中宿將亦難撼其權

後唐高層為了爭奪這個宰相，大家寸步不讓，面紅耳赤。

徐知誥也在廣陵那裡不斷地樹立自己的權威。

當時，淮南勢力裡還有很多強者，都是前朝留下的功勛之臣，比如柴再用。

柴再用現任馬軍都指揮使。他來廣陵入朝時，違規穿著軍裝，御史就彈劾了他一把，他理都不理。大家都沒有辦法，只得向徐知誥報告。

徐知誥雖然級別比他高，權力比他大，但資歷遠遠比不過他。

徐知誥知道，在這個地方，他真的不能直接對柴再用這樣的人怎麼樣。但又不得不處理這件事，給滿朝文武一個交待。

徐知誥最終想了一個辦法。

在一天，他故意在楊溥休息的別殿裡請安 —— 這在當時算是違規的。

徐知誥回來之後，就自己彈劾了自己一把。楊溥認為這不算什麼，不必再追究了，更不用什麼嚴肅處理。

可是徐知誥卻堅決請求罰去一個月的工錢。

大家一看，知道誰再亂來，徐知誥肯定會毫不留情的。

4. 高季興撕破臉皮奪州搶寶，朝廷震怒三路伐荊南

現在最高興的大概就是高季興了。他趁著李亶分身乏術的時候，討到了三個州，雖然他答應朝廷的條件 —— 即那三個州的刺史都由朝廷任命。可是當朝廷把三個州的土地證發放給他之後，他就翻臉不認人了。他又上書朝廷，既然都把三個州劃給他了，就應該把刺史的任命權也給他，

第七章　朝局傾軋連換宰輔，任圜去國猶遭暗害

要不他要這三個州有什麼意義。

朝廷當然不同意。

高季興也不再說什麼。

等到夔州刺史任期到點，罷官回去時，高季興突然派兵進入州城，把原來的戍卒全部殺掉，然後宣布自己接管了夔州。

這時，朝廷再派西方鄴為夔州刺史。

高季興一看，這個朝廷高層的腦袋都是什麼東西做的？老子都明火執杖地殺光戍兵了，他們居然還派西方鄴前來？西方鄴你要是敢來，老子照樣敢殺。

高季興既然已經打出第一槍，已經撕破臉了，他就只有繼續做下去了。他搶奪了夔州之後，又派兵襲擊涪州。

涪州顯然已經有了準備，高季興的襲擊沒有成功。

正在這時，原來李繼岌派韓珙等人押送蜀地珍貨金帛四十萬，浮江而下。

高季興一看，哈哈，送財童子到了。老子雖然打不下涪州，但拿下這些船隊還是沒有問題的。他派兵過去殺掉韓珙等人，把這些財寶都占為己有。

此時，朝廷那一干人仍然在為財政發愁，得知高季興搶了這一票之後，當然大為生氣，派人前來責問他：你難道不知道那是朝廷的船隊嗎？怎麼搶得這麼乾脆俐落。

高季興在那裡一臉得意，答：「我沒有搶啊。我連見都沒有見過這個船隊。如果真有這個船隊，他們從出發地點到峽口時，已經有幾千里的航程。到底在這幾千里之內，出現了什麼，我真的不知道。如果你們想知道，就去問河神吧。」

李亶想不到這個高季興居然如此流氓，不由勃然大怒，不好好收拾他一把，他還以為他是軍神呢。他下令削奪高季興官爵，以山南道節度使劉訓為南面招討使、知荊南行府事，再派忠武節度使夏魯奇為副招討使，帶四萬部隊去打高季興。還派董璋為東南招討使、西方鄴為副使，與湖南軍會合，三面向荊南進軍。

高季興這邊還沒有擺平，魏博這邊又出事。

5. 魏博再亂盧臺變色，房知溫陰謀誘殺震驚朝廷

自從中唐以來，魏博地區就是一塊亂象的發源地。很多強者都靠魏博兵出來搞亂這個國家。即使是李存勗，當初也是靠魏博兵打垮朱友貞的。後來，皇甫暉和張破謀反，使得李存勗徹底滅亡，靠的同樣是魏博兵——成也魏博敗也很魏博。

李亶登基後，想把趙在禮調離魏州，可是趙在禮一直沒有離開魏州，並不是他想跟李亶對抗，而是魏博兵不讓他走，把他強行留下。

趙在禮本身並不膽大妄為，直到今天還是那麼膽小。如果在平時，就算把全世界所有的膽子借給他，他都不敢做違抗朝廷的事。他也一直在謀求脫離魏州的辦法，可是很多辦法並不是你一想就想出來的。他暗中派人到朝廷，請朝廷再把他調往另一個地方。他這樣做，至少可以讓李亶表明他的忠心，向李亶證明他不離開魏州並不是他的原因，而是另有隱情。

李亶曾經親身經歷過被魏博兵脅迫的事，當然知道趙在禮的苦衷。他任命皇甫暉為陳州刺史，趙進為貝州刺史，再調趙在禮為橫海節度使。他想用這個辦法，把魏博軍的核心人員，都分散到其他地方。

然後他再他的兒子李從榮鎮鄴都——在這裡，可以控制魏博地區。

第七章　朝局傾軋連換宰輔，任圜去國猶遭暗害

在李從榮出發時，李亶派范延光帶兵護送李從榮，並負責主持鄴都的軍事工作。

李亶還從奉節等九指揮抽出三千五百人，由軍校龍晊帶領，去守衛盧臺，以防契丹。可是朝廷居然沒有給這支部隊發放鎧甲和武器，只是在長竿上掛個旗幟來跟其他軍隊區別。大家遠遠看過去，還以為是一支正在遊行的丐幫。

他們看著自己的這個模樣，也都自卑得要命，接到命令之後，都俯首貼耳而去。

他們還在行軍途中，就聽到了李嚴被殺的消息。他們覺得這個天下是不是又要亂了？要是這個天下一亂，他們這支沒有武器的部隊怎麼辦？是不是就這樣等著人家舉刀砍過來，然後用脖子迎接？接著各種讓他們恐懼的謠言更是越來越多，幾乎每天都有更新。他們就更害怕了。

他們到了盧臺之後，朝廷又不按規定而突然提拔烏震為副招討使，他們覺得就更反常了。事出反常必有妖啊。

本來這個副使是由房知溫擔任的。

當房知溫突然看到朝廷出現這個人事異動，直接讓自己的職務沒有了，心裡很是不爽。

烏震很快來到新單位報到，準備跟房知溫交接工作。可是房知溫卻不把那顆大印交給烏震。

烏震也沒有辦法。他不敢硬來，想跟房知溫商量著如何解決這個問題。

當時，盧臺戍軍夾水而為東西兩寨。烏震住在東寨，房知溫在西寨。

烏震就派人去請房知溫和馬軍都指揮使安審通到東寨切磋一下棋藝。

房知溫一看，你這是搞鴻門宴吧？我要是相信你，還不如自殺算了。他馬上把龍晊叫來，說烏震要拿我們開刀了，只能先下手強了。

5. 魏博再亂盧臺變色，房知溫陰謀誘殺震驚朝廷

他帶著龍晊一起去下棋。龍晊就在席間，把烏震的腦袋砍下。

烏震一死，軍中自是大亂。

安審通乘亂逃到西寨，集合騎兵，準備出戰。

房知溫得知安審通逃出去之後，馬上就知道，這支叛軍是打不過安審通的騎兵的。如果他還跟龍晊他們混在一起，他就會被當成叛軍領袖被處理的。他馬上翻身上馬，跑出門外。

亂軍們都知道，這事就是由他挑起的，他是這件事的真正策劃人，他要是逃了，他們就會群龍無首，就抓住他的馬韁，問他：「你是我們的老大啊，現在你要到哪裡去？你走了，我們怎麼辦？」

房知溫對他們說：「兄弟們別著急。現在騎兵都在河西，我必須去召他們。如果只有步兵，我們是做不成事的。」

大家一聽，呵呵，大官的見識就是高，我們想不到的地方，他都能想到，就把他的馬韁放了。

房知溫急忙躍馬而去。

到了河邊，他棄馬登舟。到了西岸之後，他立刻就與安審通一起，商量著攻打亂兵。

亂兵們這才知道，他們徹底上了房知溫的大當。他們先是充當房知溫的打手，把烏震殺了。現在他們又成房知溫圍剿的對象。等把他們全部消滅，房知溫又立了一大功。房知溫啊，你太陰險了。是的，他不陰險他還是房知溫嗎？

房知溫和安審通帶著騎兵慢慢地向亂兵逼來。亂兵們也知道，他們是拚不過騎兵的。他們都向南逃竄。

騎兵並沒有向他們追擊，而是隊伍整齊地慢慢跟在後面。

亂兵們就更加慌張了。他們勉強排好隊，手持火把在夜裡前進。結果

第七章　朝局傾軋連換宰輔，任圜去國猶遭暗害

　　他們都跑進了一片荒灘水澤，最後累得精疲力盡。安審通這才下令進攻。亂兵們片刻就被大量消滅。剩下的逃回軍營。可是安審通已經把他們的營房燒掉了。他們進退失據，又被安審通一頓大打。除了一小部分躲到山林之外，其餘的都被就地殲滅。

　　那個負責護送李從榮的范延光聽說盧臺兵出現了兵變，就發滑州的部隊再到鄴都，自己還做好了逃跑的準備。

　　李亶也沒有料到盧臺居然發生這樣的事，心下大怒，一群丐幫一樣的士兵都敢搞事，不把你們嚴厲處理，朕這張皇帝臉也丟光了。

　　他下令，凡盧臺亂兵在營家屬一併滿門抄斬，一個不留。

　　這個命令傳達到鄴都之後，九指揮的門都關起來，然後驅趕三千五百家共一萬多人到石灰窖，再排頭砍去。一輪屠殺，使得永濟渠為之變赤。

　　李亶不是笨蛋，他很快就知道，這事完全因為房知溫而引起的。可是他現在還沒有精力去處理這件事，為了暫時安定局面，他還必須忍住滿腔怒火，加房知溫兼侍中。因為高季興這邊更加重要。

6. 江陵苦戰無功而返，高季興轉投吳國再斷後唐顏面

　　劉訓領兵來到荊南時，高季興的死對頭馬殷派許德勳等人帶著水軍也來到岳州，隨時準備向高季興出手。

　　高季興雖然前一段為了打那幾個州，奮不顧身，但他的兵力實在是太有限了，以前連一個張武都搞不定，現在看到這麼多的敵人大舉前來，哪敢出去硬拚。他緊閉城門，然後派人去向吳國求救。反正吳跟楚也是勢不兩立的。如果楚奪取了荊南，對吳的影響就大了。吳國方面出於自身的安全，也不會拒絕高季興的求救。

6. 江陵苦戰無功而返，高季興轉投吳國再斷後唐顏面

吳國那邊接到高季興的雞毛信後，果然出動水軍來援救他。

高季興雖然看過去十危急，但他在這裡經營多年，城防還是很堅固的，劉訓一時哪能攻得下？

江陵地區低下潮溼，又正值雨季，糧道就不暢通，更要命的是，劉訓帶來的部隊很快就出現水土不服的現象，很多人都生了病，連劉訓也未能倖免。他病得比其他人更重，已經到臥床不起的地步。

李亶只得派孔循前去視察，看看具體情況再制定新的作戰方案。

五月初三，孔循來到江陵。

他長期當安重誨的顧問，在朝廷中說一不二，自以為自己很有能耐。他到江陵之後，一看江陵這麼一個地方，又沒有什麼大援，怎麼攻打幾個月都沒有拿下。一定是你們這幫傢伙去戰鬥時出工不出力。

他馬上下令火力全開。

結果，火力全開了幾天，江陵城仍然在那裡巋然不動，後唐政府軍還在外面喊殺連天。

孔循這才知道，這城真的很堅固。既然打不下，那就搞政治攻勢。他想到這一點，心裡又是無比自戀，哈哈，只有我這樣在高層待過的人，才會想出用政治解決戰鬥的辦法。這些在戰場上的人，只會簡單粗暴地用武力，一旦武力無效，就只有發呆了。哪像我們這些高智商菁英，手裡都有兩把刷子，武的不行，還有文的。

孔循所謂的政治攻勢，更是小兒科。他派人進城，說了一堆大道理，試圖說服高季興，說誤入歧途，不要一誤再誤、墜入深淵，要迷途知返，要回頭是岸……

高季興哈哈大笑，這些道理我讀小學時就知道了。現在我不想聽了。你們有本事，就打進來。

第七章　朝局傾軋連換宰輔，任圜去國猶遭暗害

　　高季興準備這麼多年，城裡的各種儲備都很充足，而後唐兵出得倉促，自帶的糧草不多，現在糧道又不暢通，還疾病橫行，很多營房都成了病房。所以，雖然人數眾多，三面進攻，但攻勢卻很疲軟。當李亶向他們詢問戰況時，他們只是向朝廷訴苦，把各種困難都擺了上來。當然最困難的還是吃飯問題。如果這個問題不解決，其他都免談。

　　李亶也很著急。他也想把糧食送過去啊，可是天天下雨，路都塌了，他怎麼送啊。

　　最後，有人建議，讓馬殷送吧。他靠近那裡，很快就會送到的。

　　李亶一聽，很有道理。現在這麼多的勢力中，就是馬殷和錢鏐對中原王朝最死心塌地，完全可以說是中原王朝的鐵粉，這麼多年來都沒有出事過。

　　李亶就派人向馬殷送了一套鞍馬、玉帶，然後請他向江陵前線送點糧食。

　　可是，馬殷卻不願意，我們這裡都是丘陵地帶，土地資源有限，從來就沒有豐收過。手裡一直沒有餘糧。目前倉庫裡的糧食，還不夠我們用。我們都還想向朝廷伸手呢。

　　李亶這才知道，這些忠心都是假的，都只想從他這裡得到便宜。他們奉自己的正朔，無非是想依靠自己當他們的靠山，牽制一下吳國而已。中原王朝很多人一直都把人家當小弟弟，而人家卻把中原王朝當棋子。

　　李亶拿馬殷也沒有辦法。他也需要馬殷在湖南制衡。只要馬殷勢力還在，吳國就會有後顧之憂，不敢舉全力對北。從這方面來，馬殷又何償不是後唐的棋子。這就是政治，其實就是互為棋子而已。

　　最後李亶只得下令罷兵，暫且放過高季興一馬，以後再收拾。

　　馬殷拒絕了李亶的要求，但他更不想僵化跟後唐的關係。在劉訓收兵

6. 江陵苦戰無功而返，高季興轉投吳國再斷後唐顏面

回去之後，馬殷馬上就派史光憲到洛陽入貢。

李亶雖然對馬殷這個滑頭做法很生氣，可是按照目前的國內外形勢，後唐只能跟馬殷維持好關係。

李亶把那口氣又強行吞了回去，死死地壓在心底，親切地接見了楚國的使者，然後賜給馬殷十匹駿馬、兩個美女，忠心祝願楚王馬殷身體健康、生活快樂。

史光憲完成出使任務後南歸。他大概覺得自己這次任務完成很出色，外交收穫很大，一路得意，居然大搖大擺地經過江陵。

高季興知道後，就把史光憲扣住。那十匹駿馬和兩個如花似玉的美女，都被高季興奪去。

到了這個時候，高季興跟後唐的關係，已經到了死角，絕對沒有迴旋的餘地。高季興雖然頂住了後唐的進攻、守住了江陵，但他也知道，比起後唐來，他的綜合實力真的太小了，如果後唐再來打他，他失敗的機率是很高的。於是，他就派人去吳國，表示以後當大吳國的小跟班。

吳國高層接到高季興的信後都很高興。好多年都沒有這個現象了。我們不出一個兵，就拿到了荊南這塊肥沃的土地，完全可以好好的開個慶祝大會了。

徐溫卻很冷靜，他對大家說：「為國者當務實而去虛名。高季興事唐已久，現在又反唐，這樣的人品，真不怎麼樣。況且江陵離洛陽並不遠，唐人不管是步兵還是騎兵，前去奔襲，很快就會到達。我們去救他，舟師還必須逆流而上，救援實在太困難了。納人為臣而不能去救援，我們難道不感到慚愧嗎？」

於是，他們拿了高季興送過去的禮物，卻不讓他對吳稱臣。說你們還是繼續依附唐國吧。

第七章　朝局傾軋連換宰輔，任圜去國猶遭暗害

打不下高季興，李亶當然很不愉快。他為此而貶劉訓為檀州刺史——檀州這裡的氣候你不怕水土不服了。

7. 任圜剛正遭忌恨，安重誨設局落井下石

除了江陵之戰讓李亶不高興之外，任圜也讓他不高興。

由於李存勖在前面搞得太爛，李亶即位之後，很多事都困難重重。幸虧任圜幫他執政，為他解決了很多事，使得朝政逐步進入正常軌道。但李亶對安重誨特別信任。他信任安重誨遠遠勝過任圜。

任圜雖然是上書生，可是性格太剛硬。而且他還仗著自己原來跟李亶有交情，以為李亶會全力支持自己，所以平常敢作敢為，只講原則，從不看別人的臉色。如此一來，那些靠家族的權貴們對他就很生氣了。大家知道，按此情況發展下去，他遲早要跟這些權貴發生衝突。

最先跟他發生衝突就是安重誨。

按舊以前的規定，使臣外出的費用都由戶部報帳，安重誨說以後由樞密院報帳吧。

任圜不同意。

兩人為此事多次在李亶面前展開辯論賽。而且辯論得聲色俱厲，唾沫飛濺，誰都不退讓半步。

有一次，他們激辯結束，退朝之後，宮人問李亶：「剛才和安重誨激烈爭辯的人是誰？」

李亶說：「宰相。」

那個宮人說：「我在長安宮中供職時，從來沒有見宰相和樞密奏事時敢吵到這個地步。這是輕視皇上的表現。」

7. 任圜剛正遭忌恨，安重誨設局落井下石

李亶本來就是個職業軍人，沒讀過什麼書，聽了這些宮女一說，一聽，心裡就對任圜大為不悅。

於是，他就支持了安重誨的主張。

任圜一看，知道李亶已經開始討厭自己了，便請求辭去三司之職。

李亶當然同意。

過了一個月，他又把任圜的門下侍郎、同平章事罷去，改任太子少保。

所有的人都知道，太子少保官名很長，但其實是個閒職，根本沒有什麼工作。

由此可知，李亶對任圜真的已經很惱火了。

安重誨一看，對任圜落井下石的時候到了。

有一次，安重海途經任圜的府第——兩人的矛盾雖然已經公開化，公開得百姓都知道了，但他們還是做點表面文章的，相逢時，還得向對方獻出笑臉，雖然是皮笑肉不笑。

任圜看到安重誨跑過自己的家門口，就請安重誨到家裡坐坐。然後還設宴招待這個老冤家。

席間，自然有歌舞表演——如果只喝悶酒，那是酒鬼的喝法，不是士大夫的高雅行為。

安重誨雖然沒讀過什麼讀書，但審美能力很強。他突然發現，老任這個讀書人，看起來老老實實，堅持原則得像一塊石頭，可是選美女卻一點不含糊。這個歌妓真的太漂亮了，老子越看越動心。他當場就向任圜提出，任大人，你這個美女漂亮啊。你用了這麼久，是不是轉讓給我用一用？

任圜當然不願意。我花了多少力氣才找到這麼一個才貌雙全的美女，才欣賞了幾天，你就來橫刀奪愛。他堅決回絕了安重誨的要求。

第七章　朝局傾軋連換宰輔，任圜去國猶遭暗害

安重誨本來對任圜就已經很不爽了，現在看到他又不願給自己美女，就更恨任圜了。

從此，安重誨就把陷害任圜當成自己工作的重中之重。他每天都在李亶的面前說任圜的壞話。

李亶本來對任圜的好感度已經下跌到底了，現在天天聽到安重誨這麼說，看來任圜這個老匹夫真不是好人，他不但看不起安重誨，還看不起朕。於是，他下令任圜致仕，不要老在朕面前晃來晃去，朕看到你就想吐。

很多人看到這個樣子，知道任圜真的很危險了。因為現在不光李亶討厭他，更要命的是，安重誨恨他，時刻都想置他於死地。

8. 任圜忠而被害，李亶卸磨殺驢

這時有個消息似乎讓李亶覺得又有了點面子。

西方鄴在三峽擊敗了荊南的水軍，又奪回了夔、忠、萬三州。

為了表彰西門鄴，李亶下令升夔州為寧江軍，任西門鄴為節度使。

高季興事件對李亶造成的陰影實在是太大了。他總想找一些事來處理，以洩心頭的這個塊壘。

他又下令把段凝和溫韜分別流放到遼州和德州，再把打敗仗的劉訓流放到濮州——你連高季興都打不過，還有什麼臉面當軍人？高季興真的那麼難打嗎？你看看西門鄴，人家一口氣奪回三個州啊。

李亶心裡的陰影仍然沒有消除。他還追究下去。他說，去年同意把三州劃給高季興的，就是時任宰相豆盧革和韋說。你們那麼乾脆地把這三個州劃給他，分明是他的同黨。於是，把兩人賜死。

任圜也知道李亶對自己的憤怒已經到了頂點，自己最好遠離他為妙。

8. 任圜忠而被害，李亶卸磨殺驢

他就向李亶提出，讓他到磁州去過退休生活。

李亶當然同意。你要是跑到天涯海角去過退休生活更好。

李亶不但恨任圜，也恨李從榮身邊的那些人。

他對安重誨說：「李從榮身邊居然有人假傳聖旨，讓他不要接近儒生，理由是怕削弱人的志氣。朕因為從榮年輕而任大鎮，所以選派了名儒來輔佐他，沒想到現在這些奸人居然這樣教他。請立刻把這些假傳聖旨的人斬首。」

這時，安重誨倒是寬大得很，何必對這些小人動怒。以後對他們加強防範就行了。

在這個亂世裡，出現最多的就是謠言，稍有點風吹草動謠言就滿天飛。

西元927年十月初七，在洛陽生悶氣很久的李亶決定去汴州散散心。

初九他到達滎陽，他這次出來，什麼事都沒有做，什麼指示也沒有發出。可是民間的小道消息卻到處傳播。一個小道消息的內容是，皇帝準備親率大軍擊吳。還有一個小道消息是：李亶這次不但要打吳國，而且要把東方那些可疑的諸侯全部搞定。

對於很多國人來說，這樣謠言只是他們茶餘飯後的話題，大家聊聊天，然後主動為皇帝代入一番、爭論半天之後，就一鬨而散，回去洗澡睡覺。

但對於宣武節度使朱守殷來說，就不一樣了。

如果這個傳言是真的，發兵東方，他就是首當其衝、最先被打倒的。

他聽了這個謠言之後，又看到李亶確實已經出了洛陽，目標又是往汴城的。

朱守殷就更睡不著覺了。

第七章　朝局傾軋連換宰輔，任圜去國猶遭暗害

朱守殷的判官孫晟看到朱守殷一天到晚神不守舍，睡不著覺，語無倫次，都變得神經衰弱了，便勸他：「既在如此，不如先反。高季興都能反，我們為什麼不能反？」

朱守殷一想，也對。便宣布宣武戒嚴。

李亶做夢也沒有想到，朱守殷在毫無徵兆的情況，突然宣布反抗朝廷。這傢伙到底是吃錯了什麼藥啊。他真不知道，朱守殷其實是誤信謠言。

李亶派范延光前去說服朱守殷，勸他回頭是岸，不要自絕於百姓。

范延光向來是個怕死鬼，讓他去勸說朱守殷，這怎麼行啊，如果朱守殷惱羞成怒，這個腦袋可就完蛋了。君子不立危牆之下，也不能跑到危險的地方去啊。

當然，他也知道，他現在是不能推辭的。李亶已經發出了命令，他就必須去大梁一趟。他腦子也很靈光，既然如此，不如勸李亶以武力解決。而且讓他帶兵前去——與其單騎去跟朱守殷打交道，不如帶一支軍隊去，就安全多了。

他對李亶說：「對這種動不動就舉起反旗的人，不必跟他們費口舌。最好的辦法就是早日出兵消滅他們。早一日出兵，早一日解決問題。如果不盡快出兵，大梁城就會更加堅固。請陛下給我五百騎，我就可以把大梁拿下來。」

李亶同意。

范延光知道，要想攻克汴城，必須出其不意，否則，只有五百個騎兵，什麼事都做不成。

他接受任務時，太陽已經落山，但他仍然下令出發，一路保持急奔的狀態。第二天天還沒有亮，他們就跑了兩百多里，來到了大梁城下。

8. 任圜忠而被害，李嗣卸磨殺驢

由於他們來得太突然，城裡的軍民都是大為驚訝，倉促出戰，居然沒有打過他。

此時，李嗣抵達京水，派石敬瑭率兵倍道挺進，前去增援。

大家知道，朱守殷突然造反，只跟謠言有關，跟其他人真沒有什麼關係，跟任圜這個已經退位的人更沒有一絲一毫的關係。但安重誨卻硬將任圜跟這件事牽扯在一起。

當然開始安重誨並沒有這樣想。是他手下某個死黨幫他出的主意。這傢伙對他說：「那些已經丟了職務而在外邊的人，在發生這些亂子的時候，往往會成為禍患，不如早除之。」

安重誨一聽，猛拍大腿，你不提醒我，我還真忘記了。任圜老匹夫現在就在外邊。哈哈，完全可以趁這個機會、把他一把搞定，讓他永遠消失。

他馬上奏請，派使者賜死任圜。

端明殿學士趙鳳一看，任圜這輩子就是忠心耿耿，以前沒有犯過什麼錯，現在退休了更沒有犯過什麼錯，怎麼就突然被賜死了，你們想害他，也不能出這種爛招吧？他哭著對安重誨說：「任圜是個義士，最知道大是大非，怎麼會叛逆呢？你濫刑如此，怎麼能當國家的首輔？」

安重誨根本不理趙鳳，派使者去執行任務。

使者到達磁州，向任圜傳達了李嗣的賜死命令。

任圜聽了，並沒有嚇得失態。

他跟安重誨共過事，也跟李嗣共過事，深知兩人的性格特點，知道自己無論如何都逃不過兩人的屠刀了，他再怎麼申辯都已經沒有用。他沒有參與過任何叛逆之事。去年李繼岌死後，他手握幾萬精兵，而且是全國最能打仗的軍隊，他都沒有一絲異心，他把那支部隊完整地帶了回來，交給

第七章　朝局傾軋連換宰輔，任圜去國猶遭暗害

李亶。可以說，如果他要叛逆，那時就是他謀逆的最好機會。但那時他連謀逆的想法都沒有過。現在他手無寸鐵，已經退休在家，一個手無寸鐵的鄰家老翁，他還會去造反嗎，而且會去跟朱守殷這樣的人合作嗎？只有最蠢的人才會選擇在這個時候造反，只有心思最陰暗的人才會這個時候誣陷他造反。能在這個時候，都還以這個理由陷害他，說明李亶和安重誨無論如何都要他非死不可。

任圜只是看了看使者手中的詔書，然後把全家人都集中起來，擺了人生最後一場盛宴。

他喝完酒之後，從容就死。

任圜是李亶手下最有治理能力的人，也是毫無保留地忠於李亶的人。就是因為他性格耿直，堅持原則，招致安重誨和李亶的忌恨，結果竟然被兩人害死。

大家看到任圜退休了都還被害死，心裡都一片冰涼：當忠臣怎麼就這麼困難？

似乎自古以來就這樣。

當然害死任圜不是這次行動的最終目標，打朱守殷才是最重要的任務。

十一日，李亶來到大梁，下令部隊四面攻城。

朱守殷原來並沒有準備造反，這次突然起事，並沒有事前謀劃。大家看到城池被四面攻打，都嚇得要命，覺得還跟朱守殷這樣的人在城裡，肯定會玉石俱焚，於是都縋出城來，對李亶投降。

朱守殷看到大家都在拋棄他，他也絕望了。別人絕望了，可以出來投降，他是不能出來投降的。他把全家族的人全部殺掉，然後伸著頸脖，叫左右往這裡砍。

朱守殷死後，那些守兵都放棄了抵抗，開門把官兵放了進來。

倒是那個力勸朱守殷的孫晟逃了出來，投奔吳國。

9. 徐知誥險中翻盤穩握大權，徐溫遺命分權最終成空

孫晟到了吳國，也跟很多北來的人一樣，被徐知誥收留。

徐知誥此時更加緊招攬人才。因為，徐溫這時候已經很老了，很有可能隨時會撒手人寰。

果然，孫晟才到吳國沒有幾天，吳大丞相、都督中外諸軍事、諸道都統兼中書令徐溫就宣布逝世。

徐溫一死，誰接他的班，就成了大家關注的大事。

徐溫有幾個親生兒子，但他一直讓徐知誥這個養子代替他在廣陵掌握朝廷大權。徐知誥也一直盯著徐溫的位子。他此前利用徐溫對他的信任以及徐溫賦予他的權力，不斷地鞏固和擴大自己的權力，做了很多爭取民心之舉。比如經常派人視察民間，遇到有婚喪匱乏者，就會送些東西，大家覺得他就是個好人。他自己也把生活過得很簡樸，即使在盛夏時節，走在大太陽下，他也從來不張蓋，甚至不用扇子，如果左右上來打傘蓋，他就直接拒絕：「現在很多人都還暴露在大太陽下，我憑什麼有特權？」這樣一來，淮南的民心都歸向了他，因此，徐溫雖然遙秉大政，但吳人已經歸屬於他。

徐知誥一面盡力爭取民心，一面也暗中做著擺脫徐溫控制的動作。

徐溫在金陵，但有事也經常入朝。徐溫以前每次入朝，都會帶著兵仗入覲。

徐知誥就偷偷地對楊溥說：「徐溫雖然是我的父親，而且滿心忠孝，

第七章　朝局傾軋連換宰輔，任圜去國猶遭暗害

一心為國。只是藩鎮入覲，向來沒有帶兵仗的先例。這個先例是不能破的，即使是我的父親。」

楊溥一聽，就跟徐溫說了。徐溫雖然是說一不二的權臣，但他很要面子，從不肯在明面上做出反對吳王的舉動。聽楊溥說他帶護衛部隊入覲是違例之事，就真的不再護衛入朝了。徐溫做夢都不會想到，這個點子就是他認為最為孝順的養子徐知誥提出來的。目的就是要削弱他的權威。

徐溫喜歡白袍。每到徐溫的生日，徐知誥必定給老父親獻上精美的白袍。

有一次，他剛把精美的白袍恭恭敬地獻給父親大人，恭祝父親大人萬壽無疆。

有個客人為了巴結這對父子，就說：「白袍不如黃袍好。」

所有的人都知道，黃袍是皇帝的制服。聽了這個人的話，都覺得這個客人真的太會說話了。

哪知，徐知誥卻對徐溫說：「父親忠孝之德，朝野所仰，如果為奸佞所惑，被外界所知，父親的名聲就會被玷汙。」

徐溫雖然陰謀用盡，但又極愛自己的名聲，當場點點頭，說你說得好。把那個客人罵了一頓。

大家一看，都以為徐知誥是在好心規勸徐溫，為徐溫的名聲著想。其實，徐知誥另有心思。他現在最怕的就是徐溫突然心生取國之志，自己當了吳王、甚至稱帝。那情況對徐知誥就大大的不利了。因為徐溫一旦稱帝，必定立自己的親生兒子為繼承人。到那時，他就完蛋了。所以，就極力阻力徐溫往這方面去想。只要徐溫還只當這個權臣，他徐知誥就還可以主持朝政，他以後才有取代徐溫的可能。

很多人都看出他的這個遠大理想。

9. 徐知誥險中翻盤穩握大權，徐溫遺命分權最終成空

徐溫的另一個兒子徐知詢認為自己才是徐溫理所當然的接班人。他認為，父親把這麼大的權力交給這個非親生子，實在是太不應該了。所以，他曾多次去徐溫那裡要求父親把權力從徐知誥那裡奪回來，交到他的手中。

可是徐溫卻不同意，對他說：「你們幾個兄弟差他太遠了。」

作為徐溫的最大號謀主的嚴可求更看出徐知誥的心思。

嚴可求絕對是淮南集團最大的智囊，他對很多局勢的預測，基本上都能一語中的，令徐溫大為佩服。嚴可求智商很高，但心裡都塞滿了那套正統思想，雖然跟徐知誥有姻親關係，但他仍然覺得這個權力應該是徐家的權力，應該由徐溫的親生子來繼承。他和行軍副使徐玠一起去勸徐溫，請徐溫讓徐知詢取代徐知誥，權力交給自己的孩子，才是天經地義的。

徐溫卻不聽，他說：「徐知誥孝順而謹慎，真不忍廢掉他。」

徐溫的夫人陳氏更是力挺徐知誥，她說：「徐知誥是我們貧賤時就撫養的，哪能富貴後就拋棄他？」

嚴可求仍然不斷地說服徐溫，但徐溫就是不採納。

後來的事證明，徐溫是有自己的打算的。他覺得徐知詢還沒有成熟，還是先讓徐知誥掌權。他相信，只要他還在，徐知誥是不敢有什麼動作的。他是想在最後時刻，才奪回大權，交給徐知詢，所以他對這些人的勸說，都採取不理睬的態度。

徐溫這輩子最想做的事，就是勸楊溥稱帝。

這年（西元927年）十月，徐溫又策劃了一次勸進。這時，他的年紀已經很大了，大概他也覺得自己來日無多，如果再勸進無果，只怕這輩子真的無法完成這個任務。所以，這一次，他決定不再自己單獨去說服楊溥，而是帶領一群藩鎮老大一起入朝，集體勸進。

第七章　朝局傾軋連換宰輔，任圜去國猶遭暗害

徐溫做好了一切準備，正準備從金陵出發時，突然就得了病。

徐溫得病之後，無法去廣陵。他既然已經策劃了這次行動，當然不能因為身體原因就叫停。徐溫就派徐知詢代表他拿勸進表去勸楊溥稱帝。然後就留在廣陵那裡，代替徐知誥。

大家到這時才知道，徐溫的內心還是向著自己的兒子。只是他太會做表面文章了，以致大家都誤會了他。

徐知誥一直就很關注徐溫的動靜和態度。他也在第一時間就得知了徐溫的這個安排，不由大驚失色。他在高層混了這個麼多年，最知其中的凶險。一旦他的大權被剝奪，他的性命大機率也會跟著完蛋。這些年來，朝廷大權都被他牢牢控制，不光徐知詢兄弟對他恨之入骨，就是嚴可求這樣的人對他都不滿。他們認為，這個權力應該由徐溫親生兒子掌握才是王道，可徐溫偏偏把權力交給他來執行。你一個外人算什麼，居然來搶我們家的權力。

徐知誥雖然對自己的能力很有自信，但他更知道徐溫的手段。現在徐溫既然決心這麼做，肯定已經準備了後手，他再怎麼抵抗都是徒勞。

徐知誥大駭之後，便決定主動退出。他在家裡汗流浹背地起草了奏表，內容是請把他外放當洪州節度使，以後就在洪州那裡老老實實地當節度使，不再染指朝廷中的事了。他準備第二天一早就把這個奏表遞交楊溥。

哪知，到了傍晚，又一個消息傳來：徐溫已經去世。

徐知誥聞知，幾乎要跳起來，父親大人啊，你死的太是時候了。你簡直是為我而死啊。

他把那張奏表撕得粉碎，丟進了垃圾桶裡，徐溫已經死了，徐家那幾個兄弟，只要動動小指頭，就可以擺平。

徐知詢才到廣陵，得知父親死去，便又趕回金陵。

徐溫雖然死了，但他策劃勸進的事還是成功的。

徐溫死後幾天，楊溥就在一眾屬下的擁護下稱帝。他任命徐知詢為諸道副都統、鎮海寧國節度使兼侍中，算是讓他繼承了徐溫之位，但卻把徐溫最重要的另一個職務加給了徐知誥。這個職務就是都督中外諸軍事。

楊溥稱帝之後，目前全國有三個皇帝，一個是李亶，還有一個是劉巖。

10. 李亶借命自安，內憂未平按兵不動

楊溥稱帝的消息傳到洛陽，安重誨認為楊溥太狂妄自大了，請李亶出兵伐吳。

李亶雖然一直很聽安重誨的話，但這時他卻很冷靜，沒有採納安重誨的這個建議。目前他雖然稱帝，權力基礎也越來越穩固，但內部的潛在不穩定因素還有很多，那些反對勢力都在蠢蠢欲動，你真不知道他們什麼時候會像朱守殷那樣，冷不防就起來叛亂。現在最重要的任務，就是先把內部穩定好，再去想別的事情。

李亶近來雖然有點不順利，但他仍然相信他能有今天完全是命中注定的。

他在鄴城之變前，一直沒有過要當皇帝的想法，但他仍然清楚地記得那個周玄豹。

周玄豹是個相面專家。當年，李亶在晉陽碰到他。周玄豹在仔細掃視他的臉面之後，對他說：「恭喜！」

李亶說：「有什麼好恭喜？是不是今天我的臉洗得特別乾淨，氣色很好？」

第七章　朝局傾軋連換宰輔，任圜去國猶遭暗害

周玄豹嚴肅地說：「我看臉，從來不看你有沒有洗過。即使一年不洗，臉上覆蓋了一層厚甲，我也能一眼就透過表象看出本質來。現在我把話放在這裡，你的臉表明了你將貴不可言。」

至於貴到什麼地步，周玄豹就跟所有的大師一樣，是不會詳細描述的。他們說到這裡的時候，一般就用「天機不可洩漏」劃上句號。

李亶也是聽到這裡為止。

現在李亶當了皇帝，覺得周玄豹的能力太強了。多少年前就精準地預測到他的現在。他雖然在百忙之中，仍然派人去把周玄豹叫來，想讓他在朝中當個大官。

趙鳳堅決反對：「周玄豹當年預言陛下當為天子，現在真的驗證了，不必再問他了。其實，這種人在開口時，基本都說別人貴不可言。至於貴到什麼地步，就走著瞧。反正總有人最後會大富大貴的。如果把這樣的人留在京師，那些輕躁狂險之徒就會擠滿他家，爭問凶吉。最後必將導致被滅族的人很多。這不是國家之福。」

李亶雖然迷信周玄豹，但聽到趙鳳這話後，覺得還真有道理。天下這麼大，有野心的人真的太多了。很多野心家就是靠面相大師的幾句話，就以為天命悠歸，奮勇舉起造反的大旗，然後真的把朝廷推翻了──這樣的例子，歷史上實在是太多了。

李亶嚇出了一身冷汗，就只任命周玄豹為光祿卿，然後讓他以此致仕。可能很多人傳說，既然他聽從了趙鳳的話，為什麼還給周玄豹享受這麼高的待遇？這不等於給周玄豹打了個大大的廣告，而且這個廣告的代言人還是現任皇帝。

其實，這也是李亶的聰明之處。他雖然姓李，但只是李克用的養子，按當時的傳統，他絕對沒有繼承皇位的天然條件。這個血緣在當時是很重要的──就是傻成晉惠帝那樣，只要是符合「立長立嫡」那一套原則，就

10. 李亶借命自安，內憂未平按兵不動

完全可以繼承皇位，繼承得天經地義，百姓都認為順理成章。如果不符合這個法則，就算比孔明還聰明，你最多也只能當丞相。更何況是外人？那是連「皇」字的郊區都無法沾邊。如果光從李亶的血緣關係上，不管你如何驗血，他都跟李克用的血型對不上。因此，李亶都覺得自己的皇位來得不正，來得毫無依據。他必須打到這個依據。於是，就只好說他的今天是老天已經注定的。不信可以問周大師。現在周大師都還健康地活著。他可以作證。

對於很多皇帝來說，迷信真是個好東西。所以皇帝們都迷信。

李亶在這個時候，把周玄豹抬出來，正好說明他現在內心是很焦慮的，人心還很不穩定，必須藉助迷信的力量。

當然，如果是底層那幫天天食不果腹的老百姓情緒不穩定，李亶是不在乎的——那幫底層人，自己已餓得身上沒有幾絲肉了，卻時時刻刻都為皇帝著想，生怕皇帝被滅國，常常聲嘶力竭地為皇帝的奢極欲和殘暴行徑辯解，堅定不移地認為人家是皇帝，就應該過著比民眾腐敗一萬倍的生活。全身每個細胞都漲滿了對皇帝的同理同情。當然，如果真的被逼到絕境，他們也會造反。但如果沒有個野心家帶頭，他們即使餓死也不會去搞那種大逆不道的事。

李亶最擔心的是那些掌握一方大軍政大權的節度使們，這些人的情緒一波動起來，隨之波動的面積就會迅速擴大。

目前，在這麼多節度使中，孟知祥和董璋的野心已經暴露得人人都看得出來。

到了這時，昭義節度使毛璋也膨脹起來，他當了很多地方的節度使，是個資深的地方勢力，他前一段時間又在華州獲得李繼岌伐蜀繳獲的很多物資，手裡掌握了大量的財富，他就跟那些腐敗分子一樣，驕橫奢侈，還經常穿著天子的服飾，跟大家在一起歡樂。他身邊有人就勸他，不要玩這

第七章　朝局傾軋連換宰輔，任圜去國猶遭暗害

個危險的動作。這個服飾不是每個人都可以穿的。

毛璋大怒，當場把這個勸他的人殺掉。然後把那個人的心剖出來看，看看你這個心是不是一片赤心。

這絕對是一件十分敏感的事，而且很快就傳到李亶的耳朵裡。

李亶心裡當然不爽。如果是在和平年代，他肯定會直接派人過去，把毛璋誅滅九族——有這樣的基因的人絕對要種族滅絕。

可是現在他還不能這樣做。朱守殷才剛剛平定，孟知祥那邊他更是鞭長莫及，只是眼睜睜地靜觀事態的發展，他完全束手無策。如果把毛璋一逼，事態就更加複雜了。他只得強忍這口氣，下詔把毛璋提拔到朝廷裡當左金吾上將軍。

李亶前些時候，準備到汴梁去巡察，結果鬧出了朱守殷事件。他居然沒有認真汲取這個教訓，又想到鄴都去。

大家知道，鄴都是近來經常發生爆炸的火藥桶。對於這個地方最有效的做法，就是堅決不能插手，讓他們長期處於一種穩定之中。本來這個時期就是一個動盪的時期，更是一個盛產謠言的時期。皇帝的一舉一動，都牽動著大家那些好奇的目光。又因為皇帝太過神祕，且處於一個動盪的時期，謠言自然會氾濫。這一次，李亶要巡幸鄴都的消息一傳出，鄴城裡就謠言四起。當時，朝廷裡扈駕諸軍的親人都比剛剛被遷到大梁，他們心裡都不高興，什麼說法都有。李亶很快就知道這些情況，終於不敢再去鄴城。

11. 安重誨盛極而衰，孔循趁勢翻盤躍登權巔

後唐這時處於換代時期，社會動盪，讓李亶如履薄冰，但後唐的地盤仍然是最大的，比起其他勢力來，確實可以說是龐然大物、超級大國。

吳國雖然敢稱帝，也一直跟這個北方勢力作對。但現在徐知誥正於處人生中的關鍵時刻，也力求有個穩定的國際環境，以便可以聚精會神地跟徐知詢作生死決鬥——雖然現在他跟徐知詢並沒有翻臉，但世人都知道這兩人拔劍相向是遲早的事。鑑於這個形勢，徐知誥必須與後唐維持良好關係，力保吳唐邊境在這個時期內不出現流血衝突。於是，就主動破冰，派出使者來跟李亶示好。

本來，按李亶目前所面臨的形勢看，他也有一千個理由搞好跟吳國的關係——至少在短期內讓邊境處於一個相對安定的局面。可是安重誨卻認為吳國敢稱帝，這是在跟他們的大唐作對，他們這個天朝上國是萬萬不能容忍的。於是，在安重誨的堅持下，李亶不接受吳國使者帶來的國書。

兩國的關係就更加僵化了。

安重誨基本上沒有什麼外交策略，他的智囊孔循又沒什麼人品可言。這時，李亶對安重誨是百分之百地信任，覺得全世界最可愛的就是安重誨，他為讓安重誨跟自己更加親密，就想請安重誨把他的女兒嫁給某個皇子。

這對於任何人來說，絕對是一件天大的好事。

但安重誨還是問一下孔循。

孔循說：「你現在是皇上身邊的重臣，而且關係比任何人都密切，不宜再跟皇上成為親家了。」

安重誨向來對孔循的話深信不疑——他甚至寧願懷疑自己的話，也

第七章　朝局傾軋連換宰輔，任圜去國猶遭暗害

不會去懷疑孔循的話。因此，當孔循叫他拒絕這個婚事時，他連個為什麼都沒有繼續追問就直接照此辦理了。

過了一段時間，有人對安重誨說：「孔循這個人很聰明，但人品很壞，尤其善於挑撥離間。如果你讓他經常在皇上的身邊，你就不妙了。」

安重誨還沒有對這個問題表態，孔循就知道有人在安重誨面前說這些話了。孔循這時已經有些根基了。他看到安重誨雖然沒有說什麼，但也沒有對那個說話的人怎麼樣，就覺得安重誨真的對自己有些想法了。他知道，現在安重誨是皇上面前紅得發紫的人，完全可以在朝廷上說一不二，如果他不再把你當自己人，你的後果就會很嚴重，比如任圜。

孔循知道，他要躲過安重誨的打擊，只有另找更大的靠山。

孔循很快就找到一個靠山。

這個靠山就是李亶目前最為寵愛的王德妃。

孔循確實很陰險，他把巴結王德妃的事做得神鬼不知，安重誨也不知。他巴結上王德妃之後，就請求把自己的女兒嫁給王德妃之子。

王德妃去跟李亶一說。李亶一看，孔循不是安重誨最好的兄弟嗎？安重誨都跟他這樣好，這個人肯定很優秀，那就跟他結成親家吧。

安重誨知道後，這才看清了孔循的嘴臉──原來他建議安重誨拒絕李亶的婚事，是要把這門婚事留給他自己的女兒。

安重誨大怒起來，你小子有今天全靠我無條件地提攜，現在你居然暗算我。

可是到了現在，安重誨只有大怒了，只能在那裡大罵孔循是個忘恩負義的陰險小人。還真拿孔循沒有辦法。因為現在孔循是李亶的親家而不是他的智囊了。

孔循成了李亶的親家後，李亶馬上任命孔循為同平章事，充忠武節度

11. 安重誨盛極而衰，孔循趁勢翻盤躍登權巔

使兼東都留守，幾乎可以跟安重誨平起平坐了。哈哈，安大人，你就恨我吧。這個世界就是這樣，誰不滿腔仇恨地活著？你恨我，別人也恨你。不信，回憶一下任圜，他們恨你嗎？

孔循很陰險，連恩公都可以算計，而安重誨卻性情剛愎。

秦州節度使華溫琪入朝。雖然當時很多人都不惜用盡手段去當藩鎮一把手，但華溫琪卻不想當節度使，他請求留在朝中任職。

李亶看到這個人太有覺悟了，就大大地表揚了他一番，任他為左驍衛上將軍，每月除了工錢之外，還要賞賜他一些錢穀——相當於對於有突出貢獻者的特殊津貼。

李亶認為，只有像華溫琪這樣的人才是最值得信賴的。

他對安重誨說：「華溫琪是舊交，最值得放心，所以應該讓他到一個重鎮去當節度使。」

安重誨很不願意，就說現在暫時還沒有空缺。

過了一天，李亶又反覆對安重誨提起這事。

如果是別人，肯定會照皇上的指示辦事。如果沒有空缺，完全可以調整。但安重誨不是別人，他在李亶面前說一不二得習慣了，這時聽到李亶像唐僧一樣為了一件事，在他面前婆婆媽媽，很不耐煩，居然發怒起來，說：「我不是說過沒有空缺嗎？現在陛下老是提這個事，只有讓他來當樞密使了。」

這個職位就是安重誨現在的就業職位。

所有人都知道，他這是在說賭氣的話。

如果是往常，李亶也就在那裡拉長著臉，甚至會陪笑幾下，這事就不了了之。

哪知，李亶立刻把話頭接過去，說：「亦可！」

第七章　朝局傾軋連換宰輔，任圜去國猶遭暗害

安重誨一聽，頓時語塞，張著嘴巴，做聲不得。

安重誨固然心頭極端鬱悶，華溫琪知道後，就更加害怕，在家裡瑟瑟發抖，「數月不出」，由此可知，安重誨在當時的權勢有多大，大臣們怕他到什麼地步。

安重誨對成德節度使、同平章事王建立很不爽，覺得還讓這個傢伙留在這個世界上，他就活不下去。他決心把王建立往死裡整。把一個強者搞死，最有效的辦法就是控告他謀反。

安重誨抽時間搞了一大堆王建立和王都互相勾結、準備謀反的證據交給了李亶。

王建立知道後，也不甘示弱，你告我，我為什麼就不能告你？他也上了一道奏摺，說安重誨專權，現在百姓都痛恨他，並強調他絕對不是謀害安重誨。如果皇上同意，他完全可以入朝，當面向皇上陳述所有的情況。

李亶這時顯然對安重誨已經生氣了，他看到王建立的奏摺後，便把王建立召到朝廷。

王建立到京師之後，就對李亶說，安重誨與宣徽使判三司張延朗是姻親。兩人互相勾結，在大臣們面前作威作福，無惡不作，而且還有別人的圖謀。

如果是在以前，李亶是堅決不相信這些話的。

但現在他相信了。

927年三月初五，李亶見到安重誨時，臉上立刻漲滿了怒氣，大聲說：「現在給你一鎮，自己休息去。我已經決定用王建立取代你。張延朗也放為外任。」

安重誨萬萬想不到李亶對自己的態度轉變得這麼快。前段時間，對自己的話還是不打折扣地全盤採納，近來也沒有做出什麼特別令人反感的

事，李亶就這樣赤裸裸地要把他趕出權力中心，連個緩衝都沒有。他專權久了，性格又硬，聽了李亶的話後，當然不服氣，說：「臣荊棘事陛下數十年。正值陛下承天命，得以龍飛。當時陛下人手不夠，就讓我擔任機要。幾年來天下平安無事。今天突然把我趕出朝廷、外放方鎮，我願聞其罪。」

李亶沒有說什麼，端著那張不爽的臉站了起來，然後把這事告訴了朱弘昭。

朱弘昭說：「陛下平日待安重誨如左右手，奈何以小忿而棄之？請陛下三思！」

李亶一想，確實是如此。他自即位以來，手下沒有什麼得力助手，基本都是靠安重誨為他處理大事小事。安重誨雖然性格有些缺陷，生氣起來，可以毫不留情地陷害別人，但他還是盡力維護皇帝的權威，為李亶辦了很多事──至於任圜之類的人被陷害而死，責任也不能全由安重誨承擔──因為李亶也已經對任圜很惱火了。否則，安重誨是不可能把任圜這樣的元老重臣害死的。現在因為聽了孔循的話，就把安重誨排擠出去，而且排擠得很生硬，有點說不過去。

李亶這麼一想，又把脾氣壓了下來，把安重誨叫來，安慰了他一把，說這些天心情有些欠佳，胡亂生氣，說話語氣有些不得體，請你不要放心上，繼續努力工作，為國家為朝廷作貢獻。

王建立看到李亶又安撫了安重誨，看來還真扳不倒這個敵人了，他就向李亶告辭。

李亶說：「你近來上奏說要留在朝廷為朕分憂，為什麼又要回去？」

正好這時門下侍郎兼刑部尚書鄭珏請求致仕。李亶就讓王建立為右僕射兼中書侍郎、同平章事、判三司。

第七章　朝局傾軋連換宰輔，任圜去國猶遭暗害

　　從這個安排上看，李亶對安重誨仍然含恨於心。只是卻不過面子，這才繼續讓安重誨在原來的職位上待著。

　　有政治眼光的人，都會猜到：安重誨真的危險了。

第八章
四方交戰連陷危局，王都敗亡高郁橫死

1. 董璋商業侵略，孟知祥重稅反制

李嗣跟安重誨以及幾個高層鬧得不清不楚，孟知祥和董璋又鬧出糾紛。

董璋自從得罪了李仁矩，心裡也有了脫離朝廷的想法。他知道建立政權不但需要武裝力量，更需要錢財。

如果契丹皇帝有發財的想法，就會派兵到處搶掠，可是現在董璋地處東川，四面全是朝廷的其他節度使，他只要向周邊動一兵一卒，就等於直接向朝廷叫板——他雖然已經有了異心，但這個異心目前還不敢公開出來。

既然不能搶，那就搞生意吧。

他不但能打仗，還真的有商業頭腦。他把東川的那幫生意人找來，讓他們把鹽都販到西川去，壟斷西川的鹽市場。

孟知祥一看，現在市場上的鹽商都是東川來的商販。我這些年來，到處招商引資，別的資本沒有來，倒是來了一堆鹽販子。東川這些鹽販子，顯然已經組成了一個集團來經營，完全可以控制鹽價。雖然開始時西川原

第八章　四方交戰連陷危局，王都敗亡高郁橫死

來的鹽業商人還拚命抵抗，跟他們展開價格戰、搶市場，可是最後在價格戰中都敗下陣來。他們能打得過有備而來的東川鹽商集團嗎？他們可是有董璋的補貼啊。董璋可以拿出政府的資金支持他們打價格戰，而且完全可以打到白送鹽巴的地步。試問，西川哪家民營鹽商能打敗東川的鹽商？

孟知祥一看，就知道這是董璋搞的鬼。只要把西川的商鹽擊敗之後，以後西川的鹽業市場就完全被東川鹽商集團控制了。他們想定多高的價格就可以定多高的價格。那時鹽鐵一直是財稅收入的重要來源。董璋靠這一招，每年就可以從西川這裡獲得大量的財富。

孟知祥知道再這樣下去，西川的財富都會被董璋捲走了。

有人勸他，也搞個政府補貼，就是跟董璋狠狠地打一場貿易戰，看誰笑到最後。

孟知祥搖搖頭，說那會兩敗俱傷，我自有妙計。

他的妙計很簡單，就是在漢州設立了三個場地，專門徵收鹽商的重稅。你可以把價格提高到天際，我也可以把稅加到天際。你去做生意吧，你的生意越紅火，我的稅收就越高，看誰先吐血。他這個做法一出，當年就得了七萬緡的稅金。

從此東川的鹽商集團就不再跑到西川那裡打價格戰了。

2. 馬殷誤判荊南實力，蘇章設伏逆轉賀江戰局

兩川打了一場貿易戰，馬殷和高季興則又打了一場熱戰。

這場戰鬥是由馬殷挑動起來的。

在現階段的各個勢力老大中，馬殷跟錢鏐應該是最資深的。但這兩人也是最低調的。比他們晚很多的楊溥和李存勗都稱帝了，他們還當他們的

2. 馬殷誤判荊南實力，蘇章設伏逆轉賀江戰局

王，而且還心甘情願地當中原王朝的下屬，恭恭敬敬地接受他們的冊封。

當然，他們也只是接受中原王朝的冊封，卻堅決不接受他們的管理，更不會接受他們的盤剝——平日裡，馬殷對李亶恭敬得要命，可是當李亶想讓他出點物資提供給後唐在荊南的部隊時，他就堅決拒絕，致使李亶不得不退軍回去。

我想，這正是馬殷想要的效果。他堅決支持後唐來打高季興，但他只盼望後唐把高季興打殘，而不願意高季興被他們吃掉。他最大的願望是，後唐把高季興打得落花流水之後，後唐兵也精疲力竭，然後不得不退回去。然後他就上前給高季興補一刀，把高季興輕鬆地打死，然後他輕鬆地占領荊南。

這個如意算盤，在他的心裡反覆打著。當他看到後唐兵因為糧食短缺而不得不退時，他就笑了。

馬殷認為，高季興被後唐兵圍攻了這麼久，一定會被打得近乎殘廢了。此時應該是上前補刀的時候了——再晚就會錯過時機。

西元928年三月，馬殷來到岳州，命令六軍使袁詮、副使王環以及監軍馬希瞻帶水軍去攻打荊南。

高季興看到楚兵殺來，也率水軍出戰。

雙方在劉郎洑相遇。

馬希瞻看到高季興的水軍逐波而來，依然很有氣勢，不由有點吃驚，不是說高季興已經被打到不能自理了嗎？可是他的水軍仍然勇猛啊。看來得玩點陰謀，否則真不好打。

夜裡，馬希瞻在港中埋伏了十艘戰艦。

第二天兩軍對打。

雙方正難分難解，馬希瞻的伏兵突然殺出，向高季興的船隊橫擊。

第八章　四方交戰連陷危局，王都敗亡高郁橫死

高季興一看，原來敵人居然還有埋伏。他們拚力打到現在，都已經很累了，現在看到還中了埋伏，不由大驚失色。

指揮官都這個樣子了，其他將士還能堅持嗎？

高季興的部隊又被了個大敗。

王環率兵猛擊一路追殺，逼近江陵城時，他們已經斬敵一千多。

高季興也有些怕了，急派人出來請和，並把原來他扣押的史光憲送了過來。

高季興先是被後唐大軍圍得喘不過氣來，現在又被楚兵打得只剩渣了，只要楚兵再猛攻一場，江陵淪陷估計也不在話下了。這正是馬殷的預期。

很多人都預測，接下來，王環就拿下了江陵。

馬殷也準備好了慶功酒。

哪知，他等來的消息是，王環已經停止了進攻，準備撤回軍隊。

馬殷一聽，不由跳了起來，怎麼突然撤軍了？江陵都已經疲軟到底，只要衝上去就可以把江陵拿下了啊。王環到底是什麼意思？

他派人去催促王環再加一把勁，務必把江陵拿下。

王環卻把部隊帶了回來。

他正要指著王環大罵，你這個老傢伙的頭腦到底是進了哪家地下水道的東西？怎麼把部隊撤回來了？

王環說：「我當然知道，只要進一步，就可以把江陵拿下。可是我想的是，如果拿下了江陵，我又該怎麼辦？江陵目前在唐、吳、蜀之間，是四戰之地。這些年來，高季興不是不努力，可是他努力出什麼成果來了嗎？他根本無法施展拳腳。我們如果占了這個地方，以後就會累得像現在的高季興一樣。不如先留著，讓他繼續當我們的屏障。」

馬殷一聽，覺得對。如果他的勢力真的深入那塊，以後就得面對吳、

2. 馬殷誤判荊南實力，蘇章設伏逆轉賀江戰局

唐、蜀的輪番錘打，真會累死人。

馬殷為了打荊南，進行了大規模的戰爭，現在就這樣叫停了戰爭，總是心有不甘。最後，馬殷一咬牙，既然不能向北進軍，那就向南發展吧。

馬殷覺得這真是個好辦法。為什麼老是把眼睛盯向北方，南方不是還有一大片廣闊天地嗎？

他也知道，劉龑的勢力比高季興大得多了。但再大也得打，如果現在不打他，等他們的實力更大了，他們就會來打你。劉龑都敢稱帝了，他還有什麼不敢做？

馬殷的部隊很快就包圍了封州。

劉龑應該是當時最為迷信的老大。上次他輕信人家的話，跑到福建邊界上，差點被人家打死。但這個事件絲毫沒有影響他的迷信程度。現在他看到馬殷的部隊包圍封州，並沒有急著調兵遣將，而是拿出那本寶書《周易》，然後鄭重其事地「筮之」，結果得到的卦像是〈大有〉。這個卦象最簡單的解釋就是，君王高高在上，坐擁天下，心懷萬民。

劉龑哈哈大笑，有了個這個卦，我還怕什麼馬殷？他不慌不忙地宣布大赦，然後改元大有。

做完這一節之後，他才派蘇章帶神弩兵三千、戰艦百艘去救封州。

此時，楚兵已經跟漢兵在賀江上大戰一場。楚兵大獲全勝。

在楚兵歡呼勝利的時候，蘇章來到了戰場。

蘇章看到前線部隊已經完敗，楚兵氣勢正盛大，但他並沒有被嚇得夾著尾巴就跑，而是把鐵鏈沉在水裡，兩岸作巨輪把鐵鏈挽住，又修築長堤把它隱藏起來，然後在長堤後埋伏一批勇士。

一切安排停當，他這才下令輕舟出戰。

楚兵一看，哈哈，來得正好，而且來的還是輕舟。跟我們的戰艦根本

第八章　四方交戰連陷危局，王都敗亡高郁橫死

不同量級啊，這樣的部隊也來打仗？你們的指揮官是誰啊。

楚兵氣勢磅礴地一頓猛擊，漢兵的輕舟果然抵擋不住，紛紛敗下陣，轉頭狂奔。

楚兵當然不會放他們，奮勇直追，就追進了長堤中。

在長堤裡埋伏的勇士，把輪子上的鐵鏈拉起，橫在江面上。楚兵的戰艦進退不得，只急得在那裡望著大鐵鏈，跺腳亂罵。有的人罵敵人太不講武德，有的則罵他們的指揮官，打仗不用腦子，居然沒有看出人家是在假裝打敗，是在引誘他們進這個埋伏圈啊。

蘇章看到敵人中計，大手一揮，神弩手登場，一陣狂射，船上的楚兵都成了活靶子。

楚兵在遭受重大的損失之後，宣布大敗，解除了封州之圍。

劉龑大喜，哈哈，抽到了個好卦，當然能打大勝仗了。

當然，他也知道，這個勝仗是蘇章打出來的，如果派別人過去，未必想到致勝之法。所以，感謝自己的手氣之後，也把蘇章提拔為封州團練使。

3. 許德勳雙伏制敵，楚國大捷挫吳鋒

馬殷打了個敗仗，他的老對頭吳國覺得也可以趁機在楚國身上搶占點便宜。

徐知誥剛剛搶到都督中外諸軍事的大印，更需要一些外戰來給自己打氣，提升人望。

吳國雖然已經宣布跟後唐脫鉤，但徐知誥也知道，後唐還是惹不得的。東面的錢鏐也是不好惹，還是打一下馬殷吧。馬殷剛在封州那裡被蘇章痛打一頓，目前屬於最好欺負的時期。

3. 許德勳雙伏制敵，楚國大捷挫吳鋒

徐知誥就下令靜江都統王彥章（不是那個鐵槍）帶水師一萬人進攻岳州。

王彥章的部隊進至君山時，馬殷派右丞相許德勳帶戰艦千艘迎戰。

許德勳是目前馬殷手下最能打的戰將。

馬殷一來就打出最強這張牌，可見他對此戰的高度重視。

現在的情況是，楚兵剛在賀江那裡大敗一陣，軍心士氣處於谷底。如果不把士氣提振起來，這仗就只能打成敗仗了。

許德勳對大家說：「吳人乘我不備而來。他們想要達到的效果就是襲擊，就是想讓我們出其不意、毫無準備。現在我們大軍集結，陣容強大。他們看到我們有了準備，一定會驚懼而走。大家只管上前，不必有太多的想法。勝利是屬於我們的。」

許德勳說之後，便帶著部隊偷偷地抵達角子湖，潛伏下來，然後派王環在黑夜裡率領三百艘船去切斷吳軍的歸路。

吳軍方面對此一無所知，繼續按原計畫挺進，很快就來到荊江口。他們的計畫是，準備跟高季興會師，一起進攻岳州。

吳軍來到道人磯時，許德勳下令迎戰。

他派詹信帶三百輕舟在敵軍後面尾隨，自帶大軍正面迎擊吳軍。

雙方大戰，結果吳軍被兩面夾擊，頓時亂了章法，被打顧頭不顧尾，剛要衝殺回去，哪想到王環早已堵塞歸路，再被楚兵一次前後夾擊，終於全面潰敗。

結果，連吳軍的統帥苗璘和王彥章都成了俘虜。

吳國得知後，大為震驚，便遣使入楚，央求他們把苗璘和王彥章放回來，以後絕對不敢惹事了。

馬殷也不想跟吳國鬧得太僵，便同意了他們的請求，下令把那兩個敗

第八章　四方交戰連陷危局，王都敗亡高郁橫死

軍之將釋放，還叫許德勳給他們餞行。

許德勳對他們說：「楚國雖小，舊的大臣老將都還在。你們回去後告訴你們的老大，一定要等以後出現其他狀況再打主意吧。」他的原話是：楚國雖小，舊臣宿將猶在，願吳朝勿以措懷。必俟眾駒爭皁棧，然後可圖也。原來，馬殷的內寵很多，生了幾個兒子，他覺得兒子們都一樣可愛，因此在培養他們時，基本就是嫡庶不分。他的兒子們仗著自己是強者二代，個個驕橫奢侈。許德勳認為，這是楚國的後患。

4. 王都結盟禿餒抗命，王晏球智擒定州鏖戰連捷

南方的吳、楚、漢玩了一把三國演義，結果主動挑戰的都慘遭失敗，這讓馬殷和徐知誥很鬱悶。

其實現在李亶的鬱悶程度比他們更高。

李亶即位幾年了，到現在仍然沒有把內部平定。

朱守殷事件才剛剛結束，那個王都又冒出頭來。

王都本來就是個狡詐的傢伙。他在易定經營十多年，已經是名副其實的易定王，朝廷對易定已經是水潑不進、針插不入。刺史以下的職務，都由他任命，境內所得的賦稅，一分沒有向朝廷上交，跟個獨立王國沒有一點區別。前些年，李存勗忙於玩樂，無心過問這些事，使得王都的膽子更大。安重誨當政之後，自然看王都不順眼——前一段他誣陷王建立和王都圖謀造反，也不是沒有一點根據的——就開始按朝廷的法規來約束王都這樣的權貴。

李亶對王都也很「惡之」。李亶「惡之」的根本原因是王都居然從敢奪父親之位。敢奪父親權力的人，皇帝一般都很痛恨。王都當然知道，現在

4. 王都結盟禿餒抗命，王晏球智擒定州鏖戰連捷

安重誨和李嗣對他已經非常不爽了，所以他對朝廷的一舉一動都十分關切。

當時，契丹經常派兵南下騷擾。李嗣為了防備契丹，常年在幽州和易州之間駐紮大軍，將領們的易動也非常頻繁。戰爭氣氛十分濃厚。

李嗣的這個布局，契丹基本不理，但王都卻不得不理。他怕哪天李嗣突然一聲令下，駐紮在幽、易之間的大軍突然向他發難，他就徹底完蛋了。

王都對朝廷的提防心越來越重。這種心態一久就會根深蒂固，「反叛」這兩個字就會不斷地在腦子裡閃爍。

王都的軍事能力並不強，他現在手下的力量也不足以與朝廷全面對抗。要想在朝廷的眼皮下自保，只有團結一切可以團結的力量，形成自保聯盟，才能有效地保護好自己。

在王都的預想裡，朝廷肯定不會馬上向他展開特別軍事行動，而是先下個文件，把他調離易定，到別的地方當節度使，以後他除了服服貼貼之外，別的都動彈不得。

王都想到這一層，心裡就更害怕了，必須盡快找到同夥來結盟。

他先找到盧龍節度使趙德鈞，向趙德鈞請求結成親家。後來，他又得知王建立跟安重誨有矛盾，一個告一個的狀。他馬上把王建立當成拉攏的對象。

王都派人去找王建立，說：「我們都是姓王，乾脆把兄弟的名分定下來吧。以後我們就是同姓兄弟。人家異姓都成為兄弟，我們同姓沒有理由不成為兄弟。」

接下來，他就開始跟王建立密商起來，密商的內容就是：謀劃恢復河北地區原來的諸鎮世襲傳統。

王建立雖然跟安重誨鬥得你死我活，但他只恨安重誨並不恨李嗣，所以從來就沒有過要謀反的想法。他聽了王都的這些話之後，便假裝點頭認

第八章　四方交戰連陷危局，王都敗亡高郁橫死

同。他假裝同意之後，就暗中寫了個密奏，向李嗣報告。

王都對此自然一無所知。他繼續謀劃他的活動，寫了幾份蠟書，派人送給青、徐、潞、益、梓五地的節度使，勸他們不要再跟隨朝廷了，要勇敢地反對李嗣的獨裁統治。以後我們劃疆而治，為所欲為，那該多好啊。

接著他還派人專程去找北面副招討使王晏球，試圖說服王晏球。

王晏球其實就是原來大梁舊將杜晏球——他之所以叫杜晏球，是因為當年離亂時，被一姓杜的富人收養。他歸降李存勖之後，曾改名李紹虔。李嗣代李存勖之後，他再改為王晏球。王才是他原來的本姓。

王晏球沒有像王建立那樣講究策略，而是當場一口回絕了王都的請求。

王都看到王晏球居然如此乾脆地反對他，便轉念一想，肯定是老王沒有看到什麼好處，這才不願意跟他一起。他又派人扛著一大堆現金送給王晏球，請晏球兄看在這堆金錢的面子上，就同意了吧。

王晏球仍然立場堅定地表示絕不會跟王都做這些親者痛仇者快的事。

王晏球反對之後，就把王都的這些反狀全部告訴了李嗣。

李嗣一看，朕都還沒有對你怎麼樣，你倒先要搞事來了。既然這樣，那就攤牌吧。

他命令張延朗跟北面諸將商議，拿出討伐王都的方案來。

接著，他下令削奪王都的所有官爵。

然後任命王晏球為北面招討使、權知定州行州事，以安審通為副招討使，以張虔釗為都監，發諸道兵一起向定州出發。

當天（四月二十七日），王晏球接到命令之後，沒有一秒猶豫，馬上就向王都發動進攻，一戰就攻下了定州北關城。

王都沒有想到，朝廷居然來得這麼快，他的計畫才剛剛開始啊。但他

4. 王都結盟禿餒抗命，王晏球智擒定州鏖戰連捷

沒有辦法。他知道以他一己之力，無論如何都敵不過朝廷四面打過來的大軍。

情急之中，他猛然發現，這些漢地的節度使都很精明，他們只看局勢，不會看你的臉面辦事的。你再怎麼跟他們套交情，他們也只是在那裡應付搪塞，等形勢明朗了，再站到勝利的一方。跟這些傢伙結盟絕對是在找死。

王都馬上派人扛著金銀財寶去找契丹的老大禿餒。

禿餒看到大堆金光閃閃的東西，果然大喜，立刻帶著一萬騎兵衝殺過來。

王晏球也沒有想到禿餒居然也捲了進來，大出意料之外。他也不敢再進攻了。王晏球迅速調整了戰術，他派張延朗屯兵新樂，自己率軍到望都，準備堵截禿餒。

哪知，禿餒也很狡猾，沒有走王晏球預想的那條路，而是從另一條路線進入了定州，與王都會合在一起。

兩人會合之後，就向張延朗進攻，把張延朗部打敗。

張延朗只得帶著殘部，與王晏球會合。

王晏球敗了一陣，也不敢再去進攻定州了，帶著部隊退保曲陽。

王都和禿餒哈哈大笑，王晏球啊，你現在只剩個球了。你以為你縮回去了，我們就算了？告訴你，凡是與我們為敵的，我們一個都不會放過。

兩人揮兵追擊。

雙方在嘉山相遇。

王晏球看到敵人乘勝而來，而他已經無法再避開了。

只有跟他們拚了。

第八章　四方交戰連陷危局，王都敗亡高郁橫死

王晏球下令準備出擊，他大聲說：「敢回首者死。」

他派符彥卿帶龍武右軍攻王都左翼、高行周以龍武右軍攻王都右翼，中軍騎士則抱著馬頸衝入敵陣，負責把敵人陣地衝亂。

在王都和禿餒的預想中，王晏球的部隊正急著逃命，隊伍一片混亂，只要追得上他們，就可以單方面對他們展開大屠殺。哪知，後唐兵還這麼整齊，而且三路部隊一齊衝殺，拚死向前。

兩人都有點懵了：原來王晏球是假裝撤退的，是騙我們追來的。我們中計了。難怪張延朗那麼容易打敗。張延朗也是故意敗的。

兩人此前頭腦都很簡單，到了現在頭腦突然又變得複雜起來。這樣的人頭腦一複雜，很快就會複雜成一鍋漿糊，然後就一片凌亂了。他們的腦子一片凌亂，在戰場上拚命的部隊就更凌亂了。

後唐三軍大砍大殺，斬首數千級，把王都和禿餒的聯軍打得大敗。

王都和禿餒只得調頭往回跑路。

王晏球揮兵追擊，一直追到定州城下，把西關城也打了下來。

王都這一次狂逃，一路橫屍棄甲六十餘里，失敗得相當徹底。

王都只得縮在城裡，不敢再戰。

禿餒還不服氣，又帶五千騎兵出唐河，想再跟王晏球大戰一場。

兩軍還沒有交鋒，天就下起大雨來。

王晏球也不管老天在下大雨，便抖擻精神，率軍迎戰，又把禿餒打得大敗。

禿餒只得帶著敗軍向北狂逃。

王晏在後面緊追不放。

禿餒跑到易州時，河水暴漲，禿餒的部隊無法過河，幾乎全軍覆沒。

王晏球一陣大打，俘虜了兩千多人，這才回師繼續圍攻定州。禿餒帶著剩下的那些人，北走幽州。

　　禿餒看到王晏球沒有再追擊過來，心裡大大地鬆了口氣，中原這些傢伙到處是套路啊。

　　他的眼裡只有王晏球，哪知幽州這裡還有趙德鈞。

　　趙德鈞早在此等候多時，他看到禿餒狼狽逃竄，不由大叫：來得好！率兵橫擊，盡獲禿餒手下七百多人。

　　王晏球回到定州之後，並沒有繼續猛攻——王都的智商很一般，但定州的城牆很堅固，一時是難以攻得下的。

　　王晏球就增修西關城為自己的行府，使三州的百姓交納稅賦以供他的軍需，然後就跟王都對耗著。

5. 高季興再度請降楚國，王晏球智破聯軍

　　荊南這邊的高季興接連被打了幾次，而且最後一次被打得落花流水，離滅亡只有一公分了。高季興這才深刻地意識到，在這個亂世裡混，光有野心沒有實力是真的混不下去的。

　　他左想右想之後，又派人去廣陵，對徐知誥說，我再次向天朝表達最真誠的稱藩願望。請你們批准。

　　徐知誥上次伐楚不勝，覺得那張臉有些掛不住，現在看到高季興前來歸順，心裡很高興，便答應了高季興的請求。徐溫以前還怕逆流去救援高季興，太難救了——救不得小兄弟，在江湖上會很丟臉的，所以就沒有答應高季興。徐知誥可不管這些。他剛剛在吳楚之戰中丟臉，現在高季興願意歸順，是一件大大有面子的事——至少救得現在的臉面，以後丟不

第八章　四方交戰連陷危局，王都敗亡高郁橫死

丟那是以後的事。

吳國冊封高季興為秦王。

李亶得知後，也是很惱火──當然，他一直對高季興很惱火，這時看到高季興投向了吳國，惱火就更上了一層樓，不把這傢伙打死，這傢伙就會沒完沒了地為後唐添堵。

李亶想派兵去攻打高興季，可一時又抽不出兵力，就下詔讓馬殷去完成這個事。

馬殷現在仍然是李亶的二層機構，還必須聽從李亶的指揮。尤其是他剛剛跟吳兵大戰，還沒有恢復，如果把李亶的詔書置若罔聞，李亶以後不理他，也是很麻煩的。他只得派許德勳帶兵去完成這個任務。並派他的兒子馬希範為監軍。

楚兵抵達沙頭，列好陣勢。

高季興派他的姪兒高從嗣帶兵出來迎敵。

高從嗣自以為自己肌肉發達，平時跟人家對練，從來沒有輸過，便單騎衝出，來到楚兵的營寨前，指名道姓地叫嚷：「馬希範，你敢不敢跟我單挑？」

馬希範沒有出來，但副指揮使廖匡濟卻衝了出來，說：「我跟你打三百回合，你敢不敢？」

高從嗣哈哈大笑：「你一個無名小輩，本來也不想跟你一般見識。但不跟你打，馬希範還以為我怕了你。那我就先打死你。呵呵，你要是被打死了，是你自己出來送死的，須怪不得我。」

廖匡濟不再打話，縱馬直衝而來。

兩騎相交，但聞叮噹之聲連續大響，遠處的人都知道，兩人都已經連續向對方刺出很多槍。最後，在一片叮噹聲響中，一聲慘叫聲傳出。然後

5. 高季興再度請降楚國，王晏球智破聯軍

一馬匹飛奔離開戰團。

觀眾們再看時，只見一人已經跌落在地下，跌落處揚起一片灰塵。

另一人還騎在馬上，他正勒著馬韁，那匹馬前蹄高舉，他在馬背上站了起來，舉著手中的長槍。

槍尖似乎還滴著血。

正是高從嗣口中的無名小輩廖匡濟。

那個橫臥地上的人正是高從嗣。

高從嗣顯然已經氣絕身亡。

廖匡濟沒有怪誰，高從嗣也無法怪誰了 —— 要怪也真的只能怪自己。他平時跟人家對練，沒有人贏過他，那是人家不敢贏他，而不是他真的天下無敵。如果在他臨死時，問他最痛恨什麼。他一定會說最痛恨那些馬屁精。馬屁精也能害死人啊。

高季興看到勇猛的姪兒被人家殺於馬下，心裡更加害怕。他抬著那雙老眼向西看過去，沒有看到吳國的援兵。他上次被打得落花流水之後，到現在還沒有恢復元氣，根本沒有辦法再支撐幾天。

他剛剛向吳國稱臣，原本指望他危急時，吳國會派兵西來，把他從水深火熱中救出來。可是他天天抬著那雙老眼，向西望得遠遠的，只看到無限江山，卻沒看到一個吳國的援兵。

他終於對吳國的援兵絕望了。

他只得派人到許德勳那裡請和。

馬殷這次出兵，也只是為了應付一下李亶，以便保持雙方的友好關係。他仍然不想把荊南占為己有 —— 要想占為己有，他老早就吃下去了。所以，他答應了高季興的請求，又放過高季興一馬，撤兵回去，派人去向李亶報捷。

第八章　四方交戰連陷危局，王都敗亡高郁橫死

　　李亶得到這個捷報，心裡一點不高興。馬殷這個老傢伙，大大的狡猾。朕是讓你滅了他啊，你怎麼又放過他？可是他拿馬殷也沒有辦法。只得皮笑肉不笑地表揚了馬殷一把。

　　南方沒有讓他高興的消息，定州方向也讓他一籌莫展。王晏球不是連續打了幾場勝仗，現在怎麼又突然不打了？

　　朱弘昭和張虔釗異口同聲地說，這是因為王晏球膽怯，不敢進攻。

　　李亶一聽，命令王晏球馬上壯大自己的膽量，全力進攻。

　　王晏球不得已，只得下令進攻。

　　結果一場猛攻過來，定州還是原來的定州，而政府軍直接損失了三千人。

　　李亶這才知道，不掌握前方的情況，只在後方瞎指揮，同樣會造成損失。

　　定州無法在短期內平定，孟知祥又玩了個花招。

　　本來，此前李亶要求孟知祥派兵配合大軍圍剿高季興。孟知祥只得派毛重威帶三千人前往。但毛重威到了指定地點之後，還沒有參加戰鬥，孟知祥就上奏說：「夔、忠、萬三州已經平定，請允許戍守在夔州的將士回成都。這樣可以節省軍費開支。」

　　李亶當然不同意。他雖然知道孟知祥的軍隊不會參加戰鬥，但有這麼一支軍隊在那裡，至少可以讓高季興產生一定的心理壓力。所以，他沒有准奏。

　　孟知祥一看，你不批准，難道我就沒有辦法了？

　　他暗中派人前去，製造各種謠言。最後，士兵們在各種謠言的包圍之下，都紛紛要求回去，朝廷不同意，我們就脫下軍裝自己跑回去。

　　於是，毛重威只得帶著大家逃了回去。

5. 高季興再度請降楚國，王晏球智破聯軍

李亶大為光火，下令重重地治毛重威之罪。

孟知祥又出面了，毛重威治軍不嚴，確實該殺。可是也要看具體情況。將士們真的不想在那裡待下去了。如果強迫他們還在那裡戍守，只怕他們會做出更加激進的舉動來，像朱守殷一樣，那樣的麻煩就大了。現在毛重威沒有讓事態發展到那樣的局勢，也算是不錯了。請陛下就放過他這一次。

李亶還有什麼辦法？現在毛重威在成都，他可以大罵毛重威，但他不能跟孟知祥翻臉。只得宣布赦免了毛重威。說是赦免毛重威，其實是在打他自己的臉。在一個亂世裡當皇帝，一些事處理不好，就不得不打自己的臉。

李亶摸著那張皇帝臉，心裡只能不住地感慨，為什麼不如意的事這麼接二連三。

不過，很快就有了一個好消息。

這個好消息來自北方前線。

王都一面堅守定州，一面派人去向契丹求援。

契丹派惕隱帶七千騎兵前來救王都。

王晏球雖然面對定州那個堅固的城牆沒有辦法，但對於狂奔而來的契丹騎兵並不怕，他馬上分兵在唐河北面迎戰契丹騎兵，一戰就把契丹兵打得大敗，然後乘勝追擊到易州。

契丹兵又在易水邊上，被王晏球殺得七零八落，很多人橫屍岸上，很多人淹死水中。

剩下的契丹繼續北上，進入幽州境內。

趙德鈞派武從諫帶著騎兵，又對他們大打出手。契丹早就人困馬乏，毫無還手之力。結果自惕隱以下的幾百人盡數成為俘虜。還有一些漏網

第八章　四方交戰連陷危局，王都敗亡高郁橫死

之魚四散逃到村裡，又被村民們用農具追打。最後能逃回老家只有幾十個人。

契丹自耶律阿保機死後，勢力又盪到谷底。這一場失敗，對他們的影響極為巨大。從此他們好長一段時間都不敢再南下了。

趙德鈞把惕隱等戰俘送到洛陽。

大家對契丹人都十分痛恨，這些年來從來沒有主動招惹過他們，可是他們卻多次南下，無緣無故地搶掠我們。對於這些蠻不講理的侵略者，只有殺。

李宣搖搖頭說：「這些人都是契丹的勇將。如果把他們殺了，契丹就會絕望。他們一絕望，就會更加亂來。我們的邊患就沒完沒了。不如把他們留下作為人質，以紓緩邊患。」於是，就赦免了惕隱等人五十人，把他們安排在親兵之中，其他六百多人，全部斬首。

契丹果然有些害怕了，派梅老季等人帶著契丹土產到洛陽入貢。

契丹一弱，那些投奔到契丹的漢將就又想回歸了。當然他們也知道，如果兩手空空回歸，他們將什麼都得不到。只有想辦法立些功勞，才有投降的本錢。

目前在契丹那邊的級別較高的就是張希崇。

盧文進投降後唐之後，契丹就讓張希崇取代盧文進為盧龍節度使，讓他守平州。契丹人因為有盧文進這個先例，就怕張希崇哪天又率部南逃，就派一個契丹大將帶三百騎兵監視張希崇。

張希崇天天得在這幫契丹人的眼皮下當節度使，他不鬱悶才怪。

張希崇本來是個讀書人，後來改行成為幽州的牙將，在一次戰鬥中被契丹俘虜。張希范是個書生，相比於其他士兵，性格相對平和，契丹的大將們對他都有較有好感。他成為盧龍節度使後，更加用心結識契丹的大

5. 高季興再度請降楚國，王晏球智破聯軍

將。契丹大將對他的監視就逐漸鬆懈了。

張希崇看到契丹負責監視的大將已經被他唬弄了，便開始了南逃的計畫。

他對他的親信說：「我們準備南歸吧。」

親信們都說：「我們做夢都想回南方。可是現在我們整天被人家監視著，而且我們才多少人？敵眾我寡，哪能成功。」

張希崇說：「大家不用太過擔心。我們不能力敵他們，但可以智取啊。」

怎麼智取？

張希崇說：「我們可以設個局，把他們的大將引誘過來，然後殺掉他。他們的大將一死，士兵們就會潰散。我們這裡離契丹營帳一千多里，等他們敵後調兵前來，我們離開這裡已經很遠了。」

大家一聽，都說太好了。

張希崇早有行動計畫。他帶著大家先挖了一個陷阱，又在裡面放了石灰。

次日，他請契丹的一眾將領前來喝酒。契丹將領看到性格平和可愛的張節度使請去喝酒，哪有不赴宴之理？

他們毫無顧忌地大喝特喝，一直喝得不省人事。

張希崇看到他們都歪倒在那裡，便揮手讓埋伏的人過來，給他們每人一刀，然後丟進陷阱裡。

這些大將的營寨在城北。

張希崇集結一批漢兵去攻打契丹的軍營。

契丹兵群龍無首，被打得一片混亂之後，四處潰散。

張希崇就帶著他的兩萬人南下，投降了後唐。李亶任命他為汝州刺史。

第八章　四方交戰連陷危局，王都敗亡高郁橫死

6. 王都偽立李繼陶鬧笑話，高從誨繼任荊南歸順後唐

契丹一疲軟，王都的外援就全面斷絕了。

王都看到城外的王晏球毫無撤兵的意思。他能撐到現在，靠的是城牆的堅固，還有城裡的軍需——這些軍需他已經準備多年了。但他也知道，如果王晏球就這麼跟他對耗下去，他的物資遲早都會到山窮水盡的那一天。

王都很怕這一天的到來。

可是他又沒有辦法打退王晏球的部隊。契丹兵那麼猛，但只要一碰到王晏球，就被王晏球打得抱頭鼠竄。他就更不用說了。

王都每天都拍著腦門想辦法，但腦袋都拍到差不多變形了，還是沒有拍出一個辦法來。

後來，他終於想出一個辦法。

當然，這個辦法對於別人來說，根本就是笑話，但他卻認為是妙計一條。

原來李亶早年在河北征戰時，收養了一個小孩子。他幫這個孩子起名李繼陶。

李亶當皇帝之後，就把李繼陶放回了河北。

這事被王都知道了。王都就把李繼陶弄到手，讓他穿上黃袍，坐到城堞中間，然後向王晏球喊話：「你好好看著，這位就是皇帝的兒子李繼陶。現在他已即皇帝位。你受先朝厚恩，難道不思報效嗎？」

王晏球一看，差點笑了出來。他對王都說：「你玩這種小兒科的把戲能有什麼好處呢？現在不管你玩什麼花招，也只有兩條路可走：要麼帶著全部兵力出來跟我決一死戰；要麼就躲在城裡束手待斃。除此之外，沒有

別的活路可走。」

王都聽了之後，望著神色木然的李繼陶，你這個皇子，也太沒有價值了。不但救不了老子，還害老子鬧出一個笑話。他真恨不得一腳把李繼陶踢下城牆。

李繼陶望著王都那滿是殺氣的臉，覺得自己真倒楣。

現在更倒楣的是段凝和溫韜。

李亶對這兩個傢伙滿腔仇恨。他雖然已經把兩人變成流放犯了，但還是覺得難解心頭之恨。於是就下詔，說溫韜曾挖過先帝的陵墓，段凝曾經謀反，將他們賜死。

7. 高季興病逝荊南易主，高從誨棄吳歸唐重修舊好

李亶除了對段凝和溫韜耿耿於懷之外，對高季興也是恨得睡不著覺。

現在他看到契丹已經疲軟，王都被王晏球壓得動彈不動，完全可以抽點力量去打荊南了。

九月二十七日，李亶任命房知溫兼荊南行營招討使、知荊南行府事，分遣中使發諸道兵赴襄陽，準備再討高季興。

諸道兵還在路上，慶州防禦使竇廷琬又挺身而出，不理會李亶的命令。本來，李亶下令調竇廷琬為金州刺史。但竇廷琬堅決拒絕。竇廷琬為人極為苛刻，在任上一味嚴刑峻法，使得邊境的百姓對他很不滿。李亶得知後，怕他激怒邊人，把邊民逼成帶路人，麻煩就大了，這才決定把他調離敏感地區。可是他覺得在慶州這裡好得很，只要他一出來，路上個個都怕他，好不威風，因此他就不願離開慶州。

李亶大怒，連一個竇廷琬都敢抗拒命令，他這個皇帝也太窩囊了吧？

第八章　四方交戰連陷危局，王都敗亡高郁橫死

他馬上任命李敬周去打竇廷琬。

竇廷琬對朝廷的態度很強硬，但他的實力並不夠。李敬周攻打了一個多月，就把慶州打下來，將只有強硬態度沒有強硬實力的竇廷琬滅族。

李亶覺得王晏球圍困定州這麼多久，定州城裡的軍心民心也該渙散了，現在應該發起總攻，盡快拿下定州，提振一下人心，也給南下討伐高季興的大軍打打氣。

李亶派人去催促王晏球，快快進攻。

其實在這期間，王晏球並沒有一味地只圍不攻。只是定州的守備極為堅固，王晏球和諸將雖然想了很多辦法，採取了各種措施，就是沒有取得進展。

李亶的中使來到王晏球軍中，傳達了李亶的旨意。

王晏球帶著使者一起騎著馬，沿定州城走了一圈，讓使者實地觀察之後，才指著城池說：「你看看，這城這麼高，即使城裡的人聽任外面的士兵登城，也不是雲梯衝車就能做到的。如果強硬攻城，除了白白犧牲精兵之外，對敵人不會造成一丁點損失。這樣的攻堅戰能打下去嗎？不如先食三州之租，愛民養兵以待時機。只要我們有足夠的耐心，他們一定會從內部崩潰。」

李亶又同意了王晏球的方案。

李亶是從戰場上打拚過來的，也多次當過河北方面軍的第一把手，對定州城的守備情況及城牆的高度是很熟悉的，但他還是不斷地派人去催王晏球攻城。由此可知，近來他的心情真有點不順，總想有個勝仗來改善一下心情。

過了不久，他還真有了一件喜事。這是一件真的喜事──他的兒子李從厚跟孔循的女兒舉行了婚禮。孔循就靠著這個喜事來到了大梁。

7. 高季興病逝荊南易主，高從誨棄吳歸唐重修舊好

孔循到了大梁之後，就不想離開。他覺得只有在皇帝的身邊，才有可能跟皇帝見面，才有可能發揮自己爐火純青的馬屁功夫，得到皇帝的器重，獲得更大的權力。

孔循不但馬屁功夫高人一籌，而且各種手段也很高超。他現在還不能直接向李亶提出他的什麼要求，他只能藉助別人幫他說話。他又給王德妃以及王德妃的心腹送了大量的錢財，請他們幫他在李亶前面說他好話，要求李亶讓他留在在朝廷。

王德妃等人拿了他的好處，自然都眉開眼笑地拍著胸膛對他說：「你就放心了。我們保證完成你交辦的任務。」

他們還在那裡數著孔循送他們的現金，這事就被安重誨知道得一清二楚。

安重誨二話不說，把這事直接向李亶報告。

李亶雖然喜歡孔循，但孔循做了這些事，他也沒有辦法再偏袒這個親家了。於是，孔循送去了大量的現金之後，又接到李亶的命令，要求他參加女兒的婚禮之後，立刻歸鎮，不要繼續逗留，做這些見不得人的事。

也是在這個時候，高季興突然病重起來。他覺得自己的這個病看來真的到醫治無效的地步了，便叫他的兒子高從誨主持荊南大局。幾天之後，他就與世長辭。這個人占領的地盤是當代割據政權中面積最小的、而又是一個四戰之地，其本人的軍事能力也很有限——多次出征，多次失敗，但他能死守荊南這麼多年，幾大勢力都曾對他展開過特別軍事行動，但就是打不下江陵，也是一個奇蹟了。

高季興目前是吳國的附庸，他去世之後，吳國就任命高從誨為荊南節度使兼侍中。

高從誨雖然是高季興接班人，但他沒有父親那樣的野心。他認為荊南

331

第八章　四方交戰連陷危局，王都敗亡高郁橫死

地皮太狹窄，就是有再大的能耐也無法施展拳腳。這絕對是一塊比雞肋更缺乏吸引力的地皮——馬殷都已經可以攻下江陵了，最後都還主動退兵回去，完全可以說馬殷已經棄荊南如敝屣了。在這樣的地方，只能老老實實地待著，不要輕舉妄動，否則會永遠不得安生。所以，他曾多次勸父親把野心放下，好好在這裡休養生息，我們享受生活，老百姓也可以過安穩的日子。但高季興不聽，硬是在幾個大勢力之中夾縫求存，玩了一輩子的縱橫之術，結果地皮沒有擴大一寸，自己常常被打得焦頭爛額，到死的時候都還憂心滿懷。

高從誨繼位之後，決定改變父親的既定方針，對他的部下說：「唐近而吳遠，非計也。」他先跟馬殷修復關係，然後透過馬殷向李亶謝罪。他還寫信給山南東道節度使安元信，請他幫在李亶說說幾句話，表達了他重新稱臣納貢的良好願望。

李亶答應了他的請求。

8. 李從榮起意未遂遭收權，王都突圍失敗焚城亡

這些年來，李亶手下不斷有人出來生事，讓李亶沒有一刻安寧。

他才剛剛族滅竇廷琬，李從榮又不安分。

李亶的長子李從審已經死了，次子李從榮就順位成為長子。按傳統規矩，李從榮應該成為李亶的法定繼承人。張昭遠也曾經向李亶進言，儘早確立太子，免得諸子心裡想法太多。可李亶就是不立太子。

李亶雖然沒有確立太子，但他這些年來，還是用心培養李從榮的。

現在李從榮的職務是河東節度使、北都留守，已經獨當一面。可是這個人主管一方重鎮之後，卻沒有努力工作，為以後接班累積經驗，而是像

8. 李從榮起意未遂遭收權，王都突圍失敗焚城亡

所有的花花公子一樣，十分驕橫，最不願意做的就是每天在官邸裡處理那些煩人的政務。

李亶覺得他這樣下去真不是辦法，就派自己身邊一個平時與李從榮關係很好的人過去，跟李從榮一起生活，讓他勸導李從榮。

這個人對李從榮說：「你弟弟李從厚為人恭謹好善，禮賢下士，有老成之風。相公是他的兄長，更應當鞭策激勵自己，不要讓聲譽低於弟弟啊。」

李從榮一聽，臉上馬上冒出不高興的神態。

他沒有回應他的話。他回到家之後，對步軍都指揮使楊思權說：「現在朝廷裡的人都力挺李從厚而到處散布我的壞話。這是要廢掉我的節奏嗎？」

楊思權對他說：「相公不用生氣。現在相公手握強兵，又有我楊思權在，怕什麼呢？」

李從榮一聽，眼裡馬上精光大盛，問楊思權怎麼辦？

楊思權似乎早有對策，勸他馬上加強戰備，隨即做好準備。

李從榮覺得很對，所有能成功奪權的人，最後靠的都是武裝力量，而不是靠嘴皮。於是，就按楊思權的方案，招募士兵，打造武器。

本來這些工作都必須在祕密的情況下展開才對。哪知楊思權看到李從榮採納了他的建議後，突然之間覺得自己真是太厲害了，哈哈，等李從榮成功了，他就是名垂千古的帝師──跟張良和姜太公一樣了。

他越想越是得意。當然如果他只在某個暗處獨自偷偷地得意一下，那也沒有什麼。可他硬是得意到去找李亶派來教育李從榮的那個人，對那個人說：「你一天到晚只說弟弟好而貶低哥哥。這對你有什麼好處？你能幫弟弟，難道我們就不能幫哥哥嗎？」

第八章　四方交戰連陷危局，王都敗亡高郁橫死

那人一聽，就怕了起來，趕緊溜回去，向副留守馮贇報告了這個事。馮贇一聽，覺得這個事真的很大，便密奏李亶。

李亶一聽，覺得自己的兒子是好的，都是楊思權這些人把他帶壞了，就下令把楊思權調回朝廷，但又覺得楊思權是自己長子的親信，便沒有治楊思權之罪。

一個月後，也就是西元929年正月，馮贇到朝廷任宣徽使，就對執政大臣說：「李從榮性情剛愎而且輕浮狂燥，應該選派德高望重的人去輔佐他。」

但李亶似乎並不怎麼在意。

李亶現在最在意的仍然是定州的戰事。

定州城雖然堅固，王晏球都無法架雲梯攻城，防守起來真的固若金湯。但是王都也覺得不固若金湯了。因為他看到王晏球的大兵還擺在那裡，把他的幾個城門堵得死死的，不讓他們出來走一步。王都不是笨蛋，他也明白王晏球的意思，就是把他堵在城裡，一直堵到他的糧食吃完為止。糧食吃完了，城池再固若金湯又有什麼用？那時的金湯哪比得米湯？

王都請來禿餒商量。

禿餒更沒有辦法。

兩人都沒有辦法，但兩人都知道，如果真的到糧食吃完的那一天，城裡的軍心士氣就會徹底崩潰，他們想逃出去的機會都沒有——說不定還會冒出某個意志不堅定的傢伙，把他們捆了獻給王晏球。

兩人苦著臉商量了一陣，覺得既然都預測到這個後果了，就不要再傻乎乎地坐等這個後果的到來。

兩人達成共識，必須在這個後果到來之前，突圍出去。而且晚突圍不如早突圍。

可是他們試了幾次之後，才發現這個圍真不好突。

兩人又在那裡無計可施了。

在兩人無計可施時，定州都指揮使馬讓能已經忍無可忍了。他真的不願跟王都這個笨蛋繼續困在這個孤城裡了。他突然帶著幾個親信，打開城門，把城外的官軍放了進來。

王都看到官軍一窩蜂湧進來，立刻就絕望了。

他沒有再集結兵力 —— 估計也集結不到什麼人了，而是把全家族的人都召集起來，然後舉火自焚。

禿餒沒有膽量跳進王都燒起來的火海，結果就成了俘虜。

王晏球把禿餒送到大梁，斬於市。

王都之亂就這樣平定了。

王晏球這次平定王都，基本者是圍而不攻，硬生生地把王都困死在堅固無比的定州城裡。王晏球在圍城的日子裡，經常用自己的私家財產分給士兵們，從開始圍城到拿下定州，他沒有處決過一個士兵。

李亶曾經對他的戰術極度不滿，多次派人督促他不惜一切代價把定州打下來，但他還是堅持自己的戰術。當定州平定之後，王晏球入朝，李亶對他大力嘉獎，他只是在那裡感謝朝廷長期運送糧食給他 —— 其實是在歸功於長官 —— 沒有長官送的糧食，我是不可能取得勝利的。事實上，他一直靠那三個州的租稅解決了部隊的口糧。

9. 李從璨觸忌遭賜死，董璋拒繳軍費露反心

李亶對李從榮很寬容，但他對另外一個兒子李從璨就沒有那個胸懷了。

李從璨現任右衛大將軍。這個人性格特別剛烈。他看到安重誨用事，

第八章　四方交戰連陷危局，王都敗亡高郁橫死

心裡就很不爽。這些年來，安重誨執掌朝廷大權，可謂權勢熏天，就連很多皇子對安重誨都很害怕，在他面前唯唯諾諾，不敢高聲說話。但李從璨就堅決不鳥安重誨。這個人長得風流瀟灑，很有俠客風度。安重誨對他很是忌恨。

前一段時間，李亶巡幸大梁時，就任命李從璨為皇城使——也就是在李亶不在時，管理皇城。

李從璨向來不拘小節。有一次他在會節園喝酒，喝到高興的時候，就哈哈大笑地登上御床。

安重誨得知後，第一時間就向李亶告了狀。

這件事就立刻觸發李亶最敏感的那根神經，認為李璨這個越制行為就是大逆不道，必須嚴厲處罰。他先是把李從璨貶為房州司戶參軍，然後果斷賜死。

李亶賜死李從璨之後，又把李從榮任命為河南尹、判六軍諸衛事，任命李從厚為河東節度使、北都留守，接替了李從榮原來的職位。

李亶這幾年都在硬撐著，算是渡過了最艱難的時期。

雖然現在他的境內仍然存在很多不確定的因素，但表面看來還算是平靜的。更讓他覺得可喜是，這幾年糧食漸漸豐收。

他請來他最敬重的馮道跟他聊天，對現在的年景感到很欣慰。

馮道對他說：「我常記得以前在先帝的幕府裡工作、奉命出使中山、經過井陘險要之處時，常恐馬被摔倒，就非常小心謹慎地抓住韁繩，一路如履薄冰，幸好沒有出現過馬失前蹄的事。等到平路時我就放開韁繩，讓馬自由奔跑，不一會牠就跌倒了。治理天下，跟這個也差不多。」

李亶一聽，這個故事對朕太有啟發了，朕深以為然。

9. 李從璨觸忌遭賜死，董璋拒繳軍費露反心

李亶深以為然之後，又問：「今年糧食豐收，老百姓的口糧會很充足吧？」

馮道說：「農家啊，災年就會餓殍遍地；豐年則傷於穀賤。不管是豐是災，他們都很困苦。也只有農家才會這樣。我記得進士聶夷中寫有一首詩是這樣的：『二月賣新絲，五月糶新穀，醫得眼下瘡，剜卻心頭肉。』這首詩雖然讀起來有點鄙俗，但道盡了田家的甘苦。可以說，農民是士、農、工、商四種人中最勤苦的。作為人主，一定要知道這些情況！」

李亶也很感動，當場命左右把這首詩記下來，一有時間就讀它幾遍。

雖然有了個豐收年，但後唐的中央財政仍然很困難。

後唐其他道都還有不同程度的動盪，經濟運轉得很不順暢，所以朝廷仍然把財政任務分派到東西兩川。

本來，前次分派給兩川各五十萬緡，大家都以為孟知祥只會拿點應付一下了事，董璋還是會足額交上來的。哪知，結果卻讓大家跌破眼鏡，孟知祥倒是一分不少送了五十萬到洛陽，而董璋只給了十萬，還差點把去催款的李仁矩剁了。

雖然後來董璋沒有在李仁矩的頭上動刀子，但大家都知道，老董的反狀也露了。

這段時間，戍守東川的其他軍隊已經到期，必須按規定回歸本道。但董璋卻過來對這些準備撤回去的士兵進行篩選，把身體強壯的人都留了下來，那些體弱多病的就讓他們回去，而且還收繳了他們的武器。

孟知祥獨立意圖雖然很明顯，但他在條件還沒有成熟之前，仍然跟朝廷保持著上下級的關係。

西川不但向朝廷繳納很多錢，而且還一直負責調撥糧草給峽路。

到了這時，孟知祥才不想再當這個施主了，他對朝廷說，現在西川本

第八章　四方交戰連陷危局，王都敗亡高郁橫死

道的軍人已經很多、糧草也不夠用了。以後峽路那邊的兄弟部隊就自己解決吧。讓他們自力更生，相信他們會做得很好的。李亶不同意，要求孟知祥按朝廷的要求辦，而且多次派人去催促他把糧草送到峽路。孟知祥再次上了一道奏章，說現在西川的財力已經嚴重赤字了，無法執行皇上的詔令。

李亶一看，也束手無策。

10. 高郁富國強兵定楚基，馬希聲妒才奪權滅忠臣

這個時代雖然比三國和南北朝時期更亂，這個巨大的版圖上，被劃分成多股勢力，但這些勢力的老大沒有幾個算是大英雄。他們雖然生於亂世，但都沒有什麼遠大理想。他們既沒有過人的才能，手下也沒有幾個得力助手為他們出謀劃策。即使李亶這樣的老大，目前還是只靠安重誨這種半文盲幫他打點一切。當然，如果安重誨沒讀多少書，但能秉公辦事，一心為後唐著想就罷了，可是這個人性格狹隘，行事專斷獨裁。現在後唐地盤上的很多亂子都因他而起。

吳國也有一個嚴可求，料事十分精準，長期擔任徐溫的智囊，但特長只在於權鬥方面的，治國理政方面的策略提得很少。

馬殷卻是個例外。他的謀主就是高郁。

高郁在為馬殷服務其間，真的為馬殷制定了很多富國強兵的政策。

比如，他在馬殷主政前期、財政十分緊缺的困難時期，就向馬殷提出一個建議，即放開茶葉市場，允許楚人把茶葉賣到北方——也就是朱全忠治下的大梁。然後徵其稅以為軍用。

馬殷那時太需要錢了，聽從了高郁的建議，然後跟朱全忠進行一次貿

10. 高郁富國強兵定楚基，馬希聲妒才奪權滅忠臣

易談判。朱全忠也需要馬殷的支持，便答應了馬殷的通商請求。馬殷在大梁的首都及荊、襄唐、郢、復各州都設立了楚國茶葉專賣店。於是，大量楚地的茶葉在大梁有了市場，獲利頗豐。那些生意人的頭腦在利潤面前，頭腦永遠很靈光。他們一邊做著茶葉生意，一邊又在大梁那裡購買南方缺少的絲綢和馬匹，帶回南方轉售，生意做得很火。

馬殷為了讓梁皇帝高興，每年還送二十五萬斤茶葉作為貢品給中原朝廷。

馬殷靠這個生意，就擺脫了國家財政困境，並開始富裕起來。

高郁的這個做法，打通了楚梁兩國之間的貿易壁壘，獲得了大量的利潤，使得馬殷意識到，只有放開貿易才會國強民富。於是他又下令不再對商旅徵稅，大大地刺激楚人經商市場。

結果不光楚人熱衷於經商，其他地方的商人看到楚地的政策這麼好，紛紛跑到楚國。

高郁看到商人們都來了，心裡就笑了。他鼓勵大家做生意，最終目的並不是讓商人們大賺特賺，而是想讓府庫裡的錢財堆積成山，天下的財富都聚積到楚地來。

於是，他又發表第二個政策，搞了個楚國的專用貨幣。此前大家的錢幣原料都是銅，各地通用，是真正的強勢貨幣。他卻建議鑄鐵為錢。這樣的錢是不能在其他勢力流通的。商人們只在離開楚地之前，購買商品。這使得楚人可以賣掉自己的產品換取缺少的貨物，別的勢力卻難以搶楚人的生意。

高郁很快就意識到，楚地的百姓向來不從事桑蠶業。所有絲織品，都靠商家從中原換回來。如果哪天跟中原關係變僵，就會處於被動地位。他又發表了個政策，命令交稅的人都以絹帛代替錢。這個政策實施，楚地民間的織布業就大大地盛行起來。

第八章　四方交戰連陷危局，王都敗亡高郁橫死

就這兩招，使得楚國成為當時的經濟大國。

大家知道，李存勗滅亡最大原因就是財政赤字太高，無法支付軍隊開支，最後被兵士徹底拋棄。李亶即位到現在，之所以還各地動亂，弄得他一籌莫展，也是因為國庫太空洞了。高郁能讓馬殷一直處於手裡有錢的狀態，這讓馬殷很高興。馬殷也一直信任高郁，對高郁言聽計從。

周邊的幾個勢力很快就知道，馬殷能這樣有錢，都是高郁努力的結果。他們就眼紅起來，對高郁也很忌憚——不能讓高郁繼續在楚國效力了。

他們就想盡一切辦法除把高郁除掉。

最先有這個想法並付諸行動的就是李存勗。

馬殷當時的外交策略就是保持低調，悶聲發大財，堅決不稱王稱霸——公開宣稱脫離朝廷控制的，除了圖個虛名外，真沒有什麼實質性的收穫，他不公開宣布獨立，但誰也管不了他。他做生意養出了商人的思維，因此事事都講究實實在在的利益，絕對不圖虛榮而犧牲實惠的事。所以在李存勗滅梁之後，他又聽從高郁的建議，在第一時間就派使者跑到大梁，向李存勗點頭哈腰，以後大唐就是我們的宗主國。

李存勗那時剛進入大梁，意氣風發，頭腦也還很清醒，目光也還很犀利。他發現馬殷治下的楚地真的很富裕。他很快就知道，馬殷之所以把原來有史以來經濟一直很落後的楚地治理成為現在最富有的地方，主要是靠高郁這個經濟大師。這樣的人是不能讓他繼續為楚國效力下去的。得想辦法讓他不為馬殷所用。

李存勗很快就找到了個機會。

馬殷為了搞好與後唐的關係，派他的兒子馬希範入朝觀見李存勗。

李存勗發現馬殷的這個兒子十分聰明機警，心裡也很喜歡，就由衷地讚美了馬希範一番，如果馬希範不是馬殷的兒子，估計他立刻就收馬希範

10. 高郁富國強兵定楚基，馬希聲妒才奪權滅忠臣

為養子，然後當場賜名「李繼某」了。

馬希範被這個當代軍神一番誇獎，只喜得心花怒放。

李存勗在誇獎之後，就笑著說了一句：「我此前聽說，現在楚地雖然是馬氏的地盤，但大權都掌握在高郁的手裡。所以大家都認為，馬氏的事業遲早會被高氏奪取。現在馬殷有你這樣的兒子，高郁哪能得逞。我可以放心了。」

這話說得很有技巧，達到了挑撥離間的目的，而又沒有直接破壞雙邊的友好關係——如果直接說，現在高郁的權力太大，小馬你要小心啊，你回去要好好提防。這是赤裸裸的挑撥，只有傻子才相信。馬希範不是傻子，馬殷更不是傻子。人家都不是傻子了，結果只能證明李存勗是傻子。

他這話只把高郁對馬氏不利的話當成是謠言，而且一筆帶過，絲毫沒有強調的作用。但在馬希範的心裡絕對留下重重的一筆。

第二個想把高郁搞掉的是楚國的傳統敵國高季興。

高季興死守著荊南那塊小得可憐的地皮，不管怎麼努力，國力都無法強盛起來，看到自己的敵人經濟發展得這麼迅速，他不怕才怪——每次大戰，表面上看上一群士兵在拚命對砍，耗費的是人的生命，其實打的全是錢。高季興擔心，馬殷的經濟經續發達下去，荊南離滅亡就不遠了。他雖然緊挨著楚國，但也無法破壞楚國的經濟。那就只有想辦法把楚國的經濟大師高郁搞定了。

高季興就捏造了大量的謠言，然後向楚地散播。

這些謠言很快就傳進馬殷的耳朵裡，馬殷連個標點符號都不相信。

高季興看到自己的謠言完全失效，並不甘心。

高季興又想到一個辦法，寫一封信給馬殷的第二個兒子馬希聲說，他太佩服高郁了，馬公子能不能搭橋牽線，讓他跟高郁認識，並和高郁結為

第八章　四方交戰連陷危局，王都敗亡高郁橫死

兄弟。負責送信的使者還對馬希聲說：「我們高老大知道你們重用高郁，很是高興。他說，以後滅馬氏的不會是別人，絕對是高郁。」

如果是別人，對這種低級的挑撥的話，絕對是不會相信的。但馬希聲不是別人，他平日裡看到父親那麼信任高郁，心裡已經有些不爽了，現在又聽了這樣的話，也有些不淡定了。

馬希聲跟他的哥哥馬希範見面時，自然會聊到這件事。馬希範這時還記得李存勗說過的那番話。兩一交流之後，覺得高郁真的要搞垮他們家。

兩人馬上達成共識，必須儘早清除這個特大號的隱患。

不光這對兄弟想把高郁除掉，楊昭遂更盼望高郁早死。

楊昭遂是行軍司馬，也是馬希聲妻子的族人。他一直想取代高郁成為楚國的首席大臣。可是他也知道，只要高郁還活著，他就只能排第二。因此，他一有機會就在馬殷的面前說高郁的壞話。哪知，馬殷對所有關於高郁的壞話都有極大的免疫力，不管你們怎麼說他就是不信。你們不怕累就說吧，說到你們嘴皮潰爛為止也關他屁事。

後來，馬希聲又跑到父親面前，說高郁奢侈越軌，大逆不道，而且他還發現高郁大量結交藩鎮權貴，顯然是在圖謀不軌，請馬殷把高郁殺掉。

馬殷說：「成吾功業，皆郁力也；汝勿為此言！」

馬希聲一看，原來誣陷一個人也不是一件易事。但他還是堅決請求解除高郁的兵權，父親你可以信任他，讓他繼續主管經濟工作，但不能再讓他掌管兵權。應該可以吧？

馬殷這時年紀已經偏大，看到這個兒子如此不依不饒，只得答應了馬希聲這個請求，降高郁為行軍司馬。

馬希聲的第一步成功了。

高郁接到自己被貶的文件時，立刻知道，自己的命運又到轉捩點了。

10. 高郁富國強兵定楚基，馬希聲妒才奪權滅忠臣

他呆呆地望著這個文件，良久之後，對他的幾個親信說：「亟營西山，吾將歸老。子漸大，能咋人矣。」看來我得抓緊時間經營西山，以便告老還鄉。現在狗崽們已經長大，會咬人了。

高郁雖然是當時獨步海內的經濟大師，有著高超的策略眼光，但他卻看不透馬殷那幾個兒子的狠毒——也許他以為，目前馬殷對他還是百分之百的信任，有馬殷作保護傘，他暫時還是安全的，所以把這個話說出了嘴巴。

哪知，他過高地估計了馬殷的保護能力，又低估了馬希聲的狠毒。

馬希聲當天就聽到他說的這句話。

馬希聲當場暴跳如雷，大喊大叫，一定要殺死這個老匹夫。

馬希聲說做就做。第二天，他就假傳馬殷的命令，帶著一批武裝人員衝進高郁的府舍，把高郁殺掉。

他殺完高郁之後，還張榜告示，宣稱高郁準備謀反，他不得不採取斷然措施，將高郁野心集團徹底粉碎。然後把高郁的全家以及所有被劃為高郁親信的人通通殺掉。

在馬希聲高舉大刀屠殺高郁全家時，馬殷一點不知道。

馬殷正那裡休閒著，突然看到天地間都是大霧，到處一片白茫茫，能見度不到幾公尺。他呆呆地看著大霧，然後對左右說：「當年我跟孫儒渡淮時，每逢有人冤死時，都會出現這種現象。難道馬步院有人冤死了？」這裡所說的馬步院，在當時就是一個常設機構，也稱馬步司，主要用來審問犯人。

馬殷還以為可能是馬步司裡出了某個冤案而已。

直到第二天，才有人向他報告：高郁已經被馬希聲殺了。

馬殷萬萬沒有想到，他會接到這樣的一個消息。他撫著胸口，萬分悲

第八章　四方交戰連陷危局，王都敗亡高郁橫死

痛地說：「我老了。朝廷的事，我已經不能說了算。致使有功之臣冤死。」

如果是別人把高郁殺了，馬殷此時肯定會大發雷霆之怒，不將兇手碎屍萬段、滅門滅族，絕不罷手。但現在是他親愛的兒子啊。他能將他的兒子碎屍萬段、滅門滅族嗎？

馬殷在那裡無力地消化著他的痛苦，好久之後才對左右說：「我看來也不能在此地久居了。」

高郁絕對是歷史上少有的市場經濟學家。他以一己之力，把向來貧困的楚地打造成當時最為富足的發達地區，為楚國創造了一段經濟奇蹟。當然，他個人很貪婪也很奢侈。據說他怕自己喝的井水不乾淨，就用銀葉護之，名為「拓裡」。他因為此事被政敵彈劾過。

他還有一個八卦。據說辰州有個姓向的人，是個能工巧匠，他無事可做的時候硬是燒製出一條龍。據說這條龍出窯的一剎那，突然發生大火，暴風驟雨都不能撲滅這場大火。結果，這條龍也被燒為灰燼。當人們去掃灰的時候，卻驚奇地發現，龍角居然沒有被燒化，還在那裡晶瑩閃亮著，有如白玉。

向氏就把這個龍角當寶貝收藏起來。

高郁知道後，立刻派人過去，為那個龍角定好價，然後強行買走。

有個術士知道後，說：「高司馬這是想惹禍事嗎？這是不祥之物啊。」

果然不久，高郁就死於馬希聲的刀下。

高郁很貪，但他的死並不是因為腐敗，而是因為太有才了。

11. 安重誨逞忿斷吳越外交，錢鏐稱臣反受冷待

在這些老大中，馬殷一直很低調，錢鏐也很低調。不過錢鏐只是對外低調。他在自己的一畝三分地上，卻很自大。

後唐的使者知道他的個性，每次到他那裡出使，便對他曲意奉承，把他狠狠地誇一番，誇得他老臉上全是慈祥的笑容。錢鏐一開心，就給誇他的人賜多多的錢財。如果哪個使者不知道他的這個愛好，在跟他見面時不大放讚歌，他給的禮品就只有意思意思而已。

他自大一久，就成了習慣。有一次，他居然給安重誨寫了一封信，字間行間都透著他的傲慢，讓安重誨很生氣。不久，李亶又派烏昭遇和韓玫出使吳越。這兩人向來矛盾重重。烏昭遇知道錢鏐的愛好，韓玫卻不知道。他們跟錢鏐舉行會見時，烏昭遇就盡力去拍錢鏐的馬屁，結果獲得了很多賞賜。韓玫只得了些土特產。

他們完成使命回朝後，韓玫就把烏昭遇告到李亶那裡，他說：「烏昭遇見到錢鏐時，居然稱臣拜舞，稱錢鏐為殿下。並私下把國家的大事告訴了錢鏐。」

安重誨就奏請李亶，把烏昭遇賜死，然後下制令錢鏐以太師的身分致仕，其餘的官爵全免。凡是吳越國的進奏官、使者、綱吏等，都由地方官抓起來治罪。

安重誨的這個行為，完全是憑著自己的情緒來處理的。目前錢鏐遠在江南，中原朝廷從來沒有實際帶領過他。但他卻是所有割據政權中最把中原王朝當一回事的老大，而且年年進貢。雖然大多都是出工不出力，但也總比把他們逼成敵對勢力要好得多了。這樣的勢力就應該好好地團結起來，即使不能得到實實在在的幫助，也可以得到一些聲援，甚至還可以牽

第八章　四方交戰連陷危局，王都敗亡高郁橫死

制一下吳國。跟這樣的勢力搞好關係，真的是有萬利而無一弊。然而安重誨只照顧到自己的心情，卻完全不把朝廷的整體利益拿來考量一下。

錢鏐接到這個詔書後，並沒有拍案而起，破口大罵髒話，而是叫他的兒子錢傳瓘上表訴冤。但李亶理都不理。

由此可見，不管是安重誨，還是李亶對於外交藝術，基本都不懂。

第九章
妃黨權相爭鋒相對，川中義舉抗命中央

1. 康福出師西征屢建奇功，安重誨借刀殺人反成美談

後唐的朝廷仍然是安重誨最有權勢。雖然前一段時間，李亶對他已經很討厭了，曾想把他空降藩鎮，但後來又改變主意。如果是別的人，肯定會死死記住這個教訓，不敢再囂張了。可是安重誨並沒有因此而改變自己的脾氣，仍然敢頂撞李亶。即使李亶為自己的親信康福任命時，安重誨仍然出來反對。

康福是標準的沙陀人，而且是軍人世家。他的祖父擔任過藩漢都兵馬使，死後被追贈太子師。他的父親則擔任過平塞軍使，死後追贈太傅。

康福也跟很多沙陀人一樣，從小就苦練殺敵本領，長大後善於騎射。他年輕時就跟李克用到處征戰，從基層一步一步地提拔上來。在李克用時代就當上了承天軍都監。

李存勗對康福也很看重。他即位後對左右說：「我本來是沙陀人，也算是蕃人，以放牧羊馬為生。康福體貌豐厚，看起來是個福相，適合管理財貨，可以讓他總轄牧馬之事。」

他說過這話之後，就任命康福為小馬坊使——因為此前後唐在并州

第九章　妃黨權相爭鋒相對，川中義舉抗命中央

和代州設立過大馬坊使，故在相州設立的這個機構就稱小馬坊使。

康福管理馬坊的風格，讓人一看就知道是藩族的風格。要知道，藩族是馬背民族，他們管馬是有一套的。

當他還當後唐的弼馬溫時，他跟很多有影響的事變似乎都無法扯上關係。可是，在興都門事件之前，他仍然被捲了進來。

當時，李亶還叫李嗣源。李嗣源本來是奉命去討伐叛軍的，但他還沒有向叛軍開一槍，他帶過去的部隊就先譁變了。然後這些叛軍就強行奉他為帝。

李嗣源出魏州之後，南下相州，手裡並沒有多少人馬。當他趕到相州時，正好碰上康福這個弼馬溫。康福手裡恰好有幾千匹戰馬。康福也瞅準了這個機會，把這批戰馬都獻給了李嗣源。李嗣源有了這個批戰馬，這才得以組建成軍。

康福的這個功勞可以說很大。李嗣源稱帝後，當然忘不了這個弼馬溫，提拔他為飛龍使，不久轉任磁州刺史和襄州兵馬都監。

在此期間，康福曾奉命隨軍去打高季興，但沒有取得勝利。

康福除了牧馬很專業外，還精通多種語言。

李亶一有空就召康福入便殿，向他詢問一些政朝的事。

康福一般都用藩語奏對，在座的人都不懂這些少數民族語言，根本不知道他在說什麼。

別人也就罷了，安重誨看到這個情況，就坐不住了，再讓他這樣下去，他就是亂說一些對我不利的話，我也不知道啊。

後來，安重誨就把他叫到某個角落，咬牙對他說：「你要是膽敢在皇上面前亂說話，總有一天我會斬了你。」

康福當然知道安重誨的話絕對不是吹牛，他要殺誰，誰還真的會沒

1. 康福出師西征屢建奇功，安重誨借刀殺人反成美談

命，心裡十分害怕，覺得如果自己還在朝中混，就會被安重誨害死。

正好這時，朔方節度使韓洙死去，他的弟弟韓澄被任命為留後，韓澄才當留後沒有幾天，定遠軍使李匡賓就聚眾占據了保靜鎮，搞了一場動亂，弄得朔方地區有些動盪起來。

韓澄覺得自己真的鎮不住這些動亂分子，就派人帶著絹表請求李亶派有能力的主將來當這個節度使。

安重誨一看，對李亶說：「現在有個最適合的人選，可以去朔方當節度使。」

誰？

安重誨說：「康福最勝任這個職務了。那裡有很多少數民族，康福會多種外語，完全可以跟他們進行無障礙對話。」

其實，安重誨真正的意思是，這個地方深入胡境，很多年來，在這裡為帥的人基本都被害死。他把康福空降此處，就是想讓胡人把康福搞定。說得通俗一點，就是借刀殺人。

李亶聽了安重誨的話，覺得太有道理了，馬上就任命康福為朔方、河西節度使。

李亶在鑑發這個文件時，覺得安重誨這次推薦的人選太正確了。

康福在接到這個委任狀時，立刻就知道安重誨這是要把他往死地裡推。

他跑去見李亶，也顧不得那張沙陀臉了，當場痛哭流涕起來，說他不想當這個節度使啊。

為什麼？

康福說：「那裡跟胡人接壤，處於動盪地帶，需要一個能打敢打的人去才能為陛下保衛邊疆啊。我的特長是牧馬，不是指揮打仗啊。我要是到那裡，必死無疑。我死了也就死了，可是卻丟了朝廷的臉啊，還是讓我到

349

第九章　妃黨權相爭鋒相對，川中義舉抗命中央

另一個地方去吧。」

李亶一聽，確實是實情啊。邊關重地，真的需要派會打仗的人去才行。他就叫安重誨重新安排。

安重誨卻一點不買李亶的帳，說：「康福沒有功勞，從刺史提拔成節度使。他還不知足？還有什麼要求？況且命令已經下發，哪能再更改？」

李亶只得對康福說：「安重誨不願更改，我也沒有辦法。你就去吧。」

康福還能說什麼，只得擦掉那把淚水，向李亶告辭。

李亶說：「你也不必太過擔心，我會派兵幫助你。」他派牛知柔、衛審帶一萬多士兵護送他去赴任。

康福帶著這支部隊來到方渠，羌兵就先給他來個馬威，當面把他攔截，你們想到靈武，就先過我們這一關。

康福雖然帶著悲觀的心情上路，但碰到敵人，他一點不含糊，帶著部隊直衝過去，把羌兵衝擊得七零八落，最後不得不抱頭四處奔逃。

擊退羌兵之後，他們來到青剛峽，遇上了大雪。康福知道，這裡已經很複雜了，又碰上這個惡劣天氣，必須小心謹慎。他派人登山觀察再決定如何前進。

偵察員回來報告：「山川下有煙火。」

康福再探，很快就弄清了情況。原來是吐蕃野利、大蟲二族數千帳在那裡駐紮。

他們現在還情緒很穩定地躲在帳篷裡，根本不知道唐兵已經到了。

康福馬上叫衛審帶兵掩殺過去。

吐蕃兵從上到下，沒有誰料到這個大雪天會有唐兵突然殺到，哪有什麼準備，毫無戰鬥準備。後唐兵分三路殺進。

吐蕃兵根本無法準備戰鬥，個個都衝出帳篷，棄帳而逃，結果被唐兵追殺殆盡。

康福他們大獲全勝，繳獲了很多玉璞、羊馬。

這一戰，讓康福聲望大振。

康福進至靈州。那些動亂分子不敢對康福耍花招了。

康福信心立刻高漲起來，進軍保靜鎮，一番攻打，就斬殺了李匡賓。

2. 李仁矩添油加醋誣董璋，東西川聯姻共拒朝廷

安重誨除了選派康福當朔方節度使外，還派李仁矩到閬州。

安重誨以前拿了董璋的很多好處，所以在朝廷裡經常為董璋說好話，把董璋說成是一個赤膽忠心的強者。後來，李仁矩回去之後，報告說董璋已經叛變了。大家看到董璋既不交納祭天費用，知道他真的要有異志了。

安重誨為了抑制董璋，就把閬州劃分出來，增設保寧軍，任命李仁矩為節度使。然後讓他和綿州刺史武虔裕一起去赴任。

李仁矩是安重誨的親信，武虔裕則是李亶原來的舊將，同時也是安重誨的異姓兄弟。站在安重誨的角度上看，這兩個人絕對政治立場堅定。

安重誨布置了一個任務給兩人，就是嚴密監控董璋，對他的一舉一動一定要瞭如指掌。

李仁矩前番出使東川，鬧了那次嫖娼事件，差點被董璋砍了腦袋，現在他還會放過董璋嗎？

他根本不用花時間派偵察人員深入東川境內打探情況，直接就捉風捕影、添油加醋，把董璋的反狀送給李亶。

351

第九章　妃黨權相爭鋒相對，川中義舉抗命中央

恰好這時，朝廷又派武信節度使夏魯奇到遂州去修治城壕，維修武器，還增加了那裡的完備力量，不管怎麼看，夏魯奇都在做備戰的準備工作。

董璋看到這些情況，都是針對自己的，覺得朝廷準備對自己攤牌來了。

到了這個時候，那些謠言的創作者們又根據這些情況創作了一個謠言，說朝廷又準備割出綿州、龍州設立一個新的節鎮。

孟知祥和董璋原來矛盾重重，關係十分僵硬，這時兩人都覺得朝廷準備對他們開刀了，覺得他們只有團結起來，才能對付朝廷的圍剿。

董璋先派人到成都，要求跟孟知祥和解，而且和解的很有誠意，請孟知祥把女兒嫁給他的兒子，直接從半個仇家的關係轉化為親家的關係。

孟知祥雖然入蜀之時就有了反朝廷的打算，這些年來的所作所為都以獨霸一方為原則。但他也知道，要是真的與朝廷唱反調，他還是有點勢單力薄，看到董璋伸出的橄欖枝，二話不說立刻接住，答應了董璋的請求，從此東川西川就是一家親。只要我們團結如一家，試問天下誰能敵。

兩人結成同盟之後，就迅速行動起來，做好防範工作。

董璋日派兵到劍門築了七個營寨，孟知祥派他的第二把手趙季良到梓州與董璋會面，讓雙方的關係更加牢固。

趙季良跟董璋會面之後，反回成都，對孟知祥說：「老董貪財好勝，志大謀短，終為西川之患。」

兩人的情誼在這個時候就不那麼純粹了。

朝廷那邊對孟知祥還沒有作出激烈的反應，他手下的指揮使李仁罕和張業就先興奮起來，想憑兩人之力把孟知祥搞定、為朝廷除一個隱患。

兩人當然不敢用直接跟孟知祥叫板，而是設了一個局。

這個局也叫鴻門宴。

2. 李仁矩添油加醋誣董璋，東西川聯姻共拒朝廷

他們打算請孟知祥來喝酒，然後在酒席上把孟知祥拿下，一了百了。

這兩人的算盤打得很精準，孟知祥本來也沒有什麼防備，完全同意了兩人的請客。

哪知，參與謀劃的都延昌和王行本不知什麼時候跟某尼姑會面，居然把這個宴會的內容洩密給了這個六根一點不清靜的女和尚。

女和尚跟他們的關係很密切，跟孟知祥的關係更密切。

於是，女和尚把她得知的情況告訴了孟知祥。

孟知祥當然追究到底。追究到底之後，沒有拿到實質的證據。

孟知祥就把都延昌和王行本拿下，然後腰斬。

到了宴會那天，孟知祥宣布赴宴。

準備到宴會現場時，孟知祥對所有隨從說：「今天我想放開喝一場，要喝得高高興興，你們不用守在旁邊，你們想做什麼就做什麼去吧。」

隨行人員全部散去。

孟知祥獨自進入李仁罕的府第。

李仁罕出來迎接，對著孟知祥叩頭流涕，說：「老兵唯盡死以報德！」

孟知祥搞了這個單刀赴會，讓大家都非常感動。從此諸將對他都服服貼貼。讓人別服服貼貼，就必須有過人的膽量。

當然，也有人認為，這是孟知祥跟李仁罕合謀搞出的劇本，用都延昌和王行本這兩個笨蛋的鮮血打造出孟知祥的光輝形象。現階段，必須突出孟知祥的大無畏精神。

孟知祥和董璋一邊加強戰備，一邊還跟朝廷玩政治戰。他們向李亶上書，說：「東西兩川聽說朝廷在閬中設立節度使，又在綿州、遂州增加兵力，感到很害怕。」

353

第九章　妃黨權相爭鋒相對，川中義舉抗命中央

李亶更不能說，他的這些舉動就是針對兩川的。他收到兩人的奏章後，就下詔書好言好語撫慰兩人，請他們放心。朝廷怎麼會去針對藩鎮呢？現在朝廷正倚重兩位大人物啊。你們完全不必要有太多的想法。

3. 曹王妃讓位展仁心，安重誨矯詔逼退李從珂

李亶即位到現在，手下的藩鎮權貴都搞不定，到處都在搞事。但他後宮的幾個美女倒很和諧。

李亶當了幾年皇帝，至今既不立太子，也沒有立皇后。

時間都到西元930年二月了，李亶覺得也該確立皇后了。他這時最為寵愛的兩個美女，一個是曹淑妃，一個就是王德妃。李亶想立曹淑妃。

曹淑妃得知後，就發揚史上少有的謙讓精神，對王德妃說：「當皇后需要做很多接待的事。我平時胸中煩熱有病，最討厭那些接待應對的事。還是你代替我去做這些麻煩事吧。」

王德妃並沒有當仁不讓，說：「入主中宮當皇后，匹配天子，不是誰都可以的。」

最後，還是曹淑妃當了皇后。

從此兩人的關係都十分友好。

王德妃當初是靠安重誨才得以進宮的，所以，她一直對安重誨很感激。

安重誨有時心裡很陰暗，誰得罪他就不惜一切代價——哪怕這個代價由國家承擔，也要把得罪的人搞定。但他對王德妃的要求還是很高的。李亶生活很是節儉，當了幾年皇帝之後，才開始有些大手大腳。安重誨每當看到李亶的用度稍多，就馬上勸諫。

王德妃成了李亶最寵愛的美女後，就開始奢華起來。她叫人從外庫裡

3. 曹王妃讓位展仁心，安重誨矯詔逼退李從珂

取出錦帛做地氈。安重誨就看不下去了，對她極力諫阻。而且還引用李存勖的劉皇后作為事例對她講了又講，請她一定要引以為誡。她就生氣起來，不就幾段錦帛當地氈，國家就會滅亡？國家這麼容易滅亡嗎？

她心裡就開始恨安重誨。

安重誨難得當一回好人，結果還得罪了這個皇帝的寵妃。

現在安重誨的權力最大，敵人也最多。

李從珂跟他也是死對頭。

李從珂是李亶十分倚重的養子，但安重誨根本不管這些。而且比起其他人來，他跟李從珂的恩怨更久。

那時李亶還叫李嗣源、還奉命鎮守真定時。

有一次李嗣源請大家來喝酒。

李從珂和安重誨都前來參加。兩人在喝酒時發生了爭執。一個仗著自己是李嗣源的親信，一個仗著是李嗣源的養子，誰都不怕誰，爭論的聲音不斷放大，而且動完嘴巴之後又動手。動手的結果，自然是安重誨敵不過戰場猛將李從珂。安重誨被李從珂狠狠地痛毆了一頓。最後，安重誨掙脫著逃出現場。

李從珂酒醒之後，覺得昨天有點失態，就跑過去向安重誨道了個歉。

如果是別人，看到李從珂前來真誠道歉，也就算了。可是安重誨那個睚眥必報的性格，他能原諒得了誰？他表面上接受了李從珂的道歉，但心裡對李從珂的恨卻有增無減。

現在安重誨得以專權，李亶對他言聽計從。即使驕橫如李從榮等皇子對安重誨都恭恭敬敬，不敢有半點怠慢，其他人就更不用說了。

李從珂現任河中節度使、同平章事，手握重兵。

安重誨仍然想把這個打過他的傢伙打倒。他當然不敢直接對李從珂下

第九章　妃黨權相爭鋒相對，川中義舉抗命中央

手，他只能藉助李亶那雙皇帝手。

安重誨不斷地在李亶面前說李從珂的壞話，把李從珂說成一個什麼壞事都做絕的壞蛋。

李亶對李從珂是很了解的，不管安重誨如果說李從珂，他就是一個字都不信。

安重誨費了大量口舌都沒用。他知道，李亶對李從珂是無比信任的，這個信任是誰都無法動搖的。

既然皇帝這麼相信李從珂，那就只有自己出手了。安重誨決定自己搞定李從珂。

他製作了一個假密詔，派人暗中拿去找楊彥溫，請楊彥溫把李從珂驅逐出河中——只要你把李從珂趕出河中，你就是河中節度使。

當天，李珂出城檢閱戰馬，楊彥溫就關掉了城門，不讓李從珂進城。

李從珂叫人去拍門，大聲質問他：「我向來待你不薄，你為什麼要這樣？」

楊彥溫說：「我不敢對你忘恩負義。是樞密院給我的命令，請你入朝。」

李從珂只得跑到虞鄉暫駐，然後派人入朝，把情況向李亶稟報。

李亶想不到居然會發生這樣的事。

李亶知道肯定又是安重誨搞的鬼，便把安重誨叫來，把情況跟他講了，最後說：「楊彥溫這是什麼意思？」

安重誨一聽，知道事情壞了。他雖然敢玩陰謀詭計，但這個陰謀詭計實在太過膚淺。如果他果斷一點，叫楊彥溫把李從珂殺掉，也許事情就會簡單得多。但他只是叫楊彥溫把李從珂驅逐出河中。你想想，李從珂被從河中趕出來後，他會蠢到去自殺嗎？他只會向李亶報告。只要這事捅到李亶面前，安重誨矯詔的事就會被發現，結果除了對他自己不利之外，對李

3. 曹王妃讓位展仁心，安重誨矯詔逼退李從珂

從珂並沒有什麼損傷──最多只能讓李從珂鬱悶幾天而已。

安重誨看到李亶追究這事，他當然不會說是他搞的，他只能把這個鍋往楊彥溫的身上甩。

他對李亶說：「楊彥溫這個奸賊喪心病狂，自己想造反，卻把帽子扣到樞密院的頭上。必須馬上討伐他。」

李亶盯著安重誨，眼裡流露的全是懷疑的神態──似乎在說，事情不會是這麼簡單吧？我看還是先設法把楊彥溫找來問個究竟。我看先提拔他當絳州刺史，看他來還是不來。

安重誨被李亶盯得心裡有些發毛，他知道如果楊彥溫真的到了洛陽，跟李亶一見面，什麼都會真相大白，那時安重誨的陰謀就會全部暴露，而且還有個矯詔情節──矯詔之罪，不是小罪啊。

安重誨無論如何都不能讓李亶見到楊彥溫。他就在那裡「固請」發兵去攻打楊彥溫。楊彥溫居然把皇上的養子也驅逐出城，而且還胡說皇帝的命令。這是不把皇帝放在眼裡。這樣的人不除，以後就會很多人效法。

李亶只得命令西都留守索自通、步軍指揮藥彥稠帶兵去完成這個任務。

索自通的名字看起來像個少數民族的。其實他是標準的漢人。他從小就能騎射，最愛的活動就是打獵。有一次，他在野外打獵，居然碰到了也愛打獵的李存勗。李存勗見他也是個打獵高手，便問他的姓名，覺得他的身手不錯，當場就把他納入麾下，補右番直軍使。之後，他多次跟隨李存勗打獵。在一次打獵活動中，索自通一箭射中正在飛奔的鹿子。李存勗大聲叫好，直接將他轉為指揮使。大家一看，打好獵也能立功，對他都是羨慕不已。

後來他被分撥到周德威手下，隨周德威攻打幽州，生擒燕軍猛將郭在鈞。

第九章　妃黨權相爭鋒相對，川中義舉抗命中央

之後，又隨李嗣源平定魏州，改任突騎指揮使。

李嗣源即位後，他被調到李嗣源的身邊，任左右廂馬軍都指揮使、授忻州刺史。過了一段時間，他又被召回，主管禁兵，領韶州刺史，之後任大同節度使。不久，改任忠武節度使，再改任京兆尹、西京留守。他雖然是李存勖的親信，但也深得李亶的信任。

所以，在這個時候，李亶就讓他當討伐楊彥溫的總指揮。

他們準備出發時，李亶特別交待藥彥稠，務必活捉楊彥溫，讓他當面審問。

李亶在索自通出發之後，就召李從珂到洛陽。

李從珂知道，這一切都是安重誨搞的鬼，他也很想入朝為自己申辯，看到李亶召他，便立即急馳入朝。

李從珂回來之後，李亶並沒有跟他見面，而是責令他先回自己的府第。李從珂雖然多次請求面聖，但李亶都斷然拒絕。

由此可知，現在李亶的心情是很複雜的。他應該對安重誨和李從珂都產生了懷疑。他必須等藥彥稠生擒楊彥溫回來、讓他當面審問之後，他才做出決斷。

楊彥溫本來就沒有造反的想法，他只是被安重誨糊弄了才將李從珂拒之門外。當他看到李從珂離去之後，他以為他已經順利完成了樞密院的交辦的任務，並沒有做出什麼準備。

索自通和藥彥稠的部隊抵達之後，很快就攻進城中。

不知是藥彥稠忘記了李亶的交待，還是別的什麼原因。他們進城之後，將關鍵人物楊彥溫斬殺，然後把他的首級送到洛陽。

李亶大怒，朕是要你們把一個活生生的楊彥溫送過來，你們怎麼只把他的首級送來？你們以為朕這輩子沒有見過死人腦袋？他大怒之下，又無

3. 曹王妃讓位展仁心，安重誨矯詔逼退李從珂

可奈何，只得狠狠地大罵藥彥稠一頓。

楊彥溫只剩下一顆腦袋送到李亶面前，安重誨大大地鬆了一口氣。

這個線索斷了，安重誨又可以全力以赴做陷害李從珂的工作。

這一次，他沒有親自出馬了，他請馮道和趙鳳兩人出面，奏請追究李從珂失守河中之罪。

李亶雖然對李從珂也有點懷疑，但當他看到楊彥溫被斬殺之後，就覺得此事定有蹊蹺，因此就額外謹慎起來，對兩人說：「吾兒為奸黨所害，是非曲直還沒有弄明白。你們兩位對此事並不知曉，為什麼一來就說這些話？看你們說的意思，是不想讓他繼續活下去了啊。我看，這未必是你們的意思。」至於是誰的意思，朕就不說了，你們自己知道。

兩人此前看到李亶對安重誨言聽計從，很多時候，安重誨的話就是李亶的話。兩人對安重誨也一直十分畏懼。當安重誨布置這個任務給他們時，他們都認為安重誨已經把一切事情都搞定了，只是由他們來說一說，然後就可以照章辦事了。哪知，李亶卻斷然否決了他們的話。兩人只得惶恐而退。

過了幾天，趙鳳還是不死心，又對李亶提起這件事。

這一次，李亶理都不理趙鳳的話。

安重誨看到這兩人說過之後，李亶理都不理，只得一咬牙，親自對李亶提起此事。

李亶說：「朕當年還是小校時，家裡很清貧，全靠此兒拾馬糞養家。現在我當了皇帝，就不能庇護他一下嗎？你想怎麼處理他才合你的意？」

安重誨聽到這個話，知道真的動不了李從珂了，只得說：「陛下父子之間的事，我哪敢再多嘴。怎麼處理，全憑陛下聖意。」

李亶說：「讓他在家裡閒居。這事就到此為止，你也不要再說什麼了。」

第九章　妃黨權相爭鋒相對，川中義舉抗命中央

　　索自通攻下河中之後，被任命為河中節度使。

　　索自通雖然受到李亶的大力提攜，但他認為，現在安重誨的權勢太大，他們這些人只要聽安重誨的話，就可飛黃騰達。他之所以能當上河中節度使，也是安重誨安排的結果，所以他到河中之後，就按照安重誨布置的任務，重點深挖李從珂的種種不法行為。

　　索自通深挖了幾次，也挖不出什麼實質的證據來。最後，安重誨叫他登記軍庫中的鎧甲兵器數字，向李亶報告，說成是李從珂私自從造的。

　　安重誨以為這個證據一上來，他就可以宣布李從珂的小命完結了。

　　哪知，這時王德妃對安重誨已經十分生氣，看到他這麼害李從珂，就堅決地站在李從珂一邊，充當李從珂的保護傘，硬是把李從珂保了下來。

　　當時，大家看到安重誨對李從珂火力全開，都認為李從珂已經凶多吉少了，因此都不敢跟李從珂往來。只有禮部郎中呂琦和他是鄰居，還經常跟他見見面。李從珂有事需奏請時，都是問過呂琦之後才去辦的。

　　安重誨在朝中還有一個敵人──王建立。這時王建立還在擔任昭義節度使。王建立還是很得李亶信任的，安重誨此前也多次要扳倒王建立，但都沒有成功。王建立本來也是被李亶召到朝廷，要委以重任的，但王建立說自己出身草莽、不識詩書，堅決辭掉朝廷的職務，多次之後，李亶才答應王建立的請求。對於這樣的人，陷害的難度是有點大的。但安重誨在陷害政敵時向來不怕困難，只要他還清醒，他就努力克服困難，拚盡全力向對方開火。

　　這時，他一邊跟李從珂較勁，一邊還抓王建立的把柄。他對李亶說：「王建立過魏州時，說了很多動搖人心的話，造成極為惡劣的社會影響。必須嚴肅處理。」

　　這一次李亶聽了安重誨的話，命令王建立以太傅之職致仕。

3. 曹王妃讓位展仁心，安重誨矯詔逼退李從珂

還有一位老將符習，現任宣武節度使，對安重誨也很不爽。他仗著自己是宿將，渾然不把安重誨當一回事，經常在討論大事時，跟安重誨意見不一，讓安重誨很是惱火。安重誨就讓手下去蒐集他的罪證，然後上奏李亶。結果，符習就被以太子太師之職致仕。

在安重誨與這些政敵的較量中，基本都是安重誨掌握著主動權，都是他在進攻別人。但也有個例外。

捧聖軍使李行德和十將張儉就主動向安重誨開火。兩人找到一個叫邊彥溫的人，讓他去告發安重誨，說安重誨準備起兵，藉口是去討伐淮南。而且他還多次請那些術士為他看相算命。如果這些罪名成立，安重誨就只有死了。

近來李亶很有耐心，即使是安重誨誣告別人，他都沒有全信，現在人家狀告安重誨，他更不會馬上拍案而起，而是把藥彥稠叫來，問他們安重誨是不是想起兵？

兩人都說：「這是奸人離間陛下和勛舊而已。安重誨效力陛下三十年，幸而富貴，何苦去做造反的事？我們願以全族的性命來擔保他。」

李亶看到他們都這樣說了，看來安重誨是真的被誣陷了，就下令把邊彥溫處死。誰敢再誣告大臣，就是這個下場。

李亶殺了邊彥溫之後，把安重誨召來，向他表示親切的慰問之後，君臣兩人最後相對而泣。想做一對有始有終的君臣，真的很不容易。

趙鳳看到安重誨化解了這個危機，再次得到李亶的高度信任，覺得又可以巴結一下安重誨了。他馬上向李亶上奏：「近來有奸人誣陷大臣，動搖國家柱石，必須對這些奸人斬盡殺絕，絕不姑息。」

李亶接到這個奏章後，立刻就把李行德和張儉抓起來，「皆族之」——看以後誰還敢動搖國家的柱石。

第九章　妃黨權相爭鋒相對，川中義舉抗命中央

4. 王德妃結黨奪寵權翻轉，安重誨連上奏請求外放

這幾個明面的敵人被消滅了，但安重誨更大的敵人正在崛起。

這股勢力以王德妃和武德使孟漢瓊為核心。

可能很多人對王德妃的來歷不怎麼清楚。這個美女本來是邠州人氏，家裡以賣餅為生。她長得十分漂亮，還很年輕時就有一個外號：花見羞。估計她家的賣餅生意做得並不怎麼興隆。他父親還在她很小的時候就賣給劉鄩當侍女——在那個時候，賣美女比賣餅容易多了。

劉鄩死後，美女就無家可歸了。

正好當時李嗣源的夫人夏氏去世，李嗣源就請手下那夥人幫他物色個美女填補枕邊的空缺。

安重誨那些天都在忙著為李嗣源找美女。

有人向安重誨推薦了王氏。

安重誨一看，還真美麗動人。就向李嗣源報告了。

李嗣源一見鍾情，立刻把王氏笑納了。

王氏在當劉鄩的侍女時，就拿到劉鄩的很多錢財。這個美女不但長得楚楚動人，而且極富心機。她知道要在李嗣源這裡立足，不但要有一副好皮囊，更重要的是還要有個好口碑。於是，她拿出手裡的錢，不斷地給李嗣源左右的親朋好友發紅包。大家時不時地拿到數目可觀的紅包，對王美女自然都心生好感，一有時間就誇她。李嗣源看到她不但長得美，口碑也這麼美，對她就更加寵愛了。正好，李嗣源正室夫人曹氏追求極簡的生活狀態，每天只想清靜地發呆著，什麼事都不想管。所以，王氏手裡的權力就不斷地擴大。

王美女絕對是個很務實的人。前一段時間，當曹氏想把皇后之位轉讓

4. 王德妃結黨奪寵權翻轉，安重誨連上奏請求外放

給她時，她堅決拒絕。她知道確立皇后的事，不是由曹皇后說了算的，更不是由她說了算的，而是由李嗣源說了算的——甚至也不是由李嗣源說了算的，而是由那一套傳統規矩說了算。如果她聽到曹氏的轉讓，就立刻眉開眼笑，那是把自己的人品主動亮出來，是在自毀前程。如果曹氏真的要轉讓，應該在李亶那裡轉讓、然後由李亶去說服眾位大臣才對啊。王美女處於權力中心，深知其中的關鍵，所以她一聽之後，立刻表示堅決拒絕。

王美女知道李嗣源不是個昏君，想糊弄他並不容易。因此她在李嗣源和曹皇后面前一直很乖。

這個美女當過侍女，十分會服侍人。每天李亶起床，那些起床後的瑣事，比如盥洗穿衣之類的事，她都親自服侍，從來沒有缺勤。罷朝之後，李亶一般都跟皇后一起進食。王美女更是侍奉左右，直到兩人挑完牙丟掉御用牙籤之後，她才恭恭敬敬地告退，從來沒有懈怠過——這本來是某個宮女的工作。曹皇后對她就更加喜歡了，把皇后的權力都交給她行使。

她對李嗣源的影響也就越來越大。

她也跟多後宮弄權的美女一樣，自己弄權，還必須找到一個幫手。而這些幫手一般都是宦官。

王美女找到的幫手叫孟漢瓊。他本來是王鎔手下的小豎，很有些小聰明。後來，成為李嗣源的服務生。李嗣源即位後，孟漢瓊累遷宣徽南院使，一天到晚都侍奉在李亶身邊，很快就成為王美女的重要幫手。

孟漢瓊既然當了王淑妃（從德妃提拔為淑妃）幫手，王淑妃恨誰他就恨誰，王淑妃想打倒誰，他就跟著打倒誰。

現在王淑妃想打倒安重誨，孟漢瓊當然步步緊跟。

於是，兩人就輪流在李亶面前，大量說安重誨的壞話。

第九章　妃黨權相爭鋒相對，川中義舉抗命中央

　　李亶雖然聽了兩人很多關於安重誨的壞話，但他並沒有什麼反應。

　　安重誨知道後，卻坐不住了。安重誨這麼多年來，一直在權力最頂層混，好像誰都不怕，但他知道，他必須怕王淑妃。他在李亶心目中的分量永遠比不過這個美女的分量。美女的枕邊話是這個世界上殺傷力最大的語言。現在李亶雖然不信，但久了他的耳根會被那些話泡軟的。

　　安重誨越想越覺得可怕，就上表請求解除他樞密機要的權力。

　　李亶對他說：「朕和你之間，根本沒有什麼隔閡，一直配合得很默契。那些造謠中傷你的人，朕都已經把他們處理掉了。你還有什麼擔心的？」

　　安重誨一聽，心裡只是叫苦不已，那幾個造謠者你當然可以砍掉，可是王淑妃這樣的人你能砍麼？在王美女和我之間，你難道會選擇我？

　　安重誨繼續向李亶請求辭去樞密使之職，他說：「我出身微寒，得到陛下的厚愛，位極人臣，但還是被人誣告謀反，如果不是陛下聖明，我早就被族滅幾次了。我才能低下，卻肩擔重任，只怕最終會撐不住這些流言。請陛下賜給我一個外鎮，以保餘生。」

　　李亶仍然不同意，你完全不用有這些擔心啊。所有的流言蜚語，到朕這裡都被宣布無效。你放心做事吧。

　　可是，這一次，安重誨真的害怕了，覺得自己多待在這裡一天就會多幾分危險，因此就不斷地向李亶提出這個要求。

　　李亶被他搞得也有點煩了，你到底有沒有完？朕都生氣了，你還在囉嗦，你這是要專門噁心朕吧？李亶這麼一想，就勃然大怒起來，說：「既然如此，你想走就走吧。難道朕真的沒有人可用了？」

　　范延光得知安重誨要走人，就勸李亶還是讓安重誨繼續留下，並且說：「如果安重誨真的離開，請問誰可以代替他？」

　　李亶說：「你就可以。」

范光延說：「我跟隨陛下的時間還很短，而且才幹遠不及安重誨，哪敢擔當此任？」

李嗣就派孟漢瓊到中書省，召集大家前來討論安重誨離開權力核心後的問題。

馮道說：「諸位如果真正愛護安令公，就請同意他解除樞密要職的請求。」

趙鳳馬上反對，說：「馮老兄，你失言了。」

大家一聽，就都不敢做聲了。要知道，如果都表示支持馮道的話，而安重誨並沒有離開，以後他們就苦頭可吃了。

於是，這次討論的結果就是：安重誨之職，不可輕動。

但李嗣心裡仍然有氣，最後下詔：任范延光為樞密使，至於安重誨，則繼續任原來的職務。到了這時，大家都有些明白了，李嗣真的準備拋棄安重誨了。

5. 東川先舉義旗開戰端，西川繼而出兵圍遂州

在安重誨跟朝廷的政敵作生死搏鬥時，東西兩川的形勢也越來越緊張。

雖然以前孟知祥最先有獨立想法，但最先跟朝廷攤牌的是董璋。

自從安重誨把武虔裕安排在綿州之後，董璋就感受到了巨大的壓力。他這段時間都在跟孟知祥來往，商量著跟朝廷對抗。他離朝廷更近，所以他額外怕武虔裕知曉他的情況，然後向朝廷報告，引政府軍向他開火。他就想把這顆眼中釘拔掉。

當然，現在他還不敢硬來，直接派兵去收拾武虔裕，而玩了個陰謀。

第九章　妃黨權相爭鋒相對，川中義舉抗命中央

　　董璋上表推薦武虔裕為行軍司馬，然後把這個特大喜訊告訴武虔裕，並請他到梓州來會面。

　　武虔裕看到自己被提拔為行軍司馬，心裡很高興，也很感激董璋。心情一好起來，就忘記了安重誨布置的任務。這個任務就是監視董璋。他接到董璋的通知後，立刻屁顛屁顛地跑到梓州來。

　　他才一下馬，還沒有把感激的話說出口，就被幾個武士抓起來，然後關在東川府廷裡。他這才知道，又被董璋算計了。官迷心竅，也是害死人。

　　即使到了這時，李亶對兩川也無可奈何。既然一時不能武力解決問題，那就只有再搞表面文章吧。於是又加孟知祥兼任中書令。

　　董璋既然都把過來監視他的武虔裕抓起來了，他也沒有必要再跟朝廷虛與委蛇了。

　　在李亶任命孟知祥為中書令時，董璋就召集東川所有的民兵，進行了一次大規模的檢閱活動。他對前來參加閱兵活動的民兵，全部剪髮黥面，宣布他們將跟朝廷勢不兩立，然後在劍門之北設立永定關，布列烽火。

　　在董璋做軍事部署時，孟知祥還在跟李亶相互往來。

　　孟知祥在接受李亶的委任狀後，又向朝廷提出一個要求，把雲安等十三個鹽務監所隸屬西川。這樣他可以用這些錢來供應寧江的屯兵。

　　李亶看到孟知祥的這個請求後，心裡大罵孟知祥大大的狡猾，到了這個時候，都還挖朝廷的牆腳。可是他又不願立刻跟孟知祥翻臉，只得批了個同意，心裡的苦卻說不出。

　　董璋就沒有孟知祥那麼文明了。他開了那個誓師大會之後，就一聲令下，縱兵大掠遂州和閬州，專打那裡的朝廷守軍。你們不是來監控防範我嗎？現在我就公開來打你們，來搶你們的物資，看你們怎麼辦。

5. 東川先舉義旗開戰端，西川繼而出兵圍遂州

　　董璋展開了這個野蠻行動後，他心裡很是快意，但東北方向的商旅就不敢再入蜀了。他只會算政治帳，不會算經濟帳——其實他根本不知道，經濟帳是政治帳裡最重要的一個內容。要不後來為什麼會出現為麼一個名詞：政治經濟學。他跟很多老大一樣，只知道錢的重要性，卻不知道錢只是經濟領域的一個內容。把經濟搞好了自然就會有錢。而經濟發展最重要的一環，就是商業的繁榮。他當年就曾玩過——派他的商業團隊把鹽販到西川，壟斷西川的市場。在董璋同代人當中，高郁是這方面的大師。董璋對於這些經濟上的事，也只是偶然開竅一下，並沒有專門思考過的。他根本不知道，他一野蠻，雖然搶到了一些物資，但把經商環境全部破壞，其帶來的後果就嚴重得多了。

　　董璋顯然是一個目光短淺的老大。

　　他在展開了撕破臉的活動之後，突然記起他的兒子董光業還在朝廷當宮苑使。以前，董光業在洛陽，天天跟在皇帝的身邊，不斷地匯報朝廷的動靜給他，成為他在朝廷的臥底，作用是很大的。可是現在他公開扯起反旗，他這個臥底兒子還能安全地臥底嗎？

　　董璋寄去一封信給董光業，說：「朝廷毫無理由地割出我的三個州另設節鎮，並且在那裡屯兵。他們這是在置我於死地。你見到樞密院的要員時，就向他們轉告我的話：如果朝廷再多派一個人馬進入斜谷，我必反無疑。我就這樣和你訣別了。」他把自己的勢力看得比兒子的性命還重要得多。

　　董光業收到這封信後，身子涼了大半截。父親你造反，我不反對。可是你事先應該想辦法把我弄回去後再搞也不遲吧？現在你都這樣了，我除非有土行孫的本領，否則就只有在這裡等死了。

　　董光業沒有辦法，只得把董璋的信拿去給樞密承旨李虔徽看。

　　李虔徽看完信之後，並沒有顯示出對董光業一絲一毫的同情心。

第九章　妃黨權相爭鋒相對，川中義舉抗命中央

不幾天，董光業最不願看到的事情終於發生——朝廷又派別將荀咸帶兵去守閬州。這可是董璋重重地劃過的紅線啊。朝廷這是故意在踩踏董璋的紅線。他深知他父親的脾氣，這個紅線一被突破，他父親必反無疑。他父親一造反，他就必死無疑。

董光業急了起來，又去找李虔徽，說：「不等這支部隊抵達閬州，我的父親就已經造反了。我不敢愛惜自己的性命，只怕朝廷以後麻煩不斷。如果朝廷叫回這支部隊，我父親就不會有別的舉動。」

李虔徽也急忙把董光業的話轉告了安重誨。

安重誨能聽嗎？他對董璋已經恨之入骨，巴不得把董璋逼反才好消滅對方。

董璋聽說朝廷一意孤行，堅決進兵之後，立刻宣布造反——當然，如果朝廷不發兵，他也是會造反的，近期他和孟知祥一直就在準備謀反。此時不反，他日也會反。只是安重誨在處理這件事時，並沒有做好周詳的策劃，派出優秀的將領和精銳的部隊前去，只少少的幾個兵，純粹就是派去讓人家消滅的。

利州、遂州、閬州三鎮把董璋宣布造反的事，奏明了朝廷，並說董璋已經對三州大舉進攻。

安重誨聞報，心裡大喜，終於如他所願了。

他對李亶說：「我早知他會造反，只是陛下硬是容忍他，沒有派兵討伐他，把這個隱患先消滅。」

李亶說：「我不負人，人負我則討之。」

當朝廷派荀咸帶兵向閬州出發時，孟知祥安排在洛陽的西川進奏官也在第一時間向孟知祥報告：朝廷欲發大兵討兩川。

孟知祥叫趙季良前來商議如何應對。

5. 東川先舉義旗開戰端，西川繼而出兵圍遂州

趙季良說：「建議東川先派兵取遂、閬兩州，然後跟我們合兵扼住劍門。不管朝廷派多少部隊前來，我們都可以將他們擋在劍門之外。

孟知祥覺得很對，便派人去東川，跟董璋約定起兵的時間。

董璋已經搞得風風火火，他給三個州發了一道檄文，指斥他們離間兩川與朝廷的關係，逼得他不得不發兵進討。然後派出部隊，進攻閬州。

西元930年九月初十，孟知祥也派都指揮使李仁罕為主將、趙廷隱為副將、張業為先鋒率三萬兵力去進攻遂州，還派侯弘實和孟思恭帶四千兵助董璋進攻閬州。

鎮守閬州的第一把手就是李仁矩。

李仁矩看到董璋的部隊喊殺連天而來，便召集大家前來商議。

大家都說：「董璋的謀反，已經蓄意很久，此前曾用大量的金帛財物收買軍心，士氣很高昂，部隊銳不可擋。我們不宜跟他們硬碰硬。為今之計，宜深溝高壘挫，先挫其銳氣。不過十天，朝廷大軍抵達，他們就會自動退走。」

李仁矩卻說：「我多次來到蜀地，對蜀兵是了解的。蜀兵最大的特點就是懦弱。他們絕對不是我們精兵的對手。只要我們出戰，完全可以把他們打得落花流水，大敗而逃。」

李仁矩說過這些話之後，便一臉英勇地帶著部隊出城，與董璋的部隊對陣。

董璋一看，你如果死守在城裡，我還真沒有辦法。現在你居然出來跟我們打野戰。李仁矩啊，你嫖娼還可以，但打仗能力就太差了。董璋一聲令下，東川部隊就衝過去。

李仁矩看到敵人士氣高昂，自己手下的士兵個個臉色蒼白，顯然都在怕死。他猛然之間，意識到自己的這個決策真的大錯特錯了。知錯了，就

第九章　妃黨權相爭鋒相對，川中義舉抗命中央

必須改掉。在李仁矩看來，現在改掉這個錯誤唯一的辦法就是趕緊撤回去，在城裡死守，否則就會把這條命丟在戰場上。他什麼話也不說，直接調轉馬頭，向城門狂奔。

最高指揮官都這樣了，其他人還能打嗎？

於是，雙方才一打個照面，還沒有正式開打，政府軍就在李仁矩的帶領下，潰敗而回，擠進城裡，再倉惶登上城頭死守。

董璋大喜，下令部隊晝夜進攻。

李仁矩看到董璋的攻勢越來越凌厲，自己的部隊越打越沒有精神，都想哭起來。

李仁矩硬撐了幾天，就撐不下去了。

董璋的部隊打進城中。

李仁矩連逃跑的力氣都沒有了，只是癱軟地在那裡面目呆滯地被董璋砍死。

董璋對李仁矩最為痛恨，殺了李仁矩之後，還把其族人全部誅殺。

李仁矩很怕死也很懦弱，但他手下的指揮使姚洪很有骨氣。姚洪曾經跟董璋同為梁將，而且那時姚洪還是董璋的部下。後來，他被分撥到閬州，成為李仁矩的部下。

董璋準備進攻閬州時，曾經寫了一封信給他，派人祕密送過去，請他歸降自己。哪知，姚洪一點不念過去的情分，直接把董璋的信丟進茅廁裡。

董璋知道後，當然大怒不已。

董璋打下閬州之後，姚洪也被生擒。

董璋看到這個老部下終於被活捉，便冷冷一笑，說：「我把你從行伍提拔出來，你不但不感恩，反而跟我作對，今天怎麼樣？」

5. 東川先舉義旗開戰端，西川繼而出兵圍遂州

姚洪大罵：「老賊。你昔為李家的奴僕，天天掃馬糞，但得一兩片烤肉就高呼萬歲了。現在皇上任你為節度使，又何曾虧待過你？你為什麼要造反？你都敢負心於天子，我並未受過你的什麼恩典，你居然也敢大言不慚地說什麼相負的話。你是個奴才，本來就無恥。我是義士，豈能跟你做大逆不道之事？我寧可為天子死，也不能跟奴才共生。」

董璋想不到居然被這傢伙如此痛罵一頓，不由大怒起來，立刻叫人扛來柴火、小耳朵，然後叫十個壯丁過來，在姚洪的身上割肉，放到鍋裡煮吃。姚洪被割得鮮血淋漓，仍然罵聲不絕。

九月二十四日，李亶終於下制削董璋官爵，發兵去攻打董璋。

但李亶仍然任孟知祥兼西南供饋使。同時，任命石敬瑭為東川行營都招討使，任命夏魯奇為副將。

直到這時，孟知祥和董璋仍然在密切地合作。

孟思恭此前就被孟知祥派到東川，幫助董璋攻打閬州。

拿下閬州之後，董璋又派孟思恭去攻打集州。

孟思恭剛打了個勝仗，覺得朝廷的兵不過爾爾，帶著部隊來到集州，就放心地打過去，結果慘遭失敗，只得灰頭土臉而回。

董璋一看，你這個傢伙是怎麼帶兵打仗的？集州那點力量，你都還打不過，我要你來幫助做什麼？你快滾回去，還留這裡影響我的士氣、丟我的臉也丟你們孟老大的臉。

孟思恭回到成都後，孟知祥也覺得這傢伙把自己的臉都丟到東川那裡了，便免掉他的職務。

李亶那邊接著任命石敬瑭為權知東川事，成為討伐董璋的總指揮，命王思同為西都留守兼行營馬步都虞候，充伐蜀前鋒。

在董璋已經對朝廷部隊大打出手時，孟知祥也派李仁罕圍攻遂州。

第九章　妃黨權相爭鋒相對，川中義舉抗命中央

遂州守將是夏魯奇。夏魯奇沒有像李仁矩那樣無知。他知道，在石敬瑭的大軍來到之前，他只能在城裡固守，一直守到石敬瑭到來為止。

孟知祥當然知道夏魯奇的想法，便又派高敬柔帶兩萬人前往遂州。這兩萬人到達前線之後，就築起一道很長的圍牆把遂州城環繞了一圈。

夏魯奇一看，這是要把他困死在這裡的意思。

康文通領兵出城後，還沒有看到敵人，就聽說閬州已經失陷，目前就只有遂州在苦苦支撐，心裡涼了大半截。他也不再做戰鬥了，帶著大家高舉白旗，直接向李仁罕投降。

夏魯奇得知後，只能在那裡發呆。現階段真不宜出戰了。

6. 劍門得而蜀存，董璋退卻失全局

與此同時，董璋帶著進攻利州。

他才來到半路，就遇到大雨。

蜀道本來就難了，再加上大雨，運糧隊就更加困難了。董璋也不敢再前進，帶著部隊又返回閬州。

孟知祥得知董璋退兵之後，不由大驚：「剛破閬州，正應該直取利州。利州的守將絕對不敢抵抗，一定會聞風而逃。我們就可以獲得利州城裡的糧食，並占據漫天寨的險要。如此一來，朝廷的大軍就一定不能西救遂州。現在老董縮到閬州，遠離劍閣，絕對不是好辦法。」

他急派人去見董璋，把他的擔憂轉告給董璋，並說他可以增派三千人去助守劍閣。

哪知，董璋卻大刺刺地說：「孟親家完全不必擔憂。我對此早有防備。」這時董璋的軍勢正處於極盛時期，他渾然不把劍門放在心上，只派

6. 劍門得而蜀存，董璋退卻失全局

他的部隊四面出擊，連陷徵、合、巴、蓬五州，使得東川的版圖一下擴大了一大片。

孟知祥還有什麼辦法，只得按自己的思路走下去，他任張武為峽路行營招討使，帶水軍向夔進軍。

十一月初九，張武來到渝州。

張武當年守夔州時，以一己之力幾次打敗舉國之兵前來進攻的高季興，其威名在這一帶還響噹噹。渝州刺史看到張武來了，馬上就開門投降。張武乘勝前進，又拿下了瀘州。他並沒有停留，分兵進取黔州和涪州。

就在孟知祥和董璋到處攻城掠池擴大版圖時，石敬瑭的部隊進入散關。

階州刺史王弘贄等人也率兵出人頭山之後，繞到劍門之南，然後再回過頭襲擊劍門。

董璋部署在劍門的部隊只盯著北邊來的敵人，沒有想到人家會繞道前南邊，向他們襲擊，突然看到敵人從關內出現，都是大驚失色，這幫傢伙怎麼會出現在這裡？

王弘贄很輕鬆地攻下了劍門，斬殺東川兵三千人，活捉都指揮使齊彥溫，然後占據劍門，等石敬瑭大軍的到來。

兩天之後王弘贄又出兵攻占了劍州。可是石敬瑭的部隊還沒有來。他自己的兵力很薄弱，如果董璋派兵前來攻打，他根本無法守住兩個地方，就焚燒劍州的廬舍，取走城裡的軍糧，再退保劍門——劍門是蜀地的命門。

直到這時，李亶才下詔削掉孟知祥的官爵。

董璋得知劍門失守之後，大為震驚。他又知石敬瑭的大軍已過了散關，不用多久，就可以從劍門毫無阻力地進入東川，心裡更是堵滿了懼意，急忙派人到成都，向孟知祥告急。

第九章　妃黨權相爭鋒相對，川中義舉抗命中央

　　孟知祥最為擔心的就是劍門得失。當他知道劍門失守之後，也是「大懼」，頓足大叫：「親家誤我！」

　　他還是派李肇帶五千部隊前去救援。

　　李肇出發時，孟知祥特別交待他：「你一定要倍道兼行，搶占劍州。只要占領了劍州，北方來的軍隊就無能為力。」

　　孟知祥又派人到遂州，命令趙廷隱帶一萬軍隊趕到劍州駐紮，跟李肇共同扼住劍州。

　　接著他還調派李筠帶四千人赴龍州，把守要害。

　　這些部署都是為了阻擊石敬瑭入川的部隊。

　　這時已經十一月，天氣寒冷，士兵們都不願意前進。

　　趙廷隱流著淚對大家說：「現在北軍氣勢強盛，我們如果不拚力去抵擋他們，讓他們占據蜀地，那麼我們的妻子孩子就都為人家所有了。」

　　這些人都是軍人，參加過多次戰鬥，也多次搞過搶劫擄掠活動。知道當時的很多武裝力量，每搶占一個地方，都會搞一次搶掠活動。財掠的對象，不光是那些錢財物資，還有小孩子女人。他們聽了趙廷隱的話，立刻知道，如果他們不努力戰鬥，他們的妻子孩子真的保不住，現在他們不光在保衛孟知祥這些大人物，也在保衛自己的妻子孩子。

　　他們立刻又鬥志昂揚起來——他們必須鬥志昂揚。

　　董璋也從閬州帶兵進駐木馬寨。

　　在孟知祥為劍門失守睡不著覺的時候，情況又突然有了反轉。

　　當時西川牙內指揮使龐福誠和謝屯來到蘇村時，聽說劍門失守了。兩人也知道劍門的重要性。他們一致認為：「如果朝廷軍隊得到劍州，則東西兩川危矣！」

　　兩也不再向孟知祥請示了，直接引兵從間道直赴劍州。

6. 劍門得而蜀存，董璋退卻失全局

他們的隊伍只有一千人。

他們才到達目的地，就有一萬多官軍從北山那邊急湧而下。

此時，太陽正好落山。

兩人看到敵人實在是太多了，如果硬拚，他們這一千多人根本不夠人家砍。

兩人又在一起商議，很快就達成共識：如果等天亮被敵人發現，他們就會被徹底消滅。只有趁著黑夜，玩官軍一把，或許能玩出一條活路來。

入夜，龐福誠趁著夜色率領幾百人登上北山，繞到官軍的營寨後面，放聲大喊大叫。

謝鍠剛帶著其他士兵手持短兵器正面猛攻官軍的營門。

官軍全體將士正處於最佳睡眠狀態，突然驚醒過來，他們都以為被敵人前後夾擊了，便都奪路逃出，連夜奔回劍門，十多天不敢再出來。

孟知祥得知龐福誠他們搶占劍州後，大喜道：「開始我以為李弘贄他們奪取劍州之後，會死守其城，或者引兵直向梓州。那樣董璋一定會棄閬州而回。我軍失去外援，就必須解除對遂州的圍困。如果形勢真的走到這一步，我們就會內外受敵，兩川以後就會危機重重。現在他們焚毀了劍州，掠運糧食再歸劍門，屯兵不進，我們就好辦了。」

官軍分道挺進，一路兵馬以文州為目標前進，他們先到龍州城下，被西川定遠指揮使潘福超打敗。

與此同時，奉孟知祥之命去打夔州的張武在渝州去世。孟知祥命袁彥超接過張武的指揮棒，帶兵繼續戰鬥。

此前，奉張武之命去進攻黔州的朱偓來到涪州。朝廷任命的武泰節度使楊漢賓不敢跟朱偓對陣，棄城而去，往忠州方面逃跑。

朱偓追至豐都，然後再回取涪州。

第九章　妃黨權相爭鋒相對，川中義舉抗命中央

孟知祥命令崔善權為武泰留後。

這時，董璋也知道丟掉劍州的後果是很嚴重的，急派王暉帶三千多人前來，跟李肇會合，分屯劍州南山。

到了這個時候，孟知祥和董璋都做好了失去劍門的準備，派出了很大量兵馬扼住了劍州這個要衝。

直到十二月初三，石敬瑭才來到劍門。

如果石敬瑭早一點抵達，李弘贄就不會那麼害怕而主動放棄劍州，則主動權就會牢牢掌握在他官軍的手中，那樣一來，孟知祥和董璋就會陷於無限的恐慌之中。石敬瑭已經完全喪失了大好機會——本來這個機會已經掌握在李弘贄的手裡。

石敬瑭在劍門休整三天之後，進軍劍州北山。

此時，東西川聯軍早已經做好戰鬥部署。

當石敬瑭才進入北山時，趙廷隱就已經陳兵於牙城後山，李肇、王暉則列陣於河橋，做出與官軍決戰的姿態。

石敬瑭看到蜀兵居然敢來跟他對陣，哈哈大笑，你們要是躲在城裡，我還得攻堅。現在你們出來跟我對決，免了我很多麻煩。你們是從哪裡學的兵法？

石敬瑭立刻引步兵向趙廷隱發起攻擊。

石敬瑭只看到正面的敵人，卻不知就在此前，趙廷隱已經預告埋伏五百甲士在石敬瑭的歸路上，等待他的到來。當石敬瑭的部隊進入埋伏地點、他們的矛頭都可以直接刺中對方時，他們才突然揚旗吶喊著出擊。

石敬瑭的部隊一看，原來還是中了人家的埋伏，難怪在我們前面光明正地列陣的士兵都是又老又弱的，原來他們的精兵都埋伏在這裡，那些老弱是在引誘我們進埋伏圈啊。

6. 劍門得而蜀存，董璋退卻失全局

石敬瑭的部隊一下就崩潰了，都爭搶著往回退走。由於蜀道又險又狹，大家一路互相推擠，很多士兵都跌落懸崖。

石敬瑭不服氣，既然趙廷隱這邊衝擊不了，那就用騎兵去衝擊河橋的敵人吧。

石敬瑭的騎兵向李肇的部隊衝殺過去。

李肇確實沒有埋伏。但李肇的部隊都裝備有強弩。他們看到石敬瑭的部隊衝到射程之內時，就發強弩射擊，但見箭如雨下。石敬瑭衝在前面的騎兵，有的人被射中，有的馬被射倒，滾了一地。石敬瑭的騎兵根本無法衝前進。

到了傍晚，石敬瑭只得引兵退去。

趙廷隱並沒有就此罷休。他帶著部隊遠遠跟在石敬瑭後面。

石敬瑭並不知道趙廷隱領兵潛隨，更不知道趙廷隱早就在前面某個地方設下了埋伏。

趙廷隱看到石敬瑭進入了埋伏圈時，突然發聲喊，全軍攻擊。

石敬瑭看到趙廷隱突然出現他的後面，並向他發起攻擊，便下令全軍調頭，給老子狠狠地打。哪知，他們還沒完全調頭，道路兩旁又是喊聲大起，石頭、箭頭齊下。石敬瑭的部隊根本無法施展手腳。結果他們無法對蜀兵狠狠地打擊，反而被蜀兵狠狠地夾擊了一番，不得不狼狽逃跑。

石敬瑭好不容易脫身而出，帶著幾連敗的部隊回到劍門死守。

石敬瑭在劍門死守一段時間之後，馬上就知道，他是不能繼續在這裡死守的。因為路太難，運糧是個大問題。

李亶得知石敬瑭伐蜀無功，心裡也是很鬱悶，在那裡想著如何催促石敬瑭趕快進兵。他派往蜀中的使者剛好回來，彙報完軍情之後，便都狠狠

第九章　妃黨權相爭鋒相對，川中義舉抗命中央

地吐槽蜀道，說那些路又險又狹，簡直不是人走的，進兵真的難於上青天。李白的詩真的不是誇張。大軍難以前進，送糧的運輸隊更難。關西的人由於為軍隊轉運糧食，都很疲憊，不願繼續了，通通丟下工具，逃到山林裡。他們寧願當嘯聚山林的盜賊也不再當運輸隊員了。

李亶一聽，看來石敬瑭無功，真是「非戰之罪」。難怪當年曹操都打不死劉備。

可是李亶又不甘心這樣就讓兩川獨立自主，便一咬牙，說：「看來只有親自去戰鬥了。誰能幫我料理朝中的事？」

安重誨說：「我深受陛下的厚愛，忝任機要。現在伐蜀無功，是我之罪。還是讓我前去督戰吧。」

李亶當場許之。

安重誨次日（十二月二十四日）就急赴前線。他這次真的趕時間，一天奔跑幾百里。西邊的藩鎮老大得知後，都很害怕，怕他到前線後，會追究大家送糧不力。他們素知這個人性格剛愎，辦事雷厲風行，處理人起來更加雷厲風行，就都趕緊把錢財物資準備充足，派出運輸隊伍，晝夜不停地送到利州，弄得人畜跌斃山間的不計其數。

安重誨雖然利用他累積的名望，強迫這些藩鎮努力為伐蜀作出貢獻，但此時李亶對他已經不那麼友好了，親密同袍已經沒有那麼可愛了。所以李亶並沒有全力去支持安重誨。石敬瑭在蜀地那裡寸步難行——只要他一有行動，就被人家狠狠打擊，深知伐蜀之戰真不能打下去了。但因為他知道蜀地的叛亂由安重誨引起的，安重誨又是極力要消滅董璋和孟知祥的。當安重誨還在朝廷時，他不敢上書請求罷兵，現在安重誨離開了朝廷，他這才不斷地上書，極言蜀不可伐。

李亶也知道蜀道真的太難，蜀地真是易守難攻，否則孟知祥和董璋也

6. 劍門得而蜀存，董璋退卻失全局

不敢脫離朝廷統治。他看了石敬瑭的奏論之後，覺得石敬瑭的話很對頭。

李嗣有了這個想法之後，決定向孟知祥妥協。他下令把原來西川戍守夔州的一千五百人，全部釋放回去。

孟知祥看到西川兵回來之後，也上表向李嗣鳴謝一番。

李嗣看到孟知祥上表致謝，以為孟知祥的態度軟化了。

其實孟知祥的態度一點沒有軟化。他一邊派人去向李嗣表示衷心的感謝，一邊派仁罕拚命圍攻遂州。

在李嗣讀著孟知祥那封情真意切的感謝信時，李仁罕宣布攻克遂州。死守遂州多日的夏魯奇自殺。

在劍門駐紮多天無可事事的石敬瑭雖然多次上請，擺出一萬個蜀地不能伐的理由，請求李嗣下令班師回去，可是李嗣對他的觀點「深以為然」之後，並沒有下文件命令他撤兵回去──李嗣也是很要臉的，堂堂大唐，怎麼就這麼認輸了？

石敬瑭沒有收到撤軍命令，又聽得遂州失守，心裡就更怕起來，怕朝廷裡的大臣說他帶著部隊只在劍門那裡駐紮，沒有去援救遂州、導致夏魯奇的犧牲，這個罪名定下來，他也是受不住的。於是他又帶著部隊抵達劍州，屯駐在北山上。

孟知祥看到石敬瑭帶著部隊高調而來，到了劍州城外，並沒有投入戰鬥，而是在北山那裡安營紮寨，就知道他並不真的想來打仗，而是做做樣子給朝廷看的。

孟知祥沒有派兵去跟他決戰，而是派人把夏魯奇的首級送到前線，展示給石敬瑭軍看一看。

夏魯奇的兩個兒子都在石敬瑭的軍中，他們看到父親的腦袋被硬生生地掛在那裡，不由放聲痛哭，他們出來時，他們的父親還談笑風，還很健

第九章　妃黨權相爭鋒相對，川中義舉抗命中央

康地鼓勵他們，現在卻身首異處，真是讓人不堪回首啊。他們都跑到石敬瑭面前，放聲大哭，強烈要求石大帥讓他們衝過去，拚死也要把父親那顆懸掛在冷風中的腦袋奪回來安葬。

石敬瑭到這裡來，只是想做個表面文章，並不想真的惹事，他對兩人說：「我對孟知祥是很了解的，他絕對是個忠厚長者。不用多久，他就會安葬你們的父親。那樣豈不比把你們父親身首異處強得多嗎？」

過了幾天，孟知祥果然把夏魯奇安葬了。

石敬瑭在劍州北山上駐紮了幾天，又突然覺得，如果只在這個荒山野嶺駐紮，一動不動，仍然會讓朝廷那些大臣拿住把柄，還得做個姿態。

於是，他又向趙廷隱挑戰。

挑戰的結果，當然是「不勝」。

不勝之後，石敬瑭又還軍劍門。

此時，安重誨才到鳳翔。

鳳翔現任節度使就是朱弘昭。鳳翔是大鎮。朱弘昭能當上鳳翔節度使，全靠巴結安重誨上位。當安重誨來到鳳翔時，朱弘昭跑到安重誨的馬前叩拜，讓安重誨住在他官舍內。

安重誨來到他家之後，他還帶安重誨進入臥室，讓他的妻子過來參拜恩公。然後自然是一場豪華的家宴。朱弘昭親自上菜、進酒，對安重誨恭敬至極。

安重誨也是極為感動，把朱弘昭當自己的兄弟看，哭著對朱弘昭說：「我在朝中受奸人構陷，幾乎不能免於死罪，幸虧主上明察，才得以保全宗族。」

安重誨在朱弘昭面前大訴一番衷腸之後，覺得心頭那股氣得以宣洩了

一些，這才又跑上路。他真的在內心很感謝朱弘昭。覺得自己有這樣一個兄弟，能這麼傾聽自己的心裡話，太難得了。

哪知，在安重誨對朱兄弟發自內心的感激時，他的朱兄弟正在家裡奮筆疾書，向李亶寫了一份奏表，稱：「重誨有怨望，有惡言，不可令至行營，恐奪石敬瑭兵柄。」

他給李亶上奏之後，還給石敬瑭寄去一封信，說：「安重誨舉措猛浪，若至軍前，恐將士疑駭，不戰自潰，宜逆止之。」

石敬瑭也一直防著安重誨，接到朱弘昭的信後，深信不疑，也怕安重誨會奪取他的兵權——在這個亂世混，有兵權才有一切，很多人是寧願妻子被奪、也不願兵權被奪。

石敬瑭心裡十分害怕，只得緊急上奏李亶說，現在前線軍心有點不穩，只怕安重誨到來之後，軍心更會動盪起來。最好請皇上馬上把他叫回去。

正好這時，安重誨的另一個對頭孟漢瓊剛從西邊出差回來，看到安重誨不在朝廷，立刻火力全開，攻擊安重誨，說這傢伙正在將國家引入深淵，不能再縱容他下去了。他要是插手伐蜀之事，只會把事情搞得更壞。

李亶對安重誨本來就已經有些討厭了，近來看到這些人都在說安重誨是在禍國殃民，看來安重誨真的是禍國殃民了——連他全力提拔的朱弘昭都這樣攻擊他了，他還是一個好人嗎？

李亶下詔把安重誨召回朝廷——前線的事，不用你管了。

石敬瑭看到閬州沒有了、遂州也沒有了，糧草又送不上來，自己部隊的士氣又一直處於谷底，這幾個月來，只要一出戰，都是打敗仗，還在這裡待下去除了不斷地失敗，真沒有其他意義了，便不再向李亶請示，下令燒掉營寨，脫離戰場，撤軍回去。

前線的將領把情況向孟知祥進行了報告。

第九章　妃黨權相爭鋒相對，川中義舉抗命中央

孟知祥把報告書藏了起來，對趙季良說：「北軍步步逼近，我們怎麼辦？」

趙季良說：「他們到不了綿州，必定會退回去。」

孟知祥問：「為什麼？」

趙季良說：「很簡單啊。我以逸待勞。他們懸軍千里，糧食就是個大問題，一旦無糧，就只有逃跑了。」

孟知祥大笑，把報告書拿出來給趙季良看。

石敬瑭撤兵時，兩川聯兵在後面追擊，一直追到利州。

昭武節度使李彥琦看到石敬瑭都逃了，自己還能頂得住人家的進攻嗎？他也當機立斷，棄城而逃。

兩種兵進入利州。

孟知祥以趙廷隱為昭武留後。

趙廷隱派人對孟知祥說：「董璋多詐，可與同憂，不可與同樂。他日必為老大之患。可以等他到劍州勞軍之時，把他搞定，並兩川之眾，可以得志於天下。」

孟知祥不同意。現在正是兩川精誠團結之時，千萬不可搞內鬥。

趙廷隱一聲長嘆：「不從吾謀，禍難未已。」

董璋到趙廷隱的營中留宿一晚，第二天就去。

孟知祥任李仁罕為峽路行營招討使，繼續向東攻略。

不久，趙廷隱和李肇從劍州引兵還成都。董璋也回東川而去。

伐蜀之戰到此結束。在這次兩川跟後唐朝廷的衝突中，雖然歷時幾個月，但並沒有進行過很激烈的生死大戰。最後兩川之所以保住自己的地盤，最關鍵的就是劍州。如果孟知祥不作出保住劍州的部署，在最後關頭

6. 劍門得而蜀存，董璋退卻失全局

奪回劍州，現在的形勢絕對不一樣。如果當時被李弘贄拿下劍州之後，直接帶兵縱深而入，那就完全不一樣了。因為劍門失守，董璋和孟知祥都已經膽寒。尤其是董璋，已經全無章法，除了孟知祥求救之外，沒有別的人行動，一副任人宰割的模樣。幸虧孟知祥還沒有完全絕望，還作最後的努力，居然把劍州又重新占領。

　　董璋一招失算，差點全盤皆輸。

　　李弘贄一招失算，石敬瑭寸步難行，最終導致伐蜀行動失敗。

第九章　妃黨權相爭鋒相對，川中義舉抗命中央

第十章
安重誨末路收場，
兩川兵合孟知祥稱雄

1. 權傾一時終成階下囚，安重誨悲劇落幕

伐蜀之戰結束了，安重誨的悲劇正在開始。

安重誨離開鳳翔之後，繼續向既定目標狂奔。安重誨一路急奔而來，確實是想把伐蜀之戰打成平蜀之戰。如果他建有平蜀之功，李亶會繼續倚重他、把大權交給他，那些死對頭以後也只能在他面前唯唯諾諾，不敢翹一點尾巴。

眼看離劍門越來越近了，他心裡也越來越興奮。

可是當他來到三泉時，李亶召他回京的詔書正好送到他的手中。

安重誨只得調頭而回。

當安重誨再回到鳳翔時，前幾天剛剛把他當親爹服侍的朱弘昭沒有再開城讓他進去。

他在城外徘徊一陣，望著冰冷的城門，再望著城頭迎風飄揚的旗幟。城門還是那個城門，旗幟也還是那個旗幟，城裡的人也還是原來的那個人。現實中並沒有物是人非啊。然而，現在的場景已經不是原來的場景了。雖然都還在冬天，前些天他進鳳翔時，朱弘昭像他的兒子一樣，把他

第十章　安重誨末路收場，兩川兵合孟知祥稱雄

服侍得妥妥貼貼，讓他熱淚盈眶，他每當想起那個場景，心裡瀰漫著無邊無際的溫暖。那時，雖然滿世界冬風勁吹，但他內心世界春光燦爛。現在他卻孤獨地站在冬風裡，叫門門不開，叫人人不應。他的心裡陡然之間，充滿了懼意——不是懼怕朱弘昭殺他，而是對這個社會的人情世故充滿了懼意。

安重誨大叫一聲，向東急馳而去，要永遠離開這個地方。

李亶也開始了對安重誨的打擊。

西元931年二月十三日，當安重誨還在奔跑回京的路上時，李亶下了一道詔書，以樞密使兼中書令安重誨為護國節度使——剝奪了他在朝廷的職務，下放地方。

趙鳳對李亶說：「安重誨是陛下的家臣，他絕對不會背叛陛下。他辦事認真，又講原則，不給人家鑽漏洞，容易被人忌恨陷害。如果陛下不明察，恐怕有一天他會死於非命。」

李亶一聽，現在所有的人都贊同朕打倒安重誨，只有你趙鳳還在這裡幫他說話。於是，他也把趙鳳視同安重誨的朋黨。

李亶解除了安重誨的職務後，就把李從珂叫來，然後垂著老淚對這個養子說：「如果我真的聽了安重誨的話，我們就永無相見之日了。」他任命李從珂為左衛大將軍。不久，再任李從珂為同平章事，充西都留守。

李亶又突然記起，此前他也聽安重誨的話，曾經強硬地下詔命令錢鏐退休，把唐和吳越的關係降到了冰點。這絕對是他即位以來，外交工作的一個大敗筆。現在必須挽救回來。要挽救回來，只有把責任推到安重誨的身上。於是他又重新任命錢鏐為天下兵馬都元帥、尚父、吳越國王，然後派人前去向錢鏐宣諭聖旨，並向錢鏐解釋，以前的那些文件全是安重誨假託的詔書而已，李亶根本不懂。

1. 權傾一時終成階下囚，安重誨悲劇落幕

那些安重誨的死對頭這時都得到了提拔。

首先是揭發安重誨的朱弘昭被提拔為宣徽北院使，然後是孟漢瓊被任為內侍省事。

孟漢瓊是王淑妃的親信，即使在安重誨還當權時，他同樣仗著王淑妃這個靠山，敢跟安重誨唱反調。他也跟很多宦官一樣，十分貪財，經常跟王淑妃一道，向朝廷伸手要這要那。但他們的報告一到安重誨那裡，安重誨都照章辦事，從來沒有滿足他們的願望。兩人當然很生氣。這時，孟漢瓊看到安重誨被踢出權力中心，立刻就以中宮的名義，去調取府庫中的物資財物，不再跟樞密院打招呼了，而且取走之後，連個收據也沒有留下。

大家都看到孟漢瓊一天到晚都到府庫裡搬東西，一堆又一堆地往外拉，誰都不敢做聲。

安重誨在高層掌權多年。這些年來，幾乎所有大臣的生殺予奪，都由他決定。他最知道，到了這個時候，李亶已經徹底拋棄了他，現在就是神仙都救不了他。

安重誨內心已經充滿了絕望。當然，他還想掙扎。他想把所有的權力和職務都交出去，然後回家養老。他就打了個請求致仕的報告。

李亶當然同意，馬上下制，讓他以太子太師的待遇退休。然後馬上下令李從璋接替安重誨為護國節度使。

這個人事變動，十分快速，顯然李亶在此之前，就已經在心裡做好了方案。

大家一看，安重誨完蛋的速度要比人們的預想快得多了。

安重誨的兩個兒子安崇緒和安崇贊也覺得大事不妙，從洛陽逃到河中。

第十章　安重誨末路收場，兩川兵合孟知祥稱雄

　　李亶在任命李從璋接替安重誨時，還派藥彥稠帶兵前往河中，以防安重誨搞出什麼事來。

　　當安崇贊兩人到來河中時，安重誨大驚失色，說：「你們為什麼到這裡來？」

　　兩人還沒有回答，他就接著說：「我知道了。這不是你們的意思。你們被人利用了。我現在除了以死殉國之外，還有什麼話可說？」他就捉拿了兩個兒子，送回朝廷。

　　安重誨剛把兒子送到朝廷，中使就來到了河中。

　　這個中使見到安重誨，什麼話都還沒有說出，就放聲痛哭起來。

　　安重誨被他哭得莫名其妙，現在被打擊的是我又不是你，我都還沒有哭得這麼悲痛，你就哭成這個樣子，便問他為什麼哭。

　　中使這才說：「人言令公有異志，朝廷已經派藥彥稠帶兵來了。」

　　安重誨這才知道這個中使真是個聰明人，擔心把這個事生硬地告訴自己，怕自己惱羞成怒把他砍了，便先痛哭一番，把自己哭得心軟之後才告訴他。

　　安重誨說：「我受國大恩，死不足報，哪敢有異志，來煩國家發兵征討、招致皇上的憂慮，那罪過就更重了。」

　　他的兩個兒子來到陝州時，就被關進牢房。

　　李亶決定派人去向安重誨攤牌了。

　　李亶知道崔光鄴向來跟安重誨是死對頭，就派他到河中去查看情況。崔光鄴臨行前，李亶對他說：「安重誨有異志則誅之。」

　　崔光鄴到河中時，李從璋也到了。

　　李從璋派士兵包圍了安重誨的住宅，然後再進去見安重誨。

　　李從璋進去之後，先拜於庭下。

1. 權傾一時終成階下囚，安重誨悲劇落幕

安重誨大驚，急忙跑到臺階下答拜——以前安重誨是絕對不會這樣做的。

李從璋乘他下拜之際，突然奮起藏在袖中的鐵錘，猛擊安重誨的頭部。

安重誨馬上倒在地上，他的妻子張氏見狀，跑過來救安重誨，也被李從璋一錘擊殺。

安重誨死後，李亶就把安重誨當成一個垃圾桶，什麼壞東西都往裡面裝。他下了一道詔書，說安重誨離間朝廷與孟知祥、董璋以及錢鏐的關係，誤國誤民，罪不可赦；還說安重誨曾經想自己領兵出擊淮南以奪取兵權。其實當初有人把這個事向李亶報告時，李亶堅決不相信。但現在李亶又把這條罪狀新增到安重誨的頭上，使得安重誨更加惡貫滿盈，罪該萬死。

接下來，下令把安重誨的兩個兒子都誅殺。

安重誨身上有很多缺點，手中拿著大權，全憑自己的喜好辦事，誰不服他他就把誰搞死，而且是不管職務有多高、功勞有多大，他都通通搞過去，不把他不爽的對象搞死，他絕不罷休——當然，他所做的一切，大多都得到李亶的支持。但他對李亶是絕對忠誠的。結果反而被李亶以相當於謀反之罪把他處死。

安重誨的倒台，是因為他在權利巔峰時間太久了，不但得罪了大多數大臣，被人們恨到皆日可殺的地步，李亶對他也有點不爽了。於是，他就倒掉了。這是很多輔政大臣的結局——忠臣如此，奸臣也如此。

第十章　安重誨末路收場，兩川兵合孟知祥稱雄

2. 權臣爭鋒兄弟反目，吳國大權盡歸徐知誥

　　後唐權臣安重誨在權鬥中丟了性命，吳國的高層也在爭鬥不休。

　　仍然是徐知誥和徐知詢之間的爭鬥。

　　徐知詢雖然接過了老大大部分的官爵和政治遺產，但手中的權力還是比不過徐知誥——徐知誥不但繼續在朝廷說了算，手中還有一個都督中外諸軍事的大印。

　　但徐知詢仍然不怕徐知誥。他現在鎮守金陵，手裡也握有重兵，而且居於廣陵的上流，占據著地理上的優勢，所以他也不把徐知誥放在眼裡，一有時間就跟徐知誥作對。

　　兩人都在暗中培植自己的勢力。

　　西元 929 年八月，武昌節度使李簡因為有病，請求回江都。可是他還沒有回到江都，就在採石去世。

　　這個人除了是武昌節度使外，還有一個身分，就是徐知詢的泰山大人。

　　徐知詢得知岳父死後，就把李簡的兩千兵馬留在金陵，變成自己的部屬，並上表推薦李簡的兒子李彥忠去接替李簡任武昌第一把手。

　　徐知誥當然不同意。他把徐知詢的奏章丟到一邊，任命柴再用為武昌節度使。

　　徐知誥這個安排還是很高明的。柴再用是淮南勢力的元佬，勞苦功高，德高望重，還是楊行密時期的強者，讓他出任武昌節度使誰都不能用意見。誰有意見，誰就得罪了柴大官人。徐知誥就這樣把柴大官人拉進了自己的朋友圈。

　　徐知詢當然不服，在那裡埋怨不已：「劉崇俊是哥哥的親戚，他家三世都可以當濠州的刺史，李彥忠是我妻子的家族，難道就不能世襲嗎？」

2. 權臣爭鋒兄弟反目，吳國大權盡歸徐知誥

兩人的爭鬥就不斷地升級。

徐知誥心裡也很鬱悶。他雖然是輔政大臣，但他能有今天，全靠徐溫。如果他不是徐溫的養子，現在還有沒有他都還不一定。他藉著徐家上位，在所有人的眼中，都算不得正統。這就使得他在跟徐知詢的比拚中，總有些底氣不足。

他的一個死黨內樞密使王令謀對他說：「你輔政時間已久，挾天子以令境內，誰敢不從。徐知詢年紀還輕，沒有什麼人望，號召力還很低，根本辦不了什麼大事。」

徐知詢除了年輕資歷淺之外，還有一個短板，就是跟他的那幾個親兄弟都合不來，弄得那幾個弟弟對他意見都很大。按照鬥爭的基本套路，自己兄弟肯定會團結一心，共同去對抗外敵，如果連兄弟都團結不了，誰還會來幫你？徐知詢就只有孤軍奮鬥了。由此可知，徐知詢毫無鬥爭經驗，連最基本常識都還違背。

那個徐玠本來是徐家的死黨，曾多次力勸徐溫廢掉徐知誥，把自己的親生兒子培養起來。現在他看到徐知詢原來是這種人——連自己的兄弟都容不下，以後還能容得下他嗎？幫這樣的人相當於自掘墳墓。

徐玠想通這一點之後，立刻轉變立場，把自己賣給徐知誥，一有時間跑去跟徐知誥聊天，把他對徐知詢的認知都告訴徐知誥。

錢鏐也知道徐知詢和徐知誥鬧了矛盾，心下大喜。這兩個要是搞個你死我活，對吳越國那是大大的利好。必須火上澆油。

錢鏐不動聲色，派人給徐知詢送去一套金玉鞍勒和器皿，而且都在這些東西上飾以龍鳳。

徐知詢一看，哈哈，太好了。這樣豪華的東西不用，那是在暴殄天物，大大地浪費，大大地辜負了錢鏐的美意。於是他就拿過來「乘用之」。

第十章　安重誨末路收場，兩川兵合孟知祥稱雄

徐知詢的典客周廷望對他說：「將軍要是能把這些東西拿來結交朝中的勳舊，讓他們都歸心於將軍。那誰還會跟徐知誥呢？徐知誥很快就被孤立起來。被孤立了的徐知誥還有什麼作為？」

徐知詢一聽，覺得很有道理，只要把大家都拉到自己的這邊來，還怕什麼徐知誥？他馬上對周廷望說：「你說得太正確了。你就帶著這些東西去展開工作吧。」

周廷望一看，哈哈，這小子真容易上當。就這個腦子，誰跟他誰完蛋。在這個世道上混，必須有兩手準備，才能立於不敗之地。

周廷望來到廣陵後，並沒有拿著那些東西去幫徐知詢展開籠絡人心的工作，而是在第一時間去跟周宗見面。周宗是徐知誥的親信。周廷望透過周宗向徐知誥表示了自己願意歸順的良好願意，並把徐知詢的種種陰謀都告訴了徐知誥。

徐知詢通知徐知誥，請徐知誥到金陵解除為父親大人治喪的喪服。

徐知誥哪敢去？但他又不能推託，他要是明確地推託，那就等於不承認自己是徐溫的兒子。但他還有個辦法，就是拿楊溥來當擋箭牌，說是楊溥不許他離開江都。

徐知誥看到徐知詢給自己設局，便也設了個局。他讓周宗對周廷望說：「現在大家都說徐侍中有不臣之事，老大真的必須入朝說清楚。」

徐知詢一聽，果然就害怕起來，急忙離開金陵，到江都入朝。

徐知詢一到江都，徐知誥就把徐知詢留在朝廷為統軍、領鎮海節度使，然後派柯厚到金陵，把金陵的部隊都調回江都。

徐知詢就這樣被解除了兵權。

吳國的大權終於全歸被徐知誥掌握。

徐知詢還不知道自己已經跟個廢人一樣，見到徐知誥時，還義正詞嚴

2. 權臣爭鋒兄弟反目，吳國大權盡歸徐知誥

地罵徐知誥：「父親歸天，你為人子，居然不去辦父親的喪事，也太過分了吧？」

徐知誥冷冷一笑，說：「你早已在那裡磨刀霍霍地等待我，我敢去以頸就劍嗎？你作為人臣，卻使用輿服御物，這難道就不過分嗎？」

兩人一番唇槍舌劍，突然之間，都驚奇地發現，對方對自己的底細都知道得清清楚楚，好像自己身邊都有了對方的臥底一樣。

徐知誥最後忍不住問，是誰告訴你這些的？

徐知詢說：「我也不怕跟你說了，是周廷望。你又是怎麼知道我這些事的？」

徐知誥臉色大變，猛拍桌子，說：「也是周廷望告訴我的。」

兩人這時表情高度一致起來，原來都被周廷望糊弄了。這個周廷望原來是雙面間諜。

兄弟倆一發怒，周廷望只好被砍了腦袋——讓你看看，雙面間諜這碗飯好不好吃。

兄弟之爭似乎可以告一段落了。

不久，吳國又加徐知誥兼中書令、領寧國節度使。

徐知誥就請徐知詢過來喝酒，慶賀一下高升。

兩人雖然表面已經和好，可是暗中仍然高度提防對方。

徐知詢也把這場酒宴當成鴻門宴來應對。

兩人入席之後，徐知誥拿出金做的酒杯給徐知詢喝酒，並說：「喝了這杯酒，願我弟弟壽到千歲。」

徐知詢懷疑這酒中有毒，就拿來另一個酒杯，把酒平均分成兩份，然後把一半獻給徐知誥，說：「願與兄長各享五百歲。」

徐知誥萬萬料不到這個笨蛋居然突然聰明起來。在這樣的情況下，他

第十章　安重誨末路收場，兩川兵合孟知祥稱雄

真不能推辭這杯五百年的美酒，不由臉色大變，不知如何是好。

徐知誥只是看著左右那些陪客，沒有接受徐知詢恭恭敬敬遞過來的那半杯酒。

他不接受，徐知詢就保持著那個敬獻的姿勢，沒有退下來——且看你怎麼辦？

其他人看到這個模樣，更不知道怎麼辦。到了這時，所有的人都已經知道，這酒是真的毒酒，誰喝誰死。否則，徐知誥老早就接過去一飲而盡了，把無窮的尷尬留給徐知詢。

正在僵持之際，有個戲子申漸高突然走來，他一邊說著單口相聲逗大家笑，緩和現場氣氛，一邊就接過兩半杯酒，倒在一起喝下去。他喝完之後，把兩個杯子都放進懷中，然後揚長而去，說：「難怪今天天氣這麼好，我不光喝到了好酒，還得了一個金盃。哈哈。」

大家聽著他的笑聲，不由感到毛骨悚然！誰說戲子無情？

徐知誥偷偷派人送解藥給他，但已經晚了——他的腦子已經潰爛而死。

大家都知道，徐知誥真的已經對這個弟弟毫不容情了，徐知詢的死，只是早晚而已。

當然，現在徐知誥還不能直接把徐知詢搞死。

徐知誥在處理徐知詢時，發生了意外。在安排海州團練使時，又出現了個狀況。

徐知誥知道王傳拯是個有用之才，一直想重用他。正好海州團練使陳宣罷官歸家，徐知誥就同意任命王傳拯接替海州團練使。

王傳拯很是高興。

哪知，又出現了個烏龍，朝廷又叫陳宣回海州，而把王傳拯還廣陵。

王傳拯大怒，不是說我當這個團練使了嗎？大家都在等著慶祝酒啊。

2. 權臣爭鋒兄弟反目，吳國大權盡歸徐知誥

現在又派陳宣過來，一定是陳宣這個老傢伙在朝廷中亂說我的壞話。既然你先不仁，就別怪我不義。

王傳拯帶著部下一干人去向陳宣辭別。

他們見到陳宣時，立刻舉刀把陳宣殺掉。然後就一不做二不休，縱火了焚燒城郭。

王傳拯知道，做完這些事後，他就不能再在吳國待下去了。於是，他就帶著手下五千人投奔後唐。

徐知誥知道後，並沒有暴跳如雷、拍桌子大罵，而是說：「是吾過也。」沒有追究王傳拯的妻子。

王傳拯的叔叔叫王輿，現任光州刺史。王傳拯投奔後唐後，就給王輿寫信，請也前來投奔後唐。

王輿把王傳輿的使者捆起來，上報楊溥，並請求罷官還家。

徐知誥不但沒有讓王輿罷官回家，反而提拔他為控鶴都虞候。徐知誥這時掌握朝中大權，手下人才還很缺乏——軍事人才尤其短缺。他知道王輿為人厚重慎密，所以重用他。

也是在這個時候，那個讓徐知誥很忌憚的嚴可求逝世。

嚴可求是徐溫的死忠，自從徐溫當政以來，一直全心全意為徐溫服務，多次在關鍵時刻為徐溫解決重大難題。他也是堅決主張徐溫把位子傳給自己的親生兒子。徐知誥對他向來十分忌憚，想方法設把他做成自己的親家。可是嚴可求仍然把徐溫放在第一位，弄得徐知誥無可奈何。

徐溫死後，徐知誥便利用自己的權力，把嚴可求的宰相之職免了，然後加了一個虛銜，徹底把他邊緣化。

徐知誥知道這個老人家腦子非同小可，智商非一般人可及，如果就此浪費，實在是太可惜了。因此，他也沒有跟嚴可求撕破臉皮，碰到難題

第十章　安重誨末路收場，兩川兵合孟知祥稱雄

時，也經常很虛心地向老人家討教。

徐溫當政太久，為人也很寬大，將校們犯了錯誤，他基本都姑息遷就。這些將校就習慣地放縱了。他們經常放出猛禽抓獵物，騷擾百姓。

徐知誥很看不慣這些，很想制止這些行為，把大家規範起來。但又怕拿捏不好分寸，會造成部隊的動盪，後果就很嚴重了。他只得去向嚴可求請教。

嚴可求說：「當然不能拿軍隊的將領開刀。但可以讓各縣禁止養鷹。此事自然就可以解決了。」

徐知誥照此辦理，不出一個月，將校們就不敢再放鷹擾民了。不久，徐知誥又恢復了嚴可求的宰相之職。

嚴可求足智多謀，是當時少有的大才。他出身微寒，早年曾為縣吏。縣令發現他是個才人，對他格外器重。他雖然是縣令手下的辦事員，但縣令待他始終以賓客之禮，經常對他說：「你將來必位極人臣，到時還請照顧一下我的子孫。」

嚴可求當宰相後，縣令的兒子果然來找嚴可求。

嚴可求還記得當初縣令的話，但他並沒有特別照顧這個縣令的兒子，只是給了他一擔糧食、一束絹帛。在跟這個兒子見面時，一副不以為意的樣子。

隨後，他又派人暗中跟隨縣令之子到其所投宿的客店，贈送了數十斤黃金，還為他租賃一處宅院，僕從、車馬全部置辦。

縣令之子，想不到得到這麼多，便登門道謝。

嚴可求說：「這只是聊以報答令尊當年的知遇之恩。」

但自此之後，嚴可求一律謝絕縣令之子的拜訪，而且至死不再見其一面。

3. 楚國兄終弟及傳位穩，骨肉相殘兄弟難全

這一段時期似乎是強者死亡年。安重誨死了，嚴可求死了，另外那個馬殷也死掉。

馬殷跟嚴可求一樣，是病死的。他早在西元930年十月就得了重病。他年紀已經很大了，得病之後，就知道自己將很快就進入「醫治無效」那個地步，因此就派使者到洛陽，請求把自己的職位傳給馬希聲。這當然只是個姿態。不管朝廷同不同意，他都會這樣做，也只有安重誨那樣的人才會在心血來潮時不同意，白白把雙邊關係搞得僵硬掉。

李嗣接到馬殷的這個報告時，以為馬殷應該已經死了，就立刻任命馬希聲為武安節度使兼侍中。

其實，一個月之後，馬殷才正式壽終正寢。

馬殷對自己的兩個兒子都很喜愛，在死前立下了他的政治遺囑，就是在楚國這裡，要執行兄終弟及的政策，讓幾個兒子輪流當楚王。他把一柄寶劍放在祠堂內，對大家說：「違吾者斬之。」他這個命令，使得在他死後，兩個兒子沒有出現爭權的現象。

馬希聲雖然在除去高郁時，滿臉橫肉，但他在繼位之後，比他父親更低調。

他繼位後做的第一件事，就是宣布，奉父親的遺命，除去楚地國家一級建制，恢復為節度使藩鎮舊制，他只當節度使。

李嗣當然滿足馬希聲這個要求，任命他為武安、靜江節度使，加兼中書令。

馬希聲最崇拜的是朱全忠。他聽說朱全忠愛吃雞，心裡就特別羨慕。他當政之後，就下決心過上朱全忠的吃雞生活。他每天殺五十隻雞來吃。

第十章　安重誨末路收場，兩川兵合孟知祥稱雄

即使在居喪期間，他仍然不改吃雞的愛好。為馬殷發喪的當天，馬希聲仍然喝了幾盤雞湯。潘起對他說：「從前阮籍居喪吃蒸小豬。看來每一代都有賢人啊。」

這話諷刺的意味很濃烈，但馬希聲不理。

不過，馬殷搞了這個兄終弟及的規定，使得他的權力交接能平穩過度，楚國沒有像其他勢力那樣在換屆時出現什麼激烈的動盪。

馬殷活得還不短，但他的這個接班人的壽命就有點不長了。

馬希聲才當一年的老大，他的轄區內就出現了特大號的旱災，連續幾個月不下雨，太陽晒得石頭都開裂了。

馬希聲多次向神仙求雨，可是不知道那些神仙都在忙什麼事，對他的訴求絲毫不理。他大怒起來，下令關閉南嶽及境內諸神的祠門，你們光享受我們的香火，卻不為我們服務。

可是神仙們仍然不理他的威脅。

最後，不知是神仙們的懲罰，還是自己太鬱悶，馬希聲居然突然死去。

馬希聲死後，荊南那一幫將領遵照馬殷的遺囑的，擁立刻希范為荊南之主。

馬希範此前沒有什麼反常言行，其實他對馬希聲的意見很大。因為他跟馬希聲是同一天出生的。他的母親是陳氏，而馬希聲的母親是袁德妃。因為袁德妃的地位比陳氏高，子以母貴，所以馬希聲就比他先當了老大。馬希範對此非常不滿，但又不好說出口。他當了老大之後，才把這口氣灑出來。他對袁德妃極為無禮。馬希聲的另一個同母弟叫馬希旺，現任親從都指揮使。馬希範同樣看他不順眼，一有時間就找他來無緣無故地責罵一頓。馬希旺受不了，袁德妃也受不了。袁德妃就出面請求免去馬希旺的職務，讓他去道士、遠離這個俗世，這總算可以了吧？

馬希範說不可以。他只是解除了馬希旺的軍職,然後將他關在竹屋裡,不得參與兄弟間的一切活動。不久,袁德妃鬱悶而死,馬希旺也鬱悶而死。他們真的寧願死掉,也不願繼續活在馬希範的眼皮底下。這就是權力場上,兄弟家庭關係的常態。

4. 宋齊丘裝隱歸山得相位,王延稟兩度襲兄終伏誅

嚴可求死了,徐知詢也被安置在廣陵,徐知誥內部的威脅基本就被清除了。

徐知誥這時也向徐溫學習,把他的長子徐景通任命為兵部尚書、參政事,開始參與朝廷大事的討論。只等這個長子更成熟一點,他就像當年的徐溫一樣,出鎮金陵。

嚴可求死後,宰相的職位就空缺出來,徐知誥準備以他的謀主宋丘填補這個空缺。

宋齊丘做夢都想當宰相,但他知道這個官場歷來講究論資排輩,他這些年來被徐溫壓制,地位並不很高,出鏡率也很低,只是在徐知誥心目中很有分量而已,如果一來就直接對徐知誥的任命欣然笑納,肯定不能服眾。現在不能擺資格,那就晒一下人品吧,把自己搞成是一個高尚的人。於是,他以進為退,說自己沒有能力當宰相,更何況他還有一個人生中最重要的任務沒有完成——就是他的父親還沒有安葬,他必須回洪州先安葬父親,其他的以後再說了。這是大大的孝道啊,誰都不能阻擋。

宋齊丘就這樣高調宣布,他寧願不當宰相,也要先回去安葬父親的遺骨。

宋齊丘回到洪州,完全這個任務之後,並沒有立刻回到廣陵,向大家

第十章　安重誨末路收場，兩川兵合孟知祥稱雄

宣布，我已經安葬老父親了，現在該當宰相了吧？而是一襲布衣，進入九華山，到應天寺裡吃齋念佛，好像大千世界裡的一切都已經跟他無關了。他從此就要過著與世無爭的隱士生活。大家就是用屁股去想，也知道當年他為了求個出身，到處謀職。這樣的人能過慣桃花源裡那寡淡無味的生活嗎？那是連真正的隱士劉子驥都不願意過的生活啊——他要是真的想過那樣的生活，他能找不到嗎？他應該是假裝找不到。

徐知誥當然知道宋齊丘這些都是裝的。宋齊且要是真的做隱士，能讓地球人都知道他在應天寺某個禪房裡打坐嗎？所有著名的隱士都是騙子。

徐知誥又以大吳帝國皇帝的名義去敦請宋齊丘下山，然後徐知誥也寫了一封信給宋齊丘，懇請他看在朋友的老臉上，回廣陵上班吧，國家需要你，朋友更需要你。

如果接到兩封信後，他抬屁股就走，那他就不是宋齊丘了。他繼續在使者面前低頭唸經，彷彿已經出神入化，你們這些世俗人不要再來打擾我了。

最後，徐知誥派他的兒子徐景通跑到寺院裡，恭恭敬敬地請他，他這才「不得已」答應：「既然大公子都跑來了，我還固執己見，不把國家的事當一回事，只在意自己的逍遙，也太自私了。」

宋齊丘搞了這一輪操作之後，回到廣陵，封為右僕射。徐知誥還下令把應天寺更名為「徵賢寺」。

在幾個勢力都在亂的時候，偏居東南沿海的閩地也不平靜。

王延翰繼承父親的職位高高在上之後，最看不起的是他的那幾個兄弟。他一點不想再讓弟弟們在他身邊出現。他當政一個月之後，就把他的弟弟王延鈞空降為泉州刺史。

新官上任都有幾把火。王延翰的第一把火，就是下令大量徵集民間美女，把後宮填滿。

4. 宋齊丘裝隱歸山得相位，王延稟兩度襲兄終伏誅

王延鈞覺得這樣下去，前輩打下的基業，會完蛋的，就上書勸諫。

王延翰大怒，老子就這個愛好，你也要管？選幾個美女，就能把祖宗基業玩完？你這是看我不順眼而已。王延翰一發怒，兄弟之間的關係就緊張起來。

當時，王知審的一個養子王延稟任建州刺史。王延稟也看王延翰不順眼。王延翰派人送去一封信給王延稟，也布置了一個選美女的任務給王延稟。

王延稟不但不照辦，反而在回信中出言不遜。

兩人的關係也立刻處於緊張狀態。

為了多得幾個美女，王延翰就得罪了兩個手裡有實權的兄弟。

兩個兄弟看到王延翰那對他們不爽了，自然就團結起來，共同對付王延翰。

兩人一陣合謀之後，都一致認為，按王延翰的性格，遲早會拿他們開刀的。與其坐著等他高舉屠刀殺過來，不如趁著他忙於選美時對他突然襲擊。

兩計議一番之後，便決定合兵襲擊福州。

王延稟性格比較急，王延鈞的部隊還在路上，他就已經先到了。

福州指揮使陳陶看到王延稟的部隊殺上來，就領兵迎敵，但卻被擊敗。陳陶覺得自己敗得太丟臉了，就橫刀一抹脖子，自殺了事。

王延稟並沒有因為陳陶自殺了就算了。他讓戰士們草草地進食晚餐、稍作休息之後，半夜又發動攻城行動。

王延稟這次親自帶著一百多壯士來到西門，架起梯子，進入城內，然後把守門的人都抓住，取出兵器。

到了這時，王延翰居然還沒有做任何部署。他聽到外面很亂，很快

第十章　安重誨末路收場，兩川兵合孟知祥稱雄

就知道是王延稟打進來了，怕得跳下床來，像個無頭蒼蠅一樣，到處亂竄，想找個地方躲一躲。可是他覺得哪裡都不安全。最後他只得躲進一個別室。

王延稟很快就抓到了瑟瑟發抖的王延鈞。

天亮以後，王延稟當眾公布了王延翰的罪惡，還說王延翰和他的妻子合謀，害了先王。王延稟到處宣傳這些之後，讓大家都認為王延鈞已經惡貫滿盈，然後才舉起正義的屠刀，把王延翰斬首。

王延稟做完這些事後，王延鈞才來到城南。

王延稟打開城門，迎接王延鈞進城，然後擁立王延鈞為威武留後。王延翰雖然是王延稟以一己之力推翻的，但他不能當這個老大，一來他只是王知審的養子，按當時的傳統觀念，他接班有點名不正言不順，另外，他殺掉了王延稟，別人就會說他搶班奪權，名聲有點不大好。不如讓位給王延鈞。王延鈞是王知審的兒子，而在這場兵變中，因為遲到而沒有直接參與，沒有給人家留下什麼把柄。

王延稟辦完這件事後，就稱病辭職，回老家養老，把自己的職務轉讓給兒子王繼雄。

到了這時，王延鈞對這位兄弟還是很感激的。王延稟離開福州時，王延鈞去送別。他對王延鈞說：「善守先人基業，勿煩老兄再下。」王延稟居然在福州上游，這次他能先到福州，也是在為他是順流而下的，速度比王延鈞快很多。

王延鈞聽了這話，當場臉色大變，從此對王延稟加以防範。

到了這個時候，除了王延鈞，所有人都認為，王延稟這麼功成身退，真的有點高風亮節。

其實所有觀眾那些雪亮的眼睛都看錯了。

4. 宋齊丘裝隱歸山得相位，王延稟兩度襲兄終伏誅

王延稟稱病不久，王延鈞真的有病起來了。

王延稟說是回家養病，其實他健康得很，那雙犀利的眼睛都在盯著福州城裡的一切。他得知王延鈞有病之後，馬上就行動起來。他讓他的次子王繼升知建州留後，自己親自帶王繼雄率水軍襲擊福州。

兩人到福州城之後迅速進行分工，王延稟攻打西門，王繼雄攻打東門。上一次，王延稟襲擊福州，也是從西門打進去的。他認為，西門是他的福地。這次他一定會成功。

不過他忘記了一點，福州仍然是那個福州，西門仍然是那個西門，他仍然是他，但城裡的敵人已經不是好色之徒的王延翰、而是對他早有提防的王延鈞。

王延鈞早有準備，看到這位老兄順流而下，一點沒有慌張，派樓船指揮使王仁達帶水軍去迎戰。

王仁達沒有跟他們蠻幹，而是搞了個陰謀詭計。他事先把戰士們都埋伏在舟中，然後在船頭樹起白旗，表示投降。

王繼雄一看，哈哈，王仁達啊，你真是識時務的好人。

王繼雄徹底相信了王仁達。他為了表示自己對王仁達歸降的熱烈歡迎，就屏退左右，獨自登上王仁達的船上，準備用一番正能量的話撫慰、鼓勵王仁達。

王仁達看到他很有古名將風度地上了自己的船，心裡就笑了，這麼蠢也來打仗？想不到這個小兒科的陰謀，居然能釣到這樣的大魚，實在是大大出乎意料之外。

王繼雄很有名將風度地上了王仁達的船後，腳還沒有站穩，王仁達就微笑著迎了上來。

王繼雄覺得王仁達的微笑有點詭異。他心裡還在研究王仁達的笑容，

第十章　安重誨末路收場，兩川兵合孟知祥稱雄

王仁達就一刀猛劈過來。刀光閃耀的一剎那，估計王繼雄也研究出了王仁達那個詭異的笑容。

王仁達斬了王繼雄之後，把王繼雄的首級割下來，送到西門那裡，給王延稟驗收，請問王老大，這是不是你長子王繼雄的腦袋。

王延稟此時正布置大家縱火攻城，忙得屁股都在冒煙。在他的預想裡，只要王繼雄再挺過一陣子，他就可以燒掉西城城門，然後他們就可以從這個西門長驅直入，以後福建就是他們父子的天下了。

哪知，他還在忙著往城門拱火，王繼雄的首級就血淋淋地出現在他的面前。他大叫一聲，兒子啊。你怎麼成了這樣。

他萬萬沒有想到，他曾經精心培養的長子就這樣被人家砍掉。

王延稟對著王繼雄放聲大哭。

王延稟的心情立刻陷於萬分悲痛之中，腦子已經一片凌亂。

王仁達要的就是這個效果，他縱兵向王延稟猛擊。

王延稟的部隊迅速崩潰。幸虧王延稟的左右很鎮靜，在百忙的崩潰之中，還記得用巨斛抬起王延稟奔逃。

當然，他也沒有逃得多遠，就被追兵抓獲。

當兄弟倆再次見面時，王延鈞對王延稟說：「老兄此前說得真不錯。現在果然又煩老兄順流而下了。」

王延稟大是慚愧。

王延鈞把王延稟囚於別室，然後派使者到建州，招降王延稟的餘黨。

但王延稟的兒子王繼升卻拒絕投降。他把使者當場殺掉。

王繼升殺了使者後，也不敢繼續在建州等王延鈞前來攻打了。他帶著他的那群死黨，逃了出來，投奔錢鏐去也。

王延鈞看到王繼升逃跑了，就把王延稟拉到大街上斬首，然後恢復其原名周彥深，再派自己的弟弟王延政到建州做善後工作。

王延鈞跟很多當時的老大一樣，最迷信神仙之術。

他這麼一迷信，那些不出世的高人立刻就有了機會。道士陳守元以及術士徐彥林、盛韜迅速抓住這個機會，天天跟王延鈞在一起聊著天花亂墜的神仙世界，令王延鈞更加著迷。只要他們提出什麼，王延鈞就一定照辦不誤。他們說，一定要把福州城打造成一個瓊樓玉宇的神仙世界。王延鈞馬上就同意。福州城立刻就大興土木，修建了很多豪華宮殿。王延鈞任命陳守元為宮主。

陳守元當了宮主之後，有一天突然對王延鈞說：「我奏寶皇之命，對你洩漏一下天機。如果你能避位受道，以後可以當六十年的天子。」

王延鈞自然信以為真──現在陳守元就是讓他吃一堆特大號的狗屎他都可以吃得津津有味，何況去受道、更何況受道之後還能當六十年的天子。他叫他的兒子王繼鵬代管軍府之事，自己去當了道士，取了個道名「玄錫」。

5. 徐知誥效法徐溫分權布局，父子黨政分治掌大權

在王延鈞避位之前，徐知誥也向楊溥打了個報告，說他當政已經很久了，也該由別人來一下，請允許他回金陵養老。

如果大家真的以為他退休回家含飴弄孫，那絕對是大錯特錯了。他要是現在就告老回家，他還用得著花那麼大的心思跟徐溫周旋，然後又跟徐溫的兒子反覆較量嗎？

他其實是在向徐溫學習。

第十章　安重誨末路收場，兩川兵合孟知祥稱雄

楊溥任命他為鎮海、寧國節度使，派他鎮守金陵，其他官職如故。

就這樣，徐溫生前所掌握的權力，都交到了他的手上。

徐知誥成了徐溫之後，迅速汲取徐溫的教訓，不再讓別人主持朝廷事務，而是讓他的長子徐景通為司徒、同平章事，知中外左右諸軍事，留在江都主持朝廷政事。徐知誥還讓他的另一個死黨王令謀為左僕射、兼門下侍郎，再以宋齊丘為右僕射、兼中書侍郎、並同平章事、兼內樞使，一起當徐景通的助手。

6. 錢鏐以德傳家，吳越政權平穩交接

馬殷死後一年，另一位最資深的老大錢鏐也宣布永垂不朽。

西元 932 年二月，錢鏐就一病不起。他知道自己也到該死的時候了。

錢鏐雖然到現在還沒有確立自己的接班人，但他早就在心裡確定了人選，並說服了他幾個兒子。

在他的幾個兒子中，他看好的是他的三子錢元瓘。但是按傳統的政治規矩，錢傳瓘是沒有接班資格的。如果沒有更好的理由，硬要這樣做，出亂子的機率是很大的。

錢鏐經過深思熟慮之後，把幾個兒子找來，對他大家說：「今天，叫你們來，就是讓你們各自擺出自己的功勞，有多少功勞就擺多少，不要怕人家說你們不謙虛。我會選擇功勞最多、貢獻最大的人當我的繼承人。」

大家一聽，就明白了父親的意思。

錢傳瓘的三個哥錢傳晁、錢傳淒錢傳璟都說，不用擺功勞了。要擺也是傳瓘的功勞最多、貢獻最大。我們都擁護他。不久，錢鏐就任命錢元瓘為鎮海、鎮東節度使。不過，他這次也只是內部會議，並沒有向外宣布。

6. 錢鏐以德傳家，吳越政權平穩交接

他覺得自己這次病得真的有點重了，必須就此事向大家作個交待。

他召集大家前來，對大家說：「我這次得病，看來是不能治好了。我的幾個兒子都不成才。我死後，誰來接班？」

大家都說：「錢傳瓘仁孝有功，大家都擁戴他。」

錢鏐就把印信全部取出來，交給錢傳瓘，說：「大家對你都有極大的希望。現在我就遵照大家的意思，把這個基業交給你了，務必好好守護。」他接著對大家說：「今後，子孫們要永遠跟中原王朝友善，不要因為王朝易姓就放棄侍奉大國之禮。」

他說完之後，就去世了，終年八十一歲。

這個人活得久，八卦也多。

他的出身並不高貴。他還年幼時，常跟一群也是貧苦人家的小孩子在村中的大樹下玩耍。後來他一統兩浙後，心裡就有些小得意，便來個衣錦還鄉，回老家擺了個規模龐大的酒宴，請家鄉父老來狠狠地吃一頓。這一次，不但酒席上肉如山、酒如池，大家完全可以放開肚皮猛吃猛喝，而且還以錦緞覆蓋山林，並將當年他跟一群小朋友戲耍過的那棵大樹封為「衣錦將軍」。

然後他還在臨安故里大興土木，修建豪宅。每次他回鄉，都很講排場，隨從們前呼後擁，搞得他的故鄉雞飛狗跳。他的父親錢寬很不爽，每當聽說這個兒子回來了，馬上就躲到外面去。

錢鏐步行回家，找到父親之後，問他為什麼要這樣？

錢寬說：「我家世代靠種田打漁維持生活，從未出過如此顯貴之人。你如今為兩浙十三州之主。周圍都是敵對勢力，還要與人爭利。我怕禍及家族，所以不忍見到你。」

錢鏐萬萬沒有想到，他這個一輩子生活在最底層的老父親居然能說出

第十章　安重誨末路收場，兩川兵合孟知祥稱雄

這麼有見識的話來，不由一呆，馬上哭拜在地，從此小心謹慎，不敢有絲毫大意。

錢鏐被封為吳越王那一年，他回鄉掃墓，又請家鄉的父親前來喝酒。

這一次，他繼續大擺排場，搞得「旌鉞鼓吹振耀山谷。牛酒大陳鄉坎，別張蜀錦為廣幄」。

這一次，他還做了個規定：八十歲以上的老人用金樽，百歲以上者則用玉樽。

錢鏐發現有資格用玉樽的老人居然還有十多個。他心裡很高興，哈哈，我統治下的兩浙是個長壽之鄉啊。

宴會開始後，錢鏐站了起來，舉起杯，面對大家一展歌喉，自唱了自己創作的一首歌：

三節還鄉兮掛錦衣，

吳越一王駟馬歸。

臨安道上列旌旗，

碧天明明兮愛日輝。

父老遠近來相隨，

家山鄉眷兮會時稀，

鬥牛光起兮天無欺。

大家看到大王大縱情高歌，如果不跟著縱情高歌，有點煞風景，便都跟著開口放歌。可是大家稍稍去想就知道，八個老人才有九顆牙齒，一開口就空穴來風，能唱出什麼動人的歌謠來？

大家唱了一陣，錢鏐覺得老人家們不但唱得比哭還難聽，而且還不懂得他歌詞的意思，猛然想到，他們都是文盲啊，只聽得懂本地方言，便又舉起杯，再用本地吳語唱：

6. 錢鏐以德傳家，吳越政權平穩交接

你輩見儂底歡喜，別是一般滋味子，永在我儂心子裡。

大家果然一聽就明白，然後按著這個路子，跟他唱和，一時之間，「合聲虞贊，叫笑振席，歡感閭里。」他這才知道，這種藝術才是廣大百姓群眾喜聞樂見的藝術。

錢鏐當了老大之後，不光在臨安修建豪宅，在他的首府也大興土木，而且搞得晝夜不停。士兵們都是怨聲載道。有人實在氣不過，晚上就在大門上寫了這麼一句：沒了期，侵早起，抵暮歸。

錢鏐看到之後，並沒有勃然大怒。他不敢怒。因為他知道，如果他大怒，士氣們也會大怒起來。士兵們一大怒，後果就很嚴重。錢鏐不但沒有怒，而且還把笑容布到臉上，然後叫隨從在旁邊加了一句：沒了期，春衣才罷又冬衣。大家一看，原來大王也知道我們的苦，怨言就沒有了。

錢鏐活得很久，跟她夫人的感情也很深厚。

夫人跟他一樣，家鄉觀念很強烈，每年春天都要回臨安老家一段時間。

每次夫人回臨安，錢鏐都十分思念，盼望夫人早日回來。

有一年，夫人去了很久都沒有回來。錢鏐看著野外，但見春色已老，陌上的繁花已發，江南的大地上，到處桃紅柳綠、萬紫千紅。這樣的景緻，應該是他和夫人攜手賞春的最佳時刻。現在卻只有他一個人獨自在春光裡，孤獨地面對滿眼春色，不免心生感慨。他回到宮中，提筆寫了一封信給夫人：「陌上花開，可緩緩歸矣。」

春歸矣，伊人也該歸矣。

了了數語，情意綿綿。

錢鏐心裡無比急盼，卻偏偏著了「緩緩」二字，更顯情真意切、細膩入微。多情的人一讀，禁不住珠淚紛紛。如果不知錢鏐的底細，誰又相信寫這一行字的是個被稱為「目不知書」的大老粗所為？可見情到深處，自

第十章　安重誨末路收場，兩川兵合孟知祥稱雄

能出口成詩。後來有人評價：不過數言，而姿致無限，雖覆文人操筆，無以過之。清朝著名文人王世禎對這幾個字的評價更是用了「豔絕千古」這四個字。不止是讀書人對此大為傾倒，就是民間那些山歌手，也以此為題編成山歌，名曰：陌上花。在那一帶廣為傳唱。

即使是後來的大文豪蘇東坡先生，看到這幾個字後，也大為震憾，依此內容擴展，創作了《陌上花》組詩：

其一

陌上花開胡蝶飛，江山猶是昔人非。
遺民幾度垂垂老，遊女還歌緩緩歸。

其二

陌上山花無數開，路人爭看翠軿來。
若為留得堂堂去，且更從教緩緩回。

其三

生前富貴草頭露，身後風流陌上花。
已作遲遲君去魯，猶教緩緩妾還家。

錢鏐前半生基本都是在跟楊行密鬥智鬥勇。兩人一有時間就開打，而且常打得不分勝負，一個奈何不了一個。既然戰場上難決勝負，那就來個功夫在戰場之外。

楊行密讓人用大索做成錢貫，然後稱之為「穿錢眼」，拿來噁心一下錢鏐。

錢鏐當然也不甘示弱，每年都搞個重大的儀式，集結很多人拿著斧頭，去砍柳樹，稱之為「斫楊頭。」當然，最後這兩個儀式都沒能把對方怎麼樣，很多問題都必須重回戰場解決。

6. 錢鏐以德傳家，吳越政權平穩交接

錢鏐小時候沒有進過學堂，被稱為「目不識書」，但他很尊重讀書人，比如他就很器重大詩人羅隱。當時，有詩僧之稱的貫休來到江浙，往見錢鏐。

正值錢鏐剛稱吳越王，貫休就作詩而賀，詩曰：

貴逼人來不自由，龍驤鳳翥勢難收。

滿堂花醉三千客，一劍霜寒十四州。

鼓角揭天嘉氣冷，風濤動地海山秋。

東南永作金天柱，誰羨當時萬戶侯。

錢鏐一看，這詩真好啊。把他歌頌得頭皮都發麻了。但他仍然覺得有點不過癮，請詩僧把其中的「十四州」改為「四十州」。

如果是別的詩人，就是改成四萬州都沒有問題，反正又不是從詩人身上割去的。但貫休卻很有性格，說：「州不能添，詩亦不能改。我孤雲野鶴，何天不可飛。」他說過之後，也不再看錢鏐的臉色，便拂袖而去。

錢鏐也沒有對他怎麼樣。

錢鏐治理杭州是很用心的。晚年他跟部下談起杭州城的變化，大家都讚不絕口，說以前杭州就是一個爛城，自從大王接手之後，一年一小變，三年一大變，現在的杭州高樓林立、湖海形勝，天下無可匹敵。一波波馬屁話向錢鏐襲來。

錢鏐卻保持著清醒的頭腦，說：「千百年後，知我者以此城，罪我者亦以此城。苟得之於人而損之己者，吾無愧歟。」

錢鏐是五代時期，比較受好評的一個老大。

他死後，錢傳瓘就與兄弟們共同在一個帳幄內守喪，陸仁章認為這樣不妥，便對他說：「令公繼承先王霸業，將吏們早晚都有事要進見。所以，應該與諸位公子分開來住。」

第十章　安重誨末路收場，兩川兵合孟知祥稱雄

他說完之後，就下令另設一帳，然後扶著錢傳瓘住進去，然後向大家宣布：「從現在開始，到這裡才能謁見令公，諸公子的隨從示經允許，不得入內。」他說過之後，便親自在帳外護衛，晝夜都不休息。

在錢鏐晚年時，大家都知道，吳越國的王位，很快就會傳到錢傳瓘手裡了，因此都提前巴結錢傳瓘。只有陸仁章沒有隨波逐流，而且錢傳瓘犯錯時，他曾多次毫不留情批評過錢傳瓘。錢傳瓘對他也很生氣過。到了這時，錢傳瓘對他的態度才有所改變，見他護衛得很辛苦，就過來慰勞他。他對錢傳瓘說：「先王在位時，仁章不知有令公。今天我在這裡為令公努力工作，也跟侍奉先王一樣。」

錢傳瓘大是感動。

錢傳瓘襲位之後，把自己的名字改為錢元瓘，其他兄弟也跟著把「傳」字改為「元」字。錢鏐雖然也很低調，但他也只是在外交方面低調而已。他在自己的一畝三分地裡，很講排場，甚至讓自己享受天子的待遇。錢鏐死前，覺得子孫不宜這樣做了，於是就在遺命中，要求錢元瓘去掉稱為國家的典儀，只用藩鎮的規制。並免除民田荒蕪無收者的租稅。

內牙指揮使劉仁杞和陸仁章是錢鏐的親信，在錢鏐時代，長期用事。陸仁章性格剛直，劉仁杞愛貶低別人，不管是誰，在他的嘴裡都不行。好像這個世界的人個個都是笨蛋。大家對他們都很憤怒。只因為他們是錢鏐的紅人，大家對他們只能敢怒不敢言。現在錢鏐這個大後臺死了，他們可以不怕他們了。於是都集體跑到錢元瓘面前，強烈要求把這兩人殺掉。

錢元瓘當然不同意，他派他的次子錢仁俊去向大家轉告他的話：「這兩位事先王已久，立了不少功勞，我正想表揚他們。他們沒有犯什麼罪惡，你們卻因私怨而要誅殺他們。這怎麼可以呢？我現在是你們的王，你們應當聽我的命令。若不然，我就讓賢返回臨安了。」

大家一聽，都惶然退去。

錢元瓘說服大家之後，就任命陸仁章為衢州刺史、劉仁杞為湖州刺史。

從此，不管是誰上書告發，錢元瓘都不理，你們告吧，告到累死也是白告。如此一來，將吏們的矛盾反而得到了緩解。

7. 西川鷹將趙廷隱，東川友誼破裂初始

東邊這幾個勢力，都在經歷換屆後的震盪。

西邊的兩川這時也出現了變故。

孟知祥和董璋本來就是死對頭，後來在朝廷討伐他們時，兩人放下過去的恩怨，精誠團結起來，聯合對抗朝廷的部隊，把石敬瑭的部隊打退回去，不但保住了兩人固有的地盤，還讓國土面積擴大了不少。尤其是孟知祥，派李仁罕率兵東略，拿下了夔州等地。

李亶這時對兩川已經沒有辦法，只得盡量拉攏。

李亶除了把所有責任都推到安重誨的頭上之外，還派西川進奏官蘇願回成都，向孟知祥報告，他在洛陽的親戚都無恙。同時也派東川進奏官劉澄回東川向董璋報告。

孟知祥絕對不是莽漢。他是很講究鬥爭策略的。

他現在已經是實質性的獨立，完全可以不把李亶的命令當一回事，又何必去做那種撕破臉皮的事？不如跟他們保持一種良好的關係，或許還有便宜可占。至少可以爭取到一段可貴的和平時間，好好治理，把內政搞好，讓西川富強起來，再去胸懷全國。為此，他派使者去見董璋，請董璋趁這個機會，跟他一起上表謝罪。

董璋可沒有這些思維，看到孟知祥好好端端的居然要做投降派，你自己投降也就算了，還要拉我下水？你這不是拉低了我的骨氣？他大怒起來，

第十章　安重誨末路收場，兩川兵合孟知祥稱雄

喝道：「老孟自己的親戚還完好無損，當然應該投降朝廷。我的宗族都被殺滅了，還有什麼可謝的？朝廷下的詔書都在蘇願的肚皮裡，劉澄事先並不知。對於這些事，我董璋還是知道的。」

這番話放出來之後，東西川友誼小船馬上就翻了。

孟知祥手下的趙廷隱絕對是個鷹派人物。

他年輕時就通曉兵法，而且很講義氣。他最先是在忠武軍當兵，是朱全忠的姪兒朱友倫的部下。朱友倫一向得朱全忠的器重。朱全忠入關中之後，就派朱友倫到長安宿衛。朱友倫也是個擊鞠的能手。後來朱友倫在某次擊鞠比賽中，墜馬而死。

朱全忠大怒。他認定朱友倫死於謀殺，下令嚴查到底。當時作為朱友倫親隨的趙廷隱都被打成嫌疑分子，被抓捕起來，押到汴州。有關部門在嚴加審問之後，沒有證據表明此次事件與謀殺有關。於是，趙廷隱他們都被釋放。朱全忠覺得這小子還不錯，就讓趙廷隱隨侍左右。

朱全忠死後，趙廷隱又成了朱友貞的部下。

當梁晉在黃河邊對壘時，趙廷隱已經官至邢州都監。

在這個時代，精通兵法的趙廷隱應該得以發揮其所長才對。但他的頂頭上司邢州節度使劉重霸對他十分嫉妒，對他大加壓制。最後還誣告他想率所部投降李存勗，然後將他械送汴州，請朱友貞嚴肅處理。朱友貞對趙廷隱還是很了解的，知道他受到了冤枉，但又不想得罪劉重霸，便將他貶到南陽，消消劉重霸的火氣。不久，又將他官復原職。

之後，趙廷隱分派在王彥章帳下。

李存勗在滅梁之戰中，攻破中都，俘虜了王彥章。

趙廷隱也成了俘虜。

7. 西川鷹將趙廷隱，東川友誼破裂初始

本來，按李存勗的意思，趙廷隱也已經被列於斬首的黑名單。但夏魯奇認為趙廷隱是個人才，可以留用。李存勗就對趙廷隱網開一面，放他一條生路。趙廷隱又成了李存勗的手下。

李存勗派郭崇韜滅蜀時，趙廷隱也隨兵入蜀，擔任先鋒部隊的監押。他跟別的將領不同，對部隊的紀律要求得很嚴，堅決禁止部隊燒殺擄掠，故深得蜀地民心。

王衍滅亡後，趙廷隱因功拜西川左廂馬步軍都指揮使。

李繼岌班師後，命趙廷隱等人領一支人馬留守成都，歸孟知祥節制，又成了孟知祥的手下。他為孟知祥平定了蜀地的盜賊，成為孟知祥的臂膀。

之後，他大戰石敬瑭，守住兩川門戶，擊退朝廷軍隊，完全可以說是兩川頭號功臣。但他對董璋一點不看好，多次建議孟知祥把董璋做掉。他堅定地認為，董璋既沒有格局，又性狡詐，一定會成為西川之大患，應該儘早清除。孟知祥沒有採納。這讓趙廷隱一直暗叫可惜不已。其實，孟知祥比他更想吃掉東川。但孟知祥知道，在現階段，不管是他還是董璋在蜀中都還沒有站穩腳跟，如果兩人先在蜀中互毆，結果只會玩完。

孟知祥雖然幾次拒絕了趙廷隱搞定董璋的建議，但他仍然重用趙廷隱，仍然把最重要的任務交給趙廷隱去完成。在石敬瑭撤軍之後，他讓趙廷隱一直駐守利州。

趙廷隱到利州之後，就向孟知祥請求，發兵攻取秦州和鳳州。孟知祥認為，目前西川兵疲民困，不宜再輕啟戰端，又沒有答應趙廷隱的請求。

趙廷隱在利州任昭武留後，主持修好了利州的戰備工事。此前，在劍州之戰中，他跟李肇合作，共同跟石敬瑭作戰，兩人的功勞不相上下。趙廷隱雖然在面對董璋時，表現得很鷹派，但他在內部還是很有大局意識的。他不想跟李肇爭功。因此他在修好利州的城防工事後，就主動要求把

第十章　安重誨末路收場，兩川兵合孟知祥稱雄

昭武留後讓給李肇。孟知祥狠狠地表揚了他一把，卻沒有同意他的請求。趙廷隱堅持轉讓。孟知祥這才把趙廷隱調回成都，讓李肇接替他。

8. 蜀中文臣崛起，李昊躍入決策核心

孟知祥還在堅持自己的原則，在完全獨立自主的情況下，跟朝廷虛與委蛇，有利則圖，無利就不理。可是董璋不同意跟朝廷妥協。因為綿州目前在董璋手裡，這是西川與中原通聯的必經之路。董璋卡在這裡，西川和朝廷根本通不了信。

孟知祥召集趙季良和掌書記李昊前來商議，如何解決這個問題。

李昊是關中人。他出生時關中已經大亂。他為了躲避戰亂，隨父遷至奉天。但奉天也亂。當他十三歲時，李茂貞的部隊就攻陷了奉天。他又流落到靜難軍的新平縣。在這一次逃難中，他的父親和弟妹都死於亂軍之中，連屍骨都不知道丟在何處。他的母親雖然沒有死去，但也跟他失散，過了十九年，李昊已經在王衍手下混出名堂了，才派張金和王彥去找到他的母親。當時，他向王衍請求去迎接他的母親。王衍賜給他金勒名馬。李昊到青泥嶺時，遇上了老母親。老母親見到兒子之後，抱頭痛哭，哭得路上的行人都跟著流淚。

李昊到了新平縣後，還真的得以過了十幾年的和平時光。

直到乾化五年（西元915年），劉知俊才帶著鳳翔大軍進攻邠州。

這時李昊別的經驗不多，但逃避戰亂的經驗十分豐富。他知道，如果對方的軍隊攻破城池，打到城裡之後，往往都要來一番滅絕人性的燒殺擄掠，誰還繼續待在城裡，大機率都會小命不保。因此，他看到劉知俊圍城，便立刻越城出逃。但仍然被劉知俊的候騎抓獲。

8. 蜀中文臣崛起，李昊躍入決策核心

李昊被抓之後，心下暗叫完了。

可是當他被帶到劉知俊面前時，劉知俊看了看他，覺得他很可愛，就讓他在自己的帳下效力。於是，靈活就業人員李昊就有了平生第一份工作。他的人生之路在此發生了轉折。

後來劉知俊還把自己的女兒嫁給了未婚青年——如果他繼續到處亂逃，只怕這輩子永遠未婚。

也是當年，劉知俊又帶著自己的家屬投奔王建，被任命為武信節度使，李昊繼續隨岳父大人混飯吃。劉知俊很看重李昊，他奉命去打李茂貞時，就讓讓李昊留守遂州。劉知俊伐鳳翔無功，最終還受王建猜忌，而被處死。作為劉知俊的女婿兼心腹的李昊自然也受到牽連。王建將李昊的所有職務全部免去。李昊又變成平民一個。

好在這個閒散的時間並不長。王建死後，王衍接班，又啟用了李昊。

李昊先被王衍授導江縣令，之後歷任中書舍人、翰林學士。

李昊雖然職務越來越大，但在王衍時代也是無能為力，絲毫發揮不了作用。

王衍滅亡後，王衍被迫率宗族、百官數千人遷居洛陽。

李昊作為王衍的翰林學士，也被劃為王衍的親信，隨王衍東去。

由於李存勗擔心王衍又會作亂，便派宦官到關中把王衍一行全部殺掉。

如果李存勗的這個行動得以實施，李昊的生命之旅將到此結束。幸虧張居翰把詔書中的「一行」改為「一家」，李昊等隨行人員才得以免死。當他們來到洛陽時，李存勗已經死了。

李嗣源這時很需要人才，李昊就被啟用為檢校兵部郎中。

李昊也是在這個時候，認識孟知祥最倚重的臂膀——趙季良。

趙季良的出身也不高貴。但他年輕時沒有李昊這麼曲折。他少年喪

第十章　安重誨末路收場，兩川兵合孟知祥稱雄

母，但他的姨媽十分孝順。他小時候的家境雖然不算富裕，但也不是赤貧那一類，史書說他「幼涉書史，長於吏治，尤善騎射」。能讀書又能學騎射，而且還學到精通的地步，一般貧苦子弟家庭是難以做到的。

可以說，趙季良還很年輕的時候，就以文武雙全出名。當時的保義節度使王檀知道後，就破格任用他為節度推官。之後又被大梁實權人物楊師厚任命為元氏縣令，然後不斷地得到提拔，官至魏州參軍。

李存勗攻占魏州後，趙季良也歸順了李存勗。

李存勗進入鄴城，召見趙季良，跟趙季良一番對談，覺得這個人真的文武全才，就授他大理評事，仍為魏州司錄參軍，並充任義勝都指揮使。

李存勗稱帝後，趙季良不斷得到重用，先任興唐府少尹，然後改任光祿少卿、兼洛南水陸營田都制置使。

李嗣源即位後，趙季良改任太僕卿，後又得到任圜的賞識，被任為鹽鐵司判官。

王衍被滅亡後，任圜想從蜀地那裡得到更多的財富，便任趙季良為檢校戶部尚書、兼三川都制置使，負責將兩百萬緡犒軍餘錢及兩川賦稅輸送到洛陽，以解朝廷財政之急。

趙季良此前跟孟知祥有舊。他到成都後，反而被孟知祥強留下來，當自己的副手。

在趙季良入蜀時，李嗣源很想在蜀中摻沙子，就派李昊隨趙季良入川。他下了個命令給孟知祥，可從榷鹽、度支、戶部三院之中選一個官職授予李昊──其實就是想讓李昊這些沙子控制蜀地的財政大權。

孟知祥此時就已經有了獨霸一方的想法，他因為跟趙季良是故交，所以趙季良入蜀之後，他立刻留下趙季良，並奏其為西川節度使。但李昊卻一直沒有得到授官。

8. 蜀中文臣崛起，李昊躍入決策核心

李昊本來是被派來成都當蜀地的財政大臣的。哪知到成都之後，卻變成了失業人員。他知道再這樣蹉跎下去，他只能老死蜀中而一事無成。他知道，他在這裡沒有一個人可以幫得了他。雖然他是隨趙季良入川的，但他跟趙季良此前並沒有什麼交情——僅僅是相互認識而已，趙季良是不可能提攜他的——如果趙季良真的要提攜他，老早就提攜了。只能靠自己了。

李昊想了個辦法，主動去找孟知祥，說：「我在成都已經有些日子了，現在有些想家，想回洛陽看看妻小，特來向大帥告辭。多謝大帥這些天的熱情款待，讓我不用辦事也能過著愉快的生活。」

孟知祥一聽，就知道這個人的想法。他對李昊並不熟悉。他一直把李昊當成李嗣源的沙子，就沒有任用李昊。現在看到李昊這麼說，知道李昊其實是不想回去的，而是想在這裡跟著他了。

孟知祥也是從中原過來的，在蜀地同樣沒有什麼人脈根基，很需要人才，看到李昊也有心留下來，便任命李昊為西川觀察推官。

李昊知道，他既不是孟知祥的故交，又沒有在蜀地立有寸功，想出人頭地是很困難的。必須露一手。

當時孟知祥趁著李嗣源無力西顧，大力整軍經武，不但擴充了大量武裝力量，還修了羊馬城。正好這時羊馬城順利竣工。

李昊就寫了一篇雄文〈創築羊馬城記〉。此文公開發表之後，深得孟知祥的讚賞，原來這個人的文筆這麼好，完全可以大用啊。於是就任命李昊為掌書記。從此，孟知祥所有的文件，都出自李昊之手。

李昊就樣成了孟知祥集團的核心人物之一，孟知祥一有什麼大事，都請他和趙季良來共同商議。

當孟知祥跟董璋因為對朝廷的立場不一樣時，孟知祥又請兩人前來商

第十章　安重誨末路收場，兩川兵合孟知祥稱雄

議。孟知祥和趙季良都想繞道出川，去跟朝廷和好。但李昊卻認為不妥，他說：「我們跟東川目前還是盟友關係。我們原來跟他們的約定是共同對付朝廷。現在卻單方面遣使入朝，那麼以後就會被背負撕毀條約的罵名了。」

孟知祥一直是個很講政治的人，聽了李昊的話，覺得也對。於是又遣使東川，試圖說服董璋。

9. 兩川決裂成死局，董璋敗走斷頭台

董璋的態度比石頭還硬。

孟知祥多次派人前去，但董璋就是不同意。

在孟知祥派使者去跟董璋談判時，趙季良則跟諸將商議，想乘壁州空虛，派高彥儔帶兵去攻占。

作戰方案已經做了出來，請孟知祥下最後決心。

孟知祥拿到這個方案時，作為掌書記的李昊當然也在他的身邊。他問了一下李書記，你看，可以嗎？

李昊說：「取壁州並非難事。但在政治上會失分。朝廷把蘇願放回來，我們不但沒有向朝廷報謝，反而還出兵壁州，這能讓我們站在道義的上游嗎？如果大帥不顧祖先的墳墓和在洛陽外甥的性命，完全可以出檄文直取梁州和洋州，豈止攻打一個壁州？」

孟知祥一聽，確實是這樣，就叫停了趙季良的方案。

趙季良得知後，對李昊很生氣。

孟知祥既然不發兵壁州，就繼續派人去說服董璋，但不管孟知祥怎麼懇求，董璋的態度都不軟化。

9. 兩川決裂成死局，董璋敗走斷頭台

孟知祥最後派李昊出馬，既然你認為必須跟董璋說透，那就只好勞你的大駕了。

西元932年三月，李昊來到東川，跟董璋會面。李昊是有備而來的，把各種利弊反覆給董璋陳述。結果董璋不但不贊同，反而勃然大怒，對李昊破口大罵，把李昊罵得灰頭土臉。

李昊灰頭土臉回來之後，對孟知祥說：「董璋太頑固了。他根本不容我跟他商量。看他那個樣子，恐怕將來要襲取西川。我們對他必須加強防範。」

到了這個時候，兩川就徹底翻臉了。

孟知祥還在跟大家商量如何防範董璋，那邊董璋就把諸將召來，向大家宣布，他準備攻取西川了，大家覺得如何？

所有的人都說：「必克！」

只有王暉認為不樂觀，他說：「劍南萬里，成都為大。現在正值盛夏，天氣太熱，不宜長途出征。何況我們又師出無名，只怕難以成功。」

董璋不聽。天氣太熱，就不宜打仗？這個熱天氣又不止熱我們，他們也受熱啊。現在是什麼年代，還講什麼師出有名？什麼都要師出有名，早就沒有戰爭了。

孟知祥知道董璋來攻，便派潘仁嗣帶三千人到漢州，先看看他們的情況。

董璋帶著大軍殺入西川境內，果然氣勢如虹，一戰就攻破白楊林鎮，抓到鎮將武弘禮，聲勢大震。

孟知祥沒有料到董璋會來得這麼快，而且攻勢這麼凌厲，心裡就有點擔憂起來。

趙季良說：「董璋為人勇而無恩，向來不得士卒之心。如果他堅守城

第十章　安重誨末路收場，兩川兵合孟知祥稱雄

池，我們確實對他沒有辦法，但如果打野戰，老董就只有『成擒』矣。現在他不守自己的老窩，正是我們的利好。董璋用兵有個特點，精銳都放在前鋒。我們應該先用弱兵引誘他，再用精兵閃擊。開始時，先有小挫、後必大捷。董璋素有威名，現在舉兵暴至，人心危懼，必須由你親自出馬，統帥各軍，以提振全軍士氣。」

趙廷隱也認為趙季良說得對，說：「董璋輕而無謀，舉兵必敗。我當為主公擒之。」

孟知祥一聽，手下兩大軍事強者都這麼說了，那就照辦。

西元 932 年四月二十九日，孟知祥任命趙廷隱為行營馬步軍都部署，帶三萬人去迎戰董璋。

五月初一，趙廷隱入辭孟知祥。

正好董璋討西川的檄文送到。董璋這時還玩了個陰謀，在送檄文時，還附有給趙季良、趙廷隱、李肇的信。送信人假裝糊塗，直接把所有的人都交給了承辦人。承辦人自然都交到孟知祥手中。董璋在給三人的信中，感謝三人事先為他討伐西川出謀劃策，讓他抓到這個有利時機攻入西川，請三位繼續配合，等打下西川之後，一定好好報答。

這樣的反間計大概除了董璋自己覺得高明外，別人是不會相信的。孟知祥這樣的老鳥就更不會相信。

孟知祥把這幾封信都交給那三個人看。

趙廷隱根本不看，直接把那封信丟進垃圾桶裡，說：「不就是一個小兒科的反間計嗎？其目的就是想殺掉我和趙副使而已。」

他向孟知祥再拜之後，就大步離開。

孟知祥一看，大喜，說：「事必濟矣！」

李肇教育程度不高，是個半文盲，收到那封信之後，粗略一讀，有點

9. 兩川決裂成死局，董璋敗走斷頭台

不求甚解，說：「董璋這廝是在教我謀反啊。」把董璋的使者關了起來。但他也有點怕孟知祥對他起疑，便「擁眾為自保計」。董璋的這個反間計，還真有點效果。

董璋仍然保持著開局的強悍氣勢，大步抵達漢州。

剛到漢州不久的潘仁嗣不知厲害，率眾出來迎戰，結果被董璋一陣猛擊，全面潰敗。潘仁嗣也被董璋所獲。

董璋又順利攻下漢州。

因為東西兩川原來是同志加親家的關係，所以孟知祥在兩川的邊境上並沒有留下多少兵馬，因此董璋一路打下來，幾乎是攻無不克、戰無不勝，一路保持著碾壓的姿態。

五月初二，孟知祥留下趙季良和高敬柔守成都，自帶八千兵馬向漢州出發。

孟知祥到彌達牟鎮時，趙廷隱陳兵於鎮北。

次日，天還沒有放亮，趙廷隱就列陣於雞橋，命張公鐸列陣於其後。

董璋很快就到。他這幾天一路碾壓而來，氣勢如虹，很想一戰就把孟知祥的全軍一戰打滅，以最快的速度統一兩川，使他成為當代劉備。

可是當他來到戰場時，突然發現趙廷隱兵勢甚為強大，好像個個鬥志昂揚，膽子居然就縮水起來，不敢再上去大打出手了，帶著部隊往回退卻，最後在武侯廟前布陣。這個人大概是想在這裡得到孔明在天之靈保佑吧。

諸葛亮的在天之靈還沒有感應，他手下的士兵們就先大喊大叫起來：「把我們放在烈日下暴，到底想要做什麼？」

董璋這才上馬，帶著大家向前進軍。

雙方很快相遇。

董璋正要下令開戰，

第十章　安重誨末路收場，兩川兵合孟知祥稱雄

他手下的東川右廂馬步都指揮使張守進突然來個陣前倒戈，投降了孟知祥。

他對孟知祥說：「董璋的部隊全部在這裡，再沒有後繼之兵了。應該馬上把他擊敗。」

孟知祥馬上登到高處指揮戰鬥。

董璋已經展開全面進攻，他的部隊確實很能打。駐守雞橋的李瑭和毛重威，率先受到他的衝擊。兩人率帶拚死奮戰，很快就被他打得稀哩嘩啦，不但部隊被就地殲滅，兩人也都光榮犧牲在戰場上。

接著是趙廷隱的部隊跟董璋拚鬥，依然撐不住董璋的碾壓。趙廷隱也是十分勇悍，多次失敗，又多次頑強地發起戰鬥，仍然扭轉不了局勢。

孟知祥一看，自己的王牌大將都這樣了，不由也害怕起來。

董璋看到西川兵被自己壓制得頭都抬不起，而且他還遠遠地看到站在高處的孟知祥臉色已經慘白如紙，便放心地哈哈大笑起來。

就在董璋準備宣布勝利時，臉色慘白的孟知祥用馬棰向後陣一指。

正在後陣等待命令的張公鐸帥領部隊殺了出來，直接衝擊董璋陣地的腹心。

東川兵的陣地被瞬間衝亂，章法全無。

趙廷隱乘機收拾部隊，回頭衝殺，一個在中心開花，一個從邊緣殺進，共同夾擊東川兵。

董璋看到部隊只在片刻之間，就一片凌亂，他舉著令旗，也不知道往哪個方向指揮了。

指揮系統跟就此跟指戰員們脫節。東川就陷於了無指揮狀態，一下被斬殺數千人，最後董璋的戰地指揮官董光演等八十多人，盡數成為俘虜。

董璋眼睜睜地看著自己的戰士被斬殺，自己手下的猛將一個個被人

9. 兩川決裂成死局，董璋敗走斷頭台

家捆住，自己卻無能為力，只得以手撫膺長嘆：「部隊都完了，我還怎麼辦？」

他知道還在這裡長嘆已經沒有意義了，為今之計，只有快點逃離戰場，或許還能保住老命。他收住心情，帶著身邊的一隊騎兵逃走。

董璋一逃，剩下的七千人都放下武器，投降了孟知祥。

孟知祥抹掉額頭的汗水，下令打掃戰場。結果還得到了前些天被俘的潘仁嗣。

孟知祥帶著部隊繼續狂奔，追擊董璋。

追到五侯津時，東川馬步都指揮使元綰又向孟知祥投降。

孟知祥帶兵順利進入漢州。他們在城中到處搜索董璋。結果他們沒有搜到董璋，卻看到董璋留在漢州的很多物資，於是就都去搶那些物資。董璋趁著這個機會，又逃了出去。

趙廷隱繼續追擊董璋。到赤水時，又迫使董璋的三千人投降。

董璋的部隊已經十分單薄了。

當天晚上，孟知祥來到雒縣。他命令李昊起草了一份對東川的安民告示，同時還給董璋寫了一問候的信。信中說，他將親自到梓州，當面問一問董親家，為什麼不遵守以前的約定？為什麼一定要跟親家兵戎相見。

當然，後來孟知祥並沒有繼續東進。他在赤水與趙廷隱會師之後，便西還成都，把進攻梓州的任務交給了趙廷隱。

董璋終於逃到了梓州。他是坐著大轎進城的。

王暉出來迎接時，對他說：「太尉率全軍征西川，現在回來的不到十人。這是怎麼回事？」

董璋聽了之後，豆大的淚珠滾落下來，粗糙的嘴皮動了幾下，卻說不出一個字來。

第十章　安重誨末路收場，兩川兵合孟知祥稱雄

　　董璋到了他的府第。這幾天，他都在拚命奔逃，吃不好、睡不著，現在他最想的就是好好地吃一餐像樣的飯。所以，他到家後，做的第一件事就是吃飯。

　　他正在大塊吃肉，外面人聲嘈雜。

　　王暉和董璋的姪子董延浩帶著三百個兵丁舉刀殺了進來。

　　董璋大驚，他想不到，他躲過了孟知祥的追殺，王暉和董延浩還是放不過他。

　　董璋急忙丟下餐具，帶著妻子登上城垣。他的兒子董光嗣躲閃不及，只得拔刀自盡。

　　董璋繼續逃，逃到了北六樓。他看到指揮使潘稠，便大呼小潘趕緊幫他討平亂兵。

　　潘稠聽到他的呼叫之後，便帶著十多個士兵登城。

　　董璋一看，原來還有個忠臣。心頭略微放下，他真想對潘稠說：「你打退他們之後，我提拔你當東川第二把手。」

　　潘稠到了董璋前面，突然眼裡凶光一閃，手起刀落……

　　董璋的腦袋被砍落在地。那顆腦袋已經落在地板上，那具無頭的屍體才狂噴著鮮血倒下。

　　潘稠把董璋和董光嗣的首級一起送給王暉。

　　王暉宣布舉城向趙廷隱投降。

　　趙廷隱進入梓州後，沒有再縱兵擄掠，而是下令封府庫以待孟知祥。

　　李肇聽說董璋已經授首，這才斬其使，向孟知祥報告。

　　五月初五，孟知祥回到成都。他得知董璋已死，便又帶八千兵赴梓州。

　　孟知祥到新都時，趙廷隱把董璋的首級送到他的面前。

9. 兩川決裂成死局，董璋敗走斷頭台

孟知祥還在路上，就突然生病起來。

十二日，他的病情不但沒有好轉，反而加劇起來。

此時東川剛剛平定，如果孟知祥重病的消息傳出，一定會造成重大的不良影響。當時，侍奉在則的是中門副使王處回。

王處回當然知道，領袖人物的健康永遠是最大的政治。他沒有再讓別人進來跟孟知祥見面。每當廚師進食之後，所有的餐具都空著出來——大家一看，都以為孟知祥飯量還很好，肯定還生龍活虎，現在沒有出來跟大家見面，一定是有別的安排——或者剛接觸到東川美女，有點樂不思工作了。大家都那裡安心地等著孟知祥的出鏡。

孟知祥到了梓州，附近的大員們當然都得到梓州來。

李仁罕從遂州過來。趙廷隱到板橋迎接。

李仁罕跟趙廷隱見面後，談笑風生。他談笑風生了很長時間，內容不但不提及趙廷隱攻取東川的功勞，反面在言語間輕謾趙廷隱。趙廷隱心裡很是惱火——我把利州讓給你，你不但不感激我，反而對我如此不爽。

到了十四日，孟知祥的病終於好了。

十六日，孟知祥進入梓州，宣布犒賞部隊。

之後，孟知祥對李仁罕和趙廷隱說：「你們兩位，誰應當守在這裡？」

李仁罕當仁不讓地說：「令公如果再把蜀州交給我管理，我也沒有什麼意見。」

趙廷隱只是閉著嘴，一言不發。

孟知祥一看，就知道趙廷隱不高興了。他立刻覺得有些為難了。在他的預想中，趙廷隱是很有大局意識的，他曾經把利州讓給李仁罕過。孟知祥由此推斷，李仁罕得到過趙廷隱的恩惠，這次也會發揚一下風格。如果兩人都在發揚風格，他就好辦了。哪知，結果卻是這個局面。到底為什

427

第十章　安重誨末路收場，兩川兵合孟知祥稱雄

麼，孟知祥真的不知道。

孟知祥還等兩人有所謙讓後，再擇其一為東川留後，那是很和諧的。可是這兩個人遲遲沒有繼續發揚風格。

李昊說：「以前朱溫和李存勖都曾以一身兼領四鎮，現在二將不肯相讓，只有令公自己兼領為宜。然後盡快回成都，與趙季良商量。」

孟知祥這時對兩人也沒有辦法。最後他考慮到東川是趙廷隱打下的，必須先照顧一下趙廷隱。於是他命令李仁罕先回遂州，由趙廷隱任東川巡檢，讓李昊管理梓州府的事務。

李昊說：「二虎相爭，我不敢接受這個命令。願意跟令公回成都。」

孟知祥便命王彥銖為東川監押。

孟知祥回到成都之後，趙廷隱也引兵西還。

孟知祥對李昊說：「我得到東川之後，心裡更鬱悶了。」

李昊問為什麼？

孟知祥說：「我離開梓州到現在，得到李仁罕七次表文，都勸我親自領東川，不然諸將會不服。趙廷隱也對我說，本來不敢領鎮東川，只因李仁罕不相讓，這才爭這口氣。你去跟趙廷隱說，我將恢復閬州為保寧軍，加上果、蓬、渠、開四州，請他去鎮守。我自己兼領東川，以絕李仁罕之望。」

趙廷隱聽了，更是憤憤不平，我已經讓過了李仁罕，可是他仍然看不起我。仍然要跟我爭。那大家就爭吧。我跟他比武，誰勝誰就領東川。

李昊不斷地說服他，請他理解孟令公的難處，再讓李仁罕這一次吧。

最後趙廷隱才接受了李昊的調解。

就這樣，東川又劃歸孟知祥的版圖。

10. 朝廷遲疑觀望，孟知祥穩握兩川人事權

在兩川拚殺的時候，李亶朝廷也一直在關注著蜀中事態的進展。

董璋開始發兵入西川時，山南西道節度使王思同就向李亶報告了此事。

當時范延光就對李亶說：「如果兩川並於一賊，待其撫眾而守險，朝廷取之就更難。最好趁著他們相爭之時，把他們搞定。」

李亶覺得很正確，便叫王思同整頓自己的部隊，密切觀眾他們的動靜，以便伺機進取。

在李亶的預想之中，兩川勢均力敵，肯定會進行一番長期的較量。等他們都打得精疲力竭、殘得不能自理了，再派王思同進兵，那就真的拉枯催朽，不費吹灰之力，一舉平定兩川。

哪知，雙方才開打幾天，負責觀察兩川形勢的王思同還沒有調整好視線，董璋就宣布兵敗身死了。

大家都在那裡覺得不可思議，不是說董璋很英勇善戰嗎？怎麼就敗得這麼快、還死得這麼快？快得整個朝廷君臣都有些措手不及。

范延光說：「孟知祥雖然占領了全蜀，但他手下的士兵都是東方人。孟知祥也怕他們思歸為變，也很想依賴朝廷的重望以震懾他們。如果陛下不屈意安撫他們，孟知祥也是很難受的。」

李亶搖搖頭，說：「孟知祥是我的故交。本來跟我關係很好，只是受了奸人的挑撥才做出這些事。還是算了吧。」

於是，他派供奉官李從緒帶信給孟知祥，說：「董璋是狐狼之輩，自找滅族之禍。你祖宗的墳墓和親戚，我都還保全。你也應該保全家世的之美名，守君臣之大節。」這個李從緒正是孟知祥的外甥。

孟知祥剛剛統一了兩川，更不想跟朝廷鬧僵。他永遠記得自己是外來

第十章　安重誨末路收場，兩川兵合孟知祥稱雄

人，必須搞好安定團結。此前，只要誰攻取某個地方，他就會滿足那個將領的要求，讓其擔任那個地方第一把手。李昊對他說：「某位將領攻取某個地方，就占有其地。這樣一來，分封的大權都落入這些人的手中了。以後由令公任命，豈不更好？」

孟知祥一聽，確實是這樣。他讓李昊替自己起奏表，請朝廷對他施行墨書制命，即可以補授缺額的兩川刺史以下的官職，然後又表請朝廷任命趙季良等五個留後為節度使。孟知祥就這樣把人事大權牢牢地掌握在自己的手中。

在這個期間，孟知祥還處理了一件事。

當初安重誨想謀取兩大川時，發生了孟知祥殺李嚴事件，後來朝廷每次任命刺史，就都用東方的部隊護送他們赴任。小的州府不下於五百人，像夏魯奇、李仁矩、武虔裕這些大官員，都各領幾千人。這些兵馬也有個名稱，叫「牙隊」。孟知祥統一兩川之後，收編這些「牙隊」，共得三萬人之多。他怕朝廷又把這些士兵調回去，就上表請求允許他們的家屬到川來跟他們生活在一起。

李亶得到孟知祥的奏章後，又派李從䌓到成都，宣布：自節度使、刺史以下的職務，都由孟知祥差派任命後，向朝廷報備即可，朝廷不再另行任命他人。不過，沒有答應讓那些戍卒的妻子去蜀中。但再也沒有下令把那些士兵調回去。

總之，李亶對孟知祥採取的仍然是妥協政策，而沒有採納范延光的建議。

11. 契丹兄長南歸避禍，朝廷對蜀畏戰求穩

　　李亶沒有採納范延光的建議，更沒有對蜀用兵，不僅僅因為孟知祥是他的故交，而是有他自己的苦衷。現在他的權力仍然不怎麼穩固。

　　就在前一段時間，党項族都還在跟製造麻煩，他手下的大將藥彥稠也剛剛把党項擊敗。他哪能再派兵遠征蜀中？在全國這麼多地方中，蜀地是最難攻打的。何況，兩川部隊這些年來，都處於戰爭狀態，將士們戰鬥經驗十分豐富，個個都英勇善戰，堪稱天下強兵，真不好惹。

　　另外，他跟契丹也在進行一場外交活動。

　　當年趙德鈞俘虜了契丹大將舍利蒴剌和惕隱。這兩個傢伙都是契丹的猛將，所以契丹這些年來，不斷地派使者前來，懇求李亶將他們放回去。

　　李亶請大家就此事發表意見。

　　趙德鈞等人都說：「契丹幾年來不再犯邊，就是因為這幾個人還在南邊啊。如果把他們放回去，不用多久，馬上就會邊患叢生。」

　　李亶又問冀州刺史楊檀的意見。

　　楊檀說：「舍利蒴剌是契丹的勇將，一直幫助王都陰謀危害國家。幸而被我們生擒，陛下免他一死，賜給他的恩惠已經很多了。契丹丟了他，如同喪了手足。再加上他在南方多年，對我們的虛實已經十分了解，如果他得以為去，必將為患極深。我可以肯定，他才出塞北，就向南射箭了。到時，我們就悔之不及矣。」

　　李亶這才沒有把舍利蒴剌放回去，你就繼續在南方生活吧，這裡四季分明，美女也不少，各種美食也很多。

　　這時，在洛陽居住的契丹人，不止是這幾個俘虜。

　　那個耶律倍也在洛陽。

第十章　安重誨末路收場，兩川兵合孟知祥稱雄

是的就是耶律阿保機的長子耶律倍。他本來是最有資格繼承父親的皇位的，但他母親不同意，把皇位交給他的弟弟耶律德光。

耶律德光當皇帝後，對這位哥哥一直不放心，不僅派人對哥哥進行全方位監視，而且還挖空心思想方設法弱削耶律倍的東丹國的實力。兩人的矛盾不斷地惡化。

李亶很快就知道了兩人之間的矛盾。他覺得自己完全可以插上一手了，便派人祕密去見耶律倍，請耶律倍脫離契丹國，到南方來過著自由自在的生活。

耶律倍比誰都知道，他再在這裡跟弟弟鬧矛盾下去，他就會萬劫不復。於是，他爽快地答應了李亶，決定帶著自己的妻子投奔後唐。

當然，他沒有走陸路，因為陸路還必須經過弟弟的地盤，只怕他還沒有走幾步就被弟弟做掉了，而且還名正言順。他是從遼東浮海南下，乘風破浪來到後唐的。

當他在金州準備上船時，回望故國，自然是滿腔悲憤——本來，他是這塊土地的皇帝，現在他卻不得不成為政治難民，他在海邊立了一塊小木牌，刻了一首小詩：

小山壓大山，大山全無力。

羞見故鄉人，從此投外國。

耶律倍到洛陽之後，受到了李亶的熱烈歡迎。

李亶熱情招待他之後，還賜了個姓名給他——東丹慕華，然後改瑞州為懷化軍，拜他為懷華節度使，後又賜名李贊華，移鎮滑州，遙領虔州節度使。

因為虔州並沒有歸於大唐版圖，耶律倍的職務是虛的。李亶覺得有點不好意思，就想讓他在河南當個節度使，但大家都反對。

11. 契丹兄長南歸避禍，朝廷對蜀畏戰求穩

李亶說：「我曾經跟他的父親約為兄弟。所以李贊華才歸順我。現在我已經老了，後世之君雖然想把他招來，能夠嗎？」

於是，就任命他為義成節度使。

李贊華雖然當了個節度使，也很得李亶的賞識，但他很是識趣，只領著高工錢，並沒有參與政事。這讓李亶很高興，即使有時李贊華做了些不法之事，李亶也不理。

李贊華平時只是研究中原的儒家文化，練習點書法美術。他國畫成就很高。他在中原住了幾年之後，看上去斯斯文文。其實，他有一個令人毛骨悚然的習慣——好飲人血。

李亶曾經把自己後宮中的一個美女夏氏嫁給李贊華為妻。李贊華平時想吃血，並不是要殺人取血來一飲而盡，而是讓姬妾們刺臂，然後他就張開血盆大嘴去吸吮。他為人也十分殘忍，只要婢僕們小有過失，他要麼就挖眼，要麼就用刀割、火灼——現在大家知道了吧，為什麼他的母親不喜歡他，如果他當皇帝，會當成什麼樣的皇帝。

那個夏氏當了他一段時間的妻子之後，受不了他的殘忍，就向李亶奏請離婚，然後削髮為尼，遠離這個不堪回首的塵世。

除了跟契丹發生了這些外交關係，那個閩王王延鈞也派人入朝。

王延鈞避位了一段時間後，又宣布復位。

王延鈞避位就是想當六十年的皇帝。

他復位之後，就急不可耐地問陳守元：「你為我去問寶皇，我當了六十年天子之後，又怎麼樣？」

陳寶元當即沒有回答，直到第二天他才對王延鈞說：「昨夜我向天宮上奏請示，得寶皇降旨，主公當完六十年天子之後，就可以當大羅仙主。」

433

第十章　安重誨末路收場，兩川兵合孟知祥稱雄

徐彥林也說：「北廟崇順王曾經見過寶皇。他所講的跟陳宮主說得一模一樣。」

王延鈞一聽，當場就要陶醉起來，看來得先把皇帝當起來。他覺得現在他的職務離皇帝還有些距離，便派人入朝，對李亶說：「錢鏐已經死了，馬殷也死了，請封我為尚書令。」

李亶根本不理他。

王延鈞沒有想到，李亶居然這樣對待自己，心裡當然很生氣。老子有寶皇護佑，哪還需要你這個皇帝？從此，他不再派入入朝。

第十一章
權臣內亂終斷明宗香火，
巫政橫行閩主亡魂不散

1. 李從榮驕橫難馴，石敬瑭遠避晉陽布新局

近段時間以來，各個勢力都在忙著自己的內部的事，幾乎沒有發生什麼外戰。

李亶目前的勢力仍然是最大的，另外幾個勢力也認可他。

但他內部的情況也不夠穩定。

他到現在還沒有確立太子。

李亶的長子就是李從榮。李從榮雖然生於亂世，但卻是一個標準的官二代形象。他雖然很粗暴，但卻愛攀附風雅，動不動就賦詩一首，表示自己是有讀過書的。他經常把很多浮華之士聚到他的府上，喝酒作詩，好像自己是個大文豪。每次設宴擺酒，他都叫桌上的詩人們交作業。如果他認為誰寫得不好，就當面將那個人的作業撕成碎片，讓人家很沒有面子。

李亶對他的這些作為，也有所耳聞。他入朝時，李亶就當面批評過他：「我雖然不知書，但我很喜歡聽儒生們講解經義。他們的話可以開益人的智思。我以前見到莊宗喜好作詩，武家之子去弄文墨，結果只會白白地讓人笑話而已。希望你不要搞出這樣的笑話來。」

第十一章　權臣內亂終斷明宗香火，巫政橫行閩主亡魂不散

但李從榮能聽得進去嗎？

李亶雖然長得不醜，但李從榮的顏值卻不怎麼樣。這個人還有個習慣，喜歡像老鷹一樣側目看人，誰被他看一眼都不舒服。他的性格又輕佻刻薄。他被委任為六軍諸衛事後，可以參與朝政，手中的權力不斷擴大，他就更加驕縱枉法，天不怕地不怕。以前，安重誨當權時，因為李亶對安重誨極為倚重，李從榮和李從厚從小就跟安重誨很熟悉。但安重誨仍然對他們有所壓制。兩人對安重誨也很尊重。安重誨死後，權力結構也發生了變化。王淑妃和孟漢瓊掌握了一大塊權力，范延光和趙延壽任樞密使，主持著朝廷的政事。但李從榮都不把他們放在眼裡。

另外一股勢力這時也開始崛起。這股勢力就是石敬瑭勢力。此時，石敬瑭已經擔任河陽節度使、同平章事兼六軍諸衛副使。他妻子永寧公主，沒有跟李從榮同母。所以李從榮對石敬瑭也很不友好。

當然，李從榮現在最忌恨的是李從厚。李從厚雖然是弟弟，但近年來名聲越來越響亮。他覺得李從厚對他的威脅越來越大了，一想到李從厚三個字，他就憤怒得臉面脹紅，牙齒也禁不住咬得死死的。

李從厚比他就柔和多了。不管李從榮如何生他的氣，他都能在哥哥們面前保持著謙卑的姿態，把尾巴夾得滴水不漏。所以雖然李從榮恨李從厚恨得要死，兩人的矛盾始終沒有公開出來。

李從榮和石敬瑭就不一樣了。兩人一碰面，基本都是仇人相見的模樣。

當然，石敬瑭也知道以他的身分是惹不起皇帝的長子的。他不想經常跟李從榮碰面，就想外任藩鎮以避開李從榮。

范延光和趙延壽也怕哪天突然得罪李從榮，他們就會沒命，因此多次請辭現職，但李亶不同意。正好邊關急報：契丹前來侵擾。李亶就問大家，誰可去鎮守河東？

1. 李從榮驕橫難馴，石敬瑭遠避晉陽布新局

范延光和趙延壽說：「當今帥臣可往者，獨石敬瑭與康義誠耳。」

石敬瑭知道後，立刻表示願往。

李亶馬上同意，讓石敬瑭當統帥。

詔書下來時，石敬瑭看到詔書中還保留了六軍副使之職，就又不願去了。他本來就想丟掉這個職務──因為這個職務是李從榮的副手。

李亶只得再次調整，派朱弘昭為知山南東道，代替康義誠，然後叫康義誠入朝。這時，朝廷還提拔孟鵠為忠武節度使。大家都知道，節度使一般都是由有過戰鬥經驗者擔任的。而孟鵠是刀筆吏出身。孟鵠雖然沒有帶過兵，但因為他跟范延光關係很好，於是就步步高升，只幾年時間，就成了節度使。李亶都認為這個祕書的官升得太快，但也沒有辦法。

雖然換了幾個節度使，但河東主帥仍然沒有確定下來。李亶又叫大家來推薦最佳人選。

石敬瑭又表示他願意去。

范延光和趙延壽又極力推薦康義誠。

李崧卻認為，非石敬瑭不可。

趙延壽說：「我也幾次奏請任用他，可是皇上想把他留在身邊宿衛。」

正好李亶派人前來催促，前方已經很緊急了，你們要馬上達成共識，把最佳的人選推薦出來。大家就只好同意李崧的意見了。西元932年十一月初九，李亶下詔，任石敬瑭為北京留守、河東節度使，兼大同、振武、彰國、威塞等軍蕃漢馬步總管，加兼侍中。終於沒有六軍副使這個讓他很鬱悶的職務了。

石敬瑭跟李從榮的關係如同水火，他跟那個蔚州刺史張彥超的關係也很僵硬，張彥超雖然只是個刺史，但他的背景不一般。他是沙陀人，而且曾經是李亶的養子。他聽說石敬瑭來了，覺得跟這傢伙真的無法共事，二

第十一章　權臣內亂終斷明宗香火，巫政橫行閩主亡魂不散

話不說，舉城附於契丹。契丹沒有想到，都還沒有開戰，就白得了一座城。他們任命張彥超為大同節度使。

石敬瑭來到了晉陽，馬上做自己的人事布局，任命劉知遠和周瓌為押衙，把重大的事都交給兩人處理，其中劉知遠主管軍事，周瓌則專管財政收入。

2. 李彝超守夏州挫朝廷銳氣，李亶病中仍撐大局

石敬瑭到晉陽，還沒有跟契丹對砍過一刀，定難軍就出現了一個變故。一直擔任定難節度使的李仁福突然去世。軍中那幫人在李仁福之子李彝超的操作下，堅決擁戴李彝超為定難留後。這個操作明顯是在抄大唐中晚期的河北三鎮的舊作業。

更要命的是，李仁福跟河西諸鎮的關係也不很好，很久以來，河西諸鎮都在說李仁福暗通契丹，是個標準的賣國賊。因此，朝廷也一直在對他大加提防，怕他真的跟契丹連兵，併吞河右、南侵關中。這個後果是很嚴重。只是因為李仁福長期主政河西，基礎已經打牢，李亶一時也不敢撤換他，只是眼睜睜地盯著他。想不到他現在就死掉了。

李亶看到這個眼中釘自動肉體消失，當然抓緊機會，把李仁福家族從河西抹掉。於是，他任命李彝超為彰武留後，再調彰武節度使安從進為定難留後。然後命藥彥稠帶五萬部隊，以宮苑使安重益為監軍，護送安從進赴河西任職。

同時，李亶還給河西諸州的官員發了一道敕書，內容大意是：夏州處於邊窮地區，李彝超還年輕，難以捍禦，這才調他到延安。如果他服從朝廷的命令，就會像高允韜那樣可以享盡富貴；如果拒絕從命，王都、李匡

2. 李彝超守夏州挫朝廷銳氣，李亶病中仍撐大局

賓就是榜樣。

李彝超當然不願離開，他上表稱，因為被百姓挽留，無法離開。

李亶又發一道詔書，派中使去催促他到延安赴任。

李彝超當然不理。李彝超也知道，這些詔書之後，就是藥彥稠的大兵壓境。他也必須好做兵來將擋的準備工作，他派他的哥哥阿王把守青嶺門，然後召集境內党項諸部以及胡兵當他的外援。

藥彥稠等人進入蘆關。

藥彥稠等人顯然認為李彝超不過是個毛頭小子，還嫩得很，因此對他也是掉以輕心，一路前進。

哪知，李彝超久在邊關，戰鬥經驗還是有的。他看到朝廷大軍隆重而來，自己要是硬拚，無異於雞蛋碰石頭。他沒有派部隊正面迎敵，而是派党項兵抄了藥彥稠的後路，把糧食和攻城武器全部搞定。

藥彥笛這才知道，年輕人也不好對付。糧食被搶了，軍心就不穩，士氣就下跌。如果在這樣的情況還繼續去打仗，就只有打敗仗了。

藥彥稠沒有辦法，只得從蘆關退保金明。

安從進繼續前進，帶著部隊來到夏州城下，然後發起進攻。

夏州城是當年赫連勃勃所建。當年赫連勃勃派叱干阿利當築城的監工。阿利是個很殘忍的人。他當監工之後，嚴格掌握品質，一天到明都在工地走來走去。他手裡拿著一把錐子，隨時在某個地方鑿一鑿，如果錐子能插進去一寸，就把修築的工匠一併築入牆體中。所以，這是歷史上硬度最高的城牆，堅如鐵石，鑿不能入。

安從進的部隊在夏城外，用工具作業了大半天，毫無進展。

李彝超在城外還部署了四萬多黨項騎兵。這支党項騎兵在四野流動，是一支機動能力極強的游擊隊，他們行蹤無定，來無影去無蹤，一有機會

第十一章　權臣內亂終斷明宗香火，巫政橫行閩主亡魂不散

就劫奪官軍的糧食。安從進的部隊只能收縮起來，不能進行農業生產，更不能放牧戰馬。那一帶又全是艱險的山路，就是在平常，老百姓運輸一斗米、一捆柴草，都要花費幾貫錢。這樣的地方，歷史上就從來沒有富足過。所以，民間也無力向軍隊提供軍需物資。

李彝超兄弟上到城頭，對安從進說：「夏州貧瘠，沒有什麼珍寶可以向朝廷貢獻，但以祖父世守此土，不想有失。你攻打這個蕞爾孤城，即使攻克了，也是勝之不武，國家何必如此勞師費財？請老兄上表把這個情況告訴皇上，如果朝廷能准許我們自新，或者派我們去征伐異族，我必當為眾人之先。」

安從進真把這個意思向李亶報告了。

李亶一聽，覺得還真拿李彝超沒有辦法，只得下令安從進帶兵返回。

當李亶派藥彥稠進討夏州時，一出手就是五萬大軍，任何人一看，都知道李亶這次出手，那是志在必得。哪知，結果成了豆腐渣事件，不了了之。

關於夏州事件，很快就有人知道，這是李仁福生前就布置好了而已。他怕朝廷會調走他的部隊，就到處揚言說已經跟契丹談妥了，夏州與契丹已經互為支援。嚇得朝廷不敢對他動手動腳，其實契丹從不沒有跟有過往來。這次朝廷出大兵征討，終於無功而返。從此夏州就更加山高皇帝遠了，達到了李仁福的預期。

李仁福的預期目的達到了，但征討夏州的將士們的目的沒有達到。因為出兵無功而返，大家都沒有收穫，軍中就傳出了各種流言。朝廷為了安撫大家，就優厚賞賜在京各軍。沒有戰功，只憑幾句怨言就獲得獎賞，士兵們馬上就摸到了朝廷的軟肋，從此部隊就更加驕橫了。

當然，李亶這次無奈撤兵，也有他自己的原因。

在安從進他們出發之後，李亶突然生病，而且得的是風病。他在宮中

2. 李彝超守夏州挫朝廷銳氣，李亶病中仍撐大局

靜養了整整六天，這才可以勉強出來跟群臣見面。

之後，李亶又在宮中靜養，十天沒有出來跟大臣見面。大家看到這個情況，自然會生出各種猜測，弄得首都「人情洶懼」。這些年來，大家都在亂世中生存，都知道，皇帝一死，首都就會發生動亂。動亂一來，大多數人都會成為亂兵刀下之鬼。因此很多人都跑出城，流竄到野外，提前避禍。

睡在床上的李亶也是個亂世天子，他當然知道他十天不露面會造成什麼樣的惡劣後果。因此，在他剛能動彈時，就強撐病體，於七月初二來到廣壽殿，跟大臣們見面。

李亶一出鏡，人心又安定了下來。

李亶本來性格就比較寬厚，大病之中，性格就更柔軟了。他也有點討厭折騰了，覺得跟那些友好勢力要盡量搞好安定團結。於是，他派人去賜錢元瓘為吳王——此前是吳越王，吳越王是兩字王，而吳王是一字王，層級更高。錢元瓘雖然當了浙江的第一把手，但這個人待他的兄弟都很好。他的哥哥錢元褒從蘇州來。他就以家人之禮接待哥哥，讓哥哥坐首座，然後舉杯為哥哥祝壽說：「這本來是哥哥之位，現在我卻居之。這是哥哥賜予我的。」

錢元褒當然也知道，這話他是不能愉快地笑納的——如果你真的這樣，這個兄弟就不厚道了，他很恭敬地說：「先王擇賢而立，現在君臣之位已定，錢元褒但知忠順而已。」兩人就在那裡相對落淚。兩人的心情肯定都很複雜。當然兩人都知道，這個複雜只能出現在心情裡，在那些控制不住的淚水裡，絕對不能外露出來。

李亶還記得孟知祥。他當然知道孟知祥的野心。孟知祥現在不斷地上表，對他稱藩，其實也只是在努力抓住一點和平的尾巴，發展蜀中的內政而已。他在心裡應該早就斷定，孟知祥遲早會成為劉備。但他也不能撕破臉，還得跟孟知祥繼續配合，把自欺欺人的戲演下去。現在他又龍體次

第十一章　權臣內亂終斷明宗香火，巫政橫行閩主亡魂不散

安，更應該穩住孟知祥。於是，他又派工部尚書盧文紀和禮部郎中呂琦為蜀王冊禮使，帶著冊書和一套一品朝服到成都，去冊封孟知祥為蜀王。

孟知祥這時的野心已經完全暴露，他自己製作了九旒冠冕，九章衣，其他車輿服飾規制，都跟天子一樣。盧文紀到成都時，孟知祥就穿著袞服、冠冕，前來迎接欽差大臣，然後向北方接受冊封。

大家看到李亶的病一直沒有好轉，估計大內御醫也沒有辦法了，那就搞個儀式來沖沖看。於是，群臣為他上尊號：聖明神武廣道法天文德恭孝皇帝，再宣布大赦。

首都那幫軍人都歡呼萬歲——一個月內，他們什麼都不做，就獲得了兩次獎賞，上次靠怨言，這次靠皇帝生病、靠御醫束手無策。

李亶這一番折騰，花了不少銀兩，府庫大為空虛，但他的龍體並沒有因為府庫的空虛而好轉起來。

太僕少卿何澤看到李亶病體支離，不管是號稱掌握無數祖傳祕方、對任何疑難雜症都能手到病除的宮廷御醫，還是宣布大赦以求老天爺的保佑，那個病體都沒有好轉過來，看來真的有點懸了。何澤也是個投機分子。他看到李亶已經病得不輕，覺得為自己下一步作打算的時機到了。他斷定，李亶之後，按照傳統規矩，一定是李從榮上位。但此刻，李亶還沒有確立太子。這可是提前巴結李從榮的大好機會啊。只要巴結好了李從榮，以後想不飛黃騰達都難。

他立刻上表，請李亶確立李從榮為太子。

3. 逆子舉兵奪父位，詩朋酒友盡潰逃

此時李從榮的權勢比任何時候都大，再加上他那個性格，所有的大臣對他都很害怕——連石敬瑭那樣的猛人都還找藉口躲避他。前一段時間，有人建議為諸皇子延請師傅，李亶也同意了。可是在安排師傅時，宰相們怕李從榮，誰都不敢給李從榮安排師傅。

最後李從榮自己覺得也該有個師傅，否則父親會有意見。李從榮雖然殘暴，但對權勢也是很懼怕的——安重誨當權時，他在安重誨面前，就把尾巴夾得緊緊的。既然宰相們不安排人選，那就只好自己找了。他選的人叫劉瓚。推薦者是他的親信秦王府判官、太子詹事王居敏。劉瓚現任兵部侍郎。

李亶就任命劉瓚為祕書監、秦王傅。

劉瓚從兵部侍郎變成祕書監、秦王傅，心裡很不高興。雖然級別沒有變動，但手中的權已經大大縮水，跟左遷沒有什麼差別。他接到任命時，就跑到李亶面前哭著說不想變動。但李亶不同意，在哪裡都是為朝廷工作。不要計較太多。

劉瓚沒有辦法，只得去報到。他一進秦王府就驚奇地發現，秦王府裡的人，都是新提拔進來的年輕人，這些人都滑嘴滑舌、輕浮放蕩，個個以阿諛奉承為能事，整天把李從榮的馬屁拍得十分舒爽，讓李從榮一天到晚都在愉快的心情中生活。

劉瓚覺得自己不能這樣做。他是師傅啊，是來教秦王李從榮如何做人做事的，不是來當馬屁專業人員。於是，他就不斷地板著師傅的臉，糾正李從榮的一些行為。

李從榮當然不高興，你這傢伙的情商也太低了吧？讓你來當師傅，就是讓你有個職業幹，你還真的要當老子的師傅來了？他不但不聽劉瓚的勸

第十一章　權臣內亂終斷明宗香火，巫政橫行閩主亡魂不散

告，而且從來不把劉瓚當師傅對待，平時做什麼活動，他都讓劉瓚跟那些街頭小混混一樣的部屬混在一起。

劉瓚置身其間，只覺得真是有辱斯文，自然滿臉怒色。

李從榮發現後，當然也是不爽。只是此人是他自己挑選直接向李亶奏請過來的，也不好意思發作，於是就交待保全，不要放劉瓚進來。每月只讓劉瓚到府內一次，甚至不給劉瓚提供食物。

這樣霸道的皇子，誰都不敢招惹他。更不願他成為未來領導人。他要是當皇帝，大家還有好日子過嗎？但何澤不管這些，你們怕他，我不怕。

李亶其實還是不想立太子，看完何澤的奏章之後，淚水就溢出眼眶。他對左右說：「群臣請立太子。看來我必須回太原府第養老了。」

既然大臣都把這事提了出來，他也不好意思再迴避了。

李亶一臉病容地把大家召來開了個會，議題就是討論何澤提出的問題。

大家事先並不知曉這個會議的內容，到場之後，才發現是關於確立太子的事。他們事先已經知道李亶說過「如果確立太子，他就回太原養老」之類的話。現在雖然看到李亶一臉病容，搖搖欲墜，但都知道他仍然不願確立太子。因此會議開了大半天，大家都不發言。這些大臣都是老司機了。他們已經探知李亶的意思，如果順李亶的意思發表意思，就意味著反對李從榮當太子。可是他們敢反對李從榮當太子嗎？他們要是敢反對李從榮當太子，李從榮就會反對他們繼續活在這個世界上。他們更不敢直接反對李亶的意思。誰都不能反對，那就誰都不表態，讓會場一直沉悶到結束。

李從榮很快就知道了這回事。

李從榮雖然殘暴輕浮，但智商並不低。他得知這個會議沒有開出結果之後，就知道老頭子還不願放權。確立太子的奏章已經觸動了李亶最敏感的那根神經。他急忙跑去見父親，說：「聽說有奸人請立我為太子。我現

3. 逆子舉兵奪父位，詩朋酒友盡潰逃

在還很年幼無知，正處於學習的階段。我願意努力學習治軍治民的本領，也不想當這個太子。」

李亶只說了一句：「此群臣所欲也！」是群臣的意思，不是朕的意思。

李從榮退下之後，又去找范延光和趙延壽，說：「諸位執政大臣，要讓我去當太子。這是想奪我兵權，然後把我關在東宮裡。」

兩人既知李亶不願立太子，又聽到李從榮說這樣的話，知道推御責任的時候到了，便上奏李亶，把李從榮的話轉告了李亶。

李亶就下了一道制書，任命李從榮為天下兵馬大元帥。

李從榮雖然沒有當成太子，但卻當了大元帥。這可是軍方第一人啊。在這個時代，誰握有軍權誰才是最強的。

李從榮就更加驕橫了。他覺得大元帥就必須有大元帥的樣子。大元帥就應該威風得令人感到窒息的地步。他奏請把嚴衛和捧聖軍的步騎兩指揮作為他的牙兵。每當他入朝，隨從必須有幾百大兵，而且這些大兵都張著弓、帶著箭，奔馳在通衢大道上。

當了大元帥，不能只在首都的大街上威風八面，還得搞點跟業務相關的事來。他又叫人起草一份檄淮南書。把他要蕩平四海、一統宇內的偉大理想全部展現出來。其實。他根本沒有去討伐誰。他只是把這些表面文章做足，滿足一下自己的虛榮心，順便把自己的形象打造得高大光輝。

李從榮對目前的執政團隊很不滿意，他對他的左右說：「我哪天當了皇帝，就把這幾個老家全部『族之』。」

范延光和趙延壽聽到這些話後，都很害怕。兩人害怕之後，並沒有當機立斷，離開這個官場，而是多次請求外放，想離開首都來避開李從榮而已。

李亶看到這些報告時，就以為他們是看到自己有病才要求離去的，心下大怒，說：「想離就離開，腿長在你們的身上，還用上什麼表。」

第十一章　權臣內亂終斷明宗香火，巫政橫行閩主亡魂不散

趙延壽的妻子是齊國公主。她看到父親對丈夫大發雷霆之怒，也出來救火，對李亶說：「趙延壽是真的有病，做什麼事都已經氣喘吁吁了，真的無法承擔繁重的機要工作。」

兩人雖然被李亶大罵一頓，但還是堅持上奏，說：「我們並不怕辛苦，而是覺得在這個位子太久了，願意讓其他有功之臣輪流承擔一下樞要重任。我們也不敢一次性走兩個人。請先讓我們一個人出去。如果新任者不稱職，可以再把我們召回來。我們接到通知後，一定會馬上回來。」

兩個宰相，都極力放棄手中的權力，這在權力場上真是罕見的一幕。由此可知，後唐的政治環境將會有多惡劣。

當然，李亶現在並不惡劣。

李亶看到兩人苦苦哀求，也就同意了他們的請求，先任命趙延壽為宣武節度使，然後任命朱弘昭為樞密使、同平章事。

制書已下，趙延壽很高興地奉詔而去。可是朱弘昭接詔之後，立刻反悔，上表請辭，我在這裡已經習慣了，不熟悉樞要業務，會耽誤朝廷大事的。

李亶大怒，他真想不到，人家的大臣都在為當宰相鬥得人頭落地，他領導下的朝廷，居然沒有一個願做一個當權派。你們難道就讓朕一個人又當皇帝又當宰相？他指著朱弘昭大罵：「你們這些人都不願意在我身邊，我供養你們還有什麼用？養幾條寵物狗都比你們強。」

朱弘昭這才苦著臉，不敢再說什麼。

李從榮繼續玩他的父親。幾個宰相不敢在他面前抬起頭後，他又讓李亶下了一道制書給他，對他的地位作了硬性規定：大元帥位在宰相之上。

李從榮就這樣成了後唐朝廷一人之下萬人之上的人。

范延光不但怕李從榮，還怕孟漢瓊和王淑妃兩人。這兩人只在後宮那

3. 逆子舉兵奪父位，詩朋酒友盡潰逃

裡，時不時伸手要這要那，雖然不如李從榮這麼霸道，但比李從榮更陰、膽子也更大──李從榮還怕安重誨，他們就敢跟安重誨放手大搏，最後把安重誨搞定。范延光了這個宰相，頭上還有這幾個大山，壓得他氣都喘不出來。在朱弘昭進入樞密院後，范延光又請求離開京城。李亶看到他去意如此堅決，也就同意讓他任成德節度使，然後任馮贇為樞密使。

李亶又認為，河陽節度使康義誠很忠誠，就特別親信他。當時，很多稍有點腦子的大臣，都向范延光他們學習，紛紛要求外調以避禍，只有康義誠什麼話都不說。所以，李亶對他就特別有好感。

其實，康義誠也知道在朝廷任職，已經越來越危險了。但他看到李亶對自己的態度如此，就知道別人可以請求離開，他是萬萬不能有這個請求的。他沒有辦法，只得玩了個兩面派，叫他的兒子去跟李從榮混，他自己不管遇到什麼事，都努力做到恭敬順從，說出的話，都要努力做到左右兩可、無比圓滑，哪方面都不得罪。

那個遠在夏州的李彝超這時又上表，說他並沒有做過什麼對朝廷不忠之事，卻白白地被討伐了一次。雖然那次討伐不了了之，他沒有什麼皮肉之傷，但終究也是一件大壞名聲的事，請朝廷為他平反昭雪。

李亶這時對一幫大臣的紛紛離京，都無可奈何，哪還能對李彝超發脾氣？只得任命李彝超為定難節度使。

李亶對范延光的離去，應該是有些不捨的。

在范延光準備離開時，李亶還是抱病為范延光舉行了個送別宴會。

喝完送別酒之後，李亶對范延光說：「你現在就要遠去，還有什麼話就請全說出吧。」

范延光說：「也沒有別的什麼話，只盼望朝廷大事，願陛下與內外輔臣一起參決，不要聽群小之言。」

第十一章　權臣內亂終斷明宗香火，巫政橫行閩主亡魂不散

他說過之後，兩人對望一下，淚水同時流出。所有的人都知道，范延光這話是針對孟漢瓊和王淑妃。

范延光離開不久，也就是十一月十六日，李嗣的病再度復發。

所有人對李嗣的病都已經不樂觀了。

李從榮認為，李嗣的病已經進入關鍵時刻。

他馬上入宮問疾。

當李從榮來到李嗣身邊時，李嗣的頭已經抬不起。

王淑妃對李嗣說：「秦王來看陛下了。」

李嗣仍然沒有反應。

李從榮退出之後，就聽到宮中哭聲大起，不由大吃一驚，看來父親已經駕崩而去了。

次日，他就稱疾不入朝。

其實當天傍明，李嗣的病情又有所好轉了。只是李從榮並不知曉──李從榮顯然對宮廷鬥爭是缺乏經驗的。如果是別的人，看到皇帝進入重病階段，肯定會要求入宮侍疾，以便抓住主動權。可是他並沒有這個意識，看到李嗣連他的問候都沒有反應了，居然就告退出來，後來懷疑李嗣已經駕崩，更是沒有做出什麼動作，而只是稱病躲在家裡。這樣的人也如此積極參加宮廷權鬥，結果可想而知。

李從榮雖然天天胡搞，好像是非不分，其實他也知道他的那些作為，人們都深惡痛絕。知道他在人們心目的形象很不正面，知道大家對他都議論紛紛。總而言之，人家對他都是負評。他每次想到這裡，就擔心他會因此而無法繼承大位。他又不想重塑自己的形象，讓自己的形象得到改觀。於是，他就跟他的幾個死黨暗中策劃，準備以武力入宮，先要把那幾個執政大臣控制好，然後再威逼他們擁立他。

3. 逆子舉兵奪父位，詩朋酒友盡潰逃

李從榮說做就做，馬上派馬處鈞進入樞密院，對朱弘昭和馮贇轉告他的話說：「我想帶兵入宮侍疾，並且還要防備非常之變，應該在哪裡居住？」

朱弘昭和馮贇才當了幾天的樞密使，就碰上了這樣的事。他們這才知道，為什麼范延光和趙延壽無論如何也要離開這裡。他們哪敢得罪李從榮，便說：「請王爺自擇之。」王爺覺得哪裡好，就住哪裡吧。

他們又對馬處鈞說：「皇上現在平安無事，秦王應該竭心忠孝，不可輕信別人的妄言。」

李從榮聽到之後，大怒起來，又派王處鈞去對兩人說：「兩位難道不愛惜全族老少的性命嗎？居然敢如此對待我？」

兩人一聽，都駭然失色。

兩人駭然失色之後，覺得他們也沒有能力對付李從榮。看來現在能對付李從榮的就只有孟漢瓊和王淑妃這對組合了。

兩人馬上進宮，向孟漢瓊和王淑妃報告。

幾個人商量一陣之後，都認為：李從榮現在是大元帥，手中有武裝力量，他們這幾個手無縛雞之力的男女在他面前，根本不能動彈。還是請康義誠來吧。

於是，他們馬上把康義誠叫來，把情況跟老康講了。

哪知，他們說了大半天，康義誠卻在那裡一言不發。他們催康義誠表態，康義誠最後只說：「我只是一個帶兵的人，不敢介入朝廷政事，我只聽從宰相大人的指揮。」

大家又沒有話說了。

朱弘昭以為，老康可能不願在大家的面前表態。他就在夜間再邀康義誠到家裡密談。現在就我們兩個，你可以放心地表態了。

第十一章　權臣內亂終斷明宗香火，巫政橫行閩主亡魂不散

哪知，康師傅仍然是那句話。

朱弘昭差點軟倒在那裡。怎麼全是這類貨色啊。

當朱弘昭他們還在緊張地物色隊友時，李從榮已經攤牌了。

十一月二十日，李從榮從河南府帶步騎一千多人列陣於天津橋，擺開了要武力解決任何問題的架勢。

他又派馬處鈞到馮贇的府中，對馮贇說：「現在我明白地告訴你，我準備帶兵入宮，而且進住興聖宮（這是準備嗣位的地方），你們幾個老傢伙都各有宗族，請你們做事前要仔細想一想，是禍是福，就在你們一念之間。」

馬處鈞很粗暴地交待完馮贇之後，便大步離開馮家，又跑去找康義誠，這把番話又對康義誠復讀一遍。

康義誠大聲說：「只要秦王到來，我必奉迎。」

馮贇則快馬來到右掖門，只見朱弘昭、康義誠、孟漢瓊以及孫嶽正在那裡商量。馮贇把馬處鈞那一番話對大家復述一遍，然後扭過頭來，批評康義誠，說：「秦王所說的『是禍是福決於頃刻』，這件事的利害已經十分清楚了。你老康千萬不要因自己的兒子在秦王府做事就左右搖擺、東張西望。皇上把我們為些人從平民百姓提拔到將相之位，我們沒有理由不為皇上盡力。如果今天我們讓秦王的兵馬得以進入禁內大門，我們將置皇上於何地？」

康義誠還沒有回答，監門官已經進來報告：秦王已經帶領部隊到達端門之外。

孟漢瓊用力甩著袖子站起來，大聲說：「今日之事，已經危及皇上。你老康還在猶豫觀望、計較個人的利害得失嗎？我不會愛惜自己的生命，堅決帶領士兵去跟秦王拚命。」

3. 逆子舉兵奪父位，詩朋酒友盡潰逃

他說著，馬上進入中興殿門，朱弘昭和馮贇也緊跟進去。

康義誠沒有辦法，也跟隨而去。

到了內宮，孟漢瓊直接對李亶說：「李從榮已經造反。他的部隊已經攻到端門，馬上就要打進內宮。大亂立刻就要發生。」

宮中的男女一聽，都放聲號哭起來，怎麼會是這樣啊，這些天不是好好的嗎，不就是皇上有點病，怎麼就大亂了？大亂一來，我們該怎麼辦啊。

李亶一聽，不由一呆：「從榮何苦如此。」

但他還是有點不相信，他對李從榮很好啊。李從榮雖然很亂來，但他從來沒有怪罪過李從榮，而且還把兵權交給李從榮。李從榮怎麼還會造反？如果說李從榮今天又幹了什麼傷天害理的事，他是相信的，但說他造反，他就有點不相信了。應該是孟漢瓊亂說吧。這傢伙歷來跟李從榮有矛盾。對他的話也不能全信。他又扭過頭，問朱弘昭和馮贇：「有沒有這回事？」

朱弘昭說：「真有這回事。剛才我們已經下令關閉所有大門了。」

李亶一聽，原來是真的。他突然舉手指天，眼裡隨即老淚紛紛。之後，他對康義誠說：「你全權處理這件事，但不要驚擾百姓。」

此時，李從珂的兒子李重吉也在身邊。

李亶對李重吉說：「我跟你的父親，冒著槍林彈雨，衝鋒陷陣，多次死裡逃生，這才平定了天下。你的父親多次把我從危難中救出來。李從榮他們這些人出過什麼力？現在竟然聽人家的教唆，做這種大逆不道的事。我本來就知道這種人是不會成才的，是不足以託大事的。必須把你的父親召回來，為朝廷執掌兵權。你替我關好所有宮門，好好防守。」

李重吉是控鶴指揮使。他馬上帶著控鶴兵守衛宮門。

451

第十一章　權臣內亂終斷明宗香火，巫政橫行閩主亡魂不散

孟漢瓊則披甲乘馬，召馬軍都指揮使朱洪實，帶五百騎兵去迎戰李從榮。

在李從榮看來，現在他有部隊在手，那幾個老傢伙除了那把鬍子之外，手無寸鐵，早已被他嚇得瑟瑟發抖，主動權完全在他的手裡了。只要他一發動，這個天下就是他的天下了。

李從榮的心情都已經有點小激動了。

他懷著激動的心情據著胡床，坐在橋上，派人去把康義誠叫來。

但宮門已經關閉，去叫康義誠的人只得在端門那裡，用力地拍著大喊大叫開門。他們一邊拍門，一邊從門縫往裡面觀察。他們沒有看到康義誠，卻看到朱洪實正帶著騎兵從北面急馳而來。他們覺得來者不善，便也不再拍門了，直接跑回去向李從榮報告。

李從榮萬萬沒有想到，宮中居然還能調動這麼一隊騎兵，前來應戰。這個人雖然是軍方第一人，可是很少指揮過大陣仗，平時做得最多的就是喝酒之後，賦詩多篇，然後折騰別人。他這次舉兵向闕，是以為他已經把那幾個老人家給嚇到了，不會有人再敢跟他為難了。他帶兵到這裡來擺開陣勢，也只是耍點威風嚇嚇反對派。把人們都嚇軟了，他再昂然進宮，然後就可以萬事大吉。哪知，那幾個老人家並沒有像他想像中那麼軟弱。他的父親更沒有他以為的那樣已經去世，竟還活著。他父親可是從戰火紛飛中殺出來的。只輕描淡寫的幾句話，就把力量調動起來了。

李從榮大驚失色之下，突然發現，他現在還沒有穿上鎧甲。他急叫左右取來他的鐵掩心盔甲，幫他披上。他披好鎧甲後，並沒有做好戰鬥動員，而是在那裡調撥弓矢。

不一會，朝廷的騎兵隆重抵達。

李從榮根本不敢應戰——他帶兵過來，本來就是只想嚇一嚇路人，並沒有想到過要戰鬥。他看到對面的騎兵一路壓過來，便起身逃跑，跑回

3. 逆子舉兵奪父位，詩朋酒友盡潰逃

他的河南府署。他的那些詩朋酒友，這時都已經躲藏起來。他的牙兵就更加惡劣了。這些平時威風凜凜的牙兵，知道他已經完蛋了，就先在他的府上搶掠一番才逃出去。

李從榮這才知道，這些精通馬屁藝術的詩朋酒友們真的靠不住啊。那些一天到晚拍著胸膛表示拚死也要保護他的牙兵更靠不住。馬屁精都是害人精。

馬屁精們都跑了，牙兵們也一個都不見了。李從榮在那裡團團亂轉之後，突然意識到，自己也該找個地方躲一躲了。

可是現在能躲到哪裡呢？外面的殺聲已經越為越近。

最後，李從榮就像很多玩躲貓貓的小朋友一樣，拉著他的妻子劉氏一起躲到床底。

皇城使安從益最先來到李從榮的臥室。他一看現場，馬上就知道李從榮就躲在床底。他把李從榮從床底拉了出來。

李從榮還想說什麼。

安從益根本不給他開口的機會，舉刀就砍。

李從榮就這樣完蛋。

安從益殺了李從榮之後，又把李從榮的兒子都殺了，然後把他的首級獻給李亶驗收。

李從榮之死，雖然早在李亶的意料之中，但當他得知李從榮被殺的消息後，仍然悲傷得差點從病榻上跌落下來。然後，他又多次在悲傷中昏迷過去。

從此李亶的病情就更沉重了。

當時，李從榮還有一個小兒子養在宮中。

諸將都請求斬草除根。

453

第十一章　權臣內亂終斷明宗香火，巫政橫行閩主亡魂不散

李亶哭起來，說：「他有什麼罪呢？」

但大家都在那裡固請。

李亶最後不得已，只得把那個還什麼都不懂的小屁孩交給他們。在一個不正常的社會裡，有時皇帝的話也等於屁話。李亶在即位之初，恐怕也不會想到，他還在皇帝的位子上，居然也保護不了他可愛的孫子。

二十一日，馮道帶著群臣入朝，在雍和殿覲見皇上。

李亶望著自己眼前的群臣，突然淚如雨下、哽咽不已。

他十分悲痛地對大家說：「我家鬧到這個地步。實在愧見各位啊。」

李從榮死了，李亶只得又把李從厚召回來。然後下詔，追廢李從榮為庶人。

在討論處理李從榮那些屬官時，馮道主張網開一面，說：「李從榮的親信，只有高輦、劉陟、王說幾個而已。任贊到官才半月，王居敏、司徒詡都已經告病半年，哪裡得參與他的密謀？另外，王居敏向來為李從榮所惡。昨天李從榮舉兵向闕，在與高輦、王陟轡而行時，他就指著日晷之影說：『來日到了這時候，我們已經把王詹事殺了。』這可以證明，王居敏根本沒有同謀過。所以，不能將這些人不問皁白一併誅殺。」

朱弘昭被李從榮反覆恐嚇，對李從榮集團都恨之入骨，恨不得把跟李從榮身邊那些人全部格殺勿論，他說：「如果李從榮得以進入光政門，任贊那些人會怎麼對付我們？那時我們這些人的宗族還有人存在嗎？而且，首犯與從犯只能罪差一等，現在首犯已經受戮，如果對從犯都不問罪，皇上肯定會以為我們在庇護奸人。」

馮道仍然據理力爭。

爭吵的結果是，對那些人只作貶官和流放。當時，李從榮最親信的高輦已經死了。其他人有的長流，有的免官歸里，有的就降點級別。江文尉

3. 逆子舉兵奪父位，詩朋酒友盡潰逃

被免掉所有官職之後，就南下淮南，投奔吳國，得到徐知誥的重用。

李亶本來已經重病纏，病情一直反反覆覆，時起時落，經過這次事變，他的病情就更加沉重了，幾天過後，也就是十一月二十六日，被疾病磨得奄奄一息的李亶終於閉上了那雙眼睛，享年六十六歲。

李亶的前半輩子，估計是從來沒有想過自己要當皇帝的。後來種種變故把他送上了皇帝的寶座。這對於他來說完全是意外收穫。這個人原來是個職業軍人，目不識丁，性情還算寬厚，疑心病也沒有其他皇帝那麼重。在位的時候很少主動跟其他勢力有衝突，即使孟知祥想脫離朝廷的意圖已經很明顯了，他仍然沒有把事情做絕，盡量讓事態保持在最不壞的程度上。可能很多人都認為他的做法很窩囊。但他窩囊了很多年，老百姓得以享受和平很多年。儘管他當皇帝之後發生了很多事件，他處理得很不果斷，到處都爛尾，但也沒有出現更大的慘案。他從來沒有胸懷全國的雄心壯志，絕對不能算是一代雄主，但他卻能老老實實地固守那塊地皮，讓老百姓活得比前幾個皇帝都安定。這在當時已經難能可貴了。他早年是李克用手下的猛將，帶著部隊到處猛打猛衝，表現得十分強悍，是當時的名將悍將。他即位時已經年屆六十，垂垂老矣，稜角已經被磨光，收起了強悍的性格，做事都留有餘地。他常常在宮中焚香對老天禱告：我是胡人，因亂為眾所推，願天早生聖人，為生民主。他老老實實承認自己是個胡人，是不配有這個天下的。這在一直講究道統的時代，堪稱異數。

他接手後唐的龐大遺產時，府庫已經空虛得見底，又連年遭災，但他咬牙挺住，克勤克儉。之後又多遇豐年，他仍然能按住雄心，罕用兵革，國庫也多有累積。如果只跟同時代的皇帝相比起來，他統治的那幾年，確實有資格稱為小康。

後來張居正給他的評價是：唐主在君位，止歷八年，不能永久。但是每年豐穀熟，國樂有年，敵國罕侵，束兵息馬，人無爭奪，據五代之君，

第十一章　權臣內亂終斷明宗香火，巫政橫行閩主亡魂不散

比之如明宗之世，雖非漢文景之盛，亦小小平安世也。彼嗣源胡人耳，每以國泰民安留意，天意遂以豐安應之。

張居正認為，一個胡人能做到這樣，真的已經不錯了。

4. 虐民終致兵變，薛文傑喪命鎌車之中

在李亶重病到駕崩的這段時間，那個閩王王延鈞則加緊了他登基的步伐。

很多野心家準備稱帝時，都會發動一場外戰，樹起自己威加四海的形象，王延鈞不善於打仗，而且目前閩地的勢力也不大，周邊的勢力誰都惹不起，他就只好利用迷信那一套了。

西元933年正月，大家正在歡度春節，突然有人報告，王延鈞以前所住的那棟豪宅有真龍出現。目擊者除了張三、還有李四，不信你們可以去問他們。他們當時都驚了，都一屁股坐在地上，現在屁股後面都還沾滿泥巴。那個泥巴都還散發著真龍的味道呢。

於是，王延鈞把他那套原來的住宅稱為龍躍宮。

他靠這個八卦作為鋪陳，然後就到寶皇那裡接受冊封。

寶皇在哪裡？

陳守元說在哪裡就在那裡，別人是看不見的。

王延鈞接受寶皇的冊封後，就返回王府，宣布即皇帝位，國號大閩，實行大赦，定年號為龍啟，還把他的名字改為王璘。

王璘雖然稱了皇帝，但他也知道現在他的地盤很小、勢力很弱，所以對周邊的幾個勢力都很有禮貌，使得境內很安定。

4. 虐民終致兵變，薛文傑喪命鎌車之中

王璘即位才幾個月，福建突然發生了一場地震。

王璘就怕了起來，老天爺啊，你是怎麼搞的？朕才當幾個月的皇帝，好事壞事都還沒有做，你就警告朕了？

他又接受陳守元們的建議，宣布避位修道，讓他的兒子福王王繼鵬主持政朝。

王璘跟他爸最大的不同，就是他的父親生性節儉，而且能把這個作風堅持到死的那一天。王璘則跟所有嚴重迷信的老大一樣，特別熱衷於搞建築。福州城裡就大興土木，宮殿越修越巍巍壯觀。

王璘避位了幾個月，覺得當皇帝比修道要爽得多，便又宣布復位。

王璘一喜愛奢侈，那個薛文傑就有了機會。

薛文傑本來只是個中軍使，看起來像個職業軍人。其實他打仗的能力很一般，但性格乖巧、很能奉承，最能揣摩長官的心理活動。他看到王璘追求奢侈的生活，就用盡手段，為王璘搜刮民財來迎合王璘。

王璘一看，原來這個人也是個人才，這樣的人才必須重用。他任薛文傑為國計使，視為頭號親信。

薛文傑成為王璘的親信、手裡有權之後，就更加囂張了。他知道只有從富人那裡下手，財富才搜得最快最有成效。當然，他是不會去強奪的。他派人到處暗查有錢人家的過失，一旦抓到一絲一毫的把柄，立刻就借題發揮，然後大抄其家財。這些富人一旦被治罪，他都是酷刑侍候。他最喜歡用的手段就是先對犯人一頓拷打，然後用燒紅了的銅頭烙灼其胸部和背部。

建州有個土豪吳光來福州入朝。

薛文傑一看，哈哈，聽說吳光是建州首富，必須狠狠地敲他一把。

他馬上收集吳光的罪狀，準備把吳光抓起來。

第十一章　權臣內亂終斷明宗香火，巫政橫行閩主亡魂不散

哪知吳光並非易與之輩。他在建州的勢力很大，哪甘心被薛文傑一把抓過去，然後被銅烙胸背，求生不能求死不得，所有財產還被剝奪。他在薛文傑下手之前，就帶著近一萬部眾，宣布反叛，然後投吳國而去。

薛傑搞完富人，又把目光投向宗室。他勸王璘對這些宗室一定要警惕。你看看，這些年來，很多亂子都是由宗室引起的。一定要想辦法，把各個宗室壓制得滴水不漏。

王璘的姪兒王繼圖實在被逼不過，覺得再這樣下去，他們全家遲早會被搞死，與其坐著等死，不如反他娘的。不過他的造反只進行到密謀階段，就暴露了。王繼圖被誅殺，連坐的有一千多人。

所有的人都知道，王璘好鬼神，他可以不相信一切，但一定相信鬼神。

薛文傑更知道他這個愛好。王璘身邊除了薛文傑這類人之外，還有陳守元和盛韜等人。薛文傑負責為他搜刮民財，盛韜等人負責幫他跟鬼神聯繫。薛文傑知道，要想讓王璘永遠寵信他，必須順著王璘的信仰來做文章。

薛文傑對王璘說：「陛下左右有很多奸臣。這些奸臣潛伏得很深，平常很難看得出來。」

王璘說：「如何才能辨別出來？」

薛文傑說：「人的肉眼沒有這個看穿人的本質的能力。但神仙是有這個能力的。陛下如何想知道誰是忠臣誰是奸臣，最好向神仙請教。盛韜善於見鬼，可以讓他去查看。」

王璘一聽，果然好主意，放著無所不能的神仙，自己天天派人去考核，乾的都是無效勞動。

薛文傑看到王璘認可了自己的建議，馬上著手去害吳勗。吳勗是現任樞密使，手裡有權力，但從來不買薛文傑的帳，讓薛文傑很惱火。但他一直找不到吳勗的把柄。既然你沒有把柄，就只好為你設局。

4. 虐民終致兵變，薛文傑喪命鐮車之中

剛好吳勖生病。薛文傑就假裝很關心地去探望吳勖。

薛文傑對吳勖說：「皇上因為老兄病得太久了，想免掉你的樞密院之職。我對皇上說，你只不過有點頭痛之類的小病，休息一段時間就會好的。皇上可能要派人來探問你，請你一定要慎重，不要說有其他病。」

吳勖一聽，平時雖然看他很不爽，但他還是這麼關心自己，心裡不由點感激起來，那就這樣說吧。反正什麼病都不重要，把職務保下來才是最重要的。

薛文傑看到吳勖眼裡滿是感激之情，心裡就笑了。

次日，他請盛韜去對王璘說：「剛才我見到廟崇順王訊問吳勖謀反的事。他們用銅釘釘他的腦門，並用金椎子錘打。」

王璘一聽，覺得有些不可思議，就把這事對薛文傑說了。

薛文傑卻在那裡搖搖頭，說：「這事聽起來有點荒唐，可信度不高。不過，最好還是派人去查問一下。」

王璘派人去問吳勖的病情。

吳勖說是頭痛。

王璘一聽，神仙果然厲害。原來你吳勖是在謀反。你以為你搞陰謀搞得絕密，就沒有人知道。是啊，是沒有人知道。可是神仙知道啊。

王璘二話不說，直接把吳勖下獄，然後派薛文傑和一幫酷吏專門審理這個謀反大案。

在薛文傑及那幫酷吏的整治之下，吳勖實在挺不住，不得不屈打成招，承認了所有的罪名。

於是，吳勖和他的妻子都被斬首。

大家看到薛文傑居然如此害人，對他都有些憤怒了。

第十一章　權臣內亂終斷明宗香火，巫政橫行閩主亡魂不散

殺了吳勖一家，王璘又把矛頭指向王仁達。

王仁達是他的姪子，也是他打敗王延稟的頭號功臣。王仁達是個很有性格的人，為人直爽慷慨，在奏事時從來不講所謂的策略，有什麼事就說什麼。王璘對他越來越討厭，朕就有這麼多錯誤嗎？你那雙眼睛就看不到朕做的那麼多成就嗎？專門挑朕的這些缺點，天天說事。你這是在抹黑朕。

每次王仁達一發言，王璘的臉上就漲滿了勃勃怒氣，但王仁達卻不理，繼續有話就說、有屁就放。

王璘氣急，對他的左右說：「王仁達有勇有謀，我還能夠駕馭得了他。但他不會臣服於少主。」

王璘說過這話之後，就搞了個不利事證，說王仁達謀反，然後誅殺他的全族。

吳光到了吳國之後，就請求吳國出兵去攻打閩國。

吳國的信州刺史蔣延徽也不等待徐知誥的命令，帶著部隊就跟吳光去攻打建州。

王璘看到吳國的部隊打過來，並沒有請求神仙幫他去退敵，而是派人到吳越國去向錢元瓘求救。

蔣延征帶兵進入福建境內，先在浦城跟閩打了一仗，取得了勝利，然後進圍建州。

王璘派張彥柔和王延宗帶一萬部隊去救建州。

這些年來，王璘只用心去搞神仙事業，然後大興土木，派薛文傑盡力搜刮民財，搞得民不聊生，軍人也不聊生，完全忽略軍隊建設，將士們都很痛恨薛文傑。

王延宗帶著部隊才到半路，還沒有聞到敵人的氣味，就都不再前進了。

4. 虐民終致兵變，薛文傑喪命鎌車之中

王延宗去催促他們，他們都說：「不得薛文傑，我們就不上前線。」

王延宗沒有辦法，只得把廣大指戰員的心聲如實向王璘反映。

事情到了這個地步，閩境立刻人心惶惶起來，如果部隊再不動身，然後王璘又捨不得處理薛文傑，局勢肯定會大亂。局勢一大亂，最受苦受難的就是廣大百姓。

王璘也有點不知道該怎麼辦了。部隊不動，敵人就會打進來；殺了薛文傑，以後誰幫他割老百姓的韭菜？

最後，他的母親和兒子王繼鵬一起出面，對他說：「薛文傑盜弄國權，枉害無辜，上下怨怒已經很久了。現在吳兵深入，廣大指戰員不再前進，局勢就萬分危險了。社稷一旦傾覆，留薛文傑還有什麼用？」

兩人說這番話的時候，薛文傑也在現場。

薛文傑一聽，這是要把他族滅的節奏啊，急忙為自己申辯，說他一直以來，忠於皇上，急皇上之所急。得罪了不少人。但他的心是赤誠的……

王璘也知道，如果不處理薛文傑，真的無法挽回局面了，他對薛文傑說：「我也不想把你怎麼樣。你自己看著辦吧。」

薛文傑一聽，立刻知道王璘已經決定棄拋他了。前一秒，他還是皇上最親密的同袍，下一秒他就被皇上徹底拋棄。他這才知道，在皇上這裡，他只是一個夜壺，用過之後，就隨手一丟。

薛文傑無可奈何，告退出來。

王繼鵬已經守在啟聖門外，看到他失魂落魄而出，就用朝笏猛擊他頭部。

薛文傑被擊倒在地。王繼鵬用檻車把他押到軍前，向將士們做個交待。

當市民們看到薛文傑被關在檻車裡往城外押送時，都不由有點錯愕起來：沒有想到薛文傑這個惡棍居然倒得這麼快，他們連一點小道消息都沒

第十一章　權臣內亂終斷明宗香火，巫政橫行閩主亡魂不散

有聽到，今天一早醒來，薛文傑就被押到大街上了。昨天他都還是皇上的紅人啊，都還帶他的那幫人到處敲詐大家的財產。想不到皇上的態度轉變得這麼快。難怪都說「聖意難測」。

是的，一向認為最能揣摩皇上聖意的薛文傑，這時更深刻地領會到「聖意難測」這幾個字的含義。

市民們沒有再去多想，他們把滿腔仇恨化為力量，撿起地上的石塊和瓦礫，紛紛向他砸過去。

據說，這個人精通術數，即使到了這時，他仍然不忘死前一課。他說，只要再熬過三天，他就什麼事都沒有了。

押送他的人都恨他恨得要死，聽了他的這個話後，立刻添足馬力，晝夜不停，跑得腿都差不多斷了，終於只花了兩天時間，就把他送到了軍前。

士兵們看到這個禍首，都大喊大叫著衝過來，割他的肉。

王璘把薛文傑丟出去之後，又後悔起來。這可是全世界最利的鐮刀啊，要是就這麼完了，以後誰幫理財？人才難得，鐮刀更難得。於是，他又派人去宣布赦免薛文傑，但已經來不及了。使者拚命趕路，到現場時，看到薛文傑只剩下幾根骨頭了。

就在此前，薛文傑認為傳統的檻車太寬鬆，犯人坐在裡面很享受，便親自再設計一種檻車，其形如木櫃，四面都布滿鐵錐，錐尖朝內，被關的人稍有活動，便會碰觸錐尖。這個檻車才剛研製成功，還沒有投入使用，薛文傑就成為第一個坐進去的人，親自體驗了一下成果。

王繼鵬不但殺了薛文傑，還把自稱能通神的盛韜抓起來，一刀斬過去。這一次，盛韜沒有神仙附體，刀鋒一觸及脖子，腦袋立刻落地。

蔣延徽並不因為王璘殺了薛文傑就宣布罷兵。他繼續猛攻建州。

4. 虐民終致兵變，薛文傑喪命鐮車之中

就在建州城準備宣布攻克的時候，徐知誥派人前來，叫他停止進攻。

徐知誥叫停戰鬥，並不是他不想拿下建州，而是因為他的私心作怪。原來，蔣延徽是楊行密的女婿，而且跟楊行密的長子楊濛關係很好。作為楊行密的長子，楊濛更有資格當上吳國的國主。但他一向看徐溫專權不爽，曾經說過「我國家竟為他人所有乎」這樣的話。徐溫得知後，能讓他當老大嗎？於是，徐溫就立楊濛的弟弟楊溥為主。

徐溫一直都提防楊濛。徐知誥也提防楊濛。徐知誥怕蔣延徽打下建州之後，勢力膨脹起來，就會擁立楊濛，因此就派人去把蔣延徽叫回去。

蔣延徽又聽說閩兵將至，也不敢久留，便引兵回去。

閩兵看到他撤退，便縱兵追擊，把他打了個大敗，損失了很多士兵。

蔣延徽一看，心裡很震驚。他這次出兵，並沒有得到朝廷的同意，如果打勝了，什麼都好說，打了敗仗，就有點不好交待了。他就把責任推到都虞侯張重進的頭上，然後「斬之」。

徐知誥當然並不因為他找了個替罪羊就放過他，下令把他的刺史之職拿下，將其貶為右威衛將軍。徐知誥撤回蔣延徽兵之後，又遣使入閩，重新修好。

蔣延徽這次出兵，自己沒有得到什麼好處，結果倒為閩國斬除了薛文傑和盛韜。對於福建百姓來說，確實是一件好事。當然，徐知誥也是個贏家，他又清除了一個潛在的威脅。

五代十國裂世局——後梁覆滅與新帝登基：

王朝積弱難支 ✕ 強軍破城奪權 ✕ 宦官餘勢未歇，英雄未坐穩龍椅，裂局已悄然重啟

作　　　者：	譚自安
發　行　人：	黃振庭
出　版　者：	複刻文化事業有限公司
發　行　者：	崧燁文化事業有限公司
E - m a i l：	sonbookservice@gmail.com
粉　絲　頁：	https://www.facebook.com/sonbookss/
網　　　址：	https://sonbook.net/
地　　　址：	台北市中正區重慶南路一段61號8樓
	8F., No.61, Sec. 1, Chongqing S. Rd., Zhongzheng Dist., Taipei City 100, Taiwan
電　　　話：	(02)2370-3310
傳　　　真：	(02)2388-1990
印　　　刷：	京峯數位服務有限公司
律師顧問：	廣華律師事務所 張珮琦律師

-版權聲明-

本書版權為淞博數字科技所有授權複刻文化事業有限公司獨家發行電子書及紙本書。若有其他相關權利及授權需求請與本公司聯繫。

未經書面許可，不得複製、發行。

定　　　價：620元
發行日期：2025年08月第一版
◎本書以POD印製

國家圖書館出版品預行編目資料

五代十國裂世局——後梁覆滅與新帝登基：王朝積弱難支 ✕ 強軍破城奪權 ✕ 宦官餘勢未歇，英雄未坐穩龍椅，裂局已悄然重啟 / 譚自安著. -- 第一版. -- 臺北市：複刻文化事業有限公司, 2025.08
面；　公分
POD版
ISBN 978-626-428-223-9(平裝)
1.CST: 五代十國 2.CST: 通俗史話
624.2　　　　　114011548

電子書購買

爽讀APP　　臉書